U0573068

本书为国家社科基金一般项目
"近现代管县派出政府制度研究（1932—2002年）"（13BZS104）的成果之一

侯桂红 著

地区行署
制度研究
（1978—2002）

STUDY ON THE REGIONAL ADMINISTRATIVE OFFICE SYSTEM (1978-2002)

社会科学文献出版社
SOCIAL SCIENCES ACADEMIC PRESS (CHINA)

序

　　近十几年来，侯桂红下大气力从事中国近现代省级管县派出政府制度的研究，取得了很大成绩，这部《地区行署制度研究（1978—2002）》是她在这个研究领域的又一项重要成果。

　　中国自秦统一后在全国实行郡县制，此后直至清代，地方行政体制基本是在二级制与三级制之间反复变更。受到当时交通与通信条件落后的限制，地方政府的二级制与三级制都存在施政方面的困难：实行二级制，则一级政府管（州）县数目过多，往往呼应不灵，鞭长莫及；实行三级制，又常有中间隔阻、政令不畅之虞。正是在这种情况下，由地方一级政府派出一种管县机构（官员）的制度应运而生，两汉的州刺史（牧）、宋代各种职能的路和清代的分巡道均属之。就制度而言，这种作为由上级政府派出的管（州）县机构不构成独立的一级行政，它对于所管（州）县仅行监察之权而不号令其行政，或者仅仅在某种单一性质（如财政、刑罚、仓储等）的政务方面行使统辖职能。然而在实际运作中，这种派出机构往往会逐渐演变为一级独立的行政实体。这种地方上级政府的派出管（州）县制度，是中国传统政治制度的一个重要内容，而在它制度设计与实际运作相背离的背后，又蕴藏着中国传统政治某种非常深刻的逻辑。

　　中国历史在进入近现代后，传统政治的历史惯性仍十分强大。20 世纪 30 年代初，国民政府又一次推出省级管县派出政府制度。1932 年夏，长江流域各省大多已自行设置了各种介于省与县之间的特种县政组织，其在安徽省称"首席县长"，在江苏省称"行政区监督"，在浙江省称"县政督察专员"，在江西省称"行政区长官"。是年 8 月，南京国民政府行政院公布《行政督察专员暂行条例》，豫鄂皖三省"剿匪"总司令部公布《"剿匪"区内各省行政督察专员公署组织条例》，对其名称和职权作出规范。

1937～1949 年，中国共产党在自己领导的根据地、解放区同步实行这种制度；中华人民共和国成立后，该制度经过专区专署、地区革命委员会和地区行署制度等三个阶段，于 21 世纪初基本废止，但如今在个别省仍旧沿用。作为本书研究对象的地区行署制度，即中华人民共和国省级管县派出政府制度发展演变的第三阶段，这种制度在中国近现代实行了 80 多年，最终走向尾声。

地区行署制度是 1978 年后中华人民共和国实行的一项重要地方政治制度，而它又体现了中国传统政治由地方上级政府派出机构来管（州）县的悠久传统。因此，本书所做研究无论是对中华人民共和国政治制度史还是宏观中国政治制度史来说，都很有意义。此外，中国是一个"政治大国"，早在 2000 多年前就建立了统一的中央集权行政体制，但却缺失较为系统的政治学，许多属于政治学的理论观点被掩藏于对人们历史活动的记述之中。鉴于此，建立一种符合中国政治和历史特点的政治学，就成为我国学术界需要承担的职责。而这种政治学的建立，显然不能是纯理论的演绎，不能是空中楼阁，而必须通过历史中各种政治运作、政治活动来加以提炼和归纳。在这种情况下，对于中国不同历史时期各种政治制度及其运作的研究，不仅具有厘清史实的价值，而且具有重要的理论价值，本书对地区行署制度的研究也不例外。

本书还有另外一个重要的学术和现实关注，即通过对地区行署制度的研究来透视中华人民共和国的各种行政运作机制。1949 年后的中央人民政府是一个统一的政治和行政体系，不存在西方式的地方自治，不论中央人民政府还是地方各级人民政府，都是这个统一体系的具体层面。在这样一个体系中，各级政府的各种行政运作——包括决策执行、监督检查、公文传递和处理、会议、人事管理、财政财务等——大致相同。就历史时态而言，这种行政运作机制在中华人民共和国 70 多年的历史上，有革也有沿，往往前后相续。因此，通过地区行署制度研究能加以透视的，就不仅是与之同时期的行政运作机制，而且也包括中央人民政府此前各时期的行政运作机制。

本书写作在资料收集和解读方面下了大气力，这特别值得一提。本书所使用的资料包括历史档案、政报官书、地方志、报纸期刊，其中仅查阅的未刊历史档案就多达 2000 余卷,分别馆藏于河北省档案馆、石家庄市档案馆、廊坊市档案馆、辽宁省档案馆、铁岭市档案馆等 5 家档案馆,这种资料收集工作需要费多少工夫我们行内人都可以想见。作者基于自己的问题意识,对收集到的资料进行了认真的解读,去粗取精,归纳提炼,于其典型者直接引用,于其具有数据意义者则加以统计处理。这种扎实的资料收集和解读工作,为本书的研究打下了坚实基础,通观全书,一章、一节、一目、一个具体问题,全都叙述翔实,言之有物,论从史出、史论结合。在如今学术界浮躁风气较重的情况下,能做到这一点殊为不易。

侯桂红近年来对于中国近现代省级管县派出政府制度的研究成果,已经形成系列,成绩斐然。2006~2009 年,她在攻读博士学位期间完成了对1949~1966 年人民政府专区专署制度的研究,在后来漫长的出版流程中,她对论文进行认真修改,如今出版在即。2013~2018 年,她通过主持国家社科基金一般项目"近现代管县派出政府制度研究(1932~2002 年)",完成了对于国民政府行政督察专员公署制度和中华人民共和国 1978 年以后地区行署制度的研究,其后者形成了本书稿,即将付梓,其前者也正在联系出版。此时,她正着手对 1937~1949 年中国共产党的行政督察专员公署制度进行系统研究。通过前人的相关研究和她的这些研究,中国近现代省级政府派出管县机构的制度设计和运作实况已经大致厘清。有了这些研究成果作基础,期待侯桂红和其他学术同行能就中国近现代省级管县派出政府制度的问题作出更多具有深层意义的分析。

魏光奇

2020 年 3 月

目　录

绪　论

一　相关概念界定

（一）地区行署制度

地区行署制度是中华人民共和国自 1978 年实行至今的一项重要地方政治制度。地区行署是省级派出机构，其最近前身是 1949～1966 年的专区专署制度，再往前追溯是 1937～1949 年根据地和解放区的行政督察专员公署制度。新中国成立后的地方行政体制，基本由省、地、县、乡构成，介于省县之间的地级行政机构除地级市外，其沿革如下：1949～1966 年称为专员区公署（也称专区专署，简称专署），为派出机构，其辖区称专区；1967～1977年，专署更名为地区革命委员会（简称地革委），并转变为正式的一级政府。1978 年以后，地革委又改称为地区行政公署（简称行署①），并恢复为省政府派出机构的性质（地位）。时至今日地区行署仍存在于少数边疆省份。

值得一提的是，地区行署制度不同于专区专署制度、地区革命委员会制度之处，除其本身性质（地位）之外，还有三个差别：其一是地区行署制度时期，一改此前专区专署、地区革命委员会不设人大和政协的传统，从 20 世纪 80 年代开始悉数设立。其二是地区行署制度一改此前"后继有人"的延续性特征，建立后不久就接连被撤销，如今只残存于少数省份。

---

① 1978 年以后的行署与中国革命战争时期和新中国成立最初的行署不同。中国革命战争时期的行署的层级在边区政府或边区委员会之下，相当于县级，有的与行政督察专员公署（中国共产党 1937～1949 年实行）同级，有的是下管行政督察专员公署；1950 年前后的行署相当于省级，下管专区专署。

由于 1982 年开始推行市领导县体制改革、2002 年开始推行省直管县体制改革①，地区行署陆续被撤销，其数量从 1978 年的 173 个锐减至 2015 年的 10 个②，至 2017 年 12 月底，仅存 7 个（黑龙江省大兴安岭地区，西藏阿里地区，新疆喀什地区、阿克苏地区、和田地区、塔城地区、阿勒泰地区③），如表 1 所示。其三是地区行署制度基本是中国共产党自 1937 年以来建立的多个管县派出政府制度（1937~1949 年的行政督察专员公署制度、1949~1966 年的专区专署制度、1978 年至今的地区行署制度）中受贬抑最烈者（详见第八章）。

表 1　1949~2018 年专区、地区数量历年统计

单位：个

年份	数量	年份	数量	年份	数量	年份	数量	年份	数量
1949	216	1963	151	1977	175	1991	113	2005	17
1950	199	1964	155	1978	173	1992	110	2006	17
1951	197	1965	161	1979	171	1993	101	2007	17
1952	163	1966	171	1980	170	1994	89	2008	17
1953	152	1967	172	1981	168	1995	86	2009	17
1954	150	1968	169	1982	170	1996	79	2010	17
1955	151	1969	167	1983	138	1997	72	2011	15
1956	142	1970	172	1984	135	1998	66	2012	15
1957	140	1971	171	1985	125	1999	58	2013	14
1958	121	1972	173	1986	119	2000	37	2014	12
1959	119	1973	173	1987	117	2001	32	2015	10
1960	126	1974	173	1988	113	2002	22	2016	8
1961	143	1975	173	1989	113	2003	18	2017	7
1962	148	1976	174	1990	113	2004	17	2018	7

资料来源：（1）民政部：《中华人民共和国县级以上行政区划沿革（1949—1983）》（第一、二、三卷），测绘出版社，1986、1987、1988。（2）民政部编《中华人民共和国行政区划简册》（1984~2018），中国地图出版社等，1984~2018（每年出版一本，限于篇幅，恕不详列，详见书后参考文献）。

---

① 2002 年以来，江苏、浙江、黑龙江、山东、湖北、福建、河南、河北等地先后推行了省直管县试点，试点的突破口为强县扩权。
② 民政部编《中华人民共和国行政区划简册 2016》，中国地图出版社，2016，第 1 页。
③ 民政部编《中华人民共和国行政区划简册 2018》，中国地图出版社，2018，第 53、164、188~190 页。

当然，与专区专署时期相同，尽管行署和专署均是异于一般地方政府的省级派出机构，但在国家统一行政体制下，在专区专署和地区行署层面运作的各种制度，只有少部分为行署所独有的，如组织、职能、财政，而大多数制度，如行政公文制度、人事管理制度、监察制度等，不过是国家相关规制的一个层面，或是国家相关规制在地区层面的运行而已。因此本书最具地区行署制度特色的内容为第三章、第四章、第六章。

从学理上说，地区行署制度是一个体系。狭义上讲，它是指以地区为载体的行政、立法、司法制度的总和，也就是地区政府制度的总和；广义上讲，它是指以地区为载体的政治制度的总和，也就是党、政府、民主党派、群众团体等实体的制度的总和。从静态上讲，它是指以地区为载体而形成的制度与结构的总和；从动态上讲，它是指制度的运作以及结构之间的相互关系。地区行署制度不仅仅是某个实体内部的制度、结构和运作，它还是一个复杂的综合体，是实体之间、制度之间、结构内部与结构之间的相互关系，同时也是这种关系的抽象。本书研究的主要是动静结合的、狭义上的地区政府即行署行政的制度、结构和运作。

（二）地区行署制度的相关概念

本书中关于地区行署制度的内容涉及政治学、政区地理学和财政学等领域的相关概念，在此也有必要进行界定。

其一，一级政府（或称一级行政）与派出政府。在本书的研究时段中，除去因上述两次行政体制改革已撤销或合并的外，其余地区行署均始终是省政府的派出机构（政府），而不是一级政府。政治学认为，一级政府是一定国家行政体系中的一个正式层级，它作为一个独立的行政主体行使自己的职能，而不是接受其他行政主体的委托而代行其职能。政区地理学指出，这种一级政府通常具备以下要素：（1）具有固定的、边界清晰的行政区域；（2）具有全面的行政职能；（3）具有足以履行行政职能的完善机构；（4）具有固定的治所。与这种一级政府相区别、相对应，在中国历史上的行政体系中还存在另外一种主体，即上级政府的派出政府。派出政府不是一个独立的行政主体，而只是其他行政主体的分体，受后者的委托代行其部分职能。这种派出政府可以是临时的，也可以是常设的；可以有固定的辖区，也可以没有固定的辖区；可以受派出者委托在辖区内履行全面的行政职能，也可以仅仅履行某一种或某几种职能。本书中的地区行署在法理上则属于在固定辖区内执行单一督导职能的代理机构。正如政治学所指出的，派出政府是"指那些具有地方行政建制特点与功能且在地方行政层次中有非正式地位的那类地域性建制单位。它不同于正式的地方行政建制之处主要在于：古代不存在主管地域全部事务的地方长官，当代则没有一级地方国家权力机关——人民代表大会；它不同于临时性地方行政建制之处在于，它的设置并非临时的权宜之计，而是长期存在，有自身确定的任务。从行政区划发展的历史看，这类建制单位在经历长期、持续地存在后，不仅在实质上起着正式建制的作用，且常常在条件具备时转化为正式的地方行政建制单位"。①

其二，虚级政府和实级政府。民国以来的政治学、历史学文献，往往将一级政府称为实级政府或实体政府，而将派出政府称为虚级政府。基于这种概念，如果一种地方行政体制中不存在由派出政府构成的行政层级，则被称为×级制，如二级制、三级制等；如果其中包含由派出政府构成的行政层级，则被称为虚×级制，例如，由三个实级政府和一个派出政府构成的地方行政体制被称为虚四级制。相应地，在财政体制中，派出政府被称为虚级财政②。同时，也有专家将派出政府视为半级行政，这样，上述虚四级制也被称为三级半制。本书中的地区行署即为虚级政府，因此，1949年后的地方行政体制实际上可以称为省—（地）—县—乡虚四级制或三级半制。

二　地区行署制度的学术价值与现实意义

地区行署制度是新时期地方政治制度的一个重要层面。虽然地区行署已经所剩无几，行将逝去，但却曾为改革开放以来的各项建设做

---

① 田穗生等：《中国行政区划概论》，北京大学出版社，2005，第145～146页。
② 陈庆海：《中国地方政府财政层级研究》，经济科学出版社，2009，第109页。

出了不可替代的贡献，因其不能忽视的功用与价值成为行政系统中难以替代的链条。对这一制度进行研究具有如下重要的学术价值和现实意义。

（一）为当前的地方行政层级改革提供重要的历史和理论借鉴

中国的地方行政层次设置，自秦汉至当代，长期在二级制、三级制、四级制之间反复，而且反复使用派出政府解决行政层次与行政幅度之间的矛盾问题的方法已经存在 2700 多年。尤其 1949 年新中国成立以后，在派出政府及管县层级的设计问题上有 6 次大变动，其中以行政体制改革名义而发生的大变动有 3 次（1959 年市领导县、1982 年市领导县、2002 年省直管县）。21 世纪初，政界、学界曾就省管县改革的试点和全面铺开进行热议。2012 年的十八大报告进一步提出要"深化行政体制改革"，"优化行政层级和行政区划设置，有条件的地方可探索省直接管理县（市）改革"[①]。2017 年党的十九大报告再次提出"深化机构和行政体制改革。统筹考虑各类机构设置"[②]。这些不断的变革和反复，不仅说明我国国情复杂，不同的地方行政层次制度各有利弊、难成定局；更说明人们在这一问题上始终存在着争讼，难有共识。美国学者 J. R. Seeley 说："历史没有政治科学将一事无成，而政治科学没有历史将成无本之木。"[③] 这句话在极端的外表下所揭示的历史研究之于政治的重要性是显而易见的。我国专家也指出："事实上，要充分地研究现行地级市制的建置问题，必须对地级市制之地级行政组织的问题有比较深入、全面的研究，也就是对地区行政公署制的制度设置及其变革问题有深入、全面的探讨和研究，才是可行的方法。"[④] 因此，本书紧密契合时代的要求，有助于消除盲目性，为当下的行政体制改革提供重要的历史和理论借鉴。

---

① 胡锦涛：《坚定不移沿着中国特色社会主义道路前进　为全面建成小康社会而奋斗》（2012 年 11 月 8 日），人民出版社，2012，第 28 页。

② 习近平：《决胜全面建成小康社会　夺取新时代中国特色社会主义伟大胜利——在中国共产党第十九次全国代表大会上的报告》（2017 年 10 月 18 日），人民出版社，2017，第 39 页。

③ L. Lipson, *The Great Issues of Politics: An Introduction to Political Science*, Englewood Cliffs: Prentice - Hall, Inc., 1954.

④ 翁有为：《专区与地区政府法制研究》，人民出版社，2007，第 115 页。

（二）透视新时期的行政运作机制，为当前地方政府职能与结构的完善提供历史借鉴

新时期政府的行政运作机制具体内容包括决策执行、监督检查、公文传递处理制度、会议制度、人事管理、财政财务等。这种行政运作机制有既不同于中国古代，也不同于新中国成立初期的特点。这些行政机制如不依托某种具体政府制度的研究则无从透视。因此，研究地区行署制度实况，探索其得失利弊，一方面对于撰写共和国信史来说不可或缺；另一方面也可以为今天改进各级政府的行政和十九大报告提出的"统筹考虑各类机构设置，科学配置党政部门及内设机构权力、明确职责"，"赋予省级及以下政府更多自主权"提供多层次、多方位的历史借鉴。[①] 换言之，本书将地区行署制度作为一个窗口，可以较全面、较彻底地透视新时期地方政府的行政运作机制。

（三）为全面厘清和系统记录新时期的地方制度所不可或缺

在中国史学研究中，典章制度史研究被认为是构成各专史研究的基础，历来受到史家的重视。一项政治制度，当时人生活其中，耳熟能详；而一旦时过境迁，即使是专家也往往对之语焉不详，如不及时研究、记录，即被时间湮没。现在，地区行署制度即将成为历史，但还未远去。有关地区行署的文字、图像资料极少亡佚，口述资料也较好收集。值此之际，抓住这一时机对这一制度进行探究和厘清，可以为历史、为后人留下有关中华人民共和国的一项重要地方制度的宝贵、真实、真切的记录，从而进一步丰富我国的地方行政制度史的篇章。

总之，了解地区行署制度的发展演变，分析行署的实际运作及得失利弊，对于丰富地方政治制度的学术研究，解决目前省县之间存在的一些现实问题，提高地方政府的行政效率，以及对我国地方政治制度改革与创新具有重要意义。

---

① 习近平:《决胜全面建成小康社会　夺取新时代中国特色社会主义伟大胜利——在中国共产党第十九次全国代表大会上的报告》（2017 年 10 月 18 日），第 39 页。

三　地区行署制度的相关研究状况述评

总体而言，目前有关地区行署制度的研究主要集中在两大领域：一是有关其历史渊源的研究；二是有关当代地级政府的研究。前者主要是为数较少的学术研究，后者则主要是大量的对策性研究。但无论是从现有研究的数量、质量，还是研究所涉及的学科领域来看，可以说，地区行署的研究仍处于起步阶段。由于既有成果较少，以下笔者不以地区行署制度的专题内容为中心，而是以作品性质为中心进行述评。

（一）学术研究

学术研究以翁有为、史卫东两位先生为代表。（1）翁有为先生的《专区与地区政府法制研究》（人民出版社，2007）。这是由作者的博士学位论文《从专员区公署制到地区行署制的法制考察》修改而成，是一部法律史研究领域的著作。作者从法制史的角度，多基于相关规制文本，对地区行署制度的演变、组织和职权进行了法制考察。（2）史卫东先生的博士学位论文《省制以来统县政区发展研究》（华东师范大学，2006）。这是一篇政区地理学领域的研究论文。作者阐述了元、明、清、民国和新中国"统县政区的设置与管理体制"，认为政治经济体制的相关变动导致地区行署制度的出现。（3）江荣海、刘奇等先生的《行署管理——阜阳行署调查》（中国广播电视出版社，1995）。该书是江荣海先生等6人于20世纪90年代在安徽省阜阳地区进行10余天考察的基础上集体撰写而成。全书绝大部分篇幅记述了1977年后阜阳行署的机构、职能、决策和执行机制，虽为个案研究，但对本书的研究有一定的参照价值。（4）浦兴祖先生的《当代中国政治制度》（上海人民出版社，1990）。该书从宏观角度概述了当代中国政治制度的发展全貌，因此体系完整，内容丰富，同时也决定其对地区行署制度的研究较为概略。同属此类政治制度史的通论性著作还有白钢、韦庆远、程幸超等先生的论著。

（二）对策性研究

对策性研究主要是华伟、吴越为代表的专家自改革开放以来对地级政府改革问题发表的若干时政论文。这些论文主要是针对当时我国地方行政体制存在的问题提出的对策性研究，不完整包括地区行署制度自 1978 年以来长时段历史的全息制度演变及其相关史事，而是针对当时存在的现实问题提出的政治对策。以下简要分述：（1）华伟先生的《地级行政建制的演变与改革构想》（《战略与管理》1998 年第 3 期）。文章将新中国的专区专署、地区行署和解放战争时期的行政督察专员公署统称为地级行政建制，宏观回顾了自民国以来地级政府的形成和演变，重点描述了从 20 世纪 30 年代末到 80 年代中期，专署和行署的地位六次在"虚实之间的摇摆"（其中新中国成立后占 5 次）和组织结构在"膨胀—精简—再膨胀—再精简"循环中的发展。此文是同类文章中对地区行署的基本史实涉及最多的一篇。（2）吴越先生的《论地区行政机构的演变趋势》（载刁田丁等编《中国地方国家机构研究》，群众出版社，1985，第 126～142 页）。此文叙述了明清的道员制、解放区的行政督察专员公署制等古代和近代的派出政府的职权性质、组织形式；阐述了新中国成立后专区专署及其后的地区革命委员会、地区行署三个不同形态的地位、机构设置的特征，认为地级政府的地位经历了虚—实—虚的否定之否定的过程，地区机构不断扩张；揭示了地级政府机构的扩张是在缺乏编制立法的前提下，受地区领导人主观决断和社会经济客观发展条件的双重因素导致的。（3）毛寿龙先生的《中国地级政府的过去与未来》〔《安徽教育学院学报》（哲学社会科学版）1995 年第 2 期〕。该文也是将行署作为地级建制的一个阶段来处理。作者认为中国地级政府"一直在虚实之间摇摆不定"，而行署等地级政府最终由虚变实的逻辑就是："行政监督权的（长期）行使必然导致派出机关的实设化，而计划体制的条块结构也推波助澜，于是派出机构终将变成实设的政府"。对于地级政府的去留，他认为，从减少层级、增大幅度的目标看，行署等地级政府的撤销是必然的；但从城乡分治、社会自治的长远角度看，行署等地级政府的存在又有其合理性。（4）胡鞍钢先生的《延迟十五年的改革：关于撤销地区行署机构的建议》（《中国国情分析研究报告》第 8 期）。这是 20 世纪 90 年代由清华大学国情研究室做的国情分析报告之一，是针对其时地方政府行政体制改革提出的对策性分析。此文从当时精简机构、财政分税角度分析认为，地区行署机构应该撤销，而且时机已经成熟；撤销后实行省直管县，地级市仍为省辖市，但不辖县或市。
(5) 李金夫、姚文明先生的《健全地区行署的运行与监督机制》(《政治与法律》1994 年第 2 期)。作者从完善人民代表大会制度的角度，就如何健全地区行署的运行与监督机制做了探讨，认为由于地区未设立权力机关，造成了事实上行署的"真空"运作状态，使派出机构没有真正发挥其应有的作用。为此，提出四种解决途径：或实行"市管县"；或设立人大地区委员会并明确其职权；或将地区行署纳入省级政府组织序列；或撤销。

以上研究成果所取得的成绩和突破主要体现在以下三个方面：其一，对于地区行署制度的相关概念，如行政区划、行政建制、准行政、虚级政府等作出了完整的、明确的界定。相较而言，对相关概念的把握还是以政区地理学专业的周振鹤和刘君德两前辈贡献颇多而且更有权威性；其二，基本厘清了地区行署制度的法制沿革。这一成绩主要是由翁有为先生作出的；其三，通过对安徽省阜阳地区行署的考察，记述了行署个案的机构设置和职权；其四，对地区行署制度变迁的动力机制进行了分析。这一成绩主要是由史卫东先生作出的。

综上所述，迄今学术界在此方面所存的缺憾（尚未进行和完成的工作）主要在于，对于地区行署制度有待给出一个完整、立体、内部结构耦合严谨的和职能动态化的描述及阐释，其具体表现如下。

（1）对于地区行署和地委的机构设置仅作分别列举而未能深入揭示其内部结构和整体结构；

（2）对于地区行署职能的探讨与分析基本处于制度设计层面而较少涉及其实际运作；

（3）对于文献资料不能直观反映的行政运作机制，如前文所述决策执行、监督检查、公文传递处理、会议制度、人事管理、财政财务等，未予以揭示和研究。

此外，对新时期有关地方行政体制改革的对策性分析方面，上述从行政学、历史地理学和法律学角度所进行的研究在具有其优势的同时也必然具有局限，这也为本书留下了充分的空间。

四 地区行署制度的基本内容与创新点

本书尝试在前人研究的基础上，从纵向上，按照时间顺序梳理地区行署制度的历史渊源、建立、发展与演变，探讨各种相关制度的沿革和实际实行情况；从横向上，厘清以下几个内容：其一，地区党政群各系统的组织机构与职能的沿革；其二，地区行署行政运作的机制；其三，地区的人事制度；其四，地区行署的财务、财政制度。

本书的主要学术追求在于拓展、深化地区行署制度研究的内容，以历史学视角尽量还原地区行署制度的原貌。具体的突破和创新包括以下几个方面。

（1）内容方面，一是将地区行署制度作为派出政府制度的历史渊源上溯至汉代，分别从中央的派出政府和省的派出政府两个层面系统、完整地钩沉、梳理其后的发展演变；二是从制度和实践两个层面全面厘清和描述、分析地区行署的地位（性质）、职能、组织机构、行政运作、财务财政、干部人事管理的有关规制及其动态化的操作过程和实际运作情况。因此，对地区行署制度的研究不仅是一种静态性、状态性的描述，更是一种动态性、过程性的描述；解决传统与当代的继续、发展与变迁的关系。

（2）资料方面，本书发掘使用了近 2000 卷未刊档案和报刊等原始资料，改变了现有研究成果中资料单一且原始档案资料稀少的状况。而且还要指出的是，这些用于历史考察的资料之于本研究，并非仅是收集、整理与堆砌，更在于对材料的归纳、分析与评价。

（3）观点方面，地区行署制度作为一种派出政府制度，其产生的根源是由我国的历史和国情决定的。"地方政府体制中的层级组合不是一个纯理论问题，更不是人们主观意愿随意决定的"①，任何行政区划的调整应当与时势的发展相适应。基于此，笔者认为，长时期里，某种形式的派出政府制度还会存在；同时它存在与发展的逻辑也有一定的理路可循。

（4）方法方面，本书除采用传统的历史学考据方法外，另外还采用了

---

① 陈小京等：《中国地方政府体制结构》，中国广播电视出版社，2001，第 169 页。

其他两种研究方法，具体包括：一是典型分析方法，在广泛取材的同时，着重选取某些地区进行重点剖析；二是过程—事件分析方法，以常制变，以动见静，通过对具体事例，如某一工作的开展、某一决策的贯彻实行的过程分析，构建相关内容的结构范式，即本书的主题不仅在于历史的考察，而且注重理论的使用和分析。

同时，也要遗憾地承认，本书还存在以下局限：1978 年以来的不同历史时期，由于缺乏中央层面的具体、明确的规制，各省对地区行署制度的实施，既存在大同的一面，又存在小异的一面，且后者更为纷繁复杂，而本书不可能包罗万象。

五　主要参考文献资料

地区行署制度的研究所参考的文献资料主要分为以下五类。

（1）古籍。主要是《汉书》《唐史》《明史》《清史稿》中的"地理志""职官志"等相关部分，从中梳理地区行署制度的渊源脉络，寻找历史镜鉴。

（2）档案和报纸。近 2000 卷的档案是本书资料的最重要论据，主要为河北省档案馆、石家庄市档案馆、廊坊市档案馆、辽宁省档案馆、铁岭市档案馆等 5 家档案馆馆藏的地区行署及其相关历史档案，这些资料保存完整，数量浩大，可为地区行署的研究提供丰富的第一手材料。报纸主要为地区行署制度实行期间各地在不同时期办的地方性报纸。这些报纸大多为省委、地委等党委部门所办，间或报道地区行署的情况，而这些报纸对本书的价值与档案、政报齐肩。

（3）官方文件汇编。本书使用的官方文件汇编类资料较多，包括政府公报、政报、文献汇编近百部。中央和各省都曾发布各种制度文件汇编，如《机构 编制 体制文件选编》《地方政府的职能和组织机构》《中华人民共和国行政区划简册》等。政报如云南、湖南等省政报。诸如此类多是各种官方文件的汇集，对梳理相关制度演变的作用重大。

以上档案和官方文件汇编两类资料的局限在于虽不能直接作为研究各个时期地区行署制度实况的依据，但也具有以下重要价值：其一，对于研究各个时期有关地区行署制度的官方制度设计具有权威性；其二，可以为各个时期地区行署制度的实行状况提供一般性统计和描述依据；其三，其中保存有少量地区行署制度实际实行情况的实例，或可以折射出某些制度的实行情况与中央规制之间的差异；其四，可以为甄别其他资料的真伪、矫正其中的错误提供参考。

（4）地方志、组织史资料。1949 年底，我国有 216 个[①]专区，截至2018 年底全国仍有 7 个地区存在于新疆、西藏等边疆省份。而绝大多数地区或地市合并后的市都有地区志或市志，本书搜集了包括各省各地区、地级市的地方志和中共组织志等 70 余部，如《中国共产党辽宁省组织史资料》《石家庄地区志》《菏泽地区志》《泰安地区志》《黑河地区志》《汉中地区志》《龙岩地区志》《池州地区志》《零陵地区志》等。地方志和组织志在反映各个时期地区行署制度的实况方面一般较为真实可靠，但其编纂质量良莠不齐，也存在失真和简单抄录其他文献等问题，利用时须进行分析考辨。同时，笔者须交代清楚：本书中所用史料尽管在书后参考文献中已标出纸版的出版信息，但实际有部分为网络版，因此不臆可能出现因网站升级、改版、更换网址、免费使用权限到期、国家档案政策调整等原因不能按本书标注网址找到原文，所以脚注中已经标注了笔者的在线阅读时间。

（5）年鉴、大事记及其他资料。本书还使用了各类年鉴、大事记及其他资料，如《张家口地区大事记》《廊坊地区大事记》《邯郸地区大事记》等。这类资料使用时须辨析而定。

---

① 既有研究对 1949 年的专区个数有 5 种说法：（1）195 个说（刘君德《中国政区地理》第126、254 页）；（2）190 多个说（翁有为《专区与地区政府的法制研究》第 117 页，指出1950 年的数量）；（3）185 个说（中华人民共和国民政部行政区划处《中华人民共和国行政区划手册》1986 年版第 20 页）；（4）170 个说（史卫东、贺曲夫、范今朝《中国"统县政区"和"县辖政区"的历史发展与当代改革》第 128 页）；（5）147 个说（王珂：《当代中国专区制度研究》，博士学位论文，第 29 页）。笔者认同的是 216 个说。上述统计结果之所以与笔者不同，一是仅统计名为"专区"的数量，沿用民国旧称为"分区"（陕西 12 个）和"行政督察区"（四川 16 个、云南 13 个、西康 5 个）的 46 个未计算在内；二是行署区下的 22 个专区（江西省赣西南行署下 3 个、皖北行署下 6 个、皖南行署下 4 个、苏北行署下 5 个、苏南行署下 4 个）也有未计算在内；三是可能存在个别计算错误。

第一章 地区行署制度的历史渊源

地区行署制度，是新时期的重要地方政治制度，但并非新中国成立后所创，也并非改革开放的新产物。地区行署制度的最近前身为距其10余年前的专区专署制度，其最远前身则要追溯至2000多年前汉代的部州制。确切地说，地区行署制度的历史渊源，若仅从省与县之间的派出政府制度这一角度追溯，可上溯至元代的宣慰司道制，中经明代的守、巡道制和清代的道员制，直至根据地和解放区的行政督察专员公署制度，再至新中国的专区专署制度；再若从派出政府制度这一角度追溯，最远可上溯至西汉的部州制，中经唐代的道制、宋代的路制、元代的行省制，直至明清的督抚制。

追本溯源是历史学的责任，且任何政治制度的变迁过程均对以往制度形式及变迁历史存在高度依赖性。道格拉斯·诺斯的"路径依赖"理论指出，"如果不回顾制度的渐进演化，我们不可能理解当今的选择"①。因此，为了更好地理解地区行署制度，必须首先对其历史渊源进行追缉与钩沉。为方便起见，笔者按上述两类分别探讨：一类是中央派出政府制度；另一类是省级派出政府制度。

一 中央派出政府制度的渊源（公元前106年至元朝建立）

（一）汉代的部州制（公元前106～188年）

在中国历史上，派出政府制度最早起源于西汉的部州制。部州是西汉

---

① 〔美〕道格拉斯·C.诺斯：《制度、制度变迁与经济绩效》，刘守英译，上海三联书店，1994，第134页。

中央派往地方行使监察职能的机构，其中部为派出机构的名称，州为部的监察区域。

汉初沿袭秦制实行郡（国）—县二级制，但汉初的109郡大大超出秦时的48郡，中央政府直接管理100多个郡实在力所不及。于是武帝元封五年（公元前106年），"初置刺史部十三州"作为监察区，具体包括冀州、幽州、并州、兖州、徐州、青州、扬州、荆州、豫州、益州、凉州、朔方、交趾①，"凡十三部，置刺史②。"③ 每州监管4～10个郡（国），刺史为巡视官，无固定治所、无固定掾属，事毕即归，每年"常以八月巡行所部郡国，录囚徒，考殿最。初岁尽诣京都奏事，中兴但因计吏"④。作为监察官员，刺史品秩六百石，"为下大夫"之流，没有地方行政管理权，"奉掌诏条察州"⑤，其具体职能按"六条问事"："一条，强宗豪右，田宅逾制，以强凌弱，以众暴寡。二条，二千石不奉诏书，遵承典制，倍公向私，旁诏守利，侵渔百姓，聚敛为奸。三条，二千石不恤疑狱，风厉杀人，怒则任刑，喜则任赏，烦扰苛暴，剥戮黎元，为百姓所疾，山崩石裂，妖祥讹言。四条，二千石选署不平，苟阿所爱，蔽贤宠顽。五条，二千石子弟怙恃荣势，请托所监。六条，二千石违公下比，阿附豪强，通行货赂，割损政令。"⑥ 一言以蔽之，部州的职责就是监察州内品秩二千石的郡太守和王国相等地方官的种种不法行为。

东汉末年黄巾起义期间，部州由原来行使监察职能的派出机构逐渐发展为凌驾于郡守之上总揽地方大权的一级政府。这主要表现在：（1）刺史

---

① 《汉书》卷六·武帝纪第六，二十五史全文检索系统（网络版），http://202.112.82.27/net25/readframe.htm，2020年10月22日阅。

② 州的长官初为刺史，秩六百石；"成帝绥和元年更名牧，秩二千石。哀帝建平二年复为刺史，元寿二年复为牧。"见《汉书》卷十九（上）·百官公卿表第七（上），二十五史全文检索系统（网络版），http://202.112.82.27/net25/readframe.htm，2020年10月22日阅。

③ 《汉书》卷二十八（上）·志第八地理（上），二十五史全文检索系统（网络版），http://202.112.82.27/net25/readframe.htm，2020年10月22日阅。

④ 《后汉书》·志第二十八百官（五），二十五史全文检索系统（网络版），http://202.112.82.27/net25/readframe.htm，2020年10月22日阅。

⑤ 《汉书》卷十九（上）·百官公卿表第七（上），二十五史全文检索系统（网络版），http://202.112.82.27/net25/readframe.htm，2020年10月22日阅。

⑥ 《后汉书》·志第二十八百官（五），二十五史全文检索系统（网络版），http://202.112.82.27/net25/readframe.htm，2020年10月22日阅。

品秩由武帝元封五年的六百石提高至成帝绥和元年的二千石①；（2）刺史不必定期进京奏事，在其属地固定治所，还增加了别驾、治中、兵曹、史、主簿、门厅长、书佐、孝经师、月令师等分司各职的幕僚人员②，本为工作区域的州演变成为此派出政府的名称；（3）刺史权力逐渐扩大，除监察地方官员外，逐步增加了"岁举茂才"即选荐官吏权③、劾奏权。渐次，刺史还可典领郡兵，享有统兵权，并且可对地方行政进行干预，甚至发展至郡县"守令殆不可为"④。同时，中央将刺史改称州牧，拥有一州的军事、行政、财政和司法大权。这样，州由原来中央派出的监察区变为郡县之上的正式政区，形成东汉后期的州—郡—县三级行政体制。

（二）唐代的道制（627～785年）

唐代的派出政府制度为道制。唐代建立派出政府制度的原因与西汉无异。唐初的地方行政机构沿袭隋朝的州（郡）—县两级制，两级制虽然在层次上最简略，但中央直接统管358个州府，幅度较大。因此，中央对地方的管理遭遇与汉代同样的问题，或疲于应付，或鞭长莫及，遂于州之上置道，建立道制。

贞观元年（627年），唐太宗厘定道制，"因山川形便，分天下为十道"：关内道、河南道、河北道、河东道、山南道、陇右道、淮南道、江南道、岭南道、剑南道⑤，每道辖州10～70个不等，绝大多数为20～30个，如淮南道辖14州、河北道辖26州、河南道辖29州、山南道辖31州、江南道辖51州、岭南道辖75州⑥。中央定期或不定期派遣中央政府的官员分别到各道视察，此官员属临时遣使，事毕即罢。而且道与汉代部州相

① 《汉书》卷十九（上）·百官公卿表第七（上），二十五史全文检索系统（网络版），ht-tp：//202.112.82.27/net25/readframe.htm，2020年10月22日阅。
② 《宋书》卷四十·百官志，二十五史全文检索系统（网络版），http：//202.112.82.27/net25/readframe.htm，2020年10月22日阅。
③ 《后汉书》卷一一四·百官一，二十五史全文检索系统（网络版），http：//202.112.82.27/net25/readframe.htm，2020年10月22日阅。
④ 顾炎武撰、张京华校释：《日知录校释》（上），岳麓书社，2011，第403页。
⑤ 《新唐书》卷三十七·志第二十七地理（一），二十五史全文检索系统（网络版），http：//202.112.82.27/net25/readframe.htm，2020年10月22日阅。
⑥ 张明庚、张明聚编著《中国历代行政区划》，中国华侨出版社，1996，第193～196页。

同亦无治所，也无编制。各道官长的员额、名称基本在玄宗开元以前（731年）都不固定，称为"按察采访处置使""按察使"或"观察处置使"；职能笼统，一般是"掌察所部善恶，举大纲""秋冬巡视州县"①，其间曾沿用汉代六条和武则天的四十八条作为职能。

开元二十一年至二十二年（734年），唐玄宗进行了一系列行政体制改革，道制有了较大发展：一是固定人员和治所，道的官长改称"观察（处置）使"，设固定治所和固定人员，观察使府设副使、支使、判官、掌书记、推官、巡官、进奏官等各一人②；二是缩小道的管理幅度，将贞观十道改为十五道，在原十道基础上增设京畿、都畿两道，分山南道为东、西二道，分江南道为东、西、黔中三道，形成十五道监察区。③这样，每道管辖州由三十个左右降为二十个；三是废除"多张科目，空费簿书"的汉六条④，规定新六条职能："其一，察官人善恶。其二，察户口流散，籍帐隐没，赋役不均。其三，察农桑不勤，仓库减耗。其四，察妖猾盗贼，不事生业，为私蠹害。其五，察德行孝悌，茂才异等，藏器晦迹，应时用者。其六，察黠吏豪宗兼并纵暴，贫弱冤苦不能自申者。"⑤简言之，唐六条较之汉六条更注重考察地方官员政绩，检查财政经济领域内的犯罪行为，尤其是督促发展州、县农业生产和搜罗举荐人才等方面的职责。同时，中央还作出与汉初部州相同的规定，即道的官长观察使要每年8月考察所属各州政绩，分别等第，向皇帝报告；分等的标准是："以丰稔为上考，省刑为中考，办税为下考"⑥，对于不法地方官可停职查办。

---

① 《新唐书》卷四十九（下）·志第三十九下百官四下，二十五史全文检索系统（网络版），http：//202.112.82.27/net25/readframe.htm，2020年10月22日阅。
② 《新唐书》卷四十九（下）·志第三十九下百官四下，二十五史全文检索系统（网络版），http：//202.112.82.27/net25/readframe.htm，2020年10月22日阅。
③ 《新唐书》卷二十七·志第二十七地理（一），二十五史全文检索系统（网络版），http：//202.112.82.27/net25/readframe.htm，2020年10月22日阅。
④ 《旧唐书》卷九十四·列传第四十四李峤，二十五史全文检索系统（网络版），http：//202.112.82.27/net25/readframe.htm，2020年10月22日阅。
⑤ 《新唐书》卷四十八·志第三十八百官（三），二十五史全文检索系统（网络版），http：//202.112.82.27/net25/readframe.htm，2020年10月22日阅。
⑥ 《新唐书》卷四十九（下）·志第三十九下百官，二十五史全文检索系统（网络版），http：//202.112.82.27/net25/readframe.htm，2020年10月22日阅。

安史之乱后，为抵御藩镇割据，增强地方权力，各道分头防守，道的权力更加扩大，与方镇合一，形成新的割据，实际上成为州以上的一级行政，唐的地方行政体制形成道—州—县三级制。

(三) 宋代的路制 (997～1279 年)

宋代中央的派出政府制度为路制，路在宋代始终是派出政府。宋初，汲取唐五代以来藩镇割据的教训而撤道，由中央直接统领府、州、军、监等，地方为二级制，但府、州、军、监总数达 300 个，全由中央统领不可能，于是在府、州、军、监之上不得不另设置路，形成（路）—府、州、军、监—县虚三级制。

至道三年（997 年），宋太宗"分天下为十五路"：京东路、京西路、河北路、河东路、陕西路、淮南路、江南路、荆湖南路、荆湖北路、两浙路、福建路、西川路、峡西路、广南东路、广南西路①。神宗元丰八年（1085 年）增至 23 路，1105 年又增设京畿路，此后 24 路成为北宋路制的基本状态。为了防止地方割据的重现，各路不设单一官长或机构，而是设多个机构，除均管所部官员的考核与监察外，还分管不同工作。其中经略安抚司"掌一路兵民之事"；都转运使司主管本路的财政工作，"掌经度一路财赋，而察其登耗有无，以足上供及郡县之费。岁行所部，检察储积，稽考帐籍，凡吏蠹民瘼，悉条以上达，及专举刺官吏之事"；提点刑狱司主管本路的司法工作，"掌察所部之狱讼而平其曲直，所至审问囚徒，详覆案牍，凡禁系淹延而不决，盗窃捕窜而不获，皆劾以闻，及举刺官吏之事"；提举常平司"掌常平、义仓、免役、市易、坊场、河渡、水利之法"和盐的专卖；提举学事司"掌一路州县学政，岁巡所部以察师儒之优劣、生员之勤惰，而专举刺之事"②。各个机构互不统属，实行军、政、财、刑、学分立而治，各自直接对中央负责。在内部，诸司分别设有都使或使为长官，副使和判官为佐贰。此外，有的路还设有提举茶盐司、提举茶马司、提举市舶司等。

① 《宋史》卷八十五·志第三十八地理（一），二十五史全文检索系统（网络版），http：//202.112.82.27/net25/readframe.htm，2020 年 10 月 22 日阅。
② 《宋史》卷一百六十七·志第一百二十职官（七），二十五史全文检索系统（网络版），http：//202.112.82.27/net25/readframe.htm，2020 年 10 月 22 日阅。

值得一提的是，宋代存在 200 余年，路始终没有转化为一级正式层次，其最主要的原因就在于路的各监司辖区广而任务专，其扩张权力范围的本能又被中央政府成功遏制，这主要表现在以下几点：（1）路设多司，互不统属，军、政、财、刑等多权分立，同时人事权又在中央，因此，路的军、民、财、法、人五权很分散；（2）路以下的各府、州、军、监直接受中央的管辖，依然保留其向中央的直接奏事权；（3）府、州财赋直接送交中央，路很难积聚财力和财权。因此，实际上路不能独揽和掌控所属各府、州、军、监的行政权、财政权、人事权，也就没有足够的条件转化为府、州、军、监之上一级行政。而元取代宋后，路被降为与府、州同级的行政层级。

（四）元代的行省制（？ ~1287 年）

元代中央与地方之间的派出政府制度为行省制。行省为中书省派出的军政合一的战时机构。行省制不同于汉代的部州制、唐代的道制和宋代的路制。首先，行省制最初的建立时间并不确切；其次，行省作为虚级政府的时间很短，仅限于元代统一前。

众所周知，元的版图很大，统一前就"有难以里数限"的疆域，统一后"其地北逾阴山，西极流沙，东尽辽左，南越海表。盖汉东西九千三百二里，南北一万三千三百六十八里，唐东西九千五百一十一里，南北一万六千九百一十八里，元东南所至不下汉、唐，而西北则过之"[①]。因此，"国初，有征伐之役，分任军民之事，皆称行省，未有定制"，即在统一战争初期，主要为军事征伐服务，每遇攻城略地，即由中书省（1287 年改为尚书省）的派出机构管理军、民所有事务，称行中书省，简称行省。中统、至元间，"因事设官，官不必备，皆以省官出领其事。其丞相，皆以宰执行某处省事系衔"[②]。行省官员的设置基本与中书省的官员名称相同，"秩从一品"。不同的是行省只比中书省少一个中书令，其余皆同。官员大致包括丞相、平章、左右丞、参知政事，大多由蒙古亲王担任。至元二十

---

① 《元史》卷五十八·志第十地理（一），二十五史全文检索系统（网络版），http：//202.112.82.27/net25/readframe.htm，2020 年 10 月 22 日阅。

② 《元史》卷九十一·志第四十一（上）百官（七），二十五史全文检索系统（网络版），http：//202.112.82.27/net25/readframe.htm，2020 年 10 月 22 日阅。

五年（1288 年），忽必烈正式确定行省为地方最高机构，全国建立 11 个行省"曰岭北，曰辽阳，曰河南，曰陕西，曰四川，曰甘肃，曰云南，曰江浙，曰江西，曰湖广，曰征东，分镇藩服"①。其职能，"凡钱粮、兵甲、屯种、漕运、军国重事，无不领之"②。其辖区较之汉州（13 个）、唐道（15 个）、宋路（24 个）大很多，具体大小相当于若干现代的省，但略小于新中国成立后 1949～1954 年的大行政区。

同时，除行省以外，元代中央的派出机构还有转运司、宣抚司、宣慰司、提刑按察司（肃政廉访司）、元帅府、行御史台、统军司等。但以上机构各地设置数量和时间不甚一致，而且存在时间很短，如宣抚司存在 19 个月即废，其余绝大部分在元统一全国后即废除。

（五）明代的督抚制（1486～1616 年）

明代的督抚制也是中央的派出政府制度。明沿袭元代的行省，但改称为布政使司作为地方最高行政层级，内设布政使司、都指挥使司、提刑按察使司，简称布、都、按三司，分管民政、军政、刑政。明代地方行政体制为三司—府（州）—县三个层次，但由于都、布、按三司互不统属，行政、军事、监察三权各自为政、权力分散，甚至互相牵制，难以及时、有效地应付规模较大的突发事件。于是，从 1486 年起，中央定期或不定期向一些地区派出巡抚，用于监察都、布、按三司，以解决三司对县统治权力的分散问题，巡抚监察、巡视的范围即管辖区称道。后在巡抚制的基础上又建立总督制，但总督与巡抚有所不同，一是总督并非普遍设立，其"特遣性质比较明显，地方性与稳定性都不如巡抚"③；二是总督一般以军事职能为主。明中叶以后，出于消弭内乱边患的需要，建立了总督节制巡抚和总兵的体制，总督可直接兼任巡抚，总督职能才渐广，并开府置幕，总领一省或数省事务。"巡抚兼军务者加提督，有总兵地方加赞理或参赞，所

---

① 《元史》卷五十八·志第十地理志（一），二十五史全文检索系统（网络版），http：//202.112.82.27/net25/readframe.htm，2020 年 10 月 22 日阅。

② 《元史》卷九十一·志第四十一（上）百官（七），二十五史全文检索系统（网络版），http：//202.112.82.27/net25/readframe.htm，2020 年 10 月 22 日阅。

③ 周振鹤：《中国地方行政制度史》，上海人民出版社，2005，第 191 页。

辖多、事重者加总督。他如整饬、抚治、巡治、总理等项，皆因事特设。"① 一般督、抚往往带有中央政府一、二品大员的职衔，在其所督或所抚道内拥有处置军务、监察官吏、治理民事的综合权力，其管理范围视所督、所抚事项而定。

明代中后期总督和巡抚由临时派遣变为长期设置，由派往个别地区扩大至全国各地，其管辖范围也由变动频繁转至相对固定。但终明一世，督抚与宋代的路一样，也没有转化为一级行政，其原因如下：一是督抚不遍设；二是督和抚同设一地时本身又互为权力制衡。进入清朝，督抚制常规化、制度化，乾隆中期确立全国十八省每省设一巡抚，每两省设一总督，形成"八督十五抚"的格局，督抚才正式成为一级地方行政官员。

二　省级派出政府制度的渊源（元朝中后期至 1912 年）

有专家曾言："我国省县之间的派出机关起源于本世纪初的民国时期。"② 笔者认为管县派出政府的起源要更早。

（一）元代的宣慰司道制（元中后期 ~ 1368 年）

省与县之间的派出政府制度可追溯至元代的道制。③ 由于元统一中国后，疆域前所未有的广大，地方政府的层级结构也十分复杂。元人记载："有路、府、州、县四等。大率以路领州、领县，而腹里或有以路领府、府领州、州领县者，其府与州又有不隶路而直隶省者"④，即有 2 ~ 5 级不等，但其总体为省—路（府、州）—县（或州）三级制，具体各行政层级

---

①　《明史》卷七十三·志第四十九职官（二），二十五史全文检索系统（网络版），http：//202.112.82.27/net25/readframe.htm，2020 年 10 月 22 日阅。

②　张雅林：《地区（行署）的沿革、现状及改革对策》，载吴佩纶主编《地方机构改革思考》，改革出版社，1992，第 90 页。

③　华东师范大学人文地理学专业的史卫东在其博士学位论文《省制以来统县政区发展研究》一文中，对元明清时期的统县政区，包括省的派出制度——道制作了系统介绍。本书拟在吸收其成果的基础上，对元明清的道制作进一步阐述。

④　《元史》卷五十八·志第十地理志（一），二十五史全文检索系统（网络版），http：//202.112.82.27/net25/readframe.htm，2020 年 10 月 22 日阅。

的数量为：行省 11 个、路 185 个、府 33 个、州 359 个、军 4 个、安抚司 15 个、县 1127 个。每个行省平均管辖面积约为 114.33 万平方公里①，因此，对下级政府的管理明显有力所不及之感。所以，元在行省与路级政府之间设立派出机构——宣慰司，以加强对地方的控制，其长官称宣慰使，以道为辖区，故称宣慰司道制。

前述，元统一以前，也有一派出机构称宣慰司，与行省同为中央派出机关，但其辖区为路，可称为宣慰司路。在元代地方，一般"其立行省者，不立宣慰司"②，所以，宣慰司路实际上"是行省的补充"③。行省成为一级行政后，多数宣慰司路同其他与行省同级的机构被逐渐废除。而作为行省的派出机构的宣慰司出现于元中后期，主要是成宗朝（1295～1308年）以后。区别于统一前的宣慰司，统一后的宣慰司均以"道"命名，因此称为宣慰司道制。这一宣慰司也并非普遍设立的派出机构，一般"郡县又远于省，若有边徼之事者，则置宣慰司以达之"④，即只设于省内离行省中心较远或少数民族聚集的地方。元中后期共设有 11 个宣慰司道⑤。宣慰司的职能是"掌军民之务，分道以总郡县，行省有政令则布于下，郡县有请则为达于省，有边陲军旅之事，则兼都元帅府，其次则止为元帅府"，即边陲地区的宣慰司兼调度军旅的职权。宣慰司上属行省，下领诸路，再下则路领府州，府州领县。宣慰司内设宣慰使 3 员，同知宣慰司事、副宣慰使各设置 1～2 员不等，宣慰使下还有经历官、都事、照磨兼架阁管勾等职，负责具体事务的处理。宣慰使等官兼任都元帅等职务则兼设具军事职能的都元帅府，还增设同知、副史、经历、都事各 1 员⑥。元代的宣慰司道制是明、清道制的起源。

---

① 程幸超：《中国地方行政制度史》，四川人民出版社，1992，第 212 页。
② 《元史》卷九·本纪第九世祖（六），二十五史全文检索系统（网络版），http：//202.112.82.27/net25/readframe.htm，2020 年 10 月 22 日阅。
③ 史卫东：《省制以来统县政区发展研究》，博士学位论文，华东师范大学，2006，第 55 页。
④ 《经世大典序录》卷四十官制，转引自张金铣：《元代地方行政制度研究》，安徽大学出版社，2001，第 176 页。
⑤ 谭其骧主编《中国历史地图集》（第七册：元明清时期），中国地图出版社，1996，"元时期图组编例"。
⑥ 《元史》卷九十一·志第四十一（上）百官七，二十五史全文检索系统（网络版），ht-tp：//202.112.82.27/net25/readframe.htm，2020 年 10 月 22 日阅。

（二）明代的守、巡道制（永乐年间～1644 年）

沿袭元代道制，明代在省县之间建立守、巡道制。明代由于布政使司即省级政府辖境颇大，于永乐年间将一省划分为数区，建立"道"。明代的道，有专管一事的道如协堂道、水利道、屯田道、关河道、盐法道等，是省的专门办事机构，这种道不按照辖区划分，而是以所担负的具体任务来划分，相当于今天各省承担单一专业职能的厅或局等机构。此外，还有专管一地的道，即代表省府（布政司）管理某一地的机构。专管一地的道又分两种：布政使司副官参政、参议所领诸道，称为分守道，分守道始置于永乐年间；按察司内副官副使、佥事，分领诸道，称为分巡道，分守道和分巡道二者合称守巡道。源于其上级派出者职能的不同，分守道以行政监察为主，分巡道以司法监察为主。派往各分守、分巡道的参政、参议、副使、佥事等代表布、按二司监临地方，督导和检查地方工作，以便沟通省内上下。各省派出的分守道和分巡道的数量大体相当，其辖区或重叠或交错，共同负责对省内各州府县事务的管理与监察，相互补充、相互制约，构成地方上的双重监察体制。分巡道大多数兼专管一事之道的职责，"或兼兵备、或兼河务、或兼水利、或兼提学，或兼茶马、屯田，或兼粮储、盐法"①，还有兼关务、窑务、驿传、海防、船工、渔业、商埠、漕务者。与元代的宣慰使及僚属有固定的品级不同，明代以参政、参议、副使、佥事分遣各道，属临时性质，无品级，无治所，视所代职衔而定，参政为从三品，则守道同；佥事为正五品，则巡道同。

明中后期，守、巡两道监察职能逐渐削弱，所担负的行政职能却不断增多，但始终是省的派出机关。其原因，一是交叉和重叠设置的守、巡道二者之间存在掣肘，权力分散化，这与明代督和抚是相同的；二是派出官员的品级、治所不定，所以，难以常态化并坐实为地方一级。

（三）清代的道（员）制（1644～1911 年）

清代沿用明代的守巡道制，同样是根据派出者不同而分设分守道和分

---

① 嘉庆：《钦定大清会典事例》卷二十二，转引自朱东安：《清代的道和道员》，《近代史研究》1982 年第 4 期。

巡道。"分守为布政使之副，专掌钱谷，分巡为按察使之副，专掌刑名"①。与明代的道不同：（1）清代道的长官改称道员，因此，清代的派出政府制度又称为道员制；（2）清代的道有固定治所和品级。道员的衙署称道台衙门，同时，虽清初道员"衔额靡定，均视其升补本职为差"②，但到乾隆十八年（1753 年）固定下来，"定为守巡各道秩正四品"③，其属吏有库大使、仓大使、场大使、盐课大使、关大使等杂职，秩从九品或未入流不等；（3）清代的守、巡道"皆因地建置，不备设"④，一省内守、巡道不兼设。如 1820 年，直隶省设的分守道只有口北道 1 个，分巡道则有 6 个，包括天津道、清河道、通永道、大顺广道、热河道、霸昌道。宣统年间（1909～1911 年），全国共有 84 个守、巡道，每省置道数量不等，总体巡道多于守道。⑤ 守、巡道多兼管盐、粮、河道，主要职责是"各掌分守、分巡，及河、粮、盐、茶，或兼水利、驿传，或兼关务、屯田。并佐藩、臬核官吏，课农桑，兴贤能，励风俗，简军实，固封守，以帅所属而廉察其政治"⑥，即协助督、抚、藩、臬诸地方大员管理政务，监督府、县。在制度上，各省道员也有上疏言事之责，有密折封奏之权，可直达天听。

（四）行政督察专员公署制度（1932～1949 年）

行政督察专员公署制度⑦是民国时期国共双方均曾设立的省级派出政府制度。河南大学翁有为教授等 7 人合著的《行政督察专员区公署制研

---

① 《内政年鉴》，民政篇，转引自朱东安：《清代的道和道员》，《近代史研究》1982 年第 4 期。
② 《清史稿》卷一百一十六·志第九十一职官（三），二十五史全文检索系统（网络版），http://202.112.82.27/net25/readframe.htm，2020 年 10 月 22 日阅。
③ 嘉庆：《钦定大清会典事例》卷二十二，转引自朱东安：《清代的道和道员》，《近代史研究》1982 年第 4 期。
④ 《清史稿》卷一百一十六·志第九十一职官（三），二十五史全文检索系统（网络版），http://202.112.82.27/net25/readframe.htm，2020 年 10 月 22 日阅。
⑤ 张明庚、张明聚编著《中国历代行政区划》，中国华侨出版社，1996，第 411～417 页。
⑥ 《清史稿》卷一百一十六·志第九十一职官（三），二十五史全文检索系统（网络版），http://202.112.82.27/net25/readframe.htm，2020 年 10 月 22 日阅。
⑦ 国民党的行政督察专员公署是省的派出机构，而中国共产党的行政督察专员公署随战事变化，有时是边区政府（陕甘宁）或边委会（晋察冀）的派出机构，此二者也相当于省级；有时是行署的派出机构。而行署同样在不同时期，有时为派出机构，有时又是正式的一级政府（如 1946～1948 年的东北地区）。基本 1945 年以后的行署相当于省级。

究》，对此制度的设立、职能、组织、性质等均有专论，笔者未来两年内也将有一部与此基本同名却不同内容的专著问世，故在此只对此制度作简单的、必要的介绍。

行政督察专员公署制度设立的原因是国民党剿兵、整合地方、加强中央集权的结果。国民政府地方基本实行省—县二级制。然而现实上，"我国省区，大都地域辽阔，交通不便，所辖县治，多者逾百，少亦六十以上，遂使省与县之间，上下远隔，秉承督察，两俱难周，以故省政府动有鞭长莫及、呼应不灵之苦"①。即国民政府的省县二级制遭遇了历史上中央或省政府管理幅度过大的同样问题，加之剿共需求。于是1932年前各地在没有中央统一规制的情况下分别尝试建立各色派出政府制度以解决这一问题，如安徽省的首席县长制、江苏省的行政区监督制、浙江省县政督察专员制及江西省党政委员分会制等。这些成为后来国民政府行政督察专员公署制度的直接来源。蒋主军汪主政二元体制形成后，1932年8月，蒋介石所掌军事委员会下的豫鄂皖"剿匪"总司令部和汪精卫所掌的行政院各颁一制，官称在"剿匪"区和非"剿匪"区各建立行政督察专员公署制度，但两种专员职权地位悬殊。两制并立四年后，随着汪精卫被刺辞职，蒋任行政院院长，延续此前蒋方专员制的特点，1936年10月，行政院颁布《行政督察专员公署组织暂行条例》《行政院审查行政督察专员人选暂行办法》《行政督察专员资格审查委员会规则》《行政督察专员办事成绩考核暂行办法》等五个法规，标志着行政督察专员公署制度正式划一固定。

自1937年开始，中国共产党领导的各根据地和解放区也实行了行政督察专员公署制度，但中国共产党和国民党在这一制度上有同有异。两者的相同之处在于：（1）中国共产党参考了国民党的相关规制内容（详见第四章）。（2）管理幅度基本相当。1941年中国共产党设置的"专署辖县在7个左右，超过10个或少于等于4个的情况较少"；1935年，国民政府所辖

---

① 《国民政府为准蒋介石普遍推行行政督察专员制度意见备案事致行政院训令》（1932年10月10日），载中国第二历史档案馆编《国民党政府政治制度档案史料选编》（下册），安徽教育出版社，1994，第471页。

8 个省的专署除 1 个省平均辖县低于 6 个和 2 个省平均辖县在 10 个左右外，5 个省平均辖县都在 6 ~ 7 县。因此，国民党和共产党的专署辖县"情况相近"①。（3）行政督察专员区的名称基本以数字命名。1936 年，国民政府行政院的《行政督察专员公署组织暂行条例》规定："行政督察区名称以数目字定之"称"某某省第几区行政督察专员公署"②。中国共产党除最初的陕甘宁边区的 5 个专区称"分区"和解放战争时期的个别专区外，其余各地也以数字定名。（4）专员均可兼任县长。国民党和中国共产党的文件均规定，专署与县的办公机构置同一地时，专员可兼任县长。如《陕甘宁边区行政督察专员公署组织暂行条例》规定："专员公署与中心县政府同在一地时，专员得兼县长"。1937 年 11 月后，国民政府规定其专员不再兼任县长，但地方实际仍如故。

两者的不同之处在于：（1）中国共产党的专员来源更广泛。国民党的专员"由行政院院长或内政部部长提出呈请国民政府简派"，而中国共产党的"专员和副专员，由边区政府派任，或令驻本分区军事长官兼任，或令本分区县长 1 人兼任。"③ 可见，中国共产党的专员来源并不局限单一途径。（2）中国共产党行政督察专员公署制度的组织结构的规制性更强。（3）自 1937 年建制至 1949 年新中国成立，中国共产党对行政督察专员公署制度始终有所关注和建设；国民党对行政督察专员公署制度的建设主要集中在 1945 年以前，而解放战争时期则较少关注。（4）在是否实化的问题上，中国共产党行政督察专员公署制度由于 1941 年后根据地面临较大的困难，有些专员公署实化为一级政府；国民党各省专员的权力因地方实力派大多靳而不予，或随省主政者而变动，差异较大，不能一概而论。

总之，有专家指出，中国共产党的行政督察专员公署制度"虽然'嫁接'于国民政府的创制，但却不是照搬照抄，而是经过改造使之适宜于根据地和解

①　翁有为等：《行政督察专员区公署制研究》，社会科学文献出版社，2012 年，第 422 页。
②　张坚石等编《地方政府的职能和组织机构》（上），华夏出版社，1994，第 312 ~ 314 页。
③　《陕甘宁边区行政督察专员公署组织暂行条例》（1942 年 1 月），陕西省档案馆、陕西省社会科学院合编《陕甘宁边区政府文件选编》（第五辑），第 8 ~ 9 页。此文件误写为"陕甘宁边区行政府督察专员公署组织暂行条例"。

放区的实际需要"，"更体现了根据地的灵活性"①。同时，由于中国共产党的组织力和动员力更强，专员及专员公署在省县之间的行政中长期发挥了更大的作用；而不是像国民党混乱不一，甚至成了赘疣或单纯的文书承转机关。

（五）专区专署制度（1949～1966年）

关于专区专署制度，笔者的专著《1949—1966年专区专署制度研究》有详论，在此仅介绍要略问题。

如果汉代部州制是地区行署制度的最远前身，那么专区专署制度是地区行署的最近前身。1949年新中国成立后，承袭了根据地和解放区的行政督察专员公署制度，在省县之间建立专区专署制度，并将其写入新中国第一部组织法。1954年9月21日，第一届全国人民代表大会第一次会议通过的《中华人民共和国地方各级人民代表大会和地方各级人民委员会组织法》第四十二条规定："省人民委员会在必要的时候，经国务院批准，可以设立若干专员公署，作为它的派出机关"；其主要职责是"监督指导"县人民政府的工作②。

专区专署制度从1949年建立直至1966年"文化大革命"到来被地区革命委员会代替而结束，其历史可分为三个阶段：（1）1949～1957年建立阶段；（2）1958～1960年空前发展阶段；（3）1961～1966年调整恢复阶段。其中1949～1957年第一个阶段专署被规定为省级派出政府，即虚级；1958～1960年第二阶段专署发展为正式的一级政府；1961～1966年第三个阶段专署又恢复为派出政府。随着这17年否定之否定的过程，专区专署的规定职权发生了一波三折的变化：从第一阶段1950年简单规定的监督指导，到第二阶段1958年后转变为实级政府，全面扩权后大变身，具有一级政府的所有权力，再到第三阶段1961年专区专署制度恢复后收回扩大的权力。整个过程如过山车般大起大落，但各省专区专署职权的实况却没有中央规制计划的那样出现同样震动波幅的跌宕起伏的变化。其中表现之一是专区的"财政"。在1949～1957年和1961～1966年两个时段，按组织法和

---

① 翁有为等：《行政督察专员区公署制研究》，第436页。
② 张坚石等编《地方政府的职能和组织机构》（下），第178页。

宪法规定，专区不是一级行政层次，应没有独立财政和收支结构；1958～1960年转变为正式一级政府，建立一级财政，应具有与其他地方政府相同的收支结构。而实际结果是1961年后有的专区仍然是一级财政，直至"文化大革命"中期。与专区地位（性质）变化波动完全不同的是地区的组织与机构，实际上不但专区的设置与省、市基本对应，"财经、政法、文教等国家机关，凡属省、市所有者"，专区"大体都有"①，近似一级政府的规模和结构，还与其他各级政府一样，始终处于不断增长、膨胀之中。因此，有专家指出："专员公署从建立到被革委会所否定，其职权范围""越来越接近一级政府的模式"。还有专家说，专署的"实际情况是它实了之后，从没有虚过"②。

三 古代派出政府避免实化的历史镜鉴

从上述派出政府制度有史以来的发展、演变历程不难发现，大多数派出政府长期发展下去会产生实化的趋势与结果，而这又会成为必须改革的一个重要原因。如果要使派出机构不致最终演变成为一级政府，从本章的梳理中至少可以得出以下两方面的镜鉴。

（一）制衡与分散权力的行使主体

第一，外部同级二元制衡。建立与该派出政府同级同职权的政府机构两个或两个以上互相制衡，即在一级行政层级建立不同形式的派出政府制度，如明代的督抚制，有的地方设总督，有的设巡抚，或交叉设置，还有明代的守、巡道制。这样，其中任一派出政府制度的扩张坐实欲望都会被另一种牵制或掣肘，而难以成为真正一级政府，恰如督和抚同设一地时本身又互为权力制衡。

第二，外部上级二元制衡。派出政府所管下级政府仍直接受中央管

---

① 华北监委办公室研究组：《关于专、县监察工作的意见》（1954年4月20日），石家庄市档案馆：59－1－71－4。
② 吴越：《市地城乡双轨的地方行政体制刍议》，载刁田丁等编《中国地方国家机构研究》，群众出版社，1985，第122页。

理，即不能让派出政府独揽、垄断对下级政府的指挥、管理权。换言之，下级政府不用完全听命于其上的派出政府，从而不会形成对派出政府的威权依赖或仰其鼻息。如宋代的路以下的各府、州、军、监仍直接受中央的管辖，依然保留其向中央的直接奏事权力。非但如此，府、州的财赋还直接送交中央，因此，路不能独揽和掌控所属下级各府、州、军、监的行政权、财政权、人事权，也就难以聚敛坐实成为一级政府。

第三，内部多元首脑分立制衡。派出政府的权力分散给若干行政官长，即派出政府的财政权、人事权、行政权等不能由唯一首脑掌控，如同宋代的路制，路之多司——军、政、财、刑、学多权分立，互不统属，同时人事任免权又在中央，因此，路的军、民、财、法、人五权很分散，使其无法积聚足够的权势成为一级政府。

（二）约束与限定权力的运作形式和范围

第一，限定组织形式、办公机制。派出政府的组织机构、办公地点采用巡视流动制，即不在某一地点建立类似政府的、具有若干机构的固定"衙门"。这样，一可避免形成衙门式的官僚习气，提高办事效能；二可遏制其继续增机构、增人的惯性，最终形成一级政府的结构与规模。因为一旦固定，就会想坐大、坐实，而经常流动为来去便捷就会倾向轻车简从，自然也就难以具有一级政府的组织势能。

第二，限定存在的地域范围。单一派出政府制度尽量不要在全国普设，防止形成大批既得利益集团，甚至其中的若干联合起来成为中央裁撤、精简的反抗力量和声音，以致终成尾大不掉之势。

第三，限定官员的等级。可能的条件下，派出政府的官员、干部的本身职位、职务等级不能高于其所管的下级单位的官长，可实行钦差大臣式的临时授命。这样，一可降低形成被督导、检查者的权威依赖和难作为，甚至趋炎附势的概率；二可有利于派出政府督导、检查职能的完成，以下监上如同汉代的部州制，职位低的监督职位高的更可能会激励其有所作为以展示自身的才能和争取升迁的机会。

总而言之，派出政府制度的历史演变，说明防止派出政府坐实的核心就是分权与制衡。从宏观方面来说，不论是同级分权、上级分权、内部分权，还是下级分权，这个权的重中之重都是人和财，即勿使派出政府掌握一定量的财政权和人事权。古代官员的黜陟升迁、现代干部的任免奖惩，历朝历代有钱粮就能招兵买马的割据称雄，无不说明人事权和财政权的重要性。从微观方面来说，无论是组织形式、运作机制、存在范围，还是管理者的品秩等级，其实也是权的问题。组织形式、办公机制是权力的机构载体和实施路径，管辖范围和管理者的职务等级是权力的地域空间和行使主体。虽然，前两者是直接的，后两者是间接的，但这些都在权力的静态存在和动态运作中起着如影随形的重要作用。因此，对这些不可或缺的权力共生体进行限制同样是必须的。

第二章　地区行署制度的建立与三次撤销改革

随着"文化大革命"的结束，省与县之间的派出机构成为恢复和重建的内容之一。限于最初百废待兴的繁乱情势，1978 年，地区行署作为地区革命委员会的替代出现于历史舞台。但不久即出现撤销的政策，原本以为会重演 1949～1966 年专区专署曾经转变为一级政府的历史，孰料自此因市领导县和省直管县行政体制改革的到来而经历了三次（1982～1985 年、1993～1998 年、1999～2002 年）地区行署制度改革，最终所剩寥寥。其间，地区行署以地市合并为主体形式平稳、有序地被逐渐撤销，折射出新时期改革开放历程的总体趋势和阶段特征。

一　1978～1981 年地区行署制度的建立

"文化大革命"结束后，各地陆续建立地区行署制度，这是专区专署制度在"文化大革命"后的存在形态。当然，两者中间还有一个因"文化大革命"而出现的非同类的地区革命委员会制度须稍作交代。

（一）地区行署制度暂时替代地区革命委员会制度

地区革命委员会使此前一些专署原本名不正、言不顺的实化有了正式名分。1966 年一些地方即陆续建立了包括专区在内的各级革命委员会。为统一领导权，1967 年 5 月 31 日，中共中央、国务院、中央军委、中央文化革命小组发布《关于成立地专级、县级革命委员会筹备小组和正式革命委员会的审批权限的规定》，规定以后成立正式的地区革命委员会由中央批准，此前成立的革命委员会筹备小组的审批则视所在省是否已经成立革委会而对审批、批准权有所变更，具体如下：①尚未建立革命委员会的省，"成立革命委员会筹备小组，地专级由省军区或军审查，报大军区批准。成立正式革命委员会，地专级由军区审查，报中央批准"；②已经建立革命委员会的省，"成立地专级革命委员会筹备小组，由省革命委员会审查，批准，报中央备案"，"成立地专级正式革命委员会，由省革命委员会审查，报中央批准"①。此文件可视为是中央把专区改称地区、成立地区革委会作为地区一级政权组织的正式统一命令，由此开启了地区革命委员会制度时期。1967 年 11 月 7 日，中共中央、国务院、中央军委、中央文革《关于成立地专级、县级革命委员会筹备小组和革命委员会的审查权限的修改规定》，将革命委员会筹备小组和革命委员会的组成及审批权完全交由大军区、省军区、省革委会。② 1975 年《宪法》第二十一条第二款规定："省、直辖市的人民代表大会每届任期五年。地区、市、县的人民代表大会每届任期三年。农村人民公社、镇的人民代表大会每届任期两年。"第二十二条第一款规定："地方各级革命委员会是地方各级人民代表大会的常设机关，同时又是地方各级人民政府。"③ 由此，地区与其他地方政府一样位列宪法之中，持续至三年后地区行署制度的建立。

地区行署制度建立的官方时间，即地区行署的派出政府身份（地位）与名称首度公之于世是 1978 年 3 月。是年第五届全国人民代表大会第一次会议通过重新修订的《宪法》第三十四条第三款规定："省革命委员会可以按地区设立行政公署，作为自己的派出机构。"④ 1978 年遂成为全国大多数地区行署建立的时间，也是本研究设定此制的起始时间的由来。随着行署替代地革委，省、县革委会也恢复了省、县人民政府的称谓。1979 年 7 月第二次修订的《宪法》第三十四条第三款规定："省人民政府可以按

①　陈文斌等编著《中国共产党执政五十年 1949—1999》，中共党史出版社，1999，第 330 页。

②　张志明：《从民主新路到依法治国：为人民民主奋斗八十年的中国共产党》，江西高校出版社，2000，第 245 页。

③　中国人大网，http：//www.npc.gov.cn/wxzl/wxzl/2000 - 12/06/content_4362.htm，2015 年 3 月 17 日阅。

④　《中华人民共和国宪法》（1978 年 3 月 5 日），载张坚石等编《地方政府的职能和组织机构》（下），第 8 页。

地区设立行政公署，作为自己的派出机构"①。同时，1979 年还公布了
"文化大革命"后的首部《中华人民共和国地方各级人民代表大会和地方
各级人民政府组织法》，也对地区行署的身份进行了确定。

需要提醒的是，新时期的多部组织法和宪法在地区行署是"派出机
构"还是"派出机关"上实有不一致表述。"文化大革命"后的宪法有
1978 年、1979 年、1980 年、1982 年、1988 年、1993 年、1999 年、2004
年、2018 年共 9 部；组织法有 1979 年、1982 年、1986 年、1995 年、2004
年、2015 年共 6 部；宪法是从 1982 年开始不再出现"行政公署"4 个字；
组织法从 1986 年开始也不再出现"行政公署"之名。在确切提及"行政
公署"的 3 部宪法和 2 部组织法（见表 2 - 1）中，"机关"和"机构"两
词各有使用。即使在 1979 年同时颁布的宪法和组织法也各表一词。1986
年后的组织法中不再明确出现"行政公署"字样，但却统一代之以"机
关"。中央文件为什么会有"机关"还是"机构"这一字之差，笔者现无从
考证。不过，有专家透露，当时一字之差的原因是"由于有《地方人大政府
组织法》与《行政复议法》等规定，派出机关与派出机构能够准确区分，但
在当时法制尚不健全的情况下，两个概念很可能是混用的。"②《辞海》中对
"机关"的界定是"办事单位或部门。如：研究机关、行政机关"，对"机
构"的界定是"泛指机关、团体或其他工作单位。亦指机关、团体等的内部
组织。如科研机构，调整机构"。③ 从《辞海》对这两个概念的解释，结合
地区行署的派出性质（地位），显然用办事单位的"机关"更符合地区行署
的身份。但在本书中，笔者对"机关"还是"机构"均无执念。

表 2 - 1 1979 ~ 2015 年 6 部组织法和 3 部宪法对地区行署表述

时间	《中华人民共和国地方各级人民代表大会和地方各级人民政府组织法》	时间	《中华人民共和国宪法》
1979 年 7 月 1 日	第四十二条 省、自治区的人民政府在必要的时候，经国务院批准，可以设立若干行政公署，作为它的派出机关	1978 年 3 月 5 日	第三十四条 省革命委员会可以按地区设立行政公署，作为自己的派出机构

① 《中华人民共和国宪法》（1979 年 7 月 1 日），载张坚石等编《地方政府的职能和组织机构》（下），第 10 页。
② 苏艺：《试述我国省级政府派出机关的演变》，《法制与社会》2013 年第 33 期。
③ 夏征农、陈至立主编《辞海》（第六版缩印本），上海辞书出版社，2010，第 825 页。

续表

时间	《中华人民共和国地方各级人民代表大会和地方各级人民政府组织法》	时间	《中华人民共和国宪法》
1982年12月10日	第四十二条 省、自治区的人民政府在必要的时候，经国务院批准，可以设立若干行政公署，作为它的派出机关	1979年7月1日	第三十四条 省人民政府可以按地区设立行政公署，作为自己的派出机构
1986年12月2日	第五十九条 省、自治区的人民政府在必要的时候，经国务院批准，可以设立若干派出机关	1980年9月10日	第三十四条 省人民政府可以按地区设立行政公署，作为自己的派出机构
1995年2月28日	第六十八条 省、自治区的人民政府在必要的时候，经国务院批准，可以设立若干派出机关	—	—
2004年10月27日	第六十八条 省、自治区的人民政府在必要的时候，经国务院批准，可以设立若干派出机关	—	—
2015年8月29日	第六十八条 省、自治区的人民政府在必要的时候，经国务院批准，可以设立若干派出机关	—	—

资料来源：（1）《中华人民共和国地方各级人民代表大会和地方各级人民政府组织法（1979年修正）》，中国网，http：//www.china.com.cn/law/flfg/txt/2006 - 08/08/content_7064349.htm，2015年3月16日阅。（2）《中华人民共和国宪法》（1978年3月5日），载张坚石等编《地方政府的职能和组织机构》（下），第8页。（3）《中华人民共和国国务院公报》1982年第20期，第960页。（4）《中华人民共和国宪法》（1979年7月1日），载张坚石等编《地方政府的职能和组织机构》（下），第10页。（5）《中华人民共和国地方各级人民代表大会和地方各级人民政府组织法》（1986年12月2日），《中华人民共和国国务院公报》1986年第33期，第1033～1034页。（6）宪法_法规_汇法网，http：//www.lawxp.com/Statute/s1059542.html，2015年11月22日阅。（7）中国地方政府机构改革编辑组编《中国地方政府机构改革》，第32页。（8）《中华人民共和国地方各级人民代表大会和地方各级人民政府组织法》（2004年10月27日），《中华人民共和国国务院公报》2005年第3期，第27页。（9）《中华人民共和国地方各级人民代表大会和地方各级人民政府组织法》（2015年8月29日），中国人大网，http：//www.npc.gov.cn/npc/xinwen/2015 - 08/31/content_1945578.htm，2018年11月11日阅。

尽管地区行署在1978年建立了，但这似乎只是权宜之举。因为在1978～1981年，地区行署制度的各项内容并没有得到系统、清晰地重新规定。除了地区行署的性质（地位）如前述中央在1978年明确是派出机关或机构外，地区的组织机构仅有"精干"这一笼统规定，其余如职能与其他须有规定的方面均是只字未提。而且在这种冷清、惨淡的亮相后，仅三年就开始撤销地区行署的三次改革，最终所剩寥寥。所以，1978～1981年，地区行署的建立似乎只是表明地区行署制度仅仅是作为省县之间的过渡暂时替代地区革命委员会制度。

（二）撤销地区行署动意于 1986 年后

笔者推测，中央正式有撤销行署之意应在 1986 年后。1986 年 12 月修订的《中华人民共和国地方各级人民代表大会和地方各级人民政府组织法》第五十九条规定："省、自治区的人民政府在必要的时候，经国务院批准，可以设立若干派出机关。县、自治县的人民政府在必要的时候，经省、自治区、直辖市的人民政府批准，可以设立若干区公所，作为它的派出机关。市辖区、不设区的市的人民政府，经上一级人民政府批准，可以设立若干街道办事处，作为它的派出机关。"[1] 1995 年 2 月和 2004 年 10 月第三次、第四次修订的地方政府组织法第六十八条均是一字不改延续了同样的表述。[2] 那么，何故从 1986 年开始，县政府、市政府的派出机关的名字明确规定是区公所和街道办事处，而唯独不写明省政府的派出机关的名字是什么呢？对此，有专家称是为了灵活方便，其依据是时任全国人大常委会秘书长、法制工作委员会主任王汉斌先生透露："建国后地区一级一直设专员公署，'文化大革命'后改为行政公署。现在有的地区行政公署的机构越来越大，而派出机构不是一级政权，应当尽量精简，有的建议仍改为专员公署，因为意见还不一致，草案修改为省、自治区的人民政府在必要的时候，经国务院批准，可以设派出机关，较为灵活机动。"[3] 而笔者认为其所说的"灵活机动"背后实质隐含的应是一种不确定性，而这一不确定性很有可能就包括地区的存留问题。这应该也是中央有撤销行署之意的"蛛丝马迹"。

① 《中华人民共和国国务院公报》1986 年第 33 期。
② 中华人民共和国中央人民政府·法律法规，http://www.gov.cn/ziliao/flfg/2005 - 06/21/content_8297.htm，2015 年 3 月 16 日阅。
③ 苏艺：《试述我国省级政府派出机关的演变》，《法制与社会》2013 年第 33 期。

在正式叙述三次地区行署制度改革之前，笔者认为需要提前交代本章以下内容的写作思路。从1982年开始的3次地区行署制度改革的总体背景是现代化建设从计划经济到商品经济再到市场经济的转变，为此目的，中央从三个层面进行：一是推进城市化；二是减少行政层级（1999年第三次地区行署制度改革时明确提出）；三是改革政府职能、提高行政效能。具体的措施开展于两个方面：一方面是两次行政层次改革，1982年继续尝试自1958年以来的市领导县体制改革和2002年开始尝试省直管县体制改革；另一方面是先后开展了6次大的中央和地方政府机构改革（1982年、1988年、1993年、1998年、2003年、2008年），大致每隔5年进行1次，其中关涉地区行署制度的有3次（1983年、1993年、1999年）。因此，每次地区行署制度的改革也就有两条线索，或者说是两个层面：一是地区行署服务于城市化、减少行政层级的市领导县和省直管县体制改革而逐渐撤销①，此分为三个阶段；二是不撤销的地区行署服务于政府职能转变和效能提高的宗旨而进行的组织与职能的改革，此分为两个阶段。为避免重复，本章以第一条线索为主，主要铺叙、探讨地区行署制度三个阶段撤销问题，即通常所说的撤地。本书第三章和第四章将详细展开、探讨第二条线索，即没撤销的地区行署所经历的两次地区机构与职能改革。

二　1982～1985年第一次地区行署制度撤销改革

1978年党的十一届三中全会提出"以经济建设为中心"这一要求，为此就要对全国的政府机构及体制做相应的调整。1979年中央发现全国各级机构臃肿、混乱、干部成堆，因此，为使行政管理体制适应于即将开始的

---

①　有的专家认为地市合并是地区的实化，不是撤销。笔者用"撤销"二字的原因，一是当时的官方文献，尤其是民政部每年出版的一本《行政区划简册》，其中各省实行地市合并，都用撤销某某地区来表述；二是现实中地市合并的结果分为三类：地区主导型（新组成的地级市基本以地区行署原有人马为主）、地级市主导型（新组成的地级市主要是原来地级市的人马）、混合型（新组建的地级市是由原地区、地级市、县级市、县各有一部分人马组成）。其中只有第一种可算作是地区行署的实化，而这种类型实际在全国所占比例较少，而且站在整个地区行署制度历史的长时段视角观察也仅是撤销地区这一大趋势在不同阶段的不同方式之一而已。所以，笔者不认为地市合并是行署的实化或变相实化。

经济体制改革的要求，遂提出"要减少层次"①、精简机构，由此掀起全国范围的1982年行政体制改革。其中，地区行署是虚级派出政府，省县分别自元代和秦代建立以后已经固定化，减少层次事关体国经野的大事，不可能以省县为对象，而且"地区管理体制的弊端日益明显"。一方面，从精简机构这一要求看，地区是改革前全国机构庞大超编最严重的一级。在1965~1978年的13年，地区级实有人数的增幅居全国各级地方政府之首，具体增幅高达111.51%，远超其他各级政府：市（79.36%）、县（70.23%）、公社（51.20%）、镇（44.20%）、省（35.34%）、区（－37.86%）。② 另一方面，从减少层次这一要求看，由于"随着社会主义现代化建设事业的发展，现行地区管理体制的弊端日益明显。主要是在政治、经济紧密相连的一个地区和城市内，往往存在着地、市、县、镇几套领导机构，层次重叠，部门林立，行政工作人员越来越多；人为地造成城乡分割、条块分割的局面，工作中互相矛盾，抵消力量；严重地阻碍着城乡的互相支援，束缚着经济、文化事业的协调发展"③。而且人们日益认识到城市在经济发展中的辐射和带动作用，因此，撤销地区成为当时政学两界的主倡。他们认为，撤销地区，实行"市领导县体制可以促进政权体系和经济组织体系的大体重合，保证政治和经济在地域上更好地结合，从而成为保持城市经济区与城市行政区界限一致的一种理想手段和形态"；而且还"不用增设机构和人员""不用大改管理体制""不用大动行政区划"等麻烦、危险手段，就能"达到精简、统一、效能的目的"，"可以保持各地行政区域和人心的稳定"，更"可以解决目前地市并存的种种弊端"④。

除上述改革开放的总体大背景和需要外，中央能在此时毅然作出撤销地区行署的决策，还有一个基础条件不容回避，那就是1959~1960年专区

---

① 中共中央组织部、国家编制委员会：《关于目前党政机关机构编制的一些情况和意见的通知》（1979年7月14日），载劳动人事部编制局编《机构编制体制文件选编》（上），劳动人事出版社，1986，第338~340页。

② 国家编制委员会：《一九七八年地方各级中共党委、国家机关、民主党派、人民团体实有人数统计资料》（1979年10月），河北省档案馆：934－4－124。

③ 中共中央、国务院：《关于地市州党政机关机构改革若干问题的通知》（1983年2月15日），河北省档案馆：907－31－2－1。

④ 转引自钱其智《改革地区体制撤销地区建制》，《中国行政管理》2000年第7期。

专署时期曾有撤销专区、实行市领导县体制的尝试。尽管那次尝试短暂且并不成功，但有的省并未放弃，而是持续探索。"辽宁省根据自己比较雄厚的工业基础和中小城市的分布状况与带县能力，坚持和逐步恢复了这个体制，卓有成效。"① 同时，江苏省也在此前进行了再尝试。② 这两省的做法引起了中共中央、国务院的重视和肯定。1982 年 11 月第五届全国人民代表大会第五次会议上的《1982 年国务院政府工作报告》和 1983 年 2 月中共中央、国务院《关于地市州党政机关机构改革若干问题的通知》提到两省。后一文件指出："在六十年代，辽宁省在经济发达地区，实行了市领导县的体制，中间虽几经反复，但实践证明，这样做好处很多，是符合社会主义建设客观规律的成功经验。"③

在上述背景下，开始了三次撤销地区行署和改革仍保留的地区行署机构的历程。

（一）中央规制：经济发达地区进行地市合并试点

最早释放撤销地区行署信号的是 1982 年 11 月 30 日《1982 年国务院政府工作报告》，文中写道：

> 为了使行政管理体制和行政机构设置适应于经济体制改革的要求，最近江苏省政府决定，在即将展开的机构改革中，进行一些试验……在经济比较发达的地区，实行地市机构合并，由市领导周围各县；在经济不发达的地区，行政公署作为省政府的代表机关，负责对所属各县的工作进行监督检查，但原由行署管理的企业改由所在市、县管理。④

---

①　吴越：《地市并立的双轨制地方行政体制刍议》，载刁田丁主编《中国地方国家机构研究》，群众出版社，1985，第 113 页。

②　赵紫阳：《1982 年国务院政府工作报告》（1982 年 11 月 30 日），中华人民共和国国史网，http://www.hprc.org.cn/wxzl/wxysl/lczf/dishiyijie_6/200908/t20090818_27613_4.html，2014 年 7 月 25 日阅。

③　劳动人事部编制局编《机构编制体制文件选编》（上），第 116 页。

④　赵紫阳：《1982 年国务院政府工作报告》（1982 年 11 月 30 日），中华人民共和国国史网，http://www.hprc.org.cn/wxzl/wxysl/lczf/dishiyijie_6/200908/t20090818_27613_4.html，2014 年 7 月 25 日阅。

这不足 200 个字成了整个地区行署制度改革的先声。接着，1982 年 12 月 7 日发布的《中共中央、国务院关于省、市、自治区党政机关机构改革若干问题的通知》（中发〔1982〕51 号）正式吹响了第一次改革和撤销地区（以下简称撤地）的号角。翌年，中央又下发两个文件作了具体规定：1983 年 2 月 15 日中共中央、国务院《关于地市州党政机关机构改革若干问题的通知》（中发〔1983〕6 号）和 1983 年 6 月 14 日《中共中央办公厅、国务院办公厅关于地市州机构改革中应注意的几个问题的通知》（中办发〔1983〕44 号）。这三个文件在各省被通称为 51 号文件、6 号文件和 44 号文件，成为撤销地区行署的核心政策文件，普遍存在于当代各种文件汇编和地方各级政府档案里。

若论这三个文件的重要性，无疑是 51 号文件最早发布了改革地区行署制度这一重磅消息。但就文件的内容而言，51 号文件仅用了 487 个字就地区体制改革的地市合并方法及其好处、保留的地区行署要精简提出了"原则意见"①。而时隔两个月后的 6 号文件才是专门针对地区行署制度改革，正式、具体地（1803 个字）规定了第一次地区行署制度改革相对详细的内容。该文件首先肯定了地区行署制度的历史作用，同时也指明了它的弊端，即改革的原因；然后转入正题，明确了地区体制改革的指导思想（目标与要求），主要方法或形式，地市合并后的规划，不合并的地区行署的地位、任务、职能、机构设置与编制，地区体制改革的领导干部选拔的原则，改革后编余人员的安排方式等。44 号文件主要针对地方改革时出现的冒进行为强调改革仍为试点，调整了不合并的地区的组织机构，升格县级市分担地区辖县问题，文字量为 339 个字。所以，三个文件中，6 号文件是第一次地区改革的最主要政策依据。

以上三个文件对第一次地区行署制度改革的主要内容，具体包括改革的目的、方法、进程（步骤）、意义等重要问题作出了规定，分述如下。

（1）改革的性质：这次机构改革，是我国整个体制改革的重要组成部分，是一场革命。

---

① 中共中央、国务院：《关于地市州党政机关机构改革若干问题的通知》（1983 年 2 月 15 日），河北省档案馆：907－31－2－1。

（2）改革的长期目的和短期目的：长期目的是"适应社会主义现代化建设新时期的特点和需要"。换言之就是"为了使行政管理体制和行政机构设置适应于经济体制改革的要求"；短期目的是"调整和加强各级领导核心，精简庞大臃肿的机构，选拔大批优秀中青年干部，轮训广大在职干部，进一步克服官僚主义，大大提高工作效能"。

（3）改革的直接原因：地区行署制度日益阻碍现代化建设。44 号文件的表述："随着社会主义现代化建设事业的发展，现行地区管理体制的弊端日益明显。主要是，在政治、经济紧密相连的一个地区和城市内，往往存在着地、市、县、镇几套领导机构，层次重叠，部门林立，行政工作人员越来越多；人为地造成城乡分割、条块分割的局面，工作中互相矛盾，抵消力量；严重地阻碍着城乡的互相支援，束缚着经济、文化事业的协调发展。"

（4）改革的意义：有利于加强对企业的具体领导；有利于在全市范围内对市、县、社队工业进行统一规划，组织调整和协调，技术改造，协调发展，避免重复建设，以落后挤先进，互相抵消和浪费力量；有利于利用城市的有利条件发展农村的经济文化建设，密切城乡联系，加强工业联盟，促进工农商结合，避免人为分割；有利于精简行政机构，克服官僚主义，提高工作效率。已有的经验证明，这样做既促进了工农业生产的发展，又不会削弱县和大城市郊区的工作。这是顺利进行现代化建设、坚持社会主义道路、加强安定团结，开创新局面的重要保证，意义非常深远。

（5）改革的大致日程和步骤：撤销地区和保留下来地区的机构改革两个方面均要在 1982 年底"中央党政机关机构改革第一阶段的任务已经基本完成"时开始，其中地市合并即撤地的时间，51 号文件规定："地方各级党政机关机构改革将于明年（指 1983 年——引者注）展开。明年上半年在省、市、自治区一级和地、市进行，酝酿成熟的地区也可以今年动手，宜早不宜迟"，"明冬或一九八四年初完成"。即一般情况的省在 1983年上半年正式开始，1984 年初完成，而且是省、地同时改革。步骤大致分两步：第一步，1982 年底、1983 年初"首先在江苏省试点，其他各省、自治区认为必要时，都可以选择一个或几个有条件的地区试点"。① 第二步，1983 年下半年至 1984 年初铺开，并大致完成。当然，进行之前，根据 6 号文件规定："各省、市、自治区应根据上述原则和要求，结合当地的实际情况，拟定地、州、市机构改革的具体方案，报中央、国务院审核。"而保留下来的"地（市）机构改革，特别是领导班子的调整，要求在九月底（指 1983 年 9 月——引者注）以前争取完成"②。即地区机构改革要早于撤销地区、地市合并完成。

（6）地区改革的主要办法或形式：在 51 号文件中，中央只规定了一种保留下来的地区机构改革和一种地市合并、撤销地区的方式或办法。前者的方法是使之成为派出机构大大紧缩（详见第三章），后者的方法是"在经济发达地区，将省辖中等城市周围的地委，行署与市委、市政府合并，由市管县，管企业，可以考虑，省一般不直接管理工业企业，而由市去管，发挥城市经济中心的作用"③。此后的 6 号文件增加了地市合并的新方法，文件规定"主要办法是，实行地、市合并，由市领导县"。但是可以"不受'一地一市'的限制。除此之外，还可采用扩大大中城市郊区，让它多带几个县；把新兴工矿区或城镇改为市，管辖一部分农村；县、市（镇）合并，以及其他适当办法"④。此段文件虽是规定市领导县改革的，但也给地市合并提供了新思路，即除了地区与地级市合并外，地区撤销的方式又增加两种，一是现有的两个地级市分割地区的辖县；二是现有的县或县级市升格为地级市后分割地区的辖县。

之所以先提出采用地市合并的方式，"中央的战略意图是以经济发达的城市为中心，城市以其雄厚的人力、资金和技术，农村则以其富余劳动力、土地和农产品，通过资源整合和紧密合作，促进城乡的共同协调发

---

① 《中共中央、国务院关于省、市、自治区党政机关机构改革若干问题的通知》（1982 年 12 月 7 日），河北省档案馆：934 - 4 - 152。

② 中共中央、国务院：《关于地市州党政机关机构改革若干问题的通知》（1983 年 2 月 15 日），河北省档案馆：907 - 31 - 2 - 1。

③ 《中共中央、国务院关于省、市、自治区党政机关机构改革若干问题的通知》（1982 年 12 月 7 日），载劳动人事部编制局编《机构 编制 体制文件选编》（上），第 110～115 页。

④ 中共中央、国务院：《关于地市州党政机关机构改革若干问题的通知》（1983 年 2 月 15 日），河北省档案馆：907 - 31 - 2 - 1。

展，而地、市合并是达到这一战略意图的手段"①。因为"文化大革命"结束后不具备进行根本改革经济管理体制的条件（所以，前述第一次地区行署制度改革的长远目标未完全明确指向商品经济或市场经济），只能"有步骤地积极而稳妥地逐步建立起不同类型、不同规模的，以城市带动农村的领导体制和经济网络，以利于加快社会主义物质文明和精神文明的建设"。② 所以，很明确的是在经济发达的地区进行地市合并改革以推动城乡经济的协同发展和城市化。不过，还要赘述一句，就是前述的当时的专家认为地市合并较之地区完全实化或立即撤销更为稳妥，波动面最小。因为如果直接实化地区，即"把地区改为自治州一样的一级政权，恢复被法律否定的'文化大革命'期间的地区实体，不仅解决不了目前地区存在的诸多矛盾，而且从政治上考虑也不可取"。而如果立即撤销地区，当时的条件又不足。而地市合并这一方法，"不用增设机构和人员，可以达到精简、统一、效能的目的；不用大改管理体制，可以解决目前地市并存的种种弊端；不用大动行政区划，可以保持各地行政区域和人心的稳定"③。

（二）地方实施：1983 年是三次撤地最多的一年

根据上述中共中央、国务院的规定，各省开始陆续进行地市合并试点，地区行署撤销较多的时间集中在 1983 年。试点的江苏省于 1982 年 12 月的 51 号文件发布后，首先撤销了全部 7 个地区行署，实行地市合并。与江苏省同属一次性全部撤地的还有广东省（1983 年 12 月 22 日，4 个地区）和辽宁省（1984 年 6 月 30 日，2 个地区④）。吉林、四川、云南、浙江、福建、湖南等省也撤销了一大部分地区。试点较少的如河北省，只选择唐山一个地区。同时，各省基本按照前述中共中央、国务院规定的日程进行，如河北省先于 1983 年 1 月 26 日行文请示中央撤销唐山地区，方案

① 周仁标：《市领导县体制的战略意图、历史嬗变及重构理路》，《社会主义研究》2011 年第 2 期。

② 中共中央、国务院：《关于地市州党政机关机构改革若干问题的通知》（1983 年 2 月 15 日），河北省档案馆：907 - 31 - 2 - 1。

③ 转引自钱其智《改革地区体制撤销地区建制》，《中国行政管理》2000 年第 7 期。

④ 中华人民共和国行政区划（1984 年），中华人民共和国中央人民政府，http：//www.gov.cn/test/2007 - 03/23/content_559128.htm，2017 年 2 月 12 日阅。

是拟由原地级唐山市和县级秦皇岛市升格为省辖市后分别管辖唐山地区的若干辖县。3月3日，国务院作出同意批复。[①] 第一次撤地，地区行署从1982年底的170个减为1988年底的113个（见表2－2），6年内减少了57个[②]。

表2－2　1980～1988年全国各省专区数量历年变化统计

单位：个

省份	1980年	1981年	1982年	1983年	1984年	1985年	1986年	1987年	1988年
河北省	10	10	10	9	9	9	9	9	8
山西省	7	7	7	7	7	6	6	6	6
辽宁省	2	2	2	2	—	—	—	—	—
吉林省	3	3	5	2	2	1	1	1	1
黑龙江省	7	7	7	6	4	4	4	4	4
江苏省	7	7	7	—	—	—	—	—	—
浙江省	8	7	7	4	4	3	3	2	2
安徽省	8	8	8	8	8	8	8	7	7
福建省	7	7	7	5	5	3	3	3	3
江西省	6	6	6	5	5	5	5	5	5
山东省	9	9	9	6	6	5	5	5	5
河南省	10	10	10	8	8	8	5	5	5
湖北省	8	8	8	6	6	6	6	6	6
湖南省	10	10	10	8	8	8	6	6	5
广东省	7	7	7	3	3	3	3	3	—
广西	8	8	8	8	8	8	8	8	8
四川省	11	11	11	9	9	6	6	6	7
贵州省	5	4	4	4	4	4	4	4	4
云南省	7	7	7	7	7	7	7	7	7
西藏	5	5	5	7	7	7	6	6	6

---

① 《国务院关于河北省地市体制改革调整行政区划的批复》（1983年3月3日），河北省档案馆：934－4－168。

② 地区减少的数量与实际撤销的数量有时不相同，其原因是有时撤销地区的同时又新建一些地区，如四川省多次撤建并行。此后第二次、第三次撤销地区过程中亦有此现象。

续表

省份	1980 年	1981 年	1982 年	1983 年	1984 年	1985 年	1986 年	1987 年	1988 年
陕西省	7	7	7	6	6	6	6	6	6
甘肃省	8	8	8	8	8	7	7	7	7
青海省	1	1	1	1	1	1	1	1	1
宁夏	2	2	2	2	2	2	2	2	2
新疆	7	7	7	7	8	8	8	8	8
合计	170	168	170	138	135	125	119	117	113

资料来源：（1）民政部《中华人民共和国县级以上行政区划沿革（1949—1983）》（第一、二、三卷），测绘出版社，1986、1987、1988。（2）民政部编《中华人民共和国行政区划简册》（1984～1988），中国地图出版社等，1984～1988（每年出版一本，限于篇幅，恕不详列，详见书后参考文献）。

从撤销地区行署的方式来看，第一次撤地的主要方式多样化，大致可归为三类，一类是与旧有地级市合并；一类是与新升格地级市合并；最后一类是与新、旧地级市、地区混搭合并。如根据合并对象的数量和原有实际身份是地级市还是县级市细究的话，又可分为 6 种形式（见表 2 - 3）：

（1）地区与 1 个旧有地级市合并，将地区辖县全部并入此地级市，如 1983 年吉林省永吉地区并入吉林市、1984 年黑龙江省嫩江地区并入齐齐哈尔市。

（2）地区与 2～4 个旧有地级市合并，即多个地级市分割原地区辖县。如 1983 年，湖北省襄阳地区与襄樊市、随州市合并，江苏省镇江地区与镇江市、南京市、无锡市、常州市合并。

（3）地区与 1 个升格后地级市合并，如 1983 年江苏省盐城县升格为地级盐城市后与盐城地区合并，1985 年福建省县级漳州市升格为地级后与龙溪地区合并。

（4）地区与 2～3 个升格后地级市合并，如 1985 年四川省县级绵阳市、广元县、遂宁县分别升格为地级市，分割绵阳地区的辖县，其中江油、三台、盐亭、安县、梓潼、北川、平武等 7 县划归绵阳市，旺苍、青川、剑池 3 县划归广元市，蓬溪、射洪 2 县划归遂宁市。

（5）地区与 1 个旧有地级市和 1 个及以上升格后地级市合并，如 1985 年山西省县级晋城市升格为地级和旧有地级长治市分割原晋东南地区的辖县。

（6）地区与附近地区和地级市合并，如 1983 年福建省莆田地区的辖县分别并入晋江地区和福州市，广东省汕头地区的辖县分别并入惠州地区、汕头市和潮州市。

在这6种方式中，第（3）种地区与1个升格后地级市合并是最多的，计有16个；其次是第（2）种地区与2~4个旧有地级市合并，计有13个；最后是第（1）种地区与1个旧有地级市合并，计有10个。

表2-3　1983~1988年全国部分地区撤销形式统计

年份	与旧有地级市合并		与新升地级市合并		与新、旧地级市、地区混搭合并	
	（1）地区与1个旧有地级市合并	（2）地区与2~4个旧有地级市合并	（3）地区与1个升格后地级市合并	（4）地区与2~3个升格后地级市合并	（5）地区与1个旧有地级市和1个及以上升格后地级市合并	（6）地区与附近地区和地级市合并
1983	6个：德惠地区（长春市）；永吉地区（吉林市）；南通地区（南通市）；宁波地区（宁波市）；九江地区（九江市）；永川地区（重庆市）	10个：牡丹江地区（鸡西市、牡丹江市）；苏州地区（苏州市、无锡市）；镇江地区（镇江市、南京市、无锡市、常州市）；徐州地区（徐州市、连云港市）；开封地区（开封市、郑州市）；襄阳地区（襄樊市、随州市）；湘潭地区（湘潭市、长沙市、株洲市）；佛山地区（佛山市、江门市、珠海市）；韶关地区（韶关市、广州市）；湛江地区（湛江市、茂名市、江门市）	6个：盐城地区（盐城县）；扬州地区（扬州市）；湖州地区（湖州市）；绍兴地区（绍兴市）；三明地区（三明市）；咸阳地区（咸阳市）	3个：四平地区（四平市、辽源市）；嘉兴地区（嘉兴市、湖州市）；安阳地区（安阳市、濮阳市）	5个：唐山地区（唐山市、秦皇岛市）；淮阴地区（连云港市、淮阴市）；烟台地区（青岛市、烟台市）；潍坊地区（青岛市、潍坊市）；温江地区（成都市、德阳市）	5个：莆田地区（晋江地区和福州市）；济宁地区（济宁市、泰安地区）；恩施地区（新建鄂西土家族苗族自治州、恩施市）；衡阳地区（零陵地区、衡阳市）；汕头地区（惠州地区、汕头市、潮州市）

续表

年份	与旧有地级市合并		与新升地级市合并		与新、旧地级市、地区混搭合并	
	(1) 地区与1个旧有地级市合并	(2) 地区与2~4个旧有地级市合并	(3) 地区与1个升格后地级市合并	(4) 地区与2~3个升格后地级市合并	(5) 地区与1个旧有地级市和1个及以上升格后地级市合并	(6) 地区与附近地区和地级市合并
1984	2个：嫩江地区（齐齐哈尔市）；合江地区（佳木斯市）	—	1个：铁岭地区（铁岭市）	—	—	—
1985	—	—	4个：晋江地区（泉州市）；龙溪地区（漳州市）；内江地区（内江市）；乐山地区（乐山市）	3个：通化地区（通化市、浑江市、梅河口市）；金华地区（金华市、衢州市）；绵阳地区（绵阳市、广元县、遂宁县）	2个：晋东南地区（长治市、晋城市）；泰安地区（济宁市、济南市、泰安市）	1个：天水地区（陇南地区、定西地区、天水市）
1986	2个：岳阳地区（岳阳市）；邵阳地区（邵阳市）	1个：新乡地区（新乡市、焦作市）	—	—	2个：许昌地区（平顶山市、许昌市、漯河市）；洛阳地区（洛阳市、平顶山市、三门峡市）	1个：江孜地区（日喀则地区、山南地区）
1987	—	1个：舟山地区（舟山市）	1个：徽州地区（黄山市、屯溪市）	—	—	—
1988	—	1个：惠阳地区（惠州市、汕尾市、河源市）	4个：廊坊地区（廊坊市）；常德地区（常德县）；肇庆地区（肇庆市）；梅县地区（梅州市）	—	—	1个：安庆地区（安庆市、池州地区）
合计	10	13	16	6	9	8

资料来源：民政部编《中华人民共和国行政区划简册》（1984~1988），测绘出版社，地图出版社，1984~1988（每年出版一本，限于篇幅，恕不详列，详见书后参考文献）。

从 1982 年至今的历年数量变化上看，1983 年共撤销地区 34 个，不仅是第一次撤销地区最多的一年，也是三次撤销地区行署数量的最高峰。具体此年中又分为两个小高峰，一是 1 月、2 月、3 月，共撤销地区 15 个；二是 7 月、8 月、9 月，共撤销地区 13 个（见表 2-4）。因此，有专家说，1983 年是自新中国成立以来"迄今为止最大的一次市领导县高潮"[1]。

表 2-4　1983 年 1 月 1 日至 1983 年 12 月 31 日全国变动地区和地级市数量变化统计

单位：个

时间	恢复的地区		撤销的地区		增加的地级市	
	省份（地区）	数量	省份（地区）	数量	省份（地区）	数量
1 月	—	—	江苏（镇江、淮阴、盐城、扬州、徐州、南通、苏州）	7	江苏（镇江、淮阴、盐城、扬州）	4
2 月	—	—	湖南（湘潭、衡阳、娄底、邵阳、岳阳）	5	湖南（岳阳）	1
3 月	—	—	河北（唐山）；四川（温江、永川）	3	河北（秦皇岛）；四川（泸州）	2
4 月	—	—	福建（莆田、三明）	2	福建（三明、莆田）	2
7 月	湖南（娄底、邵阳、岳阳）	3	浙江（宁波、嘉兴、绍兴）；江西（九江）	4	浙江（湖州、嘉兴、绍兴）；江西（新余、鹰潭）	5
8 月	—	—	湖北（襄阳、恩施）；吉林（四平、德惠、永吉）；山东（烟台、潍坊、济宁）	8	四川（德阳）；湖北（荆门、鄂州）；山东（烟台、潍坊、济宁）；吉林（四平、辽源）	8
9 月	—	—	河南（开封、安阳）；黑龙江（牡丹江）；陕西（咸阳）	4	河南（安阳、濮阳）；福建（莆田）；陕西（咸阳）	4
10 月	西藏（林芝、江孜）	2	—	—	黑龙江（佳木斯、七台河）；广西（北海）；内蒙古（赤峰）	4

[1]　浦善新：《中国行政区划改革研究》，商务印书馆，2006，第 67 页。

续表

时间	恢复的地区		撤销的地区		增加的地级市	
	省份（地区）	数量	省份（地区）	数量	省份（地区）	数量
11月	—	—	—	—	河北（邯郸、邢台、保定、张家口、承德、沧州）	6
12月	—	—	广东（韶关、佛山、汕头、湛江）	4	—	—

资料来源：中华人民共和国行政区划（1983），中华人民共和国中央人民政府，http://www.gov.cn/test/2007 - 03/23/content_559123.htm，2014 年 7 月 23 日阅。

　　针对 1983 年高峰所显示的快速推进现象，为避免再次出现 1958～1961 年首次尝试市领导县时出现的大起大落现象，中央两次重申撤地是发达地区先行试点，以示稳定从事。第一次是在 1983 年 3 月 12 日，中共中央办公厅、国务院办公厅电话通知各省："目前有的省发生了不管是否条件具备，普遍进行地、市合并，以市管县的现象。对此，应该重申中共中央、国务院《关于地市州党政机关机构改革若干问题的通知》精神，即经济比较发达的中等地区，才实行地市合并，由市领导县，不具备这个条件的地区，务必不要从安排干部出发，勉强将地区改为市。"该通知不仅重申了地市合并的先决条件是发达地区，而且为减少地方推进改革的阻力，同时还"适当放宽"了不撤销地区的编制指标和精简下来人员的安排方法（详见第三章）。① 第二次是 1983 年 6 月 14 日的 44 号文件再次强调："实行地市合并、由市领导县的体制，目前在全国范围内仍处于试点阶段。除了条件确已具备，合并后有把握促进城乡密切结合、经济文化事业发展的地方可以试行以外，不宜多搞，更不可单纯从安排干部出发，在条件不具备的地方匆忙推行地市合并"；"已经正式实行了地市合并、市领导县体制的地方，也不要再作新的变动。并且要及时总结经验，切实加强领导，努力把它办好。如果有的市带的农村太多，可以适当划出一部分。有的城市虽然原已拟定合并，并经中央批准，但如果认为条件还不十分具备，而且

---

　　① 中共中央办公厅、国务院办公厅的电话通知（1983 年 3 月 12 日），河北省档案馆：934 - 4 - 168。

还没有正式宣布合并的地方，就不要急急忙忙合并，待总结试点经验以后再定。"① 客观地说，中央两个降速指令效果不一。如民政部统计，本来仅1983 年3～4 月就有 14 个省（自治区）要求撤销 33 个地区。② 但待到第一次指令 3 月 12 日下达后，实际 3 月 15 日至 6 月 14 日的三个月里，只在 4 月份时撤销了 2 个地区（见表 2 - 4）。第二次指令下达后，一些撤销的地区又有恢复，如湖南省娄底、岳阳、邵阳三个地区 2 月 28 日撤销，7 月 13 日又恢复。③ 但这是少数，此后至 1983 年底的 6 个月里，地区撤销的速度又变快，由此才出现了第二个小高峰。

之所以中央两次指示降速，仍难以抑制 1983 年成为最多一次撤地年，其原因不全是"文化大革命"十年后上下齐心盼发展从而对经济体制改革和市领导县体制改革抱有高涨的热情，其中还有某些中央政策意外"鼓励"了地方撤销地区、实行市领导县的"热情"。这主要缘于两点：一是中央压缩地区编制却放宽地级市编制。1983 年 2 月 15 日的 6 号文件《关于地市州党政机关机构改革若干问题的通知》规定保留下来的地区由"文化大革命"时期的一级政府改为派出机关后要大大精简，每个地区的编制由当时的 1500 人左右"砍为" 300 人，地委和行署机构保留 15～17 个；而实行领导县的市委、市政府可设机构 36～51 个，"编制按照城市人口的3‰到 4‰核定"，且"每辖一县另增编制 50 人"④。据此，如果地区不撤销势必面临大量编余人员无法安置的艰巨精简任务。反之，如果撤销地区，不但上述问题都不存在，还可能有富余编制留作日后灵活腾挪。所以，中共中央办公厅、国务院办公厅才在 1983 年 3 月 12 日的电话通知中说"务必不要从安排干部出发，勉强将地区改为市"⑤。1983 年 10 月，在

① 《中共中央办公厅、国务院办公厅关于地市州机构改革中应注意的几个问题的通知》（1983年 6 月 14 日），载劳动人事部编制局编《机构 编制 体制文件选编》（上），第 122～123 页。
② 浦善新：《中国行政区划改革研究》，第 67 页。
③ 中华人民共和国行政区划（1983），中华人民共和国中央人民政府，http：//www.gov.cn/test/2007 - 03/23/content_559123.htm，2015 年 1 月 31 日阅。
④ 中共中央、国务院：《关于地市州党政机关机构改革若干问题的通知》（1983 年 2 月 15日），河北省档案馆：907 - 31 - 2 - 1。
⑤ 中共中央办公厅、国务院办公厅的电话通知（1983 年 3 月 12 日），河北省档案馆：934 -4 - 168。

全国编制统计工作会议上，中央编制局地方处万希哲处长同样说："机构升格问题，党政机关和事企业单位普遍在刮这股风。……有些是处〔出〕于安排干部的需要。"① 可见，中央已洞悉地方撤地热情另有所在。

二是国务院、民政部规定的设市标准不高也提高了各省推进市领导县的热情。前文已述，合并地区的市，除了当时旧有的地级市外，还可以是县、县级市升格后的地级市。而当时的县改市和县级市升地级市的标准（县改市的标准是总人口 50 万以下的市驻地非农人口 8 万以上和工业产值 2 亿元以上，总人口 50 万以上的市驻地非农人口应在 10 万和工业产值 2 亿元以上；② 县级市升地级市的标准是非农业人口 15 万和工业产值 4 亿元左右③）应该是比较容易达到的。受资料所限，笔者无法正面证明这一论断，仅能从新中国成立以来设市标准的变化来侧面说明。新中国成立后第一个设市标准是 1950 年发布的，只有人口一个可测量指标，政务院规定人口在 5 万以上即可 "呈请中央人民政府政务院批准设市"④。1962 年国务院发布新中国第二个设市标准，将标准提高到 10 万人口⑤。第三个设市标准就是前述 1983 年提出的。这三个标准之间的时隔分别为 12 年和 21 年。而第四个设市标准是 1986 年发布的，与第三个设市标准仅仅相隔 3 年。第

① 河北省委编委办公室：《当前编制工作中需要注意的几个问题》（1983 年 10 月 31 日），河北省档案馆：934 - 4 - 168。

② 劳动人事部、民政部联合向国务院提出的《关于地市机构改革的几个主要问题的请示报告》（1983 年 5 月 18 日）；转引自周振鹤《地方行政制度改革的现状及问题》，《战略与管理》1996 年第 5 期。

③ 中共中央办公厅、国务院办公厅：《关于地市州机构改革中应注意的几个问题的通知》（1983 年 6 月 14 日），载劳动人事部编制局编《机构编制体制文件选编》（上），第 123 页。

④ 当时的市按人口多少划为四等：5 万 ~ 20 万为丁等市，20 万 ~ 50 万为丙等市，50 万 ~ 100 万为乙等市，100 万 ~ 150 万为甲等市，150 万以上为特等市。中央人民政府政务院：《关于统一全国各级人民政府党派群众团体员额暂行编制（草案）》（1950 年 6 月 13 日），载劳动人事部编制局编《机构 编制 体制文件选编》（上），第 206、208 页。

⑤ 笔者所见的文件是 1962 年 12 月国务院编制委员会《关于地方各级国家机关机构编制方案（草案）》，其中这样规定："根据中央、国务院'关于当前城市工作若干问题的指示'，人口在 10 万以下的市，即使是重要的林区和矿区，没有必要设市的，都应当撤销。"当时的市也按人口划分为四等：100 万以上为一等市，50 万 ~ 100 万为二等市，20 万 ~ 50 万为三等市，20 万以下为四等市。载劳动人事部编制局编《机构 编制 体制文件选编》（上），第 369 页。

五个设市标准是 1993 年提出的①，与第四个标准相隔 7 年。可见 1983 年的标准和 1986 年的标准之间间隔最短，由此，笔者推测很可能是 1983 年标准过低，所以才在如此短的时间后又发布新的标准，而且是大幅度提高的标准。正如国务院批转的文件所说："由于城乡经济的蓬勃发展，城镇的产业结构和人口结构发生了很大变化。现行的设市标准和市领导县条件，已不适应城乡变化了的新情况。"② 所以，在 1986 年新颁标准中，不但大幅度提高了县改市的标准（总人口 50 万以下的非农人口提高至 10 万以上、年国民生产总值提高至 3 亿元以上，还要求常住人口中农业人口不超过 40%；总人口 50 万以上的，县人民政府驻地所在镇的非农业人口增至 12 万以上、年国民生产总值提高至 4 亿元以上），而且还特别规定了比 1983 年升地级市标准高出两倍左右的"可实行市领导县的体制"的市的标准（非农业人口 25 万以上、年国民生产总值 10 亿元以上的中等城市，已成为该地区政治、经济和科学、文化中心，并对周围各县有较强的辐射力和吸引力③）。因此，此高标准颁布的第二年，即 1987 年仅撤销 2 个地区。尽管细心者发现 1986 年当年撤销 6 个地区，但实际有 5 个是在 2 月新标准颁布之前撤销的，其中河南省撤销的洛阳、新乡、许昌 3 个地区是 1 月 18 日批复的，湖南省撤销的岳阳、邵阳 2 个地区是 1 月 27 日批复的。只有西藏的江孜地区是在新标准颁布后的 9 月 12 日批复撤销的，但却不是采用与地级市合并的方法，而是与附近地区合并的方式（将江孜地区所辖的亚东、康马、岗巴、江孜、仁布、白朗 6 县划归日喀则地区；浪卡子县划归山南地区）。④ 所以，1983 年各省快速推进撤地的"热情"与当时升格为地级

① 《国务院批转民政部〈关于调整设市标准报告〉的通知》（1993 年 5 月 17 日），载国务院法制办公室编《中华人民共和国法规汇编（1993—1994）》（第 11 卷），中国法制出版社，2005，第 133～134 页。

② 《国务院批准民政部关于调整设市标准和市领导县条件报告的通知》（1986 年 4 月 19 日），载国家体改委办公厅：《十一届三中全会以来经济体制改革重要文件汇编》（下），改革出版社，1990，第 173 页。

③ 《国务院批准民政部关于调整设市标准和市领导县条件报告的通知》（1986 年 4 月 19 日），载国家体改委办公厅：《十一届三中全会以来经济体制改革重要文件汇编》（下），改革出版社，1990，第 173 页。

④ 中华人民共和国行政区划（1986 年），中华人民共和国中央人民政府，http：//www.gov. cn/test/2007－03/23/content_559140. htm，2015 年 1 月 31 日阅。

市门槛较低不无关系，此时各省撤地的形式以与新升地级市合并略多也证明了此点。

对于中央无意之中的间接"鼓励"，有专家分析道：决策层"有意压缩地区编制而放宽地级市的编制"，原因是"由于决策层在体制设计上存在着急于求成的倾向"。① 笔者认为，主观"有意"和"急于求成"这两个说法似乎不太符合那时中央决策的逻辑思路。首先，中央绝非主观有意，如果中央一边在地区压缩，一边在地级市放水是有意设计的话，反倒说明改革前中央已经有较为周全的策略设计。而如果中央设计周全的话，也就不会出现改革中一些协调配套措施不到位等问题（如财政、人事等）。其次，中央非但不是有意为之，"急于求成"说也有可商榷的地方。实际中央对整个地区行署制度改革或者说市领导县体制改革并不心急，原因之一是吸取 1959～1961 年市领导县改革大起大落近乎盲目决策的教训，要采取较为稳妥的步伐。因此，中央不存在"急于求成"的心理或思维逻辑。反之，如果中央心急的话，也就不会三番五次地指示地方放稳了。所以，中央在地区行署制度改革这个问题上是持平和、稳健的态度的。但有一点这个专家的说法笔者是认同的，那就是由于中央压缩地区而放宽地级市编制，市领导县体制"就自然地演变为以行政管理和干部安置为目的"的通道了。这就是《中共中央办公厅、国务院办公厅关于地市州机构改革中应注意的几个问题的通知》中所说"更不可单纯从安排干部出发，在条件不具备的地方匆忙推行地市合并"的逻辑原因，也是后来中央在政府机构改革中还反复强调这一问题的最初逻辑起点，更是后来出现了专家们所描绘的"市卡县""市吃县""市压县""市刮县"等市领导县一系列弊端乃至否定市领导县体制改革的逻辑起点。

无论如何，当时对于第一次撤销地区行署制度的改革，褒贬不一，当然这些评价主要是针对市领导县改革，而不是全然针对地区行署制度的，在此略举大凡。有的认为，全国不能一刀切，赞同在发达的地区先行市领导县。如 1985 年有专家指出："'地市合并'解决了一些地区设立行政公署存在的问题，但并不意味着我国地方行政在现阶段都能采用此制。在经

---

① 周仁标：《市领导的战略意涵、历史嬗变及重构理路》，《社会主义研究》2011 年第 2 期。

济、文化较发达，有一定的城市基础的地区实行'市管县'，着实有很明显的优越性，但在经济、文化尚不发达，且又没有城市基础的地区也照搬'市管县'体制则不太切合实际。如西藏自治区共有 71 个县，只有一个省辖地级市，即拉萨。在这样广大的区域，由一个市能管起这么多的县吗？显然不可能。类似的省区还不少，如甘肃、陕西、云南、福建、内蒙古等。"① 有的专家认为市领导县改革的出发点、方式应有所调整。如有专家指出："50 年代末到 60 年代初市县合并时，由于受当时'以粮为纲'思想的影响，比较多地强调城市各行各业支援农业，没有足够地重视城市经济的发展和城市建设；而最近一年多来，又出现了片面注重城市建设的倾向，在一定程度上削弱了对农业和对农村工作的领导"，因此"市管县范围的大小应当取决于中心城市对周围的辐射能力，按照城乡经济的客观联系来划分。市管县不应受'一地一市'的限制，也不应按照地方现有城市自然分布的状况简单地划拨"②。诸上说法都是因应其时的现实与问题的政策研究，实行反映了地区行署制度改革的阶段性特征。

1988 年以后，由于经济发展陷入低谷，也由于上述一些经济欠发达、条件不成熟的省也热情撤地。因此，"20 世纪 80 年代所进行的市管县体制变革在实践中出现了一些问题，导致出现意见纷纭、评价不一的现象。所以，市管县体制的推行在 1989 年以后停顿了几年"③，1988～1992 年仅撤销了 3 个地区。

三　1993～1998 年第二次地区行署制度撤销改革

（一）中央规制：合并与地级市同城的 14 个地区

第二次地区行署制度改革的大背景是配合社会主义市场经济建设目标下的转变政府职能、建立公务员制度等改革。1992 年我国确立社会主义市

① 熊文钊：《行政公署的性质及其法律地位》，《法学杂志》1985 年第 6 期。
② 王贤玺、韩忠等：《地、市机构改革宜早不宜迟》，《经济问题》1985 年第 7 期。
③ 杨秀峰整理《从"地改市"到"省管县"》，《中国县域经济报》2009 年 9 月 24 日，第 3 版。

场经济建设的目标，1993 年 11 月，中共十四届三中全会通过《中共中央关于建立社会主义市场经济体制若干问题的决定》，作为建立社会主义市场经济体制的总体规划和行动纲领，把经济体制改革目标具体化、系统化。在政治上，"行政管理体制和机构改革，是建立社会主义市场经济体制和加快经济发展的重要条件，也是政治体制改革的紧迫任务"。而"当前的突出问题，是政企不分，关系不顺，机构臃肿，效率低下"。为此，中央决定"要围绕转变政府职能这个中心环节，用三年时间基本完成各级政府机构改革的任务"。① 1997 年党的十五大进一步提出以调整所有制关系为基础，以资本为纽带发展市场经济的理论和任务，进一步明确了行政改革的方向要按照社会主义市场经济的要求，转变政府职能，实现政企分开；根据精简、统一、效能的原则进行机构改革，建立办事高效，运转协调，行为规范的行政管理体系；深化行政体制改革，实现国家机构组织、职能、工作程序的法定化，严格控制机构膨胀，坚决裁减人员。在这一背景下，中央政府机构改革以后，1993 年 7 月 21～23 日，全国机构改革工作会议召开，具体部署各级机构改革的步骤和要求。翌年地方政府机构改革和推进市领导县体制在全国再次展开。在此背景下，第二次地区行署制度改革到来。

第二次地区行署制度改革的声音出现于1993 年，同样包括撤销地区和地区机构改革两个方面，文字也并不多。1993 年 3 月 15 日第八届全国代表大会第一次会议公布的《政府工作报告》要求各级政府机构精简的同时规定："地区机构改革要同调整行政区划相结合。各级派出机构要大力精简。地和地级市并存于一地的，原则上要合并。"② 由于 1982 年新时期第一次全国行政体制改革及撤销地区已经有了初步经验和基础，而第二次改革是第一次改革的继续和扩大，因此，党和国家没有再发布专门文件，而是在 1993 年 7 月 2 日《中共中央关于印发〈关于党政机构改革的方案〉

① 《历次政府工作报告》，中华人民共和国国史网，http：//www.hprc.org.cn/wxzl/wxysl/lc-zf/dishiyijie_3/200908/t20090818_27705_3.html，2014 年 7 月 25 日阅。
② 中华人民共和国国史网·文献与史料·历次政府工作报告·第八届全国人民代表大会，http：//www.hprc.org.cn/wxzl/wxysl/lczf/dishiyijie_3/200908/t20090818_27705_3.html，2015 年 3 月 23 日阅。

和〈关于党政机构改革方案的实施意见〉的通知》（中发〔1993〕7号）中统一规定了各级政府改革的要求。其中规定："地区机构改革要与完善地区行政管理体制结合起来。目前，全国尚有14个地区①机关与地级市机关并存于一地，原则上应予合并，实行市领导县的体制。"由此可见，新时期中央对第二次撤销地区的要义是合并与地级市并存的地区。具体的时限是，包括地区在内的"各级机构的改革三年内基本完成，地方机构改革开始实施和完成的时间可以有所不同，不搞一刀切"。②

（二）地方实施：地区与县级市同时撤销后新建地级市占近六成

自1993年开始，根据中发〔1993〕7号文件规定，除个别地市未合并外，大多数地方都进行了合并工作。河北、吉林、湖北三省合并了全部地区，山西、湖南、青海等省合并了大部分地区。由此，地区从1992年底的110个减少到1998年底的66个，5年里共减少44个。③

与1983～1985年第一次撤销地区行署相比，此次撤地有以下两点不同：

其一，此次撤销地区行署开始后，地方的撤地速度明显放缓。第一次撤销地区行署改革，从1982年底至1985年底的三年里，地区行署共减少45个，平均每年减少15个；正式改革的第一年1983年，就减少地区37个。1993年底，全国有101个地区，至1998年底有66个地区，5年里共减少35个④，平均每年减少7个；除1993～1994年减少了12个以外，其

---

① 实际根据民政部编的《中华人民共和国行政区划简册1994》记载，1993年7月以前与地级市并存一地的地区仅有8个：河北省保定地区，黑龙江省松花江地区，湖北省郧阳地区，广西壮族自治区南宁地区、柳州地区、桂林地区、梧州地区，新疆维吾尔自治区伊犁地区。此文件所说的14个地区应是1992年底的统计数字，这14个地区包括：河北省保定地区（保定市）、石家庄地区（石家庄市）、张家口地区（张家口市）、沧州地区（沧州市）、邯郸地区（邯郸市）、邢台地区（邢台市）、承德地区（承德市），黑龙江省松花江地区（哈尔滨市），湖北省郧阳地区（十堰市），广西壮族自治区南宁地区（南宁市）、柳州地区（柳州市）、桂林地区（桂林市）、梧州地区（梧州市），新疆维吾尔自治区伊犁地区（伊宁市）。括号内即为与该地区同城并存的地级市。
② 中纪委干部室编《纪检监察干部工作手册》，中国方正出版社，2002，第188、190页。
③ 钱其智：《改革地区体制撤销地区建制》，《中国行政管理》2000年第7期。
④ 中华人民共和国行政区划（1993），中华人民共和国中央人民政府，http://www.gov.cn/test/2007-03/23/content_559171.htm，2015年1月31日阅。

余每年的降幅大体相当（见表 2 - 5）。之所以放缓，其中有上次的教训，也有 90 年代初经济缓慢的影响；还有一个因素，就是能与地区合并的地级市很少了，县级市的条件又不太成熟。再有一个原因是 1993 年发布的新中国成立以来的第五个设市标准使升格为地级市的台阶又大幅度提高。1993 年 5 月 17 日《国务院批转民政部〈关于调整设市标准报告〉的通知》规定："设立地级市的标准"为"市区从事非农产业的人口 25 万以上，其中市政府驻地具有非农业户口的从事非农产业的人口 20 万以上；工农业总产值 30 亿元以上，其中工业产值占 80% 以上；国内生产总值在 25 亿元以上；第三产业发达，产值超过第一产业，在国内生产总值中的比例达 35% 以上；地方本级预算内财政收入 2 亿元以上，已成为若干市县范围内中心城市的县级市，方可升格为地级市"。① 这一标准较之 1986 年规定的"可实行市领导县的体制"（市区非农业人口 25 万以上、年国民生产总值 10 亿元以上的中等城市）的标准相比，量化指标明显更为复杂，且在国民生产总值上有较大提高。

表 2 - 5　1994～1998 年全国撤销地区数量及名称

单位：个

年份	撤销的地区数量	撤销地区的名称
1994	12	浙江省台州地区、安徽省南平地区、山东省德州地区和临沂地区、河南省南阳地区、湖南省益阳地区和郴州地区、广西钦州地区、陕西省渭南地区、湖北省荆州地区和郧阳地区、河北省保定地区
1995	3	湖北省黄冈地区、湖南省零陵地区、贵州省安顺地区
1996	7	河北省衡水地区、黑龙江省松花江地区、安徽省阜阳地区、福建省龙岩地区、四川省宜宾地区、陕西省汉中地区和延安地区
1997	8	山东省聊城地区、河南省商丘地区、湖南省怀化地区、广西玉林地区、贵州省遵义地区、云南省玉溪地区和曲靖地区、重庆市黔江地区[1]

①　国务院法制办公室编《中华人民共和国法规汇编（1993—1994）》（第 11 卷），中国法制出版社，2005，第 133～134 页。

年份	撤销的地区数量	撤销地区的名称
1998	7	安徽省宿县地区、江西省赣州地区、河南省信阳地区、湖北省咸宁地区、广西桂林地区、四川省广安地区[2]、宁夏银南地区

注：1.（1）黔江地区撤销后设立了重庆市黔江开发区，为重庆市委、市政府的派出机构，代管石柱土家族自治县、秀山土家族苗族自治县、酉阳土家族苗族自治县、黔江土家族苗族自治县、彭水苗族土家族自治县。（2）1997 年底撤销地区 8 个，新建 1 个眉山地区（国务院 1997 年 5 月 30 日批复），所以 1997 年底地区的实际数量与 1996 年相比减少 7 个。

2. 1998 年四川省新建资阳地区（国务院 1998 年 2 月 26 日批复），将内江市的安岳、乐至 2 个县和代管的资阳、简阳 2 个市（县级）划归资阳地区管辖。

资料来源：（1）中华人民共和国行政区划（1994），中华人民共和国中央人民政府，http：//www. gov. cn/test/2007 – 03/23/content_559172. htm，2015 年 1 月 31 日阅。（2）中华人民共和国行政区划（1995），中华人民共和国中央人民政府，http：//www. gov. cn/test/2007 – 03/23/content_559194. htm，2015 年 1 月 31 日阅。（3）中华人民共和国行政区划（1996），中华人民共和国中央人民政府，http：//www. gov. cn/test/2007 – 03/23/content_559199. htm，2015 年 1 月 31 日阅。（4）中华人民共和国行政区划（1997），中华人民共和国中央人民政府，http：//www. gov. cn/test/2007 – 03/23/content_559206. htm，2015 年 1 月 31 日阅。（5）中华人民共和国行政区划（1998），中华人民共和国中央人民政府，http：//www. gov. cn/test/2007 – 03/23/content_559214. htm，2015 年 1 月 31 日阅。

其二，此次撤地的主要形式是地区与县级市升格后合并，实际操作程序是同时撤销地区和县级市，合并组建一个新的地级市。新时期第一次撤销地区行署时，地区主要是与同城的地级市合并而撤销；第二次改革 1993 年至 1998 年底减少的 48 个地区基本不是采用中共中央明文规定的与同城地级市合并的方式（见表 2–6）。1993 年属于与同城地级市合并而减少的地区仅有 3 个。即使撤销地区较多的 1994 年，撤销的 12 个地区中属于地市同城而撤销的仅有 2 个。总体属于与同城旧有地级市合并而撤销的地区有 10 个（河北省保定地区、石家庄地区、张家口地区、沧州地区、邯郸地区、邢台地区、承德地区，黑龙江省松花江地区，湖北省郧阳地区，广西桂林地区），其余均使用了其他 4 种形式，其中第（3）种地区与 1 个升格后地级市合并是主要形式（28 个），占比 58.3%。

表 2 - 6　1993~1998 年全国地区撤销形式统计

年份	与旧有地级市合并		与新升地级市合并		与新、旧地级市、地区混搭合并	
	（1）地区与1个旧有地级市合并	（2）地区与2~4个旧有地级市合并	（3）地区与1个升格后地级市合并	（4）地区与2~3个升格后地级市合并	（5）地区与1个旧有地级市和1个及以上升格后地级市合并	（6）地区与附近地区和地级市合并
1993	6个：石家庄地区（石家庄市）；张家口地区（张家口市）；沧州地区（沧州市）；邯郸地区（邯郸市）；邢台地区（邢台市）；承德地区（承德市）	1个：雁北地区（大同市、朔州市）	3个：白城地区（白城市）；黑河地区（黑河市）；孝感地区（孝感市）	—	—	1个：南充地区（广安地区、南充市）
1994	2个：保定地区（保定市）；郧阳地区（十堰市）	—	5个：南平地区（南平市）；德州地区（德州市）；临沂地区（临沂市）；钦州地区（钦州市）；渭南地区（渭南市）	5个：台州地区（椒江市、黄岩市）；南阳地区（南阳市、南阳县）；荆州地区（沙市、江陵县）；益阳地区（益阳市和益阳县）；郴州地区（郴州市和郴县）	—	—
1995	—	—	2个：黄冈地区（黄州市）；涪陵地区（涪陵市）	1个：零陵地区（永州市、冷水滩市）	—	—

续表

年份	与旧有地级市合并		与新升地级市合并		与新、旧地级市、地区混搭合并	
	（1）地区与1个旧有地级市合并	（2）地区与2~4个旧有地级市合并	（3）地区与1个升格后地级市合并	（4）地区与2~3个升格后地级市合并	（5）地区与1个旧有地级市和1个及以上升格后地级市合并	（6）地区与附近地区和地级市合并
1996	1个：松花江地区（哈尔滨市）	—	6个：衡水地区（衡水市）；阜阳地区（阜阳市）；龙岩地区（龙岩市）；宜宾地区（宜宾市）；汉中地区（汉中市）；延安地区（延安市）	—	—	—
1997	—	—	6个：聊城地区（聊城市）；怀化地区（怀化市）；玉林地区（玉林市）；遵义地区（遵义市）；曲靖地区（曲靖市）；玉溪地区（玉溪市）	1个：商丘地区（商丘市、商丘县）	—	1个：黔江地区（改为黔江开发区）

续表

年份	与旧有地级市合并		与新升地级市合并		与新、旧地级市、地区混搭合并	
	（1）地区与1个旧有地级市合并	（2）地区与2~4个旧有地级市合并	（3）地区与1个升格后地级市合并	（4）地区与2~3个升格后地级市合并	（5）地区与1个旧有地级市和1个及以上升格后地级市合并	（6）地区与附近地区和地级市合并
1998	1个：桂林地区（桂林市）	—	6个：宿县地区（宿州市）；赣州地区（赣州市）；信阳地区（信阳市）；咸宁地区（咸宁市）；广安地区（广安县）；银南地区（吴忠市）	—	—	—
合计	10	1	28	7	—	2

资料来源：（1）中华人民共和国行政区划（1994），中华人民共和国中央人民政府，http：//www. gov. cn/test/2007 – 03/23/content_559172. htm，2015 年 1 月 31 日阅。（2）中华人民共和国行政区划（1995），中华人民共和国中央人民政府，http：//www. gov. cn/test/2007 – 03/23/content_559194. htm，2015 年 1 月 31 日阅。（3）中华人民共和国行政区划（1996），中华人民共和国中央人民政府，http：//www. gov. cn/test/2007 – 03/23/content_559199. htm，2015 年 1 月 31 日阅。（4）中华人民共和国行政区划（1997），中华人民共和国中央人民政府，http：//www. gov. cn/test/2007 – 03/23/content_559206. htm，2015 年 1 月 31 日阅。（5）中华人民共和国行政区划（1998），中华人民共和国中央人民政府，http：//www. gov. cn/test/2007 – 03/23/content_559214. htm，2015 年 1 月 31 日阅。

　　之所以此次撤销地区时，第（3）种形式地区与 1 个升格后的地级市合并数量占近六成，除了前述的经过第一次撤销后，旧有的原装地级市和能升格为地级市的已经所剩无几。还有一个原因就是设立新县级市后再与地区行署合并要比新建一个地级市再与地区行署合并的门槛低。前述 1993 年民政部设地级市标准较之 1986 年的标准调高，致使直接升格地级市不容易了，但升格县级市的标准却不难达到。1993 年《国务院批转民政部〈关于调查设市标准报告〉的通知》规定"每平方公里人口密度 400 人以上的县"改为县级市的标准有 3 条①，其中可比的两条硬指标是"县人民政府驻地所在镇从事非农产业的人口不低于 12 万，其中具有非农业户口的从事非农产业的人口不低于 8 万……全县乡镇以上工业产值在工农业总产值中不低于 80%，并不低于 15 亿元"。而如果是"自治州人民政府或地区（盟）行政公署驻地"，其"设市时条件可以适当放宽"，条件就降低为"驻地镇非农业人口不低于 6 万，其中具有非农业户口的从事非农产业的人口不低于 4 万"②。可见，设立县级市比设立地级市，然后再与地区合并更容易些。这从当时"标准出台后，各地纷纷抢占机会"进行撤县设市也可看出③。因此，第二次撤地时大多数省就是采用将地区和县级市同时撤销再组建新地级市这一形式。而这就导致此次地区行署改革期间建立的地级市的带县能力明显比第一次地区行署改革期间建立的地级市的带县能力弱，也是日后市领导县体制改革屡遭非议的主要原因。

第二次撤销地区行署进一步促进了城市化的程度。有专家统计，"截至 1998 年底，全国共有 219 个市领导 1228 个县（包括县级市、自治县、旗等），平均每个市领导 56 个县，'市管县'成为我国地方行政体制中的普遍现象"。④ 占当年全国地级市的 96.5%，占全国县级单位的 52.2%。⑤

---

① 《国务院批转民政部关于调整设市标准报告的通知》中"设立县级的标准"，对"每平方公里人口密度 400 人以上的县"设市的指标规定："（1）县人民政府驻地所在镇从事非农产业的人口（含县属企事业单位聘用的农民合同工、长年临时工，经工商行政管理部门批准登记的有固定经营场所的镇、街、村和农民集资或独资兴办的第二、三产业从业人员，城镇中等以上学校招收的农村学生，以及驻镇部队等单位的人员，下同）不低于 12 万，其中具有非农业户口的从事非农产业的人口不低于 8 万。县总人口中从事非农产业的人口不低于 30%，并不少于 15 万。（2）全县乡镇以上工业产值在工农业总产值中不低于 80%，并不低于 15 亿元（经济指标均以 1990 年不变价格为准，按年度计算，下同）；国内生产总值不低于 10 亿元，第三产业产值在国内生产总值中的比例达到 20% 以上；地方本级预算内财政收入不低于人均 100 元，总收入不少于 6000 万元，并承担一定的上解支出任务。（3）城区公共基础设施较为完善。其中自来水普及率不低于 65%，道路铺装率不低于 60%，有较好的排水系统。"
② 国务院法制办公室编《中华人民共和国法规汇编（1993—1994）》（第 11 卷），第 133～134 页。
③ 易鹏：《理性看待和实施"撤县设市"》，新浪新闻，http：//news. since. com. cn/pl/2013－05－07/100127047944. shtml，2020 年 3 月 11 日阅。
④ 庞明礼：《"省管县"：我国地方行政体制改革的趋势？》，《中国行政管理》2007 年第 6 期。
⑤ 1998 年底我国有 33 个省级单位，227 个地级市，2353 个县（市）。资料来源：中华人民共和国行政区划（1998 年），中华人民共和国中央人民政府，http：//www. gov. cn/test/2007－03/23/content_559214. htm，2015 年 6 月 10 日阅。

即城市化一半的功劳是来自地区的撤销，而这也意味着地区行署的大限将至。

四　1999～2018 年第三次地区行署制度撤销改革

（一）中央规制：8 省暂留，"其余地区建制"撤销

20 世纪末，随着市场经济体制的确立和具体目标的提出，为此而转变政府职能、精简机构和人员、提高行政效率、减少行政层级的第四次全国行政体制改革掀起。继 1998 年国务院机构改革完成以后，地方政府改革于 1999～2002 年在全国陆续展开并基本完成，由此迎来了第三次地区行署制度改革。

不同于第一次撤销地区行署是稳妥型，第二次撤销是扩大型，第三次撤销则是属于大限型。主要表现为以下两点：

其一，中央自 1982 年以来首次对地区使用"撤销"二字。1999 年 1 月 5 日，中共中央、国务院发出《关于地方政府机构改革的意见》，该文件再次从减少行政层级和推进城市化两个目标对第三次地区行署制度改革作了原则规定，开启了第三次撤销地区行署的序幕。该文件规定："要调整地区建制，减少行政层次，避免重复设置。与地级市并存一地的地区，实行地市合并；与县级市并存一地的地区、所在市（县）达到设立地级市标准的，撤销地区建制，设立地级市，实行市领导县体制；其余地区建制也要逐步撤销，原地区所辖县改由附近地级市领导或由省直辖，县级市由省委托地级市代管。各自治区调整派出机构——地区的建制，要结合民族自治的特点区别对待。"① 在前两次撤销地区行署中，中央文件从未白纸黑字见诸"撤销地区"字样。当然，为了防止盲从，民政部还圈出可以继续保留地区行署的省份名单，具体包括："广西、西藏、宁夏、新疆 4 个自治区的地区和贵州、云南、甘肃、青海 4 个省的多民族聚居地区以及其他省集中连片贫困老区所在的地区"，规定这些地区"达到地改市标准的可

---

① 中共中央、国务院：《关于地方政府机构改革的意见》（1999 年 1 月 5 日），河北省档案馆：907 - 40 - 58。

以改市，达不到标准的可以继续保留地区建制，待条件成熟时，再逐步撤销"。① 这也是时至今日仍存在的 7 个地区行署的依据。

其二，为加速完成撤销地区行署，中央吸取第二次撤销地区行署的经验，再次有意特开了绿色通道。即为了保障上述所规定的与地区同城的县级市升格再合并地区这一方法的有效实施，也为了解决当时的县和县级市"经济不太发达，一时难以达到建立地级市的标准和要求"这个问题，1999 年 11 月新颁布的设市标准首次降低了地级市的标准，与上一个标准即 1993 年标准相比，除国内生产总值外，其余在非农人口、财政收入和第三产业比重上的指标均有所降低（如 1999 年的非农人口由 1993 年的 25 万以上降为 15 万，其中市政府驻地具有非农业户口的从事非农产业的人口由 20 万以上降为 12 万；第三产业在国内生产总值中的比例由 35% 以上降为 30% 以上）。同时，中央还特专门标明这一较低"标准只适用于地区建制调整工作"②。换言之，这个低门槛是专门照顾撤销地区的。正如专家所说："为了有利于推进地市改革，实现市管县的领导体制，有关部门调整了建市标准，对地级市的人口、产值、财政收入等建市条件，重新作了实事求是的规定，为各地撤地建市提供了政策保障。"③

（二）地方实施：地区与县级市升格后合并占九成以上

正是上述给撤销地区行署特开地级市的低门槛，地区与 1 个升格后的地级市合并成为第三次撤地的绝对主要形式（占比 94.83%），在 1999～2018 年撤销的 58 个地区中，此种形式占了 55 个（见表 2-7）。

由于中共中央、国务院规定"其余地区建制也要逐步撤销"，中央发文的第二年即 2000 年形成了仅次于 1983 年的又一次撤地高潮，一年中撤销地区 21 个，领导县的市增加了 23 个。其中又有浙江、安徽、江西、山东、河南 5 个省撤销全部地区、全面推行市领导县体制。

---

① 《民政部关于调整地区建制有关问题的通知》（1999 年 11 月 22 日），载民政部法规办公室编《中华人民共和国民政法规大全贰 国家民政法规（2）》，中国法制出版社，2002，第 1490 页。
② 《民政部关于调整地区建制有关问题的通知》（1999 年 11 月 22 日），载民政部法规办公室编《中华人民共和国民政法规大全贰 国家民政法规（2）》，中国法制出版社，2002，第 1490 页。
③ 钱其智：《改革地区体制撤销地区建制》，《中国行政管理》2000 年第 7 期。

表 2 - 7　1999～2017 年全国地区撤销形式统计

年份	与旧有地级市合并		与新升地级市合并		与新、旧地级市、地区混搭合并	
	（1）地区与1个旧有地级市合并	（2）地区与2～4个旧有地级市合并	（3）地区与1个升格后地级市合并	（4）地区与2～3个升格后地级市合并	（5）地区与1个旧有地级市和1个及以上升格后地级市合并	（6）地区与附近地区和地级市合并
1999	—	—	8个：晋中地区（榆次市）、绥化地区（绥化市）、巢湖地区（巢湖市）、六安地区（六安市）、宁德地区（宁德市）、娄底地区（娄底市）、达川地区（达川市）、榆林地区（榆林市）	—	—	—
2000	—	—	21个：忻州地区（忻州市）、运城地区（运城市）、临汾地区（临沂市）、丽水地区（丽水市）、宣城地区（宣州市）、池州地区（贵池市）、吉安地区（吉安市）、宜春地区	—	—	—

年份	与旧有地级市合并		与新升地级市合并		与新、旧地级市、地区混搭合并	
	（1）地区与1个旧有地级市合并	（2）地区与2~4个旧有地级市合并	（3）地区与1个升格后地级市合并	（4）地区与2~3个升格后地级市合并	（5）地区与1个旧有地级市和1个及以上升格后地级市合并	（6）地区与附近地区和地级市合并
2000	—	—	（宜春市）、抚州地区（临川市）、上饶地区（上饶市）、滨州地区（滨州市）、菏泽地区（菏泽市）、周口地区（周口市）、驻马店地区（驻马店市）、眉山地区（眉山县）、雅安地区（雅安市）、巴中地区（巴中市）、资阳地区（资阳市）、安顺地区（安顺市）、保山地区（保山市）、安康地区（安康市）	—	—	—
2001	1个：伊犁地区（伊犁哈萨克自治州）	—	3个：昭通地区（昭通市）、商洛地区（商州市）、武威地区（武威市）	—	—	—

年份	与旧有地级市合并		与新升地级市合并		与新、旧地级市、地区混搭合并	
	（1）地区与1个旧有地级市合并	（2）地区与2~4个旧有地级市合并	（3）地区与1个升格后地级市合并	（4）地区与2~3个升格后地级市合并	（5）地区与1个旧有地级市和1个及以上升格后地级市合并	（6）地区与附近地区和地级市合并
2002	—	—	8个：百色地区（百色市）、贺州地区（贺州市）、河池地区（河池市）、丽江地区（丽江纳西自治县）、张掖地区（张掖市）、平凉地区（平凉市）、酒泉地区（酒泉市）、庆阳地区（西峰市）	—	2个：柳州地区（柳州市、来宾县）；南宁地区（南宁市、崇左县）	—
2003	—	—	4个：吕梁地区（离石市）、思茅地区（思茅市）、临沧地区（临沧县）、定西地区（定西县）	—	—	—
2004	—	—	1个：陇南地区（武都县）	—	—	—

续表

年份	与旧有地级市合并		与新升地级市合并		与新、旧地级市、地区混搭合并	
	（1）地区与1个旧有地级市合并	（2）地区与2~4个旧有地级市合并	（3）地区与1个升格后地级市合并	（4）地区与2~3个升格后地级市合并	（5）地区与1个旧有地级市和1个及以上升格后地级市合并	（6）地区与附近地区和地级市合并
2011	—	—	2个：毕节地区（毕节市）、铜仁地区（铜仁市）	—	—	—
2013	—	—	1个：海东地区（乐都县）	—	—	—
2014	—	—	2个：日喀则地区（日喀则市）、昌都地区（昌都县）	—	—	—
2015	—	—	2个：林芝地区（林芝县）、吐鲁番地区（吐鲁番市）	—	—	—
2016	—	—	2个：山南地区（乃东县）、哈密地区（哈密市）	—	—	—
2017	—	—	1个：那曲地区（那曲县）	—	—	—
合计	1	—	55	—	2	—

注：因2005~2010年数据无变化，故不再列出。

资料来源：民政部编《中华人民共和国行政区划简册》1999~2018，中国地图出版社等，1999~2018（每年出版一本，限于篇幅，恕不详列，详见书后参考文献）。

但这次高潮也并非客观条件成熟或积极推进中央决策的结果。正如有专家指出，地方政府之所以热衷于撤县设市，是因为通过这种行动可以得到诸多实惠。主要包括：一是可以得到更多的财税收入，比如县改市后，市就可以得到更高上级返还比例以及增加城市维护建设税等收入；二是市的"名头"更好听，对于地方招商引资和扩大地方知名度有直接好处；三是市的主要领导往往会高数额配置或得到更多的提拔机会；四是地方可以得到更多上级分配的土地指标、工业项目、水资源占用量等。①

　　但从客观上不得不承认，这也是 20 多年的市领导县体制改革所带来的城市化发展的大势所趋。改革开放前，我国城镇化水平只有 18% 左右，2002 年，已接近 38%，增加了近 20 个百分点；城镇人口由不足 2 亿增加到近 5 亿。我国已经进入城镇化的中期阶段，城镇化呈现加快发展的趋势。截至 2004 年底，共有 18 个省全面实行市领导县。② 与此相关，全国 28 个省和自治区中，23 个省全面撤销了地区行署。

　　正因为城市化发展到一定阶段，总体形势发生了较大变化，市领导县体制改革开始被省直管县体制的尝试所替代。20 世纪 90 年代的市管县体制改革虽然是 80 年代改革的继承与发展，且"仍然是通过行政命令进行行政区划的调整来谋求实现城市化、促进地方经济发展的目的。但是，这时市管县体制的外在制度环境已经发生了重大变化。中央与地方的分权已经从行政性分权走向经济性分权。因为随着现代企业制度的建立和生产要素市场的发育完善，市场机制已经成为资源配置的主导机制，资源配置权也开始从政府转向市场和企业，地方政府作为独立的利益主体，其影响经济社会发展的方式、手段都应该发生相应的变化。正是在这种背景下，勃兴于 20 世纪 80 年代、鼎盛于 90 年代的市管县体制已经基本完成之时，对这一体制质疑和批评的声音也大了起来。主张撤销市管县体制，实行省管县的主张在学术界成为主流，甚至在政府管理的实践中也开始出现。浙江省、河南省等在

---

　　① 易鹏：《理性看待和实施"撤县改市"》，新浪新闻，http：//news. sina. com. cn/pl/2013 - 05 - 07/100127047944. shtml，2020 年 3 月 11 日阅。

　　② 《修订设市标准县城撤销镇建制》（2002 年 12 月 31 日），中国法院网，https：//www. chinacourt. org/article/detail/2002/12/id/29490. shtml，2019 年 1 月 30 日阅。

1992 年左右就已经直接或间接地扩大了省管县的试点"①。

从 2002 年起，浙江、湖北、河南、广东、江西、河北、辽宁等省先后开始了"强县扩权"的改革，把地级市的经济管理权限直接下放到一些重点县，在经济管理方面形成了近似于"省管县"的格局。2005 年 6 月，温家宝总理在全国农村税费改革会议上再次提出，具备条件的地方可以推行"省直管县"的试点。② 2008 年 2 月，党的十七届二中全会指出："到 2020 年，要建立起比较完善的中国特色社会主义行政管理体制。"根据中共中央有关精神，中央机构编制委员会办公室下发了《关于开展省直管县体制改革试点的通知》，经中共中央、国务院批准，全国共确定 34 个省直管县体制改革试点县。随后，2006 年的"十一五规划"、2008 年党的十七届三中全会通过的《中共中央关于推进农村改革发展若干重大问题的决定》、2009 年和 2010 年，中央多次强调要推进省直管县改革，实行省—市或省—县两级制。2009 年 6 月 22 日，《关于推进省直接管理县财政改革的意见》指出："2012 年底前，力争全国除民族自治地区外全面推进省直接管理县财政改革，近期首先将粮食、油料、棉花、生猪生产大县全部纳入改革范围。……建立省与市、县之间的财政资金直接往来关系，取消市与县之间日常的资金往来关系。"③ 2012 年 11 月 8 日，党的十八大报告再次重申：要"深化行政体制改革""优化行政层级和行政区划设置，有条件的地方可探索省直接管理县（市）改革"④。2013 年 11 月 12 日，党的十八届三中全会通过的《中共中央关于全面深化改革若干重大问题的决定》继续指出："优化行政区划设置，有条件的地方探索推进省直接管理县（市）体制改革。"⑤ 当然，这些政策、政令之于地区行署制度，必然是使其最终全部退出新时期历史舞台的倒计时。

① 杨秀峰整理《从"地改市"到"省管县"》，《中国县域经济报》2009 年 9 月 24 日，第 3 版。

② 薄贵利：《稳步推进省直管县体制》，《中国行政管理》2006 年第 9 期。

③ 中华人民共和国中央人民政府·公文公报·部门地方文件，中华人民共和国中央人民政府，http://www.gov.cn/zwgk/2009 - 07/09/content_1360963.htm，2015 年 3 月 23 日阅。

④ 胡锦涛：《坚定不移沿着中国特色社会主义道路前进 为全面建成小康社会而奋斗——在中国共产党第十八次全国代表大会上的报告》（2012 年 11 月 8 日），《前进》2012 年第 12 期。

⑤ 全国人大常委会办公厅、中共中央文献研究室编《人民代表大会制度重要文献选编4》，中国民主法制出版社，2015，第 1672 页。

五　新时期政治发展逻辑下地区行署制度的递嬗

（一）地区行署制度因提高政府效能和行政体制改革而不断式微

地区行署制度是整体行政体制改革的一个环节，其三次改革是为实现现代化经济建设从计划经济到商品经济再到市场经济的转变而在行政上减少行政层级、改革政府职能、提高行政效能等的结果。尤其减少行政层级，1978 年以后，先后推行市领导县和省直管县体制改革，由省—地—县向省—县发展，必然要减少省和县以外多余的层级，而派出政府法理与现实的名不副实和虚级身份自然成为首选对象而逐渐撤销。因此，地区行署从 1978 年时由 173 个组成的全国较大的行政层次逐渐式微，到 2018 年底仅剩 7 个。这是新时期行政体制发展的必然结果。曾有专家说：20 世纪 80 年代改革以后，形成坚决恢复地区为派出机关并削弱其权力和索性像"文化大革命"时期一样将地区改为一级政权的两种意见，争来争去，"自然，前一种意见占上风"①。笔者认为，这不是争的结果，而是大势如此。与地区行署境况变化相同的县级派出政府——区，同样在减少行政层次这个大背景下被撤销就是明证。1986 年，在第一次地区行署制度改革后不久，中央也决定撤销区一级。"县以下设区级机构，对于县政府实行行政管理，在历史上发挥过积极作用"，同样"随着农村经济体制改革和四化建设的发展，许多地方区级机构的存在已同客观形势不相适应。区公所本是县政府的派出机关，但实际上不少的区已经形成一级政权实体，权力较大，往往因中间层次而影响办事效率，以致不能充分发挥乡镇政府的职能作用，使上级党委、政府的方针、政策和部署的工作往往不能迅速贯彻落实到基层"②。可见，地区行署等派出政府制度必然是新时期行政体制改革的对象而逐渐退出新时期的历史舞台。

---

①　王敬松：《中华人民共和国政府与政治（1949.10—1992）》，中共中央党校出版社，1994，第 147 页。

②　河北省人民政府：《关于撤销县以下区级机构的通知》（1986 年 10 月 4 日），河北省档案馆：934 - 4 - 203。

（二）地区行署的撤销以与 1 个升格后地级市合并为主体在平稳有序中推进

1983～2018 年被撤销的 171 个地区中，地区与 1 个升格后地级市合并是 6 种形式中的主流，占比 59.06%（见表 2-8），而且基本是一直存在的一种形式。

表 2-8　1983～2018 年全国地区撤销形式

年份	与旧有地级市合并		与新升地级市合并		与新、旧地级市、地区混搭合并		合计
	（1）地区与1个旧有地级市合并	（2）地区与2~4个旧有地级市合并	（3）地区与1个升格后地级市合并	（4）地区与2~3个升格后地级市合并	（5）地区与1个旧有地级市和1个及以上升格后地级市合并	（6）地区与附近地区和地级市合并	
1983	6	10	6	3	5	5	35[1]
1984	2	—	1	—	—	—	3[2]
1985	—	—	4	3	2	1	10
1986	2	1	—	—	2	1	6
1987	—	1	1	—	—	—	2
1988	—	1	4	—	—	1	6[3]
1992	1	—	2	—	—	—	3
1993	6	1	3	—	—	1	11[4]
1994	2	—	5	5	—	—	12
1995	—	—	2	1	—	—	3
1996	1	—	6	—	—	—	7
1997	—	—	6	1	—	1	8
1998	1	—	6	—	—	—	7
1999	—	—	8	—	—	—	8
2000	—	—	21	—	—	—	21
2001	1	—	3	—	—	—	4
2002	—	—	8	—	2	—	10

续表

年份	与旧有地级市合并		与新升地级市合并		与新、旧地级市、地区混搭合并		合计
	(1) 地区与1个旧有地级市合并	(2) 地区与2~4个旧有地级市合并	(3) 地区与1个升格后地级市合并	(4) 地区与2~3个升格后地级市合并	(5) 地区与1个旧有地级市和1个及以上升格后地级市合并	(6) 地区与附近地区和地级市合并	
2003	—	—	4	—	—	—	4
2004	—	—	1	—	—	—	1
2011	—	—	2	—	—	—	2
2013	—	—	1	—	—	—	1
2014	—	—	2	—	—	—	2
2015	—	—	2	—	—	—	2
2016	—	—	2	—	—	—	2
2017	—	—	1	—	—	—	1
合计	22	14	101	13	11	10	171

注：1. 1983 年 10 月 8 日国务院批准恢复西藏江孜地区和林芝地区（中华人民共和国行政区划1983，中华人民共和国中央人民政府，http：//www. gov. cn/test/2007 - 03/23/content_559123. htm，2017 年 2 月 20 日阅），因此，1983 年实际减少地区 33 个。

2. 1984 年 9 月 14 日国务院批准恢复新疆伊犁地区（中华人民共和国行政区划1984 年，中华人民共和国中央人民政府，http：//www. gov. cn/test/2007 - 03/23/content_559128. htm，2017 年 2 月 20 日阅）。

3. 1988 年共撤销 6 个地区，但国务院 5 月 18 日批准设立四川省黔江地区、8 月 17 日批复安徽省新设池州地区，因此实际 1988 年减少的地区数为 4 个。

4. 实际 1993 年比 1992 年减少地区 9 个，不是 11 个，原因在于当年四川省新成立广安地区和巴中地区。

5. 因 2005 ~ 2010 年数据无变化，故不再列出。

资料来源：（1）民政部《中华人民共和国县级以上行政区划沿革（1949—1983）》（第一、二、三卷），测绘出版社，1986、1987、1988。（2）民政部编《中华人民共和国行政区划简册》1984 ~ 2018，中国地图出版社等，1984 ~ 2018（每年出版一本，限于篇幅，恕不详列，详见书后参考文献）。

具体而言，每一种撤销方式在三次撤销时的占比及产生的结果不同，详述如下：

（1）地区与 1 个旧有地级市合并的有 22 个，主要集中在 1983 ~ 1994 年。这种也称地区被地级市吞并。具体方法是撤销地区，将其所属的县级政区划归地级市，相当于地区并入地级市。"这种类型的中心城市都具有一定的规模，一般为大中城市，经济、科学技术、文化事业发达，设市较早，多数历来为行政治所，具有经济、文化与政治中心的地位和作用。"如吉林省永吉地区与吉林市合并，湖北省襄阳地区与襄樊市合并，四川省永川地区与重庆市合并，福建省宁德地区与福州市合并，河北省的石家庄、张家口、沧州、邯郸、邢台、承德6个地区分别与同名的地级市合并等。此种合并后的地级市是实力最强的，也最少出现后续争讼问题。

（2）地区与2～4个旧有地级市合并的有14个，主要集中在1983年。也有专家称这种形式为强市分地。这种类型集中在中心城市密集的经济发达地区，中心城市规模大，经济基础好，一般市领导的县的数量比较少。如江苏省苏州地区由苏州市和无锡市合并，镇江地区由镇江市、南京市、无锡市、常州市合并，广东省佛山地区由佛山市、江门市、珠海市合并，河南省许昌地区由许昌市、漯河市、平顶山市合并等。此种类型与第一种类型相似，很少出现后续市、县矛盾。

（3）地区与1个升格后地级市合并的有101个，除1986年没有外，贯穿始终，第二次、第三次地区行署制度改革期间较多。但所谓升格后的地级市其原有身份分为县级市或县两种。如前身为县级市的有1998年安徽省宿县地区、江西省赣州地区、湖北省咸宁地区、宁夏银南地区、云南省思茅地区等。与第（1）种类型相比，这种类型的中心城市仍处于培育、发展阶段，规模较小，经济基础相对比较薄弱①。前身为县，升格为地级市后合并的这类地改市早期出现在东部发达省区的相对落后地区，如1983年江苏省盐城地区、1987年浙江省舟山地区。后来的主要分布在西部地区，如1998年四川省广安地区，2001年宁夏固原地区，2002年云南省丽江地区，2004年甘肃省陇南地区。"这种类型市领导县条件最不成熟，中心城市还没有形成，整个地区基本上以第一产业为主，经济实力很差，它们的出现与其说是为了发挥中心城市对农村的带动作用、解决经济上的城乡分割，不如说是为了扩大地级行政区的权力、将地区改为一级政权。"② 也就是前述另有实惠和"热情"的驱动下勉强进行地市合并，实际实行市领导

---

① 浦善新：《中国行政区划改革研究》，第72～73页。
② 浦善新：《中国行政区划改革研究》，第74页。

县的条件并不成熟，升格前的县、市实力不够强大，控制不住分来的原地区辖县，所以后续市县发展受限，问题较多。从数量上计算，在笔者归纳的六种方式中，以此种形式为主，占所有被撤销地区总数的59.06%，更是20世纪90年代以后地区撤销的主流方式，这也是造成20世纪90年代市领导县体制诟病于学界、政界的主源。

（4）地区与2~3个升格后地级市合并的有13个，主要集中在1983年、1985年、1994年。地区内的几个县级市或县升格为地级市，合并地区所辖的县。由于原有身份为县级，所以此种形式也被称为弱市分地。如吉林省四平地区（四平市、辽源市），河南省安阳地区（安阳市、濮阳市），四川省绵阳地区（德阳市、绵阳市、广元市、遂宁市）、吉林省通化地区（通化市、浑江市、梅河口市）属此类。"采用这种类型的地区，要么原地区内几个县级市实力相当，已形成几个经济中心，要么原地区辖县数量较多，分为几个地级市以减少市领导的县的数量。"① 此种与第（2）种同样出现后续问题较少。

（5）地区与1个旧有地级市和1个及以上升格后地级市合并的有11个，主要集中在1983年、1985年、1986年和2002年。这种也称为强弱结合分地。一般选择地区内条件较好的县级市或县升格后，和原有的地级市合并管辖被撤销地区的辖县。如河北省唐山地区由原有地级市唐山市和升格后的秦皇岛市合并，山东省烟台地区由原有地级市青岛市和升格后的烟台市合并，四川省温江地区由原有的地级市成都市和县升格后的德阳市合并。

（6）地区与附近地区和地级市合并的有10个，主要集中在1983年。如福建省莆田地区由晋江地区和福州市合并，甘肃省天水地区由陇南地区、定西地区、天水市共同合并。这种方式实际是一种过渡方式，基本也可以与第（5）种等同而视。

尽管地区撤销的形式，细究起来如此繁杂，但地区撤销的总体走势并无显著的大起大落的跳动现象。三次改革过程中虽曾有两次出现（1983年和2002年）撤销地区的高潮，但从长时段来看，整个走势基本平稳，未见大的波动与震荡。具体来看，三次改革地区行署制度，各省执行基本每

① 浦善新：《中国行政区划改革研究》，第75页。

次都是在改革命令下达的最初一两年有一个突进的势头（1982～1983年、
1993～1994年、1999～2000年），然后就会放缓下来。可见，地区行署制
度改革基本平稳、有序进行，这也反映了新时期政治经济各项改革的总体
特征和形势。这也是前述笔者认为有些专家说中央对市领导县体制改革急
于求成有待商榷的原因。作为中国改革开放的总设计师邓小平多次在不同
场合强调"稳"这一关键词。如1985年3月，邓小平在会见日本自由民
主党副总裁时说："改革是中国的第二次革命。这是一件很重要的必须做
的事，尽管是有风险的事……我们的方针是，胆子要大，步子要稳，走一
步，看一步。"① 6月在会见阿尔及利亚代表团时他又说："进行全面的经
济体制改革需要有勇气，胆子要大，步子要稳。这是我们党和国家当前压
倒一切的最艰巨的任务。"② 9月在全国代表会议上商讨"七五"期间工农
业总产值的年增长率时，在政治局常委一致同意7%指标的情况下，邓小
平仍指出："速度过高，带来的问题不少，对改革和社会风气也有不利影
响，还是稳妥一点好。"③ 所以，在整体求稳的大原则下，地区行署的撤销
应该不存在严重的急于求成的心理。

（三）地区行署制度改革折射了改革开放的曲折历程

众所周知，改革开放是一场摸着石头过河的探索。在遭受"文化大革
命"的打击后，中国并不具备改革的标配条件，复建所有工作的曲折和艰
辛程度是难以想象的，所有改革措施都是在摸索中前进。因此，改革开放
刚开始几年并已小有成果时，邓小平坦率地说："我们越来越感到进行政
治体制改革的必要性和紧迫性，但现在还没有完全理出头绪"；"党要善于
领导。几年前就提出这个问题了，但如何做还没有考虑清楚"。④ 因此，

---

① 邓小平：《改革是中国的第二次革命》（1985年3月28日），载《邓小平文选》（第三
　卷），人民出版社，1993，第113页。
② 邓小平：《改革开放是很大的试验》（1985年6月29日），载《邓小平文选》（第三卷），
　第130页。
③ 邓小平：《在中国共产党全国代表会议上的讲话》（1985年9月23日），载《邓小平文
　选》（第三卷），第143页。
④ 邓小平：《关于政治体制改革问题》（1986年9月），载《邓小平文选》（第三卷），第
　179页。

1978 年地区行署制度刚刚建立后，很多问题其实并不明朗，地区行署制度的撤销、改革等都不是"文化大革命"甫一结束即有想法就是缘于这个大背景。一切举措似乎都只是先暂且恢复到"文化大革命"前的状态而已。所以即使 1982 年已经开始改革了，其根本目标也并非指向当时一切问题的总症结——经济体制和政治体制的根本性变革，而是进行了稳妥的围点打援式的局部修改，如调整和加强各级领导核心、干部年轻化、精简机构、紧缩编制、实行老干部离退休制度、加强干部的轮训工作以及推行市管县领导体制等一系列"微观制度的变革与调整"。从长远来看，这些只是"开始打破传统计划经济管理体制的框架，力求从组织结构方面切断与原有体制的联系"。因此，此时的"政府改革具有明显的过渡性……大部分改革措施都是初步的、调适性的。它们基本上停留在机构调整与人员精简上，未曾触及如何促进政府职能转变，如何规范地方分权等深层次的问题"。为此，有专家把这种改革称为下端改革，"下端指行政管理体制改革，包括转变政府职能、政企分开、提高效率、降低成本、裁减人员、改进政府管理方式等"，而"上端指民主政治改革，包括国家政治生活中的宪政体制、社会主义民主、社会主义法制等"①。对此，也有另一种说法：1982 年以来的改革是"通过边缘性或微观层面的制度变革来带动整个行政体系的发展和行政效能的提升"。这样做的好处就是"规避了大规模改革带来的政治风险和改革成本，且能产生较为直观的效果，因此通常易为人们所接受"。所以，尽管第一阶段改革不是理想中的外科手术式，但在计划经济体制根深蒂固以及各项改革条件欠成熟的情况下，不失为险中求胜的一步。

从实际结果来看，"应该说，这个阶段的机构改革是卓有成效的。它从政府机构调整和组织体制变革入手，兼及政府职能转变，开始冲破计划经济管理体制下的政府管理模式，为建立新的经济管理体制奠定了坚实的基础"。此后的改革仍是贯彻保稳，不折腾。20 世纪 90 年代以来的改革，虽"是全方面的变革，触及到职能配置、权责体系、机构设置、人事制度、运作机制等行政体制的各个方面、各个层次的问题"。"但从行政体制

① 　汪玉凯：《公共权力与公共治理》，中共中央党校出版社，2006，第 221 页。

与机构改革总体进程来看，它仍属于计划经济管理体制向市场经济管理体制的过渡和转变。至于市场经济体制建立后，中国行政管理体制改革如何发展，并未有太多地涉及。"① 可以说，20 世纪末以前的改革基本都属于下端改革，没有宪政、法制等外科手术式的改革。因此，地区行署时期的改革的曲折性，不仅体现于当时面临的问题的规模大、数量多，即"中国 30 年的改革是纷繁复杂、千头万绪的"②；而且还包括解决这些问题不能走直击根本、釜底抽薪式的一步到位的快方法，只能走迂回包抄、围点打援多阶段的步步为营的慢办法。这就是为什么地区行署的撤销采用上述如此多种形式的方法，而不是直接一刀切全部用最简单的地级市和地区合并的一种方法的原因。即使如此，中国竟用 30 年完成了外国 100 年完成的事情。

正因为仅用别人 1/3 的时间就完成了，所以一些措施总是会百密一疏；加之改革走的是下端包围上端的办法，因此，难免一些专家认为新时期以来的改革缺乏充分理论准备和法制保障。如有专家说："机构改革的方案、措施、进度的设计缺乏总体性和系统性，缺少严密的科学论证及依据；改革的决策过程和实施过程缺乏广泛的民主性，……改革中利用行政手段多，利用法律手段少。没有形成有效的法律保障和约束机制，致使改革缺乏法律方面的保障。"③ 再比如说，改革"理论准备与事先设计不足。纵观我国 30 年的政府机构改革并没有形成自成一体的改革理论，也没有完备的理论支持，没有理论的前瞻性指导，没有超前的制度设计与制度安排"；"更没有形成符合我国国情的政府改革理论"，因此"我国政府机构改革具有随意性、反复性、成本高、具体目标不明确"的特征④。同样，也有专家说："改革缺乏法律的约束和监督。每次的改革，基本是政府先拿出方案，然后通过人民代表大会，最后向社会通告，而往往是行政首长决定机

---

① 李莹、孔祥利：《政府改革与政府创新——从另一种角度看中国行政改革的逻辑进程》，《中国行政管理》2009 年第 1 期。
② 何颖：《中国政府机构改革 30 年回顾与反思》，《中国行政管理》2008 年第 12 期。
③ 张晓芝：《我国政府机构改革面临的困境及其成因》，《理论与改革》1994 年第 12 期。
④ 何颖：《中国政府机构改革 30 年回顾与反思》，《中国行政管理》2008 年第 12 期。

构的改革方案。"①

　　不得不承认，以上问题在地区行署层面都有或多或少的反映。但在总体是摸着石头过河的改革中，基本每一个步骤和环节均举步维艰，其困难均是前所未有的，如以经济建设为中心、农村经济体制改革、城市经济体制改革、政府机构与职能改革、财政体制改革、人事体制改革等。而对于地区行署制度改革而言，其难度也是如此：一是没撤销的地区要与其他地方政府一样经历上述一个又一个、一轮又一轮如刮骨疗毒般的改革；二是要撤销的地区则要从近似一级政府的格局"消失""蒸发"为似乎不曾存在的空无。这在地方行政系统中会是"惊天动地"的，其带来的各种"善后"问题层出不穷。因此，实际地区行署制度的改革比其他地方政府都要困难，尤其本应是精干的派出机构实际却近似一级政府，同时还是超编膨胀最严重的地区政府机构、职能的一次次精简与转变基本是难上加难（详见第三章、第四章）。上述缺乏充分理论准备和法制保障的大环境问题，也毫无遗漏地体现在地区改革上，如地区机构改革与职能转变缺少相关人事制度和财政制度的配套和地区组织法的规范保障（详见第三章、第四章、第七章），地区"财政"和前述问题共同反映的总体制弊端，等等。而所有这些困难在三次地区行署制度改革中陆续展开着，又平稳解决着，这也是整个新时期改革总体特征的地区折射。

---

　　① 　王莉：《论我国行政机构改革》，《法制与经济》（中旬刊）2009 年第 1 期。

第三章　地区的组织机构与编制

　　地区的组织机构与编制，是地区政府运作和地区行署制度有效实施的基础性和关键性载体。新中国成立以来，一级政区基本均设有党委、政府、群团、政协、人大，1949～1966 年的专区专署制度时期在地委、专署、群众团体之外，不设人大和政协，而地区行署制度时期则悉数齐备。同时，地区中的政府系统——行署实际上超出派出政府的规模和结构，还与其他各级政府一样，处于不断扩大与膨胀之中。而改革开放以来，为适应新时期现代化建设的需要，中央对地区行署进行了两次机构改革。但由于现实层面存在地方精简无效动作、改革配套不到位、地区改革的难度更大等问题，历史层面又受到缺乏专门组织法、职能超规越限、政府管理理念与旧体制等遗留因素影响，致使地区机构改革的结果与中央的规制出现差距。

一　中央对地区的机构与编制规定

（一）行署专员、地委书记：规制为 3 人，专员实有 5～10 人、书记实有 5 人左右

　　自 1978 年地区行署制度建立至今，有关地区党政领导职数仅在 1982 年第一次地区行署制度改革前后有两个文件规定，一是 1980 年 2 月 22 日，中央组织部针对全国干部所发的《关于加强领导班子建设的几点意见》；二是 1983 年 2 月 15 日，正式的、较为详细的规定第一次地区行署制度改革的 6 号文件——中共中央、国务院《关于地市州党政机关机构改革若干问题的通知》。

　　事情的缘起是 1979 年 7 月，中央组织部、国家编制委员会作了一个调查，结果表明，"文化大革命"以来"各级党政领导机关比较普遍存在着机构混乱、臃肿，层次重叠，人浮于事，领导干部成堆，官僚主义、衙门作风严重，办事效率很低的问题"①。如河北省反映："目前我省各级领导班子普遍人数多"②，"绝大多数单位编制满员或超编"③。其中，承德地区 1978 年 7 月改称行署前有地区革委会主任 15 名④。再如湖北省各"地区革委会设主任 1 人，副主任若干人，多者达到 10 余人，如宜昌地区革委会 1972 年 10 月时有副主任 16 人，常委若干人（一般为 20 人左右），委员数十人"⑤。鉴此，1980 年 2 月，中央组织部下发《关于加强领导班子建设的几点意见》，指示全国各级领导"班子配备人数不宜多"，具体"正副省长、正副专员、正副县长一般 5~7 人"⑥。

　　1982 年以精简机构、调整和加强各级领导核心为首要目标的第一次地区行署制度改革开始后，中央规定正副地委书记和行署专员人数一般均减为 3 人。1983 年 2 月，针对地区行署要真正改为派出机构，中共中央、国务院《关于地市州党政机关机构改革若干问题的通知》规定："地委书记和行署专员分别为一正二副，个别地区确因工作需要，可多配副书记和副专员各一人。"⑦ 曾任职于中央机构编制委员会办公室的张雅林后来指出："1983 年中共中央、国务院对地区机关及其各部门的领导职数配备所做的

---

① 中共中央组织部、国家编制委员会：《关于目前党政机关机构编制的一些情况和意见的通知》（1979 年 7 月 14 日），载劳动人事部编制局编《机构 编制 体制文件选编》（上），第 337 页。

② 《中共河北省委组织部关于抓紧做好选拔优秀中青年干部工作的规划》（1980 年 12 月 11 日），石家庄市档案馆：5 - 3 - 37。

③ 河北省人事局：《一九八〇年工作总结报告》（1981 年 2 月 25 日），河北省档案馆：907 - 29 - 99。

④ 《中国共产党河北省承德地区组织史资料（1931—1987）》，河北人民出版社，1992，第 329 页。

⑤ 《湖北省志·政权》，湖北方志网，http：//www. hbdfz. com. cn/Government/BookRecords. aspx? id = 5d49240c - 8a89 - 46ec - 8197 - d4cd1caea784&currentPage = 2，2015 年 5 月 13 日阅。

⑥ 中央组织部：《关于加强领导班子建设的几点意见》（1980 年 2 月 22 日），宋任穷：《宋任穷回忆录》，解放军出版社，2007，第 458 页。

⑦ 中共中央、国务院：《关于地市州党政机关机构改革若干问题的通知》（1983 年 2 月 15 日），河北省档案馆：907 - 31 - 2 - 1。

规定，基本上是符合实际的。"①

1993 年第二次地区行署制度改革及其后，因为撤销地区行署制度的命令已下，中共中央、国务院不再有地区正副行署专员、地委书记的职数的相关规定。

纵观 1982～2015 年的实际情况，地区专员和书记的职数与中央规制或有差异。首先，绝大多数地区行署正副专员的实有人数始终未降至小于等于 3 人的标准。在第一次地区行署精简改革的最开始虽有所减少，但后来又有不同程度的反弹。总体来看，1983 年 3 月下旬，各省地、市领导班子的调整，除广西外，已基本结束时，全国"地、市（州、盟）和省属部、委、厅、局的领导班子，党委常委、正副专员（市长、州长、盟长）和正副厅、局长（部长、主任）人数，由原来的 16658 人减少到 10603 人，减少 36%"②。其中，到底正副专员减少了多少呢？1984 年，中央组织部调查了 44 个地市，这 44 个地市中的地（市、州）包括行署（政府）正副专员、市长由 1978 年的 403 人减少到 1984 年的 234 人，减少了 41.9%③。这一比例可以说明，地级领导精简的成效较之其他同级高。之所以如此，笔者认为是因为精简改革前地级编制的数量本身就较大。以河北省为例，不论是领导干部，还是普通干部或组织编制，其人数一直超过全国大多数地区，1982 年精简前，各地区实有正副专员 10～19 人不等，平均为 12.4 人；④ 精简后的 1984～1985 年各地区平均有专员为 5.5 人，较之 1982 年减少了 55.6%。这一比例不仅超过了全国同级官员精简了 36% 的数字，还超过了 44 个地市 41.9% 的数字。因此，以前基数大，精简的效果可能就明显一些。

而全国的情况，笔者从收集的资料推测：1984～1985 年大多数省份

① 张雅林：《地区（行署）的沿革、现状及改革对策》，载吴佩纶主编《地方机构改革思考》，第 103 页。
② 中国二十世纪通鉴编辑委员会编著《中国二十世纪通鉴（1901—2000）》第五册第十七卷（1981—1985），1983，第 5570～5571 页。
③ 中央组织部青年干部局编《全国地县两级领导班子"四化"建设进程抽样调查报告文集》（上册），中央组织部青年干部局，1987，第 538 页。
④ 河北省编制委员会：《河北省各地市党政群机关实有人数统计资料（一九八二年）》（1983 年 3 月），河北省档案馆：934－4－150。

行署的正副专员人数应在 5 人左右（见表 3 − 1），此后未见大幅减少的迹象，反倒有所增加。1992 年，当时任职于中央机构编制委员会办公室的张雅林说："实际上，目前大多数地区都超限配备，特别是行署专员，有不少地区配有 6 人，甚至达 7 人"①，突破一正二副的中央规定。再至 1995 ~ 1996 年专员职数又有所增加，仍保存地区行署制度的广西、贵州省、陕西省的一些行署正副专员人数达 7 ~ 10 人。截至 2015 年 5 月仍保留行署的新疆各地区，其行署正副专员实有 6 ~ 10 人，其中阿克苏行署 10 人②、哈密行署 10 人③、吐鲁番行署 6 人④、塔城行署 9 人⑤、阿勒泰行署 9 人⑥、和田行署 8 人⑦。

其次，各地区正副地委书记的职数与中共中央、国务院规定的出入不大。1984 年中央组织部调查的 44 个地市的地（市、州）党委书记、副书记人数，1978 年总计有 290 人，平均为 6.6 人；到 1984 年减少到 207 人，平均为 4.7 人，减少了 28.6%。⑧ 如河北省 1982 年各地区正副地委书记 3 ~ 12 人不等，平均为 6.6 人，虽各地区有差距，但与全国的均值无异。1984 ~ 1985 年全国各地区的地委正副书记人数与专员基本相当，有 5 人左右（见表 3 − 1），此后推行党政分开和政府职能转型，地委书记职数也仍保持在 5 人左右。如河北省承德地委 1993 年 6 月撤销前有地委书记 4 人⑨。

① 张雅林：《地区（行署）的沿革、现状及改革对策》，载吴佩纶主编《地方机构改革思考》，第 99 页。

② 阿克苏政府网，http：//www.aksu.gov.cn/col/col98/index.html，2015 年 5 月 24 日阅。

③ 哈密政府网，http：//www.hami.cn/info/1109/21212.htm，2015 年 5 月 24 日阅。

④ 行署领导——吐鲁番地区政府网，http：//www.tlf.gov.cn/zwgk/zfxxgkml/xsld.htm，2015 年 5 月 24 日阅。

⑤ 政府信息公开保障——塔城地区政府网，http：//www.xjtc.gov.cn/info/egovinfo/xxgknr/68270107%C3%AF%C2%BC%C2%8D3 − 30/2014 − 1119001.htm，2015 年 5 月 24 日阅。

⑥ 《我的致辞——新疆阿勒泰》，http：//www.xjalt.gov.cn/ldzc1/xszy_tlht_wx/wdzc.htm，2015 年 5 月 24 日阅。

⑦ 《和田地区行署领导分工》（2012 年 7 月 19 日），和田政府网，http：//www.xjht.gov.cn/Article/ShowArticle.aspx？ArticleID = 98746，2015 年 5 月 24 日阅。

⑧ 中央组织部青年干部局编《全国地县两级领导班子"四化"建设进程抽样调查报告文集》（上册），第 538 页。

⑨ 《中国共产党河北省承德地区组织史资料（1987.11—1993.6）》（第二卷），第 29 页。

表3-1　1984~1985年八省地区行署、地委实有专员和地委书记人数统计

单位：人

项目	河北省							山东省		福建省		广西				贵州省		广东省	陕西省	吉林省
行署名称	承德行署	邯郸行署	廊坊行署	沧州行署	邢台行署	衡水行署	石家庄行署	菏泽行署	泰安行署	晋江行署	龙岩行署	南宁行署	柳州行署	—	—	遵义行署	毕节行署	梅县行署	延安行署	白城行署
人数	6	6	6	5	6	5	5	5	5	7	4	6	—			5	5	6	5	7
地委名称	承德地委	邯郸地委	—	沧州地委	邢台地委	衡水地委		菏泽地委	泰安地委	晋江地委	龙岩地委	南宁地委	柳州地委	河池地委	玉林地委	—	毕节地委	梅县地委	延安地委	白城地委
人数	4	4	—	3	4	4		4	4	4	5	4	4	4	4	—	5	4	5	6

资料来源：（1）《中国共产党河北省承德地区组织史资料（1931—1987）》，第183~184、329页。（2）《中国共产党河北省邯郸地区组织史资料（1925—1987）》，第331、497页。（3）《河北省廊坊地区政权系统、地方军事系统、统一战线系统、群众团体系统组织史资料（1949—1987）》，第97~98页。（4）《中国共产党河北省沧州地区组织史资料（1926—1987）》，第268、395页。（5）《中国共产党河北省邢台地区组织史资料（1925—1987）》，第284~285、419页。（6）《中国共产党河北省衡水地区组织史资料（1922—1987）》，第268、395~396页。（7）《石家庄地区志》，第643~644页。（8）《荷泽地区志》，第465、510~511页。（9）《泰安地区志》，山东省省情资料库，http://sd.infobase.gov.cn/bin/mse.exe?seachword=&K=b9&A=2&rec=650&run=13，2015年3月17日阅（泰安行署1985年8月撤销）。（10）《泉州市志》，福建省情网，http://www.fjsq.gov.cn/ShowText.asp?ToBook=3222&index=2393&，2015年1月25日阅（晋江行署1986年1月改为泉州市）。（11）《龙岩地区志》，福建省情网，http://www.fjsq.gov.cn/showtext.asp?ToBook=3232&index=1268&，2014年2月8日阅。（12）《广西通志·政府志》，http://www.gxdqw.com/bin/mse.exe?seachword=&K=a&A=15&rec=66&run=13，2015年3月7日阅。（13）《遵义地区志·遵义市人民政府志》，第1471页（遵义行署1989年12月撤销）。（14）《毕节地区志·大事记附记一》，第65~66、273~274页。（15）《梅州市志》，广东省情网，http://www.gd-info.gov.cn/shtml/meizhou/mzsz/05%E4%BA%BA%E5%A4%A7%20%E6%94%BF%E5%BA%9C%20%E6%94%BF%E5%8D%8F/050202.htm，2015年5月13日阅。（16）《延安地区志》，陕西省地情网，http://www.sxsdq.cn/dqzlk/dfz_sxz/yadqz/，2015年5月13日阅。（17）《白城地区志》，第256、293~294页。

1995~1996年的正副地委书记职数，贵州省毕节地委5人[①]，广西柳州地委6人[②]，陕西省延安地委4人[③]。

---

① 《毕节地区志·大事记》，贵州人民出版社，1998，第273~274页。

② 《柳州地区志·中国共产党柳州地区组织志》，广西地情网，http://www.gxdqw.com/bin/mse.exe?seachword=&K=b&A=22&rec=576&run=13，2015年7月10日阅。

③ 《延安地区志》，陕西省地情网，http://www.sxsdq.cn/dqzlk/dfz_sxz/yadqz/，2015年5月13日阅。

（二）1982～1985 年第一次地区机构改革：机构 20～27 个、总编制可略超过 300 人

需要声明一点，地区行署制度从建立至今天残存的状态为止，对其组织与编制，中央并无系统、详细的规定。1978 年 3 月，第五届全国人民代表大会修订的《宪法》规定："省革命委员会可以按地区设立行政公署，作为自己的派出机构"①。这标志着此前作为实实在在的一级政府的地区革命委员会要改变为虚的派出机构。而虚级政府和实级政府的机构实际应有很大差别，但当时中央并未明确地区行署的机构与编制，因此，各省在"文化大革命"后建立地区行署时，其机构与编制基本就是原来地区革命委员会的改头换面，原封未动。如山东省《泰安地区志》记载："1978 年 7 月，泰安地区革命委员会改为泰安地区行政公署，行政机构未变。"② 广东省"1979 年 4 月，梅县地区革委会撤销，设立梅县地区行政公署，原地革委工作机构更换名称，成为行署工作机构"。③ 福建省《龙岩地区志》同样记载："1978 年 9 月成立行署后，其内设机构与革委会基本相同。"④ 此后，直至 1999 年中央宣布地区行署制度的大限将至，虽一直强调地区是派出机构，但始终没有系统的规定其机构与编制，即使是 1982 年 12 月 7 日著名的 51 号文件《中共中央、国务院关于省、市、自治区党政机关机构改革问题的通知》也只是"原则规定""机构编制要大大精简和紧缩"而已⑤，并无具体涉及地区党、政、群组织机构及编制的详细名称及数字。

1982～1985 年第一次地区行署制度改革时期，中共中央、国务院第一

① 《中华人民共和国宪法》（1978 年 3 月 5 日），载张坚石等编《地方政府的职能和组织机构》（下），第 8 页。
② 《泰安地区志》，山东省省情资料库，http：//sd. infobase. gov. cn/bin/mse. exe？ seachword = &K = b9&A = 2&rec = 650&run = 13，2014 年 7 月 20 日阅。
③ 《梅州市志》，广东省情网，http：//www. gd - info. gov. cn/shtml/meizhou/mzsz/05 人大% 20 政府%20 政协/050202. html，2014 年 7 月 20 日阅。
④ 《龙岩地区志》福建省情网，http：//www. fjsq. gov. cn/showtext. asp？ ToBook = 3232&index = 1269&，2015 年 12 月 26 日阅。
⑤ 《中共中央、国务院关于省、市、自治区党政机关机构改革若干问题的通知》（1982 年 12 月 7 日），载劳动人事部编制局编《机构 编制 体制文件选编》（上），第 110～115 页。

次对保留下来的地区机构与编制作出了原则性规定，这就是第一次地区机构改革。当时规定地区机构 20～27 个、总编制可略超过 300 人。这公之于1983 年 2 月 15 日的 6 号文件中共中央、国务院《关于地市州党政机关机构改革若干问题的通知》中，原文为："地委办事机构设五至七个。行署可设综合性的处室十个左右，此外，保留中级人民法院、地区检察分院；工会、共青团、妇联也应改为上级的派出机构"，"党政群机关人员编制一般不超过三百人（不含公检法和司法行政编制）"①。但此规定在执行中各省陆续反馈有困难，于是，中央开始给予放松。3 月 12 日，中共中央办公厅、国务院办公厅电话通知各省："地区精简机构编制，在必要时，可适当放宽一些，经过有关主管部门的批准，可以略超过 300 人。"② 此后不久，中央又认识到地区长期机构庞大的惯性影响，进一步放宽了行署机构的数量限制。6 月 14 日的 44 号文件规定："鉴于多年习惯和现实情况，在全国大部分地区要改变目前地委和行署实际上行使一级领导机关职权的状况，使它们真正成为省、自治区党委和政府的派出机构，还需要一个过渡时期，这个时期也不会很短。但目前地委和行署的机构过于庞大，必须精简。作为第一步，一般应把现有人员编制减少 1/3；原来基数过大的，应该多减一点。精简后的工作机构，地委设 5～7 个，行署设 15～20 个。以后怎么办，待经过一段实践后再定。"③ 这样，地区机构的大致数字指标应为 20～27 个，编制可略超过 300 人。

第一次地区机构改革的原因，总体上是服从中央宏观上为建立适应改革开放后现代化建设的政府和行政，而其直接现实原因或者说迫在眉睫的原因实际另有所在。那就是自"文化大革命"以来，甚至可以说是自新中国成立以来，包括地区在内的地方各级政府持续超编严重。1979 年，中央组织部、国家编制委员会"和财政部、国家经委的同志一起了解了国务院

① 中共中央、国务院：《关于地市州党政机关机构改革若干问题的通知》（1983 年 2 月 15日），河北省档案馆：907 - 31 - 2 - 1。

② 中共中央办公厅、国务院办公厅的电话通知（1983 年 3 月 12 日），河北省档案馆：934 - 4 - 168。

③ 《中共中央办公厅、国务院办公厅关于地市州机构改革中应注意的几个问题的通知》（1983 年 6 月 14 日），河北省档案馆：907 - 31 - 2 - 6。

一些部、委目前机构、编制中的问题，同时派人到山东和其他地方作了调查"发现："这几年来，机构设置越分越细，人员越来越多。有些机构是为了适应社会主义建设事业发展需要而增设的，有的是上面过分强调上下对口而设的，有的是增加一个任务即增加一个机构，因而临时的、重叠的机构不断增加，组织机构不断庞大"；"更值得注意的是各级党政机关的机构、编制和文化大革命前比较，不仅大大超过，而且还在继续增加"。① 因此，提出全国各级"要认真清理和整顿临时机构"，"要按照经济合理和专业协作的原则，慎重地、逐步试办专业公司或联合公司"等。② 其中对地区的规定是："地区是省的派出机构，办事机构要力求精干。机构设置和人员编制要坚决贯彻精兵简政的原则，从实际出发，不要强调上下对口，不要强求上下组织形式一致。上级业务主管部门不能因为上下不对口，而在人力、物力、财力上不予分配，必须按照国家或上级规定一视同仁。"③ 随后，1980 年 11 月 20 日，国务院重新核定各级行政编制总额，下发《国务院关于重新核定各省、市、自治区行政编制总额的通知》，作为精简的"初步整顿措施"，要求"各地在核定的总额以内，对各级各部门行政编制要从严掌握，具体核定"。④

但实际对于地区一级来说，进行机构改革要比其他地方政府更为迫在眉睫，因为地区级党政机构庞大超编问题比其他各级更严重。1965～1978年，地区级实有总人数从 125183 人增加到 264773 人，其增幅居全国各级地方政府之首。全国总体实有人数 1978 年比 1965 年总计增幅为 61.12%，具体各级地方政府的增幅依次是：地（111.51%）＞市（79.36%）＞县（70.23%）＞公社（51.20%）＞镇（44.20%）＞省（35.34%）＞区

---

① 中共中央组织部、国家编制委员会：《关于目前党政机关机构编制的一些情况和意见的通知》（1979 年 7 月 14 日），载劳动人事部编制局编《机构 编制 体制文件选编》（上），第337、338 页。

② 中共中央组织部、国家编制委员会：《关于目前党政机关机构编制的一些情况和意见的通知》（1979 年 7 月 14 日），载劳动人事部编制局编《机构 编制 体制文件选编》（上），第338～340 页。

③ 中共中央组织部、国家编制委员会：《关于目前党政机关机构编制的一些情况和意见的通知》（1979 年 7 月 14 日），载劳动人事部编制局编《机构 编制 体制文件选编》（上），第 339 页。

④ 《国务院关于重新核定各省、市、自治区行政编制总额的通知》（1980 年 11 月 20 日），载劳动人事部编制局编《机构 编制 体制文件选编》（上），第 343 页。

（-37.86%），即地级党政群增幅最大，且遥遥领先；从当时六大区的地区党政群机关人数增幅对比看，华北区（239.76%）＞西北区（220.02%）＞东北区（209.75%）＞华东区（208.19%）＞中南区（204.62%）＞西南区（203.34%），即华北区的增幅最大，换言之，老解放区的地级增幅大于新解放区的地级；再具体从各省份差异来看，增幅排在前7位的依次是宁夏（546.22%）、辽宁（369.88%）、西藏（329.50%）、浙江（320.90%）、山西（280.36%）、新疆（276.20%）、河北（262.44%）。[①]

具体某省内的地区行署和地委的组织编制如何呢？笔者特意找到河北省的资料以探究竟。1978年，河北省10个地区的组织与编制的具体情况如下：

（1）各地区总人数1349～2639人不等，平均1840余人，较之全国地区人数1260.8人的均值大为超出；其中行署编制1098～2291人不等，平均1550余人；地委人数149～300人不等，平均220余人。而1966年10个地区的平均实有编制仅为650.1人。[②]

（2）各地区行署机构48～57个不等，平均52.4个；各地区行署均设的机构有23个，基本与农林水等地区行署专管的农业有关。10个地区中，大多数地区均设的机构有38个，而各地委机构仅有保定和邢台两地委为5个，其余均为4个。

（3）行署机构中实有人数较多的部门主要是财经、金融、交通等部门，包括交通局（799人）、粮食局（731人）、人民银行（621人）、外贸局（590人）、水利局（532人）、供销社（496人）、物资局（489人）、商业局（458人）、运输局（441人）、财政局（424人）、轻工业局（418人）、基建局（369人）、农业局（354人）、农机局（341人）、机械局（320人）。

---

① 国家编制委员会：《一九七八年地方各级中共党委、国家机关、民主党派、人民团体实有人数统计资料》（1979年10月），河北省档案馆：934-4-124。

② 《文化大革命前专区级国家机关、党派、人民团体编制数字》（1972年11月），石家庄市档案馆：58-1-78。（文件表中"说明"栏注明"此表以原省编委会一九六五年度专区级国家机关、党派、人民团体编制数字统计表为基础，行政编制栏加上了一九六六年供销社由企业编制改为行政编制的变化数"。所以，可视为是"文化大革命"前的数字。）

（4）属于一两个地区才有的机构大多为临时性或地方性机构，包括统战部、地直武装部、建委、援外办公室、联合办公室、物资协作办公室、公社管理处、农林局、打井指挥部、电子局、燃化局、建材局、建工局、运输队、503 指挥部、学大庆办公室、副业办公室、出版发行办公室、编委办公室、军转安置办、档案处、新农村建设指挥部、贫协、文联。[①]

可见，地区机构已经超乎想象，到了不得不改的地步。

（三）1993～1998 年第二次地区机构改革：地区机构 30 个左右、总编制 500～900 人

虽然地区行署制度有三次改革，但 1999 年的第三次因已明确规定"撤销"地区，所以并无地区党政群机构设置的相关规制，即狭义的地区机构改革只有两次。所以，1993～1998 年第二次地区行署制度改革是地区行署存续期间最后一次地区机构改革。

第二次地区机构改革时的中央决策要较之 1982～1985 年第一次地区机构改革时更为成熟。第一次地区机构改革时，中央并无明确的经济体制改革目标，虽也认识到机构改革的重要性、曲折性和当时条件的不成熟等问题，但毕竟历经十年动荡还难以拿出完全无懈可击的顶层设计，因此也就不可能有具体机构设置的详细规定。1982 年进行的第一次机构改革，中央对机构改革的原因、出发点、标准、条件与制约因素、大的发展趋势等的认识和判断虽正确，但对如何具体解决现实、琐碎问题较为概化。在 51 号文件中有一段话恰恰反映了这一状态。原文如下。

> 应当明确，适应社会主义现代化建设新时期的特点和需要，是这次机构改革的根本出发点。领导班子的调整、组织机构的裁并和工作制度的改革，应以是否有利于促进国民经济的发展，是否有利于加强社会主义物质文明和精神文明的建设为唯一标准。这次机构改革是在经济管理体制还没有根本改革的情况下进行的，因而不可能是彻底的，必须考虑到随着经济体制的逐步改革可能对机构改革提出新的要

---

① 河北省革委编委办公室：《一九七八年度河北省各级党政机关人民团体实有人数统计表》（1979 年 5 月），河北省档案馆：934－4－115。

求，不要使这次机构改革给将来的经济制度改革设置障碍，避免现在改过去，将来又要改回来。应当看到，随着经济体制改革，机构改革的发展趋势将是：经济管理部门必须大力简化和紧缩，经济综合协调部门、统计监督部门、立法执行部门，必须大力加强和完善。①

而第二次地区机构改革时，中央已明确要建立社会主义市场经济体制；而且经前两次（1982年、1988年）全国改革，在机构改革这一问题上，中央已清晰认识到政府职能改变的必要性和重要性。因此，政策文件里不仅有第一次机构改革时没有的数字指标，而且有明显的与政府职能转变息息相关的机构性质的规定文字。1993年7月21～23日，全国机构改革工作会议时国务委员、中央机构编制委员会副主任罗干指出："这次机构改革，不是机构人员简单地撤撤并并、增增减减，是要围绕建立社会主义市场经济的目标，按照政企职责分开和精简、统一、效能的原则，切实做到转变职能理顺关系、精兵简政、提高效率。职能转变不取得实质性进展，企业经营机制难以转换，市场体制难以建立，机构设置和人员配备也不能合理。"② 因此，要求在1988年尝试"三定"（定职能、定机构、定编制）的基础上，1993年，以真正转变政府职能，加强政府的宏观管理职能，坚持政企分开为核心的第三次政府机构改革即第二次地区行署制度改革开始。

正由于中央决策成熟化、改革目标明晰化，第二次地区机构改革对地区行署、党委、群团的机构及编制不但有分别规定，而且明晰了地区政府机构的性质。1993年7月2日，指导第二次地区行署制度改革的核心文件——《关于党政机构改革的方案》规定："地区一级要按照派出机构的性质进行改革，把工作重点转向监督、指导、检查、协调等方面。地区党政机构应尽量设置得综合一些，控制在30个左右。地区机关人员编制一般为900人左右，辖县少的地区控制在500人左右。全国地区机关人员编制

---

① 《中共中央、国务院关于省、市、自治区党政机关机构改革若干问题的通知》（1982年12月7日），载劳动人事部编制局编《机构 编制 体制文件选编》（上），第110～115页。

② 姜华宣、张尉萍、肖甡编《中国共产党重要会议纪事（1921—2006）》（增订本），中央文献出版社，2006，第595～596页。

总数精减 30% 左右。地区党委机关、政府机关、其他机关之间的编制分配比例为 15：80：5。"① 即以 900 人的标准计算，地委、行署、群团的编制应分别为 135 人、720 人、45 人，辖县少的应为 75 人、400 人、25 人。而后，中央强调："方案规定的机构数额是一个全国平均数，各地在执行时要考虑本地具体情况，从严掌握，能少设的就不应多设"；其中 "地盟作为省（自治区）的派出机构，其编制按所辖县的多少核定，辖县多的定编应当多一些，辖县少的定编少一些"②。

（四）群众团体和人大、政协

本标题之所以把群众团体放于首位，皆因自抗日战争时期中国共产党建立行政督察专员公署制度起直至 20 世纪 80 年代前，管县派出政府一直没有人大和政协，而群众团体却始终存在。

1. 群众团体

与地区行署是省级政府的派出机构这一性质（地位）相对应，地区的群众团体亦是省级群团的派出机构。

在地区设置的群团，没有特别之处，基本和其他层次的地方政府相同。其在改革开放后的发展演变大致说来，有以下三点聊作探讨。

一是随着形势的发展，群团数量逐渐增多。"建国初期，全国性的人民团体比较少"，而 1983 年中央统计指出："现在，全国性的人民团体和学术组织越来越多，据 1982 年 7 月的不完全统计，已达 400 余个"③。如河北省，1978 年各地区设工会、共青团、妇联、科协、文联、贫协④；

① 《中共中央关于印发〈关于党政机构改革的方案〉和〈关于党政机构改革方案的实施意见〉的通知》（1993 年 7 月 2 日），载中纪委干部室编《纪检监察干部工作手册》，中国方正出版社，2002，第 188 页。

② 《宋德福对党政机构改革方案及实施意见的说明》（1993 年 7 月 22 日），载中国地方政府机构改革编辑组编《中国地方政府机构改革》，新华出版社，1995，第 153～154 页。

③ 《中央办公厅转发中央组织部、劳动人事部党组〈关于人民团体级别问题的几点意见〉》（1983 年 3 月 29 日），载劳动人事部编制局编《机构 编制 体制文件选编》（上），第 359～400 页。

④ 河北省革委编委办公室：《一九七八年度河北省各级党政机关人民团体实有人数统计表》（1979 年 5 月），河北省档案馆：934－4－115。

1982 年各地区设工会、共青团、妇联、科协、文联、侨联①；1986 年各地区设总工会、团委、妇联会、科学技术协会、哲学社会科学联合会、文学艺术界联合会、归国华侨联合会，实有人数 47～80 人不等，大多数为 70 人左右②。再如，吉林省白城地区 1973 年恢复工会、共青团、妇联，1981～1985 年新增和恢复了科学技术协会、文学艺术界联合会、工商业联合会。③ 1981 年 4 月，各省又建立妇联，全国妇联规定，省妇联 40～80 人，省辖市妇联 20～60 人，专区妇联一般 9～11 人，人口 600 万以上的地区和少数民族地区酌情增加。④ 此后，其他学术和行业组织也陆续建立。

二是群团属性由政治性逐渐去政治性。新中国成立之初，各级群团基本是政治性组织，是中国共产党的左膀右臂，在建政的大环境下，群团组织"由于它们具有广泛的群众性，从中央到基层都有自己的组织，是党联系工青妇群众的主要桥梁"。进入改革开放时期，虽数量变多，而其属性随形势也发生了变化，"大多数是学术性组织（如自然科学和社会科学的各种学会）和行业性组织（如体育工作者、文艺工作者、宗教界等各种协会），还有一些社会福利组织和民间外交组织等。"

三是正是由于群团的属性发生了变化，1983 年后不再固定为哪一级政府。群团在中国共产党建政的"历史上一贯是党在一个方面的助手，因而把它们的中央领导机构当作相当于党和政府的部一级单位对待。以后，又沿用了这种做法，先后确定把科协、文联、侨联、作协也作为相当于部一级单位对待。"进入 20 世纪 80 年代，由于"这些组织并不是行政机关，同行政机关的情况也很不相同，其领导成员除少数人外，大都是在有关的现职干部中互相推举，是兼职的；它们所联系的群众也各不相同，既没有必要，也很难统一确定相当于党、政领导机关哪一级。如果勉强套用党、政机关的办法，确定不同的级别，就容易在不同的学科、行业之间，在级别高低和有

① 河北省编制委员会：《河北省各地市党政群机关实有人数统计资料（一九八二年）》（1983 年 3 月），河北省档案馆：934 - 4 - 150。
② 《各地区党政群机关分部门实有人数统计表》（二十一）（1986 年 4 月），河北省档案馆：934 - 4 - 218。
③ 《白城地区志》，吉林文史出版社，1992，第 278、281、283、284 页。
④ 《关于各级妇联人员编制的意见》（1981 年 4 月 1 日），河北省档案馆：934 - 4 - 141。

关待遇上引起争议，带来很不好的影响。特别是中央党、政机关经过机构改革的第一步工作，裁并了一批部、局的人民团体和学术组织，如果又确定一大批相当于部、局的人民团体和学术组织，是不妥当的。这样做的结果，很可能引起连锁反应，造成混乱"。因此，1983 年，中央组织部、劳动人事部规定："除已确定为相当于中央部级单位的人民团体外，其余的和以后成立的人民团体，不再确定它们相当于党、政领导机关的哪一级。对其领导干部的政治、生活待遇，按以下办法处理：（一）兼职领导成员的政治、生活待遇按原职务由本职所在单位或主管部门解决。（二）专职领导成员和专职工作人员，由代管部门根据其工作任务和本系统的实际情况，加以综合平衡提出意见，商请主管部门确定。（三）所需文件，中央办公厅、国务院办公厅不再单立户头。省军级、地师级文件，到代管的部委机要室阅看，县团级文件发代管的部委代转。"①

2. 地区人大联络员—地区人大联络处（组）—地区人大工作委员会

地区人大机构是省级人大常委会的派出机构，而非省级人大的派出机构。地级在"文化大革命"前向无人大机构，其相关职能由地委代行。如湖南省《零陵地区志》载："零陵专署（行署）属省政府派出机构，解放前未设议会，新中国成立后亦未设人民代表大会机构。1950～1979 年，全区各界人民代表选举和各级人民代表大会代表选举工作，由地委组织部代管。"②

规定地区设置人大的组织法是 1995 年 2 月第三次修订的《中华人民共和国地方各级人民代表大会和地方各级政府组织法》，其中第五十三条规定："省、自治区的人民代表大会常务委员会可以在地区设立工作机构。"③2004 年 10 月第四次修订时作了完全相同的规定④。

但实际最早的地区人大组织始于 1980 年，最初没有正式组织机构，而是延续"文化大革命"时期做法，大都由地委内某一两个干部作为联络员

① 《中央办公厅转发中央组织部、劳动人事部党组〈关于人民团体级别问题的几点意见〉》（1983 年 3 月 29 日），载劳动人事部编制局《机构 编制 体制文件选编》（上），第 359～360 页。
② 《零陵地区志》，永州市人民政府，http://www.yzcity.gov.cn/art/2006/9/13/art_2735_14 2230.html，2014 年 7 月 20 日阅。
③ 中国地方政府机构改革编辑组编《中国地方政府机构改革》，新华出版社，1995，第 28 页。
④ 国务院法制办公室编《新编中华人民共和国常用法律法规全书》（2015），第 1～29 页。

代管。如《零陵地区志》载："1980 年，中共零陵地委决定由副书记高臣唐分管全区人大工作，并安排一名专职人大工作联络员。"① 之后有的地区设人大联络组或人大联络处（如 "1989 年 5 月，广西壮族自治区人民代表大会常务委员会柳州地区联络处正式成立"②），还有的设人大办事处（如吉林省白城地区③）。后据《宁德地区志》载，1989 年 9 月共有 6 省的 9 个地区 "共同发起成立" 人大组织，具体包括福建省宁德地区、龙岩地区、南平地区人大工委，山东省临沂地区工作委员会，内蒙古自治区乌兰察布盟人大工作办公室，四川省宜宾地区联络委员会，黑龙江省大兴安岭地区工作委员会，湖南省零陵地区联络工作委员会、益阳地区联络工作委员会④。再后，地区人大机构更名为人大工作委员会，简称人大工委。随着地区人大名称的逐渐统一，其行政级别也有提高。有专家指出："自1980 年福建省开始在地委内部设立处级人大办事机构以来，已有 21 个省、自治区在地区建立了人大联络组或人大工作委员会，有的已升格为地厅级，与地委和行署地位相当。"⑤

地区人大正式机构，最初编制不足 10 人（见表 3 - 2），20 世纪 90 年代增至 20 余人。曾任职于中央机构编制委员会办公室的张雅林 1992 年曾撰文称："1984 年某省人大规定在各地区设立人大联络组，与地委同级，下设一室二处，即办公室、联络处、法制处。办公室下设科。人员编制1984 年定为 7 名，现增至 20 多名。"⑥ 1989 年 1 月，河北省各地区设立人大联络处的编制为 7～9 人⑦；1991 年 3 月，"地区联络处改为地区工作委

① 《零陵地区志》，永州市人民政府，http：//www. yzcity. gov. cn/art/2006/9/13/art_2735_14 2230. html，2014 年 7 月 20 日阅。

② 《柳州地区志》，广西地情网，http：//www. gxdqw. com/bin/mse. exe? seachword = &K = b&A = 22&rec = 605&run = 13，2015 年 12 月 26 日阅。

③ 《白城地区志》，第 287 页。

④ 《宁德地区志》，福建省情网，http：//www. fjsq. gov. cn/frmBokkList. aspx? key = C4BDD15ACA CF49BDA8AAAD7A119F2BC3，2016 年 12 月 30 日阅。

⑤ 张雅林：《地区（行署）的沿革、现状及改革对策》，载吴佩纶主编《地方机构改革思考》，第 98 页。

⑥ 张雅林：《地区（行署）的沿革、现状及改革对策》，载吴佩纶主编《地方机构改革思考》，第 98 页。

⑦ 河北省编制委员会：《关于我省地、市、县人大工作机构人员编制问题的通知》（1989 年 1 月 23 日），石家庄市档案馆：58 - 1 - 176。

员会"，其工作委员会的办事机构设立办公室（县处级），人员编制（含工作委员会主任、副主任）在 15～20 人之内①。

表 3－2 1981～1991 年福建省、湖南省、贵州省、广西等地区
人大建立时间、编制、组织机构统计

单位：个

地区	地区人大联络处（组）			地区人大工作委员会		
	建立时间	编制	组织机构	建立时间	编制	组织机构
福建省宁德地区	1981 年 12 月	2	—	1988 年 6 月	15	办公室、联络处
湖南省零陵地区	1983 年 9 月	7	办公室	1995 年 8 月	—	办公室、一处、二处
陕西省榆林地区	1984 年 7 月	5	—			
贵州省铜仁地区	1984 年 9 月	—	正副主任、办公室	1989 年 7 月	—	法制民族工作处、财经工作处、科教文卫工作处、代表处和办公室
广西各地区	1989 年 5 月	12	办公室、代表联系科	—	—	—
河北省各地区	1989 年 1 月	7～9	正副主任	1991 年 3 月	15～20	正副主任、办公室

资料来源：（1）《宁德地区志》，福建省情网，http：//www. fjsq. gov. cn/ShowText. asp？ToBook ＝ 3219&index ＝1128&，2015 年 3 月 17 日阅。（2）《零陵地区志》，永州市人民政府，http：//www. yzcity. gov. cn/art/2006/9/13/art_2735_142230. html，2014 年 7 月 20 日阅。（3）《榆林地区志》，陕西地情网，http：//www. sxsdq. cn/dqzlk/dfz_sxz/yldqz/，2016 年 1 月 3 日阅。（4）《铜仁地区志·政权志》，贵州人民出版社，2006，第 113～117 页。（5）《柳州地区志》，广西地情网，http：//www. gxdqw. com/bin/mse. exe？seachword ＝&K ＝ b&A ＝ 22&rec ＝605&run ＝ 13，2015 年 12 月 26 日阅。（6）河北省编制委员会：《关于我省地、市、县人大工作机构人员编制问题的通知》（1989 年 1 月 23 日），石家庄市档案馆：58－1－176。

地区人大的职能，各省在不同阶段规定不一，总体趋势是随着法制化的加强，其职能逐渐增加，由最初的联络、执行发展为指导、检查、建议、立法等。如福建省对宁德地区人大联络组的职能，最初规定为简单的三条："（1）检查行署及各所属单位对上级人大各项决议、决定的贯彻执行情况；（2）指导各县（市）开展人大工作；（3）组织交流人大工作的经验，开展调查视察活动，反映基层情况，沟通上下联系。"② 再如，1984

---

① 河北省编制委员会：《关于省人大地区工作委员会办事机构设置的通知》（1991 年 3 月 1 日），石家庄市档案馆：58－1－191。

② 《宁德地区志》，福建省情网，http：//www. fjsq. gov. cn/ShowText. asp？ToBook ＝ 3219&index ＝ 1128&，2015 年 3 月 17 日阅。

年7月，湖北省人大常委会对地区人大联络处的任务同样规定有三条：
（1）加强省人大常委会与地区内各县人大常委会的联系；（2）保持省人大
常委会与地区的全国人大代表、省人大代表的密切联系；（3）协调、沟通
地区内各县人大常委会之间的关系。① 各地区人大20世纪80年代末90年
代初改称地区工作委员会后职权扩大。如福建省增加为八条：（1）检查、
督促宪法、法律和法规在行政区域内的贯彻实施；（2）检查了解本地区国民
经济和社会发展情况及本地区审判、检察机关的执法情况，并向省人大常委
会报告；（3）建立与本地区的省人大代表的联系制度，经常听取他们的意见
和建议；组织本地区的省人大代表进行视察；督促本地区有关部门认真办理
代表提出的议案、建议、批评和意见，办理代表的来信来访；（4）对省人
大常委会准备任免的地区中级人民法院正副院长、正副庭长、审判委员会委
员、审判员和检察分院正副检察长、检察委员会委员、检察员进行了解，并
提出建议；（5）检查指导辖区内县（市）、乡两级人民代表大会的换届选举
工作；（6）做好省人大常委会与县（市）人大常委会之间的联系工作；
（7）总结交流县（市）人大工作经验，并给予业务上一定的指导；（8）省
人大常委会交办的其他事项。② 由此可见，随着法制化进程的推进和日益加
深，地区人大的职权不断规范与扩大。

3. 地区政协联络员—地区政协联络处—地区政协联络工作委员会

地区政协是省级政协的派出机构，最初也是由地委（统战部）一两个
干部作为联络员代行职能；尔后出现正式组织机构，其机构设立由省政协
决定，其首脑——正副主任由省政协常委会审议任命。地区政协联络处
（组）有的为县级（正处级），有的为地专级（正厅级）③。

地区政协正式机构晚于地区人大，大多数地区政协出现于1985年前后
（见表3-3）。较早建立的如安徽省1983年1月根据中央办公厅《关于县

---

①　《湖北省志·政权》，湖北方志网，http://www.hbdfz.com.cn/Government/BookRecords.
aspx? id=5d49240c-8a89-46ec-8197-d4cd1caea784&currentPage=2，2015年5月13
日阅。

②　《宁德地区志》，福建省情网，http://www.fjsq.gov.cn/ShowText.asp? ToBook=3219&index=
1128&，2015年3月17日阅。

③　《零陵地区志》，永州市人民政府，http://www.yzcity.gov.cn/art/2006/9/13/art_2735_14
2230.html，2014年7月20日阅。

（市）和市辖区建立政协问题的通知》，在 7 个地区设立了政协联络处①，而巢湖地区 1986 年 7 月才建立政协联络处②。广西③和河北省地区政协则晚建至 1989 年。1989 年 10 月，河北省委决定"在地委统战部挂'地区政协联络处'的牌子，由地委统战部长兼任联络处主任，不另设专职副主任；联络处的日常工作由统战部负责，根据各地任务大小配备工作人员，所需人员和编制从地直党政机关内调剂解决。"④ 更晚的安徽省池州地区政协联络处则迟至 1993 年 8 月成立⑤，还有表中的陕西省延安地区更迟至 1994 年 3 月。

表 3-3 贵州省、湖南省、福建省、陕西省、吉林省地区政协建立时间、机构统计

机构		贵州省铜仁地区	湖南省零陵地区	福建省宁德地区	陕西省延安地区	吉林省白城地区
联络员		—	1985 年 1 月	—	—	—
联络处（组、办事处）		1985 年 2 月	1986 年 4 月	1987 年 2 月	1986 年 9 月	1985 年 3 月
联络工委	建立时间	—	1989 年 10 月	1989 年 5 月	1994 年 3 月	
	编制（机构）	—	18 人（办公室、业务处）	14 人（办公室、联络处）		

资料来源：（1）《铜仁地区志·政协志》，贵州人民出版社，2007，第 9 页。（2）《零陵地区志》，永州市人民政府，http：//www.yzcity.gov.cn/art/2006/9/13/art_2735_142230.html，2014 年 7 月 20 日阅。（3）《宁德地区志》，福建省情网，http：//www.fjsq.gov.cn/showtext.asp？ToBook=3219&index=1111&，2015 年 3 月 17 日阅。（4）《白城地区志》，第 315 页。（5）《延安地区志》，陕西省地情网，http：//www.sxsdq.cn/dqzlk/dfz_sxz/yadqz/，2014 年 7 月 20 日阅。

---

① 《安徽省志·人大政府政协志》，安徽省情网，http：//60.166.6.242：8080/was40/index_sz.jsp？rootid=4681&channelid=33995，2016 年 1 月 20 日阅。

② 《巢湖地区简志》，安徽省情网，http：//60.166.6.242：8080/was40/index_sz.jsp？rootid=48832&channelid=1190，2016 年 8 月 17 日阅。

③ 《柳州地区志》，广西地情网，http：//www.gxdqw.com/bin/mse.exe？seachword=&K=b&A=22&rec=611&run=13，2015 年 12 月 26 日阅。

④ 河北省编制委员会：《关于地区政协联络机构设置问题的通知》（1989 年 10 月 10 日），石家庄市档案馆：58-1-176。

⑤ 《池州地区志》，安徽省情网，http：//60.166.6.242：8080/was40/index_sz.jsp？rootid=19256&channelid=28159，2016 年 9 月 23 日阅。

二　不呈正相关的地区机构改革付出与结果

（一）各地区均耗时费力地进行了两次地区机构改革

前文已述，中共中央、国务院进行了两次地区机构改革。各省在中央规制下发后，均耗时费力地进行了地区机构改革。改革的程序大致是由地区自行提出改革方案，然后上报省审核、议决，最后下发实行。各省地区机构改革方案的提出大都耗时一年左右，经历地委、行署及其所属局、委、办之间反复的磋商和修改。笔者仅从河北省石家庄行署编制委员会的档案来看（见表3-4），石家庄地区从1982年6月正式开始，此后反复开会讨论方案，几易其稿，截至1982年11月上交请示河北省的正式稿之前即有4个较为完整的过程稿［1982年6月22日《关于地级党政机关群众团体精简改革意见（草）》、1982年10月16日《关于地级党政机关群众团体机构改革方案（初草）》、1982年10月25日《关于地级机关机构改革方案（讨论稿）》、1982年11月19日《地委、行署机构改革方案（征求意见稿）》］。第二次地区机构改革时同样如此。1995年出版的《中国地方政府机构改革》一书，就辑录了当时仍保留地区的19个省第二次地区机构改革的最后编制方案。

表3-4　1982年6~11月河北省石家庄地区机构改革日程

时间	名称
1982年6月22日	《关于地级党政机关群众团体精简改革意见（草）》
1982年10月13日	地直机关体制改革小组一九八二年第一次会议
1982年10月16日	《关于地级党政机关群众团体机构改革方案（初草）》
1982年10月20日	地级党政群众团体机构设置和现有人员分布表 地直机关机构改革调查提纲（参考）
1982年10月25日	《关于地级机关机构改革方案（讨论稿）》
1982年11月5日	机构改革情况反映

续表

时间	名称
1982 年 11 月 19 日	李兴同志在局以上干部机构改革动员会议上的讲话
	徐少华同志在局以上干部机构改革动员会议上的讲话
	《地委、行署机构改革方案（征求意见稿）》
1982 年 11 月 23 日	《关于地委、行署机构改革方案征求建议情况的报告》
1982 年 11 月 26 日	《关于地级机关机构改革向河北省编委会的请示》
1983 年 1 月 3 日	《地区机构改革情况汇报》

资料来源：《卷内目录》，石家庄市档案馆：58 - 2 - 4。

　　每次改革，各省都力争靠向中共中央、国务院的数字指标。如第二次改革，各省按照地区精简 30% 的规定制订了方案，表 3 - 5 可见全国各地区的精简比例平均为 34.6%，最高的山西省为 47.5%，最低的浙江省为 15.7%，19 个省份中有 12 个省的地区编制精简比例在 30% 以上。各省在机构设置上，尽量靠近中共中央、国务院规定的 30 个左右。如安徽省规定："地区党政办事机构设置限额为 29～35 个"；"其中地委 6 个，行署 13 个。"[1] 再如甘肃省 1995 年规定："党政机构限额控制在 35 个以内。"[2]

表 3 - 5　1993 年 19 个省份地区机构改革前后编制及精简比例统计

省份	地区数量（个）	原编		新编		精简（%）
		总编制（人）	平均每个地区（人）	总编制（人）	平均每个地区（人）	
河北省	2	3768	1884.0	2500	1250.0	33.7
山西省	5	9515	1903.0	5000	1000.0	47.5
黑龙江省	3	3965	1321.7	2570	856.7	35.2

———————

[1] 《中共安徽省委、安徽省政府关于实施地市党政机构改革工作的通知》（1994 年 8 月 12 日），法规网，http：//www.110.com/fagui/law_161083.html，2015 年 1 月 10 日阅。

[2] 《中共甘肃省委、甘肃省人民政府关于印发甘肃省地州市党政机构改革实施方案的通知》（1995 年 6 月 21 日），法规网，http：//www.110.com/fagui/law_156228.html，2015 年 1 月 10 日阅。

续表

省份	地区数量（个）	原编		新编		精简（%）
		总编制（人）	平均每个地区（人）	总编制（人）	平均每个地区（人）	
浙江省	1	979	979.0	825	825.0	15.7
安徽省	6	8377	1396.2	5400	900.0	35.5
福建省	3	3907	1302.3	3000	1000.0	23.2
江西省	5	8707	1741.4	5500	1100.0	36.8
山东省	5	10335	2067.0	5500	1100.0	46.8
河南省	5	11504	2300.8	6200	1240.0	46.1
湖北省	5	9099	1819.8	5600	1120.0	38.5
湖南省	5	8697	1739.4	4800	960.0	44.8
广西	8	10254	1281.8	7600	950.0	25.9
四川省	7	9331	1333.0	7200	1028.6	22.8
贵州省	4	5479	1369.8	4000	1000.0	27
云南省	7	8784	1254.9	5810	830.0	33.9
青海省	7	—	1075.0	—	750.0	30.2
甘肃省	7	7524	1074.9	5250	750.0	30.2
宁夏	2	1200	600.0	950	475.0	20.8
新疆	8	8316	1039.5	6700	837.5	19.4

资料来源：（1）甘肃省资料来自《中共甘肃省委、甘肃省人民政府关于印发甘肃省地州市党政机构改革实施方案的通知》（1995年6月21日），法规网，http://www.110.com/fagui/law_156228.html，2015年1月10日阅。（2）其余省份资料来自中国地方政府机构改革编辑组编《中国地方政府机构改革》，第265、271、278、303、322、331、338、345、352、359、367、373、387、399、408、415、430、443、449页。（3）"平均每个地区"人数由笔者计算而来。

（二）地区机构及编制总是精简后明显反弹，行署首当其冲

各省两次地区机构改革颇费周章的付出，并未获得与之完全呈正相关的结果，表现之一就是地区机构及编制总是精简后不久即明显反弹。

两次地区机构精简改革的显著效果，少数地区能持续，大多数地区仅

体现于改革之初的一两年，而后不久就会出现不低于 50% 的反弹，其中行署系统最为严重。第一次地区机构改革规定地区总编制为 300 人，行署机构为 15 ~ 20 个。大多数地区也尽量如是做了数字方案。如河北省沧州地区 1983 年下半年到 1984 年初进行机构改革时方案规定，行署常设机构由 55 个精简为 24 个;① 但到 1987 年 10 月，实际又增至 49 个②，反弹率为 104%。再如，山东省 1983 年改革规定 6 个地区行署一般设工作部门 25 个，至 1989 年底，实际"行署平均设序列内工作机构 42 个，多的不超过 50 个"③，反弹率为 68% ~ 100%。湖北省到 1985 年底，行署领导的机构，"总数一般在 50 ~ 60 个"④。山西省运城地区"1987 年行署所属工作机构有 73 个，编制人数 999 人，实有 1271 人。"⑤ 陕西省商洛地区 1983 年 6 月进行体制改革，对原有 49 个工作机构，合并 4 个，撤销 10 个，保留 37 个;"到 1987 年 10 月由原来 37 个增加到 51 个"⑥。1987 年中央不无痛慨地说:"1982 年机构改革中，各级党政机关撤销、合并了一些重叠机构，核定压缩了人员编制，规定了领导职数，调整了领导班子。但近一两年来，许多地区、部门又出现了增设机构、扩大编制、机构升格、滥提职级、乱招干部的现象，而且这种势头至今还在继续发展。"⑦ 到 1990 年底统计，"我国地州盟党政机关平均设置 50 个工作机构，超限一倍有余"⑧。安徽省 1988 年 8 月，省编制委员会批复池州地区行政编制为 700 人，设置党委和专署工作部门 48 个（其中合署办公机构 11 个）。截至 1993 年底，地直

---

① 《中国共产党河北省沧州地区组织史资料（1926—1987）》，第 394 页。

② 《中国共产党河北省沧州地区组织史资料（1926—1987）》，第 395 页。

③ 《山东省志·政权志（1983—2005）》，山东省省情资料库，http://lib. sdsqw. cn/bin/mse. exe? seachword = &K = g0&A = 15&rec = 75&run = 13，2016 年 2 月 17 日阅。

④ 《湖北省志·政权》，湖北方志网，http://www. hbdfz. com. cn/Government/BookRecords. aspx? id = 5d49240c - 8a89 - 46ec - 8197 - d4cd1caea784&currentPage = 2，2015 年 5 月 13 日阅。

⑤ 《中国共产党山西省运城地区组织史资料（1987. 10—1997. 10）》（第二卷），山西人民出版社，2000，第 249 页。

⑥ 《商洛地区志》，陕西省地情网，http://www. sxsdq. cn/dqzlk/dfz_sxz/sldqz/，2016 年 1 月 3 日阅。

⑦ 《中共中央、国务院关于制止机构、编制和干部队伍膨胀的通知》（1987 年 4 月 13 日），载徐颂陶编《中国人事管理工作实用手册》，中国财政经济出版社，1992，第 578 页。

⑧ 张雅林:《地区（行署）的沿革、现状及改革对策》，载吴佩纶主编《地方机构改革思考》，第 97 页。

机关机构数为 51 个，机关编制人数为 832 人，实有人数 725 人。事业单位机构数 130 个，编制人数 3437 人，实有人数 2814 人。① 第二次地区机构改革时规定地区总机构数为 30 个、总编制人数为 500～900 人，党、政、其他三部分机关的编制比为 15∶80∶5，即行署应为 400～720 人。而 1996 年河北省衡水行署实有 1283 人。② 山东省 1995～1996 年改革规定 3 个地区行署（聊城、滨州、菏泽）机构数分别为 39 个、41 个、42 个，实有 64 个、58 个、67 个；规定三个地区总编制为 3763 人，实有 6599 人，③ 平均每个地区 2200 人。再如，陕西省商洛地区第二次地区机构改革后设机构 42 个，"到 1999 年底，行署工作机构又增设到 57 个"④。贵州省毕节地区 1996 年第二次地区机构改革前，地直党政机关原有 60 个，原有人数 1568 人；改革后，机构减至 43 个，总编制人数减至 1144 人。截至 2000 年，实有机构 53 个，实有人数 1135 人。⑤ 人数虽有降低，而机构却增加了 10 个。江西省上饶地区 1997 年 3 月底地直党政机关共有 45 个，"行政编制 1100 人"⑥。可以说，"到 1996 年底，（全国地区）实际人数却达 19.5 万人，平均每个地区 1300 人。若将公安、检察分院、中级人民法院、司法行政机关统计在内，总数则达 32 万人，每个地区 2119 人"⑦。因此，地区历经两次机构改革，其结果正如山西省运城地区所言："虽进行了机构精简，但是，原有的工作机构大部分仍保持原状。"⑧ 1998 年一专家指出："目前，地区党委和行署机构实际上已达 58 个左右。"⑨ 时至今日尚实行于边疆省份的地区行署的机构仍是大大超出了中央规定的 30 个左右。依据官网查询的结

① 《池州地区志》，安徽省情网，http：//60.166.6.242∶8080/was40/index_sz.jsp？rootid = 19256&channelid = 28159，2016 年 1 月 20 日阅。

② 《中共河北省委、河北省人民政府关于印发〈加快全省机构改革，实施控编减员方案〉的通知》（1996 年 4 月 18 日），河北省档案馆：855 - 50 - 551。

③ 《山东省志·政权志（1983—2005）》，山东省省情资料库，http：//lib.sdsqw.cn/bin/mse.exe？seachword = &K = g0&A = 15&rec = 152&run = 13，2015 年 7 月 10 日阅。

④ 《商洛地区志》，陕西省地情网，http：//www.sxsdq.cn/dqzlk/dfz_sxz/sldqz/，2016 年 1 月 3 日阅。

⑤ 《毕节地区志·党派群团志》，贵州人民出版社，2007，第 331～332 页。

⑥ 《上饶地区志（1991—2000）》（下册），方志出版社，2014，第 1250 页。

⑦ 孙学玉：《撤销地区、市县分治：行政区划调整新构想》，《江海学刊》1998 年第 1 期。

⑧ 《中国共产党山西省运城地区组织史资料（1987.10—1997.10）》（第二卷），第 249 页。

⑨ 孙学玉：《撤销地区、市县分治：行政区划调整新构想》，《江海学刊》1998 年第 1 期。

果，有的多达 49 个。因此，地方两次地区机构改革并未实现中央"大力
精简"的要求。

当然，也有极少数地区能长期体现精简改革效果，此多为一些管理幅
度小的地区，如 1995～1999 年始终管理 9 个 (8 县 1 市) 县级单位的浙江
省丽水地区，5 年里的实有人数与计划编制人数的差均为负数 (－20、
－44、－111、－230、－236 人)①，而且与日俱减。

令人欣喜的是，地委机构与地委书记的职数特征一样，在整个地区行
署制度存在期间比较稳定地维持在 15 个左右。第一次地区机构改革时规定
地委办事机构设置 5～7 个；第二次地区机构改革时规定地委和行署机构一
共设置 30 个左右，如按中央编制委员会规定"地区党政必设机构参照自
治州的机构设置"标准计算，当时规定"自治州党委必设机构为：办公
室、组织部、宣传部、统战部、政法委员会、直属机关工作委员会"② 6
个。从各地实际情况来看，地委机构大多常年在 15 个左右，并无暴涨暴落
的现象。如 1986 年 4 月，河北省各地委建的机构为 9～13 个不等，大多数
有 11 个，9 个地区地委均建的机构有 8 个：办公室、组织部、老干部局、
宣传部、统战部、政法委员会、纪律检查委员、地直党委 (见表 3－6)。
1992 年，全国"地区地委机构设置的一般情况是地委设：办公室、组织
部、宣传部、统战部、政研室、政法委、农工部、老干部局、保密局、对
台办及机关党委和纪委"，此外，还有"秘书处、机要处、信访局、综合
治理办公室"等"许多本地自行设置"的机构，③ 共 16 个。笔者从福建
省、河北省、广西、贵州省不同年份的某些地区地委考察，其机构数量为
13～19 个不等 (见表 3－7)。因此，笔者认为第二次地区机构改革前后，
地委机构数也应在 15 个左右。由此，地委的机构数在 1978～2002 年变化
不大。

① 《浙江省人事志》，浙江地方志，http：// www. zjdfz. cn/tiptai. web/BookRead. aspx? bookid =
201304280001，2015 年 5 月 13 日阅。
② 《中央机构编制委员会关于地方各级党政机构设置的意见》(1993 年 8 月 28 日)，《中国
地方政府机构改革》，第 73 页。
③ 张雅林：《地区 (行署) 的沿革、现状及改革对策》，载吴佩纶主编《地方机构改革思
考》，第 97～98 页。

表 3 - 6   1986 年河北省 9 个地区地委实有机构及人数统计

单位：人

机构	石家庄地委	邯郸地委	张家口地委	保定地委	承德地委	邢台地委	沧州地委	廊坊地委	衡水地委
办公室	√	√	√	√	√	√	√	√	√
组织部	√	√	√	√	√	√	√	√	√
老干部局	√	√	√	√	√	√	√	√	√
宣传部	√	√	√	√	√	√	√	√	√
统战部	√	√	√	√	√	√	√	√	√
政法委员会	√	√	√	√	√	√	√	√	√
农村工作部	√	—	—	√	—	—	—	—	—
经济工作部	—	—	—	—	—	√	—	—	—
政策研究室	—	—	—	—	—	—	—	—	—
纪律检查委员会	√	√	√	√	√	√	√	√	√
农村经济指导部	—	√	—	—	√	—	—	—	√
地直党委	√	√	√	√	√	√	√	√	√
打击经济犯罪办公室	√	—	√	√	—	—	—	—	—
"五、四、三"办公室	—	—	—	—	—	√	—	—	—
创业立功办公室	—	—	—	—	—	√	—	—	—
信访办公室	—	√	—	√	√	—	—	√	—
编委办公室	—	—	√	—	—	—	—	—	—
编制人数	226	218	235	292	228	—	203	202	231
实有人数	245	254	253	334	253	344	284	289	277

资料来源：《各地区党政群机关分部门实有人数统计表》（1986 年 4 月），河北省档案馆：934 - 4 - 218。

表 3-7 1992~1996 年第二次地区机构改革前后全国和部分省份地区地委机构统计

单位：个

地委名称	全国一般情况 1992 年	福建省宁德 地委 1992 年	河北省承德 地委 1993 年	广西柳州 地委 1995 年	贵州省毕节地 区地委 1996 年
机构数量	16	13	19	13	16
办公室	√	√	√	√	√
组织部	√	√	√	√	√
宣传部	√	√	√	√	√
统战部	√	√	√	√	√
政法委员会	√	√	√	√	√
政策研究室	√	√	√	—	√
党史研究室	—	√	√	√	√
机关党委会	—	√	—	—	—
地直机关工委	—	—	—	√	—
直属机关党委	—	—	—	—	√
农村工作部	√	—	√	—	√
老干部局	√	—	√	√	√
保密局（办）	√	—	√	—	√
机要局（处）	√	—	√	—	√
机关党委	√	—	—	—	√
纪委	√	—	—	√	—
对台办（部）	√	√	—	—	√
党建办	—	√	—	—	—
讲师团	—	√	√	—	√
党校	—	√	—	—	—
信访办（局）	√	—	√	√	—
政治体制改革办公室	—	√	—	—	—
报社	—	—	√	—	√
精神文明办	—	—	√	—	—
新华社通讯站	—	—	√	—	—

地委名称	全国一般情况 1992年	福建省宁德地委 1992年	河北省承德地委 1993年	广西柳州地委 1995年	贵州省毕节地区地委 1996年
国防教育办	—	—	√	—	—
老年大学	—	—	—	—	√
综合治理办	√	—	—	—	—

资料来源：（1）《宁德地区志》，福建省情网，http：//www.fjsq.gov.cn/ShowText.asp? ToBook = 3219&index = 1128&，2015年3月17日阅。（2）《柳州地区志·中国共产党柳州地区组织志》，广西地情网，http：//www.gxdqw.com/bin/mse.exe? seachword = &K = b&A = 22&rec = 577&run = 13，2015年7月10日阅。（3）《中国共产党河北省承德地区组织史资料（1987.11—1993.6）》（第二卷），第31~63页。（4）《毕节地区·党派群团志》，第76页。

    所以，实际地区机构反弹或扩张主要来源是行署，即行署机构扩大大于地委和群团，而这也是地方各级政府的共同特征。如表3-8所示，1978年在全国7个行政层级中，除区一级的政府与党委的人数基本相当外，其余均为行政系统实有人数大大超过党委、人民团体和民主党派；行署的人数占地区党政群总体的84.62%，与地级市（84.22%）、县（86.13%）并无显著差异。再如表3-9所示，河北省沧州地区1979~1992年，其党、政、群三大系统的机构和编制，不论是计划编制抑或是实有人数，政府系统的行署均是绝对性碾压地委、群团与其他。而地区机构反弹最为突出的是行署机构中的专业性机构的增长快于综合性机构，专业性机构的扩张又主要集中在工农业两大系统部门中。这一方面说明人口增长、社会经济事业的发展，地区机关的管理工作量不断增加，客观上要求地区拥有不断增加的职责权限和机构人员；另一方面也说明行署是专管农业、农村的地域型政区。

表3-8　1978年全国各系统实有人数统计

单位：人，%

项目	中共党委		国家机关		人民团体		民主党派		总计
	人数	占比	人数	占比	人数	占比	人数	占比	
省	17837	6.45	250053	90.32	7952	2.87	1004	0.36	278846
地	35064	13.24	224050	84.62	5637	2.13	22	0.01	264773

续表

项目	中共党委		国家机关		人民团体		民主党派		总计
	人数	占比	人数	占比	人数	占比	人数	占比	
市	81575	12.18	564047	84.22	23245	3.47	859	0.13	669726
县	152043	11.28	1161159	86.13	34835	2.59	49	—	1348086
区	23251	43.30	24429	45.49	6019	11.21	—	—	53699
镇	11675	30.64	22888	60.06	3544	9.30	—	—	38107
公社	311769	33.78	509496	55.21	101631	11.01	—	—	922896

注：省系指省、自治区、直辖市一级；地即地区一级；市，不包括直辖市的市一级；县即县一级；区指农村一级；镇指乡镇一级；公社系指农村人民公社。

资料来源：国家编制委员会：《一九七八年地方各级中共党委、国家机关、民主党派、人民团体实有人数统计资料》（1979年10月），河北省档案馆：934-4-124。

表3-9　1979~1992年河北省沧州地区地委、行署、群团与其他机构数及编制实有人数统计

单位：人，个

年份	地委			行署			群团与其他			机构总数	编制总人数	实有总人数
	机构数	编制人数	实有人数	机构数	编制人数	实有人数	机构数	编制人数	实有人数			
1979	6	294	222	59	1953	1939	5	69	155	70	2316	2316
1980	7	—	231	55	—	1593	7	—	294	69	—	2118
1981	8	—	228	56	—	1730	7	—	13	71	—	1971
1982	13	—	256	53	—	1838	6	—	184	72	—	2278
1983	9	—	240	22	—	967	8	—	335	39	—	1542
1984	10	—	275	20	—	940	9	—	363	39	—	1578
1985	15	—	259	23	—	1046	9	—	375	47	—	1680
1986	10	212	256	23	788	1451	8	204	211	41	1204	1918
1987	7	223	261	29	998	1255	8	207	235	44	1428	1751
1988	9	219	260	29	1034	1173	8	231	247	46	1484	1680
1989	8	213	263	31	1055	1210	8	238	246	47	1506	1719
1990	9	226	292	31	1052	1193	8	238	257	48	1516	1742
1991	10	215	275	36	887	1029	9	258	260	55	1360	1564
1992	10	214	292	43	675	823	11	279	301	64	1168	1416

注：档案原件的"备注"栏标注"1980~1985年没有定编"。

资料来源：《1949—1958年沧州地区直属机关机构及人员编制》《1970—1979年沧州地区直属机关机构及人员编制》《1980—1992年沧州地区直属机关机构及人员编制》，《沧州市志》（第三卷），第1982~1983页。

必须申明的是，地区与地方各级政府的频繁超编，中央不无精简、消肿、分流的频繁指示，但其结果也如上。

（三）行署超出派出政府的结构（模式）

各省两次地区机构改革耗时费力、颇费周章的付出并未获得与之完全呈正相关的结果，还有一表现就是地区行署始终超出派出机构应有的结构（模式）。

1978 年以来，中央规定地区恢复为派出政府，始终强调机构要"精干"，与省县"不要强调上下对口，不要强求上下组织形式一致"①。但事实持续与此相反，此种声音在不同时间的专家著述中连绵不断：

　　1985 年一专家说："地区除无人大、政协的常设机构之外，其他机构与市雷同，行署机构完全是一级政府的模式。"②

　　1993 年一专家说："目前，地区党委和行署机构设 58 个，其中党委 8 个左右，行署 50 个，基本上与省、自治区的机构对口设置。"③

　　1998 年一专家说："目前，地区党委和行署机构实际上已达 58 个左右，基本上与省、自治区的机构对口设置。"④

　　2000 年一专家说："基本上是省里设什么，地区也设什么，市、州设什么，行署也设什么，上下对口，左右看齐，与一级行政实体几乎没有两样。"⑤

　　2000 年一专家说："在机构设置上，地区行政公署与省县之间上下对口，已达到了一级政府的规模，其人员编制也已接近地级市政府。除不设相应的人民代表大会和人民政治协商会议外，省、县有什么机构，地区几乎就有什么机构。"⑥

① 中共中央组织部、国家编制委员会：《关于目前党政机关机构编制的一些情况和意见的通知》（1979 年 7 月 14 日），载劳动人事部编制局编《机构 编制 体制文件选编》（上），第 339 页。

② 吴越：《市地城乡双轨的地方行政体制刍议》，载刁丁主编《中国地方国家机构研究》，第 122 页。

③ 《地区机构改革的设想》，《经济研究参考》1993 年 Z3 期。

④ 孙学玉：《撤销地区、市县分治：行政区划调整新构想》，《江海学刊》1998 年第 1 期。

⑤ 钱其智：《改革地区体制撤销地区建制》，《中国行政管理》2000 年第 7 期。

⑥ 宫桂芝：《我国行政区划体制现状及改革构想》，《政治学研究》2000 年第 2 期。

2001 年一专家说："作为派出机关的地区，在机构设置上已经具备了一级政府的规模，除人大、政协设派出性质的联络处（组）外，地区其他机构样样俱全。可以说，省县有什么常设机构，地区就有相应机构。"①

上述出自政治学或管理学的声音虽不能排除存在人云亦云的可能，但不同时代的他们却持续地传达了一个不能辩驳的事实：地区的机构并非如中央规定的那样，是精干、简约的。所以，1992 年，任职于中央机构编制委员会办公室的张雅林说道："目前，地区机关在维护国家政权统治和促进社会经济发展的过程中，发挥了重要作用。但也存在着过分膨胀、名实不符的现象。"②

除却机构编制超编、与省县对口同构外，地区还同其他地方政府类似，亦设立了层出不穷的二级机构和大量的临时机构。就层级规制而言，行署的内设层次应由二级制变为一级制。1979 年 7 月 14 日，中共中央组织部、国家编制委员会在《关于目前党政机关机构编制的一些情况和意见的通知》中曾规定："中央、国务院各部、委下设司局、处两层。国务院各直属局和总局，下只设处一层，不宜局下还设局。省、市、自治区革委会下设局，局下设处或科。州、县（市）革委会下设局或科。省、市、自治区革委会的委、办和各局是平行单位……不要形成一级领导层次。州、县（市）革委会不要设'办'。地区是省的派出机构，办事机构要力求精干。机构设置和人员编制要坚决贯彻精兵简政的原则"③。由此可见，当时规定中央下设三级、省下设两级、县下设一级，即中央四级制、省三级制、县二级制。1986 年 1 月，河北省也规定："地、市各部门内部，坚持实行两级制。内部科室称处的，一律改称科，原正、副处长随之改为正、副科长。"④

① 陈小京等：《中国地方政府体制结构》，第 174 页。
② 张雅林：《地区（行署）的沿革、现状及改革对策》，载吴佩纶主编《地方机构改革思考》，第 96 页。
③ 劳动人事部编制局编《机构 编制 体制文件选编》（上），第 339 页。
④ 《河北省人民政府办公厅关于坚决纠正乱设机构、扩大编制问题的通报》（1986 年 1 月 23日），河北省档案馆：907 – 40 – 36（永久）。

地区尽管执行了二级制，但实际二级机构数量很多。仅以河北省为例（见表3-10），1986年9个地区的二级机构有177~274个不等，5个地区的二级机构在200个以上；其中9个行署的二级机构在132~198个不等。5个行署系统设二级机构较多的是劳动人事局95个、商业局83个、交通局78个、财政局72个、办公室71个、水利局69个、教育委员会66个、卫生局65个、民政局60个、农林局60个、税务局59个、科学技术委员会56个、农业局52个、经济委员会50个、工商行政管理局50个、统计局37个、文化局37个、审计局35个、畜牧水产局27个、物价局23个……，而土地管理局、外事侨务办公室、行政处、档案馆、信访办等没有任何二级机构。具体内设二级机构数量多的劳动人事局在每个地区行署基本有12个左右，最多的是沧州行署劳动人事局内设二级机构15个，其次是衡水行署劳动人事局内设二级机构14个；每个地区行署财政局的内设二级机构在8个左右，其中最多的是沧州行署财政局内设二级机构10个，最少的是石家庄行署财政局内设二级机构6个。地委系统设二级机构较多的是办公室、组织部、宣传部，多有6~7个内设二级科室。[1]1992年，全国各"地区党政工作部门都有自己的内设机构，一般称科。如行署办公室一般设有秘书、调研、信访、行政等科；计委一般设有人秘、计划、基建、物价、工程等科。少数不设内部机构的部门，也都设置专门岗位。"[2]

表3-10 1986年河北省各地区地委、行署和地区总计一级机构及二级科室数量统计

单位：个，人

地区名称	地委				行署				地区总计		
	一级机构数	二级科室数	编制人数	实有人数	一级机构数	二级科室数	编制人数	实有人数	二级科室数	编制人数	实有人数
石家庄	10	30	226	245	32	134	811	1024	177	1100	1330
邯郸	12	44	218	254	32	153	834	1106	214	1101	1430
张家口	10	39	235	253	36	154	730	1192	209	1032	1519

---

[1] 《各地区党政群机关分部门实有人数统计表》（一~二十一）（1986年4月），河北省档案馆：934-4-218。

[2] 张雅林：《地区（行署）的沿革、现状及改革对策》，载吴佩纶主编《地方机构改革思考》，第98页。

续表

地区名称	地委				行署				地区总计		
	一级机构数	二级科室数	编制人数	实有人数	一级机构数	二级科室数	编制人数	实有人数	二级科室数	编制人数	实有人数
保定	14	51	292	334	32	161	988	1119	239	1357	1528
承德	12	30	228	253	30	144	746	941	184	1023	1241
邢台	13	57	—	344	34	198	—	1505	274	—	1929
沧州	9	33	203	284	28	166	810	1213	213	1063	1566
廊坊	10	39	202	289	27	132	710	1094	180	958	1446
衡水	9	47	231	277	27	136	697	791	195	980	1125

注：表中"地区总计"包括地区的群众团体系统的机构与人数，不是地委和行署系统的相加。

资料来源：《各地区党政群机关分部门实有人数统计表》（一～二十一）（1986 年 4 月），河北省档案馆：934 - 4 - 218。

第二次地区行署制度改革期间，为减少中间环节，提高行政效能，中央要求地区实行一级制。1995 年 2 月 17 日，中央机构编制委员会办公室下发《关于地方机构改革实施中若干问题的意见》规定："省级党政工作部门（包括政法和纪检部门）内设机构的级别一律为处级；部门管理机构的内设机构级别由各地确定。地、市、县党政机关一般不设部门管理机构。"[1] 由此，省级可设二级，而地区只能设一级，即地区行署各直属局、委、办之下不能再设机构。"政府组织机构是公务人员的载体，对人员规模大小和结构布局有着直接的影响。一般来说，机构设置越多，层级设置越多，纵横关系越复杂，公务人员数量也越多"[2]。

可以说，在临时机构设置方面，有的地区的临时机构泛滥成灾，基本是年年建、月月建。河北省承德地区"1982 年 11 月，行署根据省政府办公厅政办（1982）86 号文件精神，针对全区实际情况，为了精简机构，减少层次，充分发挥行署各职能部门的作用，决定撤销了行署系统 49 个临时机构"[3]。1987 年，"行署又恢复、建立或调整一些临时性机构"44 个，其中属于新增的为 31 个（见表 3 -11）。[4]

---

[1] 中国地方政府机构改革编辑组编《中国地方政府机构改革》，第 88 页。

[2] 沈荣华：《中国政府改革：重点难点问题攻坚报告》，中国社会出版社，2012，第 86 页。

[3] 《中国共产党河北省承德地区组织史资料（1931—1987）》，第 331 页。

[4] 《中国共产党河北省承德地区组织史资料（1931—1987）》，第 332～333 页。

表 3 – 11　1983～1987 年河北省承德地区行署新增 31 个临时机构明细

时间	临时机构名称	当时本应承担此职责的行署机构
1983 年 4 月 11 日	恢复承德地区大、中专招生委员会及其办公室	教育局教育科
1983 年 6 月 20 日	建立承德地区接待安置归侨领导小组	外事侨务办公室侨务科
1983 年 10 月 18 日	建立承德地区燕山考察开发领导小组及办公室	农业区划办公室
1983 年 11 月 3 日	建立承德地区军队转业干部安置工作领导小组及其办公室	民政局安置科
1983 年 11 月 21 日	建立承德地区扭亏增盈领导小组及其办公室	经济委员会企业管理科或计划统计科
1983 年 12 月 9 日	建立承德地区人民武装建设基地筹建领导小组及其办公室	经济委员会国防工业办公室
1983 年 12 月 27 日	恢复承德地区农业区划委员会	农业局农业区划科
1983 年 12 月 27 日	建立承德地区科技工作领导小组及其办公室	科学技术委员会政工科
1984 年 12 月 6 日	建立承德地区无线电管理委员会下设办公室	科学技术委员会政工科广播电视局宣传事业科
1985 年 2 月 2 日	建立承德地区地方道路建设领导小组及其办公室	交通局路政科
1985 年 2 月 26 日	建立自学考试委员会	教育局教育科
1985 年 3 月 12 日	建立承德地区滦潮河上游水源涵养林经济建设领导小组及其办公室	林业局林业科
1985 年 5 月 30 日	建立承德地区"爱我中华修我长城"指导委员会和承德地区文物管理委员会	文化局文物保护管理所
1985 年 9 月 23 日	建立全区税收、财务大检查领导小组及其办公室	财政局监察科或税务局监察科
1985 年 11 月 2 日	建立宣传贯彻计量法领导小组及其办公室	经济委员会标准计量科
1985 年 11 月 4 日	建立承德地区信贷检查领导小组及其办公室	农业银行工商信贷科和农业信贷科，财政局
1985 年 11 月 14 日	建立承德安全生产办公室	劳动人事局劳动保护科
1985 年 12 月 14 日	建立清理农村建设用地和宅基地发放使用证工作领导小组	计划委员会城乡建设科
1986 年 6 月 18 日	建立承德地区乡镇企业领导小组及其办公室	乡镇企业局秘书科

续表

时间	临时机构名称	当时本应承担此职责的行署机构
1986 年 7 月 14 日	建立承德地区水资源综合管理委员会及其办公室	水利局水电科
1986 年 7 月 23 日	建立承德地区滦平发电厂选址领导小组	水利局工程管理科或基建工程科
1986 年 7 月 31 日	建立承德行署劳动制度改革领导小组及其办公室	劳动人事局劳动保护科
1986 年 8 月 15 日	建立承德地区工业污染源调查领导小组及其办公室	环境保护办公室环境监测站或环境管理科
1986 年 9 月 25 日	建立承德地区清理在建项目领导小组及其办公室	统计局农经调查队或基建科
1986 年 11 月 14 日	建立承德地区粮食生产基地县建设领导小组	粮食公司或农业局生产科
1986 年 12 月 21 日	建立承德地区医院筹建领导小组及其办公室	卫生局医政科
1987 年 1 月 12 日	建立承德地区潘家口水库动员返迁移民回新址领导小组	民政局民政科
1987 年 6 月 20 日	建立承德地区人才预测规划领导小组及其办公室	劳动人事局计调科
1987 年 7 月 22 日	建立承德地区行署制止向企业乱摊派领导小组及其办公室	计划经济委员会企业管理科
1987 年 10 月 27 日	建立承德地区保护电力设施领导小组及其办公室	河北省电力局
1987 年 11 月 27 日	建立承德地区农副产品基地建设领导小组及其办公室	粮食公司基建物资科

资料来源：《中国共产党河北省承德地区组织史资料（1931—1987）》，第 332～358 页。

综上所述，地区机构自 1978 年建立至今均没有改造成派出机构的模式（结构）。正如《湖北省志·政权》所言："1983 年政府机构改革时，曾力图把地区行政公署变为名实相符的省政府派出机构，但结果变化不大，地区行署仍行使着全面的行政管辖权，起着一级政府的作用。明显地反映在地区行政公署的机构设置上"，"直至 1985 年，地区行政公署尚未完全转变为只承担作为省政府派出机关的职责的机构"①。

　　那么，究竟地区及行署有多少编制才算合理呢？或者说，如何合理核定地区机构的编制呢？这些问题在地区行署行将逝去的今天尚无圆满答案。1984年有专家指出："目前政府部门工作人员是多是少，尚缺乏科学的定量定性分析。"② 当然，如果按中央的规制很好回答，就是精干二字，这显然不是我们想要的答案。1992年有专家建议："可考虑以地区共同的行政管理工作量为基础，统一确定一个地区机关机构设置和人员编制的基数，然后以人口、面积、区划等直接影响地区行政管理工作量且相对稳定的因素为指标进行局部调整，分别核定各地区的机构设置数和人员编制数。"③ 而中央又是以何因素来划定地区此前的编制呢？有些专家认为中央对行署的机构与规模设计是参照地级市的，笔者对此有所质疑。其理由如下。

　　首先，在官方声音中，第一次地区机构改革时，中共中央和国务院没有透露据何设定地区的机构和编制；第二次地区机构改革时，曾声明："地区机关的人员编制按辖县多少确定，一般为500～900人。"④ 但实际这一声明只是让地方定编时有一个参照。地方也是如此行事的，如1995年青海省规定："地区机关人员编制以辖县多少为主，将7个地区排序，每个地区平均按750人左右控制。平均精简325人左右，精简幅度为30.2%。"⑤ 而河北省在1983年第一次地区机构改革时就如此执行了，当时规定："地区一级党政群机关的人员编制……按每辖一县，定编50人。"⑥ 中央之所以不做科学、严谨的界定，原因就是笔者前述已经重申多

①　《湖北省志·政权》，湖北人民出版社，1996，第408、412页。
②　刘昭庄：《关于省政府机构改革问题的探讨》，载刁田丁主编《中国地方国家机构研究》，第45页。
③　张雅林：《地区（行署）的沿革、现状及改革对策》，载吴佩纶主编《地方机构改革思考》，第102～103页。
④　中纪委干部室编《纪检监察干部工作手册》，第194页。
⑤　《中共甘肃省委、甘肃省人民政府关于印发甘肃省地州市党政机构改革实施方案的通知》（1995年6月21日），法规网，http://www.110.com/fagui/law_156228.html，2015年1月10日阅。
⑥　中共河北省委办公厅、河北省人民政府办公厅：《关于地市合并设想的报告》（1983年3月18日），河北省档案馆：934-4-167。

次的，地区行署制度并非中央关注的重点问题，而且以后会逐渐撤销了。因此，不可能再费人、财、物力去精确设计和核算地区级党政群分别编制该有多少。其次，我国幅员太过辽阔导致地区之间千差万别，不能搞"一刀切"或"切一刀"。最后，从数据实况分析，中央也确实并非像坊间传说的那样按照地级市标准设计规划的地区及行署。如表3－12所示，两次地区机构改革期间，中央均对从省至县的地方各级政府机构和编制进行了全盘的数字规定，其中并无复制地级市的显著嫌疑特征。

表3－12　1983年、1993年中共中央、国务院规定的省、地区、地级市、县编制数量对比

单位：个

层级	1983年				1993年		
	党委机构数	政府机构数	总机构数	总编制数	总编制数	总机构数	党政群编制比
省	7～9	35～40	42～49	3000～5000	3000～7500	55个左右	12：80：8
地区	5～7	15～20	20～27	300	500～900	30个左右	15：80：5
地级市	6～11	30～40	36～51	—	700～6700	30～60个	12：77：11 或 15：78：7
县	5～6	25	30～31	—	350～750	20～30个	15：78：7

资料来源：（1）《中共中央关于省级领导班子配备的几点原则意见的通知》（1982年10月26日），《中共中央、国务院关于省、市、自治区党政机关机构改革若干问题的通知》（1982年12月7日），中共中央、国务院：《关于地市州党政机关机构改革若干问题的通知》（1983年2月25日）（此文件规定：地委"不设常委"），《中共中央、国务院关于县级党政机关机构改革若干问题的通知》（1983年12月1日），载劳动人事部编制局编《机构 编制 体制文件选编》（上），第104、112、113、118～119、130页。（2）《中共中央关于印发〈关于党政机构改革的方案〉和〈关于党政机构改革方案的实施意见〉的通知》（1993年7月2日），载中国地方政府机构改革编辑组编《中国地方政府机构改革》，第40～47页。（3）中共中央、国务院：《关于地方政府机构改革的意见》（1999年1月5日），河北省档案馆：907－40－58。

那么我们是否可以以一般政府架构的合理标准作为地区机构和员额设置的参照呢？众所周知，政府机构的规模和结构是十分重要的问题，"政府公务人员的规模大小和结构布局，关系到政府职能的履行，关系到行政运行的成本，关系到整个就业的安排"和政府的体制。但遗憾地说，前文已述，政府公务人员的数量和分布"应当依据什么来进行判断和调整？对

此，目前各方面的看法并不一致，相关研究结论也有很大出入"①。20 世纪 80 年代有专家简单地提出："行政管理机构建立的唯一基础，是它所拥有的管理事项和管理工作量；而这两种因素一般都由行政区划的大小（含人口与经济发展程度）决定的。……行政区划的级次同区划面积大小和一级行政机构编制的繁简成正比乃是一个客观规律。"② 之后随着研究的进步，2012 年，有专家提出一些复杂的变量可考虑：因为"政府公务人员规模数量和分布是多方面因素作用的结果。由于世界各国（地区）情况千差万别，影响因素各不相同，迄今为止国内外并无普遍适用的统一标准，纯粹的数量比较也不能完全说明问题。"因此，"评判公务人员规模的依据，主要看是否与本国（地区）国情相适应，特别是与本国（地区）的发展阶段、人口规模、政府职能、政府结构、政府财力等因素相适应，既要满足政府履行职能的需要，又要防止人员过多，增加行政成本。一般而言，经济越发达、城市化水平越高、人口数量越多、政府职能越宽等，需要的人员也越多，与公务人员规模是正相关关系；人口密度越大、政府结构越简单、人口素质越高、科技应用越高等，需要的人员越少，与公务人员规模是负相关关系。"③

同时，也有专家断定，我国政府公务人员规模肯定要偏大的，"原因是在我国各级政府间'职能同构'的管理体制下，中央政府侧重政策法律和宏观管理，并通过纵向上领导或指导关系保证政策法律的执行，自己直接执行的事情有限，需要的人员数量相对较少，而大量的具体事务主要是由地方各级政府执行的，需要的人员数量相对较多。"④ 这些口径不一的观点说明，实际政府的规模与结构，即套用一个很复杂的公式或模板也无法科学计算和量化，而笔者认为处在各种因素变量十分复杂的中国的一般政府更是难上加难，更何况还是一个变异的派出政府。所以，笔者也无法给出确切的答案，留待后人继续探讨。

---

① 沈荣华：《中国政府改革：重点难点问题攻坚报告》，第 72 页。
② 吴越：《论地区机构的演变趋势》，载刁田丁主编《中国地方国家机构研究》，第 140 页。
③ 沈荣华：《中国政府改革：重点难点问题攻坚报告》，第 73 页。
④ 沈荣华：《中国政府改革：重点难点问题攻坚报告》，第 83 页。

三 地区机构改革结果与中央规制存在差距的原因

之所以两次地区机构改革期间的中央规制和地方实况之间会出现差距，笔者确有详细的回答，其原因主要来自现实和历史两个层面。

（一）现实（表层）原因：无效动作、配套不到位、特有困难

1. 无效精简动作

历次地方政府机构改革，包括地区在内都有精简举措以完成中央的数字指标，在地区层面主要包括以下几种：

（1）改革之初就把方案做大，要么把机构数做多，要么把编制数做大。"1984 年中央规定地委行署工作机构设置不得超过 30 个、编制数 300 人。事实证明，几乎没有一个地区的机构设置不超过规定限额，多的设置 50 来个，少的也有 40 多个，不仅设置了农林水各部门，还设置了计划、工业、交通、商业、建设等综合部门和专业管理机构"[1]。如河北省是把机构做少，编制做大，1983 年规定，地委的办事机构一般设 5 ~ 7 个，行署设综合性的处室 10 个左右。工会、共青团、妇联、科协也应成为上级的派出机构。检察分院、中级人民法院继续保留。地区党、政、群机关人员的编制，定为 400 ~ 700 人（不含公、检、法和司法行政的编制）。[2] 与河北省相同，1983 年延安地区机构改革，"陕西省下达行政编制 730 名"（实有 1376 人）。[3] 再如贵州省铜仁地区 1984 年 7 月改革后，配编 1189 人（原有 1384 人）。[4] 湖南省娄底地区 1983 年 8 月改革，"地委设 6 个工作部门，行署设 27 个工作部门"，转年初又"核定娄底地区直属党政群机关人员编制总额为 817 名（不含公安、检察、法院、司法行政机关的编制）。"[5] 如 1983

---

① 钱其智：《改革地区体制 撤销地区建制》，《中国行政管理》2000 年第 7 期。
② 《中共河北省委关于地、市党政机关机构改革若干问题的讨论纪要》（1983 年 6 月 9 日），河北省档案馆：934 - 4 - 167。
③ 《延安地区志·政务志》，陕西省地情网，http://www.sxsdq.cn/dqzlk/dfz_sxz/yadqz/，2013 年 10 月 23 日阅。
④ 《铜仁地区志·政权志》，第 182 页。
⑤ 娄底市人民政府门户网，http://www.hnloudi.gov.cn/Item/69493.aspx，2014 年 8 月 26 日阅。

年，浙江省"仍保留地区建制的金华、台州、丽水、舟山，党政工作部门比改革前减少了50%左右，编制比原来实有人数减少38.6%"，而实际"4个地区的机关编制总额2247名"①，平均每个地区561.8人，比300人的指标还是超了近一半（46.6%）。同样，安徽省阜阳地区1983～1984年进行机构改革，地直党政群机关工作部门设置42个，其中党委工作部门7个，政府工作部门30个，群众团体5个，总定编860名，其中地委工作部门201名，行署工作部门563名，群众团体46名，机动40名。②

（2）撤虚不撤实，撤中有留。新中国成立以来的精简办法基本都是撤、并、改，其效果无外乎归结为四种（见表3-13）：第一种是真的撤销了，这类多为一些过时的或基本完成阶段任务的临时机构。如1982年底河北省张家口地区改革方案中，地委撤销的14个临时机构、行署撤销的27个临时机构即属此种。③ 第二种是撤牌子不撤机构，官方说法就是撤销某某领导小组，保留某某办公室。换言之，这种方法也叫撤虚不撤实，因为只撤销了一些领导人兼职的虚拟领导小组，保留了办事的实体机构，实际是虚晃一枪。第三种就是把某些机构由一级机构变为二级机构，官方称为降格或变为内设机构。如1983年8月，福建省龙岩行署进行机构改革，

---

① 《浙江省人事志》，浙江地方志，http：//www.zjdfz.cn/tiptai.web/BookRead.aspx? bookid = 201304280001，2015年5月13日阅。

② 《阜阳地区志》，安徽省情网，http：//60.166.6.242：8080/was40/index_sz.jsp? rootid = 17116&channelid = 25525，2016年2月26日阅。

③ 1982年12月29日，张家口地区档案馆：《张家口地区大事记（1949—1983）》，第614、620页（行署撤销的27个临时机构包括地区农田基本建设指挥部及其办公室、保护森林落实林业政策解决林权纠纷领导小组、新能源建设领导小组、防雹指挥部、多种经营领导小组及其办公室、安全生产委员会及其办公室、劳动就业领导小组、三电领导小组及其办公室、交通战备领导小组、建设战备粮库领导小组、控制社会集团购买力委员会及其办公室、国库券推销办公室、招生委员会、工农教育委员会、计划生育领导小组、人民防空领导小组、地名领导小组、第三次人口普查领导小组及其办公室、山老区建设领导小组、事业单位企业经营领导小组及其办公室、控制物价整顿议价领导小组及其办公室、驱除灭囊领导小组、食品卫生领导小组及其办公室、农机化领导小组及其办公室、选举领导小组及其办公室、有线通信领导小组及其办公室。地委撤销的14个临时机构包括地委综合治理社会治安领导小组及其办公室、地委企业整顿领导小组及其办公室、地区军队复员干部改办转业工作领导小组及其办公室、地区军队干部转业安置领导小组、地委"六·二六"办公室、地区知识分子工作领导小组、地委干部教育领导小组、地区战备领导小组、地委对台工作领导小组、地委信访领导小组、地委落实政策领导小组、地委打击经济领域犯罪活动领导小组、地委防治地方病领导小组、地委外事领导小组）。

"撤销财贸办公室，并入经委（后又恢复财贸委员会）；撤销燃化局，并入重工业局，撤销农机局、经济作物局，并入农业局"①。1996年12月，山西省忻州行署第二次地区机构改革中就有9个机构改为了内设机构，具体包括"外事办公室、侨务办公室、民族事务管理局、机要保密处行署并入秘书处，为内设机构；行署总调度室并入经济委员会，为内设机构；国有资产管理局、税收财务物价大检查办公室并入财政局，均为内设机构；绿化委员会办公室并入林业局，为内设机构；'双拥'办公室，并入民政局，为内设机构"②。此种办法也是造成前述地区二级机构多的原因之一。第四种是改为公司经济实体和事业单位，这是各地精简机构数量较多的一种方法。如河北省石家庄行署1983年9~12月改革机构由51个减为36个，其中改为经济实体的有8个③；承德行署1983年12月进行机构改革后，由50个减为26个，其中改为发展商品经济和专业化生产服务的经济实体机关有8个④；邯郸行署1983年8月改革后，机构由原来的44个减为26个，其中14个是由工业主管局改为企业公司⑤；1984年邢台行署机构由57个减为47个，"将29个主管局改革为企业公司。"⑥再如广东省梅县行署1983年10月前后进行机构改革后"行署的工作部门有30个，赋予行政管理职权的处级公司有9个，直属事业单位有8个"⑦。前述山西省忻州行署第二次改革中机构由原来的73个减至37个，其中改为事业单位的有9个（档案局、机关事务管理局、旅游局、广播电视局、经协委、接待处、地震局、轻纺工业局、机械局），改为经济实体的有4个（化工局、冶金局、建材局、经贸局）。⑧

① 《龙岩地区志》，福建省情网，http：//www.fjsq.gov.cn/ShowText.asp？ToBook=3232&index=1269&，2014年2月8日阅。

② 《中国共产党山西省忻州地区组织史资料（1987.10—1998.6）》（第二卷），山西人民出版社，2001，第150页。

③ 《石家庄地区志》，第625页。

④ 《中国共产党河北省承德地区组织史资料（1931—1987）》，第330页。

⑤ 《中国共产党河北省邯郸地区组织史资料（1925—1987）》，第490页。

⑥ 《中国共产党河北省邢台地区组织史资料（1925—1987）》，第420页。

⑦ 《梅州市志》，广东省情网，http：//www.gd-info.gov.cn/shtml/meizhou/mzsz/05人大%20政府%20政协/050202.htm，2014年7月20日阅。

⑧ 《中国共产党山西省忻州地区组织史资料（1987.10—1998.6）》（第二卷），第151页。

　　以上四种，除第一种外，第二、三、四种都可视为是精简的无效动作，尤其行政机构改为公司只是暂时隐形，躲过风头就会故态复萌。正如河北省沧州行署所说："经过两年的时间发现，那些改为企业公司的机构，虽然称谓变了，但其职能并未转变。故此，经地委、行署批准，这些单位又于1986年先后恢复了原来各局的称谓。有的局为了便于开展业务仍保留了公司的牌子，实行一套人马两种称谓。"①

　　（3）前脚简、后脚增。这种在中央层面和地方层面都有。中央在发布精简的同时又曾多次规定地区行署增设了一些机构，据笔者统计1979～1987年就有4～5个，如1979年7月国务院规定地区行署恢复统计局；②1980年5月要求地级"恢复物价委员会或建立物价局"，编制10～15人；③1980年7月又规定"地区应设立司法局（处）"，配置工作人员20～60人；④1986年3月，要求各地区成立地质矿产管理机构；⑤1987年8月，规定行署设立行政监察机关。⑥还有一些是中央只规定省或县设的机构，没有明确地区一级是否筹建，一些地区也建了。如1982年1月，国务院规定省级建立地名领导小组和地名办公室，河北省"各级都相继建立了"，规定此机构的编制省为10人、地市各3人、县2人。⑦在中央和省的决定下，地区经常出现一边精简一边增人增机构的自相矛盾现象。如1980年，河北省邯郸地委、行署清理整顿34个临时机构的同时，"在农业局增设经济作物科，承担原棉花办公室的任务；山区建设办公室与农委生产科合

①　《中国共产党河北省沧州地区组织史资料（1926—1987）》，第394页。

②　国务院：《关于加强统计工作充实统计机构的决定》（1979年7月20日），载劳动人事部编制局编《机构 编制 体制文件选编》（上），第534～536页。

③　国务院：《关于加强物价机构的通知》（1980年5月26日），载劳动人事部编制局编《机构 编制 体制文件选编》（上），第548～549页。

④　《国务院批转司法部关于迅速建立省属市（地区）、县司法行政机构的请示报告》（1980年7月21日），载劳动人事部编制局编《机构 编制 体制文件选编》（上），第635～637页。

⑤　河北省人民政府办公厅：《转发省编制委员会、地质矿产局〈关于建立地市矿管机构的报告〉的通知》（1986年11月28日），河北省档案馆：907-40-36（永久）。

⑥　河北省编制委员会：《关于我省县以上各级人民政府设立行政监察机构有关问题的通知》（1987年11月19日），石家庄市档案馆：58-1-163（长期）。

⑦　河北省人民政府：《关于各级地名办公室编制、经费等问题的通知》（1982年1月13日），河北省档案馆：934-4-155。

并，增加行政编制 3 人，专抓山区建设工作"①。1982 年 10 月，张家口地委决定撤销 14 个机构，恰恰同时又增设老干部局。② 再如 1983 年改革时，湖南省零陵地区规定行署设 20 个机构，转眼 1986 年，行署就又增设 5 个机构：调查研究室、物价局、审计处、城乡环境保护处、计划生育处，地区群团系统又增设科学技术协会。③ 1984 年 3 月，山东省泰安行署就在精简的同时又增设法律顾问处、审计局、工商银行、保险公司、水土保持委员会办公室、畜牧公司 6 个机构。④ 1983 年 8 月，福建省龙岩行署进行机构精简改革撤销 6 个机构的同时新增 7 个机构（城乡建设环境保护局、经济体制改革委员会、旅游局、审计局、地方志编纂委员会、烟草专卖局、土地管理局）；非但如此，"1984 年人民银行龙岩中心支行行使中央银行职能，同时成立工商银行、农业银行、中国银行、建设银行龙岩中心支行，保险公司龙岩支公司"，就这样，至 1987 年行署内属机构达到 55 个。⑤ 广东省梅县行署也是前面精简，"此后，行署又新增设了一些机构"⑥。

2. 地区机构改革的配套措施或制度不到位

从系统论角度说，"行政体制本身是一个由多方面组成的系统，其各个组成部分之间存在着互相影响、相互制约的关系，因此，作为行政体制改革的一个方面，政府机构的改革应与行政体制其他方面的改革配套进行。而以往的改革却缺乏这种系统性和配套性。"⑦ 在众多的不配套问题中，笔者在地区行署层面感受最深的是人事和财政两个方面。

首先，人事上，精简下来的人员如何安置是配套不到位较为明显的问

---

① 邯郸地区档案馆：《邯郸地区大事记（1949—1986）》，第 533～534 页。

② 1982 年 10 月 28 日，张家口地区档案馆：《张家口地区大事记（1949—1983）》，第 614 页。

③ 《零陵地区志》，永州市人民政府网，http：//www. yzcity. gov. cn/art/2006/9/13/art_2719_14 2325. html，2015 年 5 月 13 日阅。

④ 《泰安地区志》，山东省省情资料库，http：//sd. infobase. gov. cn/bin/mse. exe？ seachword = &K = b9&A = 2&rec = 650&run = 13，2014 年 7 月 20 日阅。

⑤ 《龙岩地区志》，福建省情网，http：//www. fjsq. gov. cn/ShowText. asp？ ToBook = 3232&index = 1269&，2014 年 2 月 8 日阅。

⑥ 《梅州市志》，广东省情网，http：//www. gd - info. gov. cn/shtml/meizhou/mzsz/05 人大% 20 政府% 20 政协/050202. htm，2014 年 7 月 20 日阅。

⑦ 乔耀章：《政府行政改革与现代政府制度——1978 年以来我国政府行政改革的回顾与展望》，《管理世界》2003 年第 2 期。

题。1983 年在第一次地区改革时中央曾提出六个"妥善安排""地市定编后，多下来的人员"的办法，包括：（1）"分配一些干部到县、社、厂矿企业去工作"；（2）"对文化科学水平低的干部，可以送往学校学习、培养"；（3）"采取留职停薪的办法，接受社会招聘"；（4）"参加各种形式的承包责任制，使他们各得其所"；（5）"年龄已经过线的同志，要按照规定离休退休"；（6）"对一些年龄较大、尚未过线、身体还好，但由于名额限制而没能进领导班子的老干部，各地可采取自己认为适当的办法（如在编制以内建立调研室、设立督导员或巡视员等），组织他们经常深入基层，了解情况，检查工作，发挥积极作用"①。但当时干部的终身制在短时间内不可能有大改观，阻滞了上述诸多办法的实行。尽管 1982 年朝向干部年轻化同步实行离退休制度，但全国"对那些年老体弱的干部，安排在二线的比较多，离休退休的比较少。"所以中央又敦促"今后几年要继续做好离休退休工作"，力争"在 1999 年全面实现离休退休制度化"②。这种干部该离休不离休，该退休不退休的现象说明干部人事制度与机构改革不同步。与此基本相同的还有从安排干部出发快速推进地市合并出现第一次撤地高潮，也说明多余人员的安排在人事制度上不顺畅。

其次，在财政上，一方面是机构精简数字的硬指标；另一方面却是财政体制的软约束。尽管 1979 年开始在行政事业单位试行"预算包干，结余留用"的办法，也规定结余的资金"不得用于增加人员工资"。但文件同时又规定"有些单位实行预算全额包干有困难的，也可以对单位预算中的一项或几项费用实行预算包干的办法。"③ 如河北省只"对一些大宗的支出项目，如会议费、公费医疗等试行单项包干。"④ 事涉人员增添的办公

---

① 中共中央、国务院：《关于地市州党政机关机构改革若干问题的通知》（1983 年 2 月 15 日），河北省档案馆：907 - 31 - 2 - 1。

② 《中共中央批转中央组织部省、市、自治区机构改革指导小组〈关于调整省地两级领导班子的工作报告〉》（1983 年 12 月 22 日），载中国二十世纪通鉴编辑委员会编著《中国二十世纪通鉴（1901—2000）》第五册第十七卷（1981—1985），线装书局，2002，第 758 ~ 762 页。

③ 财政部：《关于文教科学卫生事业单位、行政机关"预算包干"试行办法》（1979 年 11 月 23 日），载国务院办公厅法制局《中华人民共和国法规汇编（1979 年 1 月—12 月）》，法律出版社，1986，第 165、166 页。

④ 河北省财政厅：《积极的探索——财政改革的十三年回顾之二》（1992 年 5 月 26 日），《财政简报》第 25 期，石家庄市档案馆：32 - 1 - 723。

费、工资等不包干。全国实行单项经费包干的不在少数。1980 年全国开始实行"划分收支、分级包干"财政体制，总体是地方"多余部分按一定的比例上缴"，"不足部分由中央财政给予定额补助。"① 由此，即使由于机构编制变大而需要更多开支，中央也会给予补贴。而财政体制一般都是 5 年一变，即机构膨胀 5 年都不用愁没有人员工资和经费。后来财政部反省道："从一九八〇年开始实行的行政经费'预算包干'办法，取得了一定成效，但还不够完善。有些单位只讲需要，不问可能，往往通过领导批条子，频繁追加预算"，本应是编制与财务双包干，实际"造成'包而不干'。"② 1988 年，全国正式实行预算包干制，机关的正常经费全部实行单位预算包干，但当时也规定离休、退休人员经费和各种专项资金是不包干的。③ 这看似合理，实际离退休人员经费是可观的一笔地方支出，离退休人员不但"原标准工资（含保留工资）照发，福利待遇不变"，且"其他各项生活待遇，都与所在地区同级在职干部一样对待，并切实给予保证。医疗、住房、用车、生活用品供应等方面，应当优先照顾。"④ 如河北省沧州地区 1983 年"头 4 个月总开支比去年增加 651 万元，除去增加人员、调整工资、实行月奖、新增洗理费开支 293 万元外，净增加 358 万元。支出缺口比较大的"的两项之一就是"离、退休老干部住房和生活补助。据 13 个县、市的摸底统计，共有离、退休老干部 3621 人，若按每人平均 2500 元标准计算，仅这 13 个县、市全年预计开支 905 万元"，约占全区全年计划总支出的 5.7%。⑤ 仅此一项就要占整个行政管理费总支出比重的 1/3 ~ 1/2。1989 年河北省石家庄地区 6508 人年人均开支公费医疗 310 元，而其中老干部 630 人年人均开支医疗费 2448 元，换言之，占总人数 9.7% 的老干部却花

---

① 《国务院关于实行"划分收支、分级包干"财政管理体制的通知》（1980 年 2 月 1 日），廊坊市档案馆：20 – 6 – 358（长期）。

② 《国务院办公厅转发财政部关于控制行政费问题报告的通知》（1987 年 4 月 6 日），廊坊市档案馆：20 – 5 – 818（永久）。

③ 《财政部关于颁发〈文教科学卫生事业单位、行政机关"预算包干"办法〉的通知》，《财政》1988 年第 8 期。

④ 《国务院关于公布〈国务院关于老干部离职休养的暂行规定〉的通知》（1980 年 10 月 7 日），廊坊市档案馆：20 – 6 – 359（长期）。

⑤ 沧州地区行政公署：《关于抓紧组织财政收入的情况报告》（1983 年 5 月 28 日），河北省档案馆：907 – 37 – 89。

了地区公费医疗支出总额的 76.2%。再从年度增长上看，地区本级总体人均医疗费比 1988 年增加了 99 元，其中老干部增加了 683 元，一般人员仅增加了 20.5 元。而且"离退休人员逐年增多，办医疗证的人员也逐年增加，1987 年比 1986 年多增 35 人，1988 年比 1987 年多增 98 人，1989 年比 1988 年又多增 95 人。"① 因此，在没用足够中央拨款的情况下，地方财力难以持续保证完成离退休人员的各种较高待遇。这也是前述 1999 年以前干部该离休不离休，该退休不退休的经费原因。更甚的是，根据 1988 年的规定，"试行工资总额包干办法，增人不增工资，减人不减工资。结余的工资额，可以用于增聘人员、增发奖金或实行浮动工资制度"② 。这无形中又默许了私自增编。因此，一方面，私自增人、增机构的入口在财政上始终都有漏洞可钻；另一方面精简分流的出口总是难畅其流。1990 年，河北省编制委员会指出："擅自增设机构和超编进人的现象仍有发生，编制部门缺乏有效手段予以制止和纠正；在统配人员安置、工资基金管理、干部职工流动等方面，编制部门与有关部门的关系尚未理顺。"③ 同年河北省财政局反映："行政管理费压不下来，关键是人员的增长没有控制住。"④ 这在一定程度上也反向证明：财政终究还是没有扎紧精简的篱笆。1997 年 1 月《事业单位财务规则》（财政部 1996 年 10 月 22 日公布）⑤ 和 1998 年 1 月 19 日《行政单位财务规则》⑥ 实行后，严格按单位核实后的编制内实有人数和定额标准安排人员经费，对专项经费根据财力可能和单位实际承担的工作量逐项核定，进一步严格了行政经费的收支，但国家对事业单位实行"核定收支，定额或定项补助，超支不补，结余留用"和对行政单位实行"收支统一管理，定额、定项补助，超支不补，结余留用"的预算管

① 石家庄地区行署财政局：《关于地区本级公费医疗经费执行情况报告》（1989 年 12 月 21 日），石家庄市档案馆：32 - 1 - 482（长期）。
② 《财政部关于颁发〈文教科学卫生事业单位、行政机关"预算包干"办法〉的通知》，《财政》1988 年第 8 期。
③ 《河北省编制委员会办公室一九九〇年工作总结及一九九一年工作要点》（1990 年 12 月 30 日），石家庄市档案馆：58 - 1 - 191（长期）。
④ 《石家庄地区行政公署办公室转发行署财政局关于加强行政费管理意见报告的通知》（1990 年 9 月 29 日），石家庄市档案馆：3 - 9 - 1355（长期）。
⑤ 《中华人民共和国国务院公报》1996 年第 35 期。
⑥ 《财会月刊》1998 年第 3 期。

理办法①，其中仍有明确的"定额或定项补助"。这仍可视为是漏洞。到2007年，国务院公布《地方各级人民政府机构设置和编制管理条例》，才把"建立机构编制、人员工资与财政预算相互制约的机制"法制化。② 因此，缺乏财政的紧密配合，机构精简改革难以成功。

除了上述两个方面的微观不配套以外，还有经济体制、政府运作模式等宏观方面也存在不匹配的问题③。1982年，中共中央、国务院就清晰地认识到："这次机构改革是在经济管理体制还没有根本改革的情况下进行的，因而不可能是彻底的。"④ 直到2003年还有专家指出："目前改革的难点在于经济体制改革、行政体制改革、政治体制改革并未形成良性互动，行政体制本身的改革并不配套和适应。"⑤

因此，地区机构改革配套不到位是当时大背景条件不成熟所致。地区第一次改革前，"文化大革命"刚刚结束，如第二章结尾已述，整个改革开放的大形势都是摸着石头过河，更何况政府机构改革。当时中央曾说：尽管"精简县以上党政机关已经成为全党全国的呼声。但目前解决这个问题的条件还很不成熟，如整个国民经济正在进行调整；管理体制还在变动；干部政策还要继续抓紧落实，有些该安排工作的干部还要继续安排；更难办的问题是多余干部如何安排好""还需要进一步研究。"而"省、地、县三级党政机关的机构如何设置，领导班子如何精干，特别是多余人员怎样安排好，以及如何提高机关工作效率，等等"还须抓紧做一些调查研究工作⑥。第二次地区机构改革前，为建立市场经济，政府要下放经济权力，其职能应提前转向宏观调控。"如果按照行政生态决定政府职能，

---

① 《滨州地区志1979—2000》，山东省省情资料库，http://sd.infobase.gov.cn/bin/mse.exe? seachword=&K=bd&A=2&rec=543&run=13，2014年8月26日阅。

② 国务院：《地方各级人民政府机构设置和编制管理条例》（2007年2月14日），载国务院法制办公室编《中华人民共和国宪法法典·注释法典1》，中国法制出版社，2012，第276页。

③ 赵明芳：《纵观我国行政机构改革的历程》，《理论视野》1999年第4期。

④ 《中共中央、国务院关于省、市、自治区党政机关机构改革若干问题的通知》（1982年12月7日），载劳动人事部编制局编《机构 编制 体制文件选编》（上），第110~115页。

⑤ 乔耀章：《政府行政改革与现代政府制度——1978年以来我国政府行政改革的回顾与展望》，《管理世界》2003年第2期。

⑥ 中共中央组织部、国家编制委员会：《关于目前党政机关机构编制的一些情况和意见的通知》（1979年7月14日），载劳动人事部编制局编《机构 编制 体制文件选编》（上），第338页。

政府职能决定政府机构，政府职能和政府机构决定于政府体制的逻辑，那么政府行政改革的序列自然是先转变政府职能，其次是改革政府机构，再改革政府行政体制。"① 即任何一次"我国政府机构改革的重点应当放在转变政府职能上。""只有抓住职能转变开刀，治病治根，才有可能使机构改革真正见效。但在过去的改革中，却把重点放在机构精简上，没有真正（及时）涉及职能转变。"② 第二次地区机构改革前，实际也包括第一次改革前，包括地区在内的各级地方政府职能和行政运作方式并未提前完成转型，而是同期或滞后进行的。1993 年中央要求地区大力精简的同时，规定地区要"撤并某些专业经济部门"③，"要按照派出机构的性质进行改革，把工作重点转向监督、指导、检查、协调等方面。地区党政机构应尽量设得综合一些"④。但是直至改革开始后一段时间，"地区还有许多本地自行设置的党政机构，尤以行署内专业经济管理部门为多。"⑤ 可见，政府职能非但没有为机构改革铺路，反倒成了绊脚石。

以上说明，机构改革本就是一个艰难而复杂的工程，而"中国用 30 年的时间走完了西方 100 多年完善市场的道路，把西方 100 多年的发展压缩到 30 年，矛盾则是不可避免的。"⑥

3. 地区机构改革存在特有困难

地区机构改革的难度有多大，中共中央、国务院曾在 1983 年地区改革之初提醒道："地区成为名副其实的派出机构，是一项重大改革，情况复杂，牵涉面广，工作繁重。"⑦ 但到底有多大难度，中央没有明示。笔者认

① 乔耀章：《政府行政改革与现代政府制度——1978 年以来我国政府行政改革的回顾与展望》，《管理世界》2003 年第 2 期。
② 张晓芝：《我国政府机构改革面临的困境及其成因》，《理论与改革》1994 年第 12 期。
③ 《十四大报告》（1992 年 10 月），中国共产党新闻网，http：//cpc. people. com. cn/GB/64162/64168/64567/65446/4526312. html，2015 年 1 月 30 日阅。
④ 《中共中央关于印发〈关于党政机构改革的方案〉和〈关于党政机构改革方案的实施意见〉的通知》（1993 年 7 月 2 日），载中纪委干部室编《纪检监察干部工作手册》，第 188 页。
⑤ 张雅林：《地区（行署）的沿革、现状及改革对策》，载吴佩纶主编《地方机构改革思考》，第 98 页。
⑥ 何颖：《中国政府机构改革 30 年回顾与反思》，《中国行政管理》2008 年第 12 期。
⑦ 中共中央、国务院：《关于地市州党政机关机构改革若干问题的通知》（1983 年 2 月 15日），河北省档案馆：907－31－2－1。

为，地区机构改革的难度可以用"大瘦身+大基数"说明。

首先，地区要"大瘦身"为派出政府本身就是一个难度很大的事情。发展运行了10年的正式一级政府突然要改成派出政府，这是一个180度的大变身，其他地方政府机构改革最初简单地说，是由多变少的量变，而地区是颠覆性的质变，要由原来满满当当的一级政府机构模式砍成仅剩1/3或更少的精干的派出政府。难上加难的是此后本应是派出政府的地区，实际终其余生又继续执行着近似一级政府的职能。有什么样的职能，必然有与之相适应的机构。此情此景之下，却要求其设置成完全不相称的督导机构模式，其难度非常大。而且殷鉴不远的是，根据地行政督察专员公署和新中国专区专署分别在1945年和1960年也同样经历了由实变虚，均没有完全成功。由此，新时期地区机构两次改革的"下场"也就不用费思量了。所以，大多数地区尽管耗时费力进行较大幅度的精简，但距中央规定差距还是很大。

其次，一个鲜为人知的难度，本章开始已述，地区是改革前全国机构庞大超编最严重的一级。在1965~1978年的13年，地区级实有人数的增幅居全国各级地方政府之首，具体增幅高达111.51%。[①] 所以，地区机构改革面临着大变身外的大基数。全国每个专区平均人数，1965年为745.3人，1978年发展到1260.8人，要改革成大变身后中央第一次改革规定的300人，就要减掉76.2%。而对于1978年平均每个地区有1840人[②]的河北省来说，就要减掉83.7%。而1982年河北省第一次地区改革前，平均每个地区2390人，机构数63~91个（其中行署人数1630~2467人不等，平均2098人，机构数54~77个不等；地委人数186~333人不等，平均238人，机构数9~14个不等，大多数为10个）[③]，那么其编制精简的幅度应惊人地达到87.4%，机构数即使按30个作为目标，精简的幅度也达到52.4%~67.0%。所以才出现中央先是1983年2月规定"行署可设综合性处室10

① 国家编制委员会：《一九七八年地方各级中共党委、国家机关、民主党派、人民团体实有人数统计资料》（1979年10月），河北省档案馆：934-4-124。

② 河北省革委编委办公室：《一九七八年度河北省各级党政机关人民团体实有人数统计表》（1979年5月），河北省档案馆：934-4-115。

③ 河北省编制委员会：《河北省各地市党政群机关实有人数统计资料（一九八二年）》（1983年3月），河北省档案馆：934-4-150。

个左右"，后又在 6 月规定"行署设置 15～20 个"机构。但即使如此让步，实现的可能性也低到无法测量。当然，后来中央明智地指示分两步完成，"第一步，一般应把现有人员编制减少 1/3；原来基数过大的，应该多减一点。"[1] 即第一步要砍掉 797 人或更多。笔者认为，这也是难度极大的。1983 年 10 月，河北省虽也曾文件规定各地制订精简方案的原则是"编制基础大的要多减些人"。但毕竟河北省"地区级的实有人数在全国是最多的，精简过多，困难较大"；最后勉强地按精简 40%～41%、42% 上报中央。[2] 如按精简 42% 计算，就要减少1004 人。至第一次地区行署制度改革结束的 1985 年，河北省各地区实有人数1124～1660 人不等，平均 1380 人。[3] 与 1982 年平均 2390 人相比，减少了1010 人，即精简了 42.2%。基本达到了初定的目标，这已实属不易。同样，第二次改革前如表 3－13 所示，全国 19 个省除宁夏外各地区的总编制979～2300.8 人不等，平均 1493.5 人，要减至 500～900 人，就要减掉48.9%～60.9%。这么高难度，还要额外承担着大量分外职权，地方最初将改革方案做大亦属情理之中的无奈之举。

表 3－13　1993～1995 年 19 个省份地区机构改革前行政编制实有平均人数统计

省份	地区数量（个）	平均每个地区（人）
河南省	5	2300.8
山东省	5	2067
山西省	5	1903
河北省	2	1884
湖北省	4 个地区 1 个州	1819.8
江西省	5	1741.4
湖南省	5	1739.4
内蒙古	8 盟	1704.1

---

[1] 《中共中央办公厅、国务院办公厅关于地市州机构改革中应注意的几个问题的通知》（1983 年 6 月 14 日），河北省档案馆：907－31－2－6。

[2] 河北省委编委办公室：《当前编制工作中需要注意的几个问题》（1983 年 10 月 31 日），河北省档案馆：934－4－168。

[3] 《河北省各地、市党政群机关编制、实有人数统计资料（一九八五年）》（1986 年 4 月），河北省档案馆：934－4－188。

续表

省份	地区数量（个）	平均每个地区（人）
安徽省	6	1396.2
贵州省	4	1369.8
四川省	7	1333
黑龙江省	3	1321.7
福建省	3	1302.3
广西	8	1281.8
云南省	7	1254.9
青海省	7	1075
甘肃省	7	1074.9
新疆	8	1039.5
浙江省	1	979
宁夏	2	600

注："平均每个地区"人数由笔者计算；内蒙古的盟也是省级派出机关。

资料来源：（1）甘肃省资料来自《中共甘肃省委、甘肃省人民政府关于印发甘肃省地州市党政机构改革实施方案的通知》（1995 年 6 月 21 日），法规网，http://www.110.com/fagui/law_156228.html，2015 年 1 月 10 日阅。（2）其余省份资料来自中国地方政府机构改革编辑组编《中国地方政府机构改革》，第 265、271、278、303、322、331、338、345、352、359、367、373、387、399、408、415、430、443、449 页。

（二）历史（深层）逻辑：组织法缺失、惯性、旧体制根本影响

1. 地区行署及其前身组织法的缺失

控制政府规模的媒介无外乎两种，一是预算控制，即通过行政经费控制人员和机构增加；二是立法控制，即通过立法来限定机构和人员的多少。财政的软约束已经使预算控制告败，立法控制更是不给力。因为地区行署缺乏专门的组织法、条例等。这表面看是现实原因，其实更是深层历史逻辑使然。自从 1937 年中国共产党建立行政督察专员公署制度开始，几易其名直到 1999 年规定撤销地区行署，除却新中国成立前有专门组织条例的 12 年不论，以后 50 年的地级派出政府就始终没有专门的组织法。前述中央对两次地区机构改革的规定都较为简略和第二次改革时中央规定"地区党政必设机构参照自治州的机构设置"与此一脉相承。没有组织法，就

放任了地区组织机构数量和职能原有的自我膨胀本性，即"在正常情况下，政府会进行自我扩张，根据帕金森定律①，政府人员以每年5.75%的速度膨胀。政府会不自觉地制造行政工作，往往会把简单的事情复杂化。新的行政工作需要新的工作人员的情况下，又增加机构，机构多了又要提升行政级别。古今中外莫不如此"②。因此，地区成为"文化大革命"后增幅最大、超编最严重的一级，也一直是新时期同期各级机构改革中精简幅度最大的一级。1983年中共中央、国务院规定地区精简30%，而县级"大致精简20%左右"③；1993年全国各级机构综合精简幅度为25%左右，其中省精简20%、直辖市精简15%、地区精简30%、地级市和州精简20%、县精简22%④。

2. 地区行署及其前身的职能与组织也超规越限

不仅地区行署的组织与职能超出其应有身份，其前身行政督察专员公署，也从中国革命战争时期开始，就"远远超出边区政府派出机构应有的规模，到解放战争结束，专署基本成为边区政府和县级政府之间的一级正式政权层级的规模"⑤。新中国成立至"文化大革命"前，地区行署的最近前身专区专署也是超出其应有的机构和职能规制。⑥而从行政督察专员公署到地区行署之间，中央总是隔三差五、三令五申地强调它们是派出机构也恰恰说明事实与此持续不符。不仅地区行署的组织机构，其职能在企事

①　帕金森定律是英国著名行政学者诺思科特·帕金森于1957年在其著的《帕金森定律及关于行政的其他研究》一书中提出的。帕金森定律是帕金森对组织机构的无效活动进行调查和分析中提出的关于组织机构臃肿低效的形成原因的定律。他发现，组织机构所完成的工作与工作人员的多少这两者之间并没什么联系，管理层次的增加也与工作本身无关。他认为，"工作的增加只是为了填满完成这一工作时可资利用的时间"。（丁煌：《西方行政学说史》，武汉大学出版社，2017，第185页）

②　齐明山主编《行政学导论》（第三版），中国人民大学出版社，2013，第238页。

③　河北省委编委办公室：《当前编制工作中需要注意的几个问题》（1983年10月31日），河北省档案馆：934-4-168。

④　《中共中央关于印发〈关于党政机构改革的方案〉和〈关于党政机构改革方案的实施意见〉的通知》（1993年7月2日），载中国地方政府机构改革编辑组编《中国地方政府机构改革》，第40～47页。

⑤　翁有为等：《行政督察专员区公署制研究》，第404页。

⑥　侯桂红：《1949—1966年河北省专区专署的组织与职能考察》，《当代中国史研究》2010年第5期。

业管理权、县级主要经济指标制定权、人事任免权、机构编制审批权、辖市权等方面均或多或少地超规越限（详见第四章）。因此，21世纪初钱其智一语破的地指出："对地区的机构人员大刀阔斧的裁减，削弱其职能，迫使其回到名副其实的派出机构的位置上去""显然是老办法"，而"历次的精简经验告诉我们，仅靠这个法子解决不了根本问题"[1]。

3. 全能型政府理念和旧体制的根本影响

自战争年代逐渐形成的全能型政府理念和高度集中的政治经济管理模式，使各级政府形成大包大揽的行政模式和上下对口的组织结构。而且职能同构、组织同构与运作同型又互为存在和繁殖。随着现代化的各项新发展，政府必然管得越来越多，机构就必然要越增越多，因此，中共中央、国务院经常下达文件对各级机构总是精简改革后不久就反弹予以批评和重制。地区行署即使是派出政府，只要是这个强大行政体制链条中的一环，加之长期高度集中的计划经济管理体制的推波助澜，就难逃被全能型。因此，地区与省、市相同模式的对口机构设置和相同的运作问题也就不可避免。虽然"文化大革命"后向商品经济和市场经济转化，1988年中央开始提出转变政府职能，此后又提出有限型和服务型政府理念，但全能型的强大惯性和势能对1999年前的行署甚至今天都还有较大的影响。正如1994年安徽省阜阳行署专员说："随着行政公署运作环境的变化，行政公署运作中的一些弊端也日益显现。如政府事无巨细、大包大揽的管理方法造成政府事务庞杂，效率低下，机构庞大，人员繁多，财政负担沉重。目前，地区一级吃财政饭的人员已达2000多人，比国家规定的超出近两倍。因此随着社会主义市场经济体制的建立，地区行政公署必须精简机构，转变职能，提高效率，强化政府适应现代化建设的各种能力。"[2] 这些言犹在耳的问题无一不是当时各级政府的通病。所以，可能即使有专门的地区组织法，行署能做到为各项现代化建设添砖加瓦就难逃——对应设置机构和被迫执行近似一级政府职能（详见第四章）的体制性强制命运。因此，张雅

① 钱其智：《改革地区体制撤销地区建制》，《中国行政管理》2000年第7期。

② 江荣海、刘奇等：《行署管理——阜阳行署调查》，中国广播电视出版社，1995，序二，第13页。

林说："地区机关在维护国家政权统治和促进社会经济发展的过程中，发挥了重要作用。但也存在着过分膨胀、名实不符的现象。"① 这种悖反结果正是全能型模式和旧体制下的必然结果。所以，正如邓小平所言："精简机构是一场革命"，但"这不是对人的革命，而是对体制的革命。"② 只要旧体制不变，任何的改革配套保障都不可能有效到位。只要旧体制不变，就不可能跳出膨胀—精简的怪圈。宏观体制不配套，任何微观细枝末节的配套都难见实效。

综上所述，两次地区行署机构改革由于地方精简假动作、配套不到位、改革难度大、缺乏组织法、职能与组织超规越限、全能型政府管理理念与旧体制的根本影响等原因，致使其改革结果与中央的规制还有不小的差距。这既是当时大背景的普遍映射，也有地区自身的特殊缘由；既有表层现实原因，也有深层历史逻辑。而这两个方面纠结在一起，就成为改革开放前期政府机构改革无法跨越的历史局限性。

---

① 张雅林：《地区（行署）的沿革、现状及改革对策》，载吴佩纶主编《地方机构改革思考》，第 96 页。

② 邓小平：《精简机构是一场革命》（1982 年 1 月 13 日），载《邓小平文选》（第二卷），人民出版社，1994，第 396 ~ 397 页。

第四章　地区行署的职能

地区行署的职能①是地区各组织机构权力运作的方式、方向和依据，是地区行署制度的核心和意义所在，也是衡量与评价地区行署制度真实状况的重要指标。地区行署本应是执行督导、检查职能的派出机构，中央和地方对其均有督导、检查职权的规定，但由于自新中国成立以来缺乏关于地区行署专门的组织法、加之政府主导型经济社会管理模式的深刻影响，因此，地区行署不可避免地在企事业管理权、县级主要经济指标制定权、人事任免权、机构编制审批权、辖市权等方面或多或少地越限。而这一现象和结局同样是改革开放以来政府职能改革历程在地区的折射。

一　中央规制：总体职权和单项权力限定

（一）　总体职权：督导检查四条

从 1978 年地区行署制度建立开始直至今天，包括五部组织法、三部宪法和三次地区行署体制改革的若干文件，中央始终对地区行署的身份定位为派出政府，在其总体职权上也始终未离督导、检查的规定。

迄今（2019 年）为止，暂不撤销的地区行署已存在 41 年，中央对其总体职权的规定少且简单。中央第一次在文件中真正关涉此问题是 1983 年 2 月详细规定第一次地区行署制度改革的 6 号文件《关于地市州党政机关

---

① "政府职能是由政府职权（实际上是职权、职责的统一）与政府职事结合构成的。这其中，职权是政府职能的本质根基，职事是政府职能的现实表现，政府职能则是政府职权践行政府职事的函数。"（王浦劬：《论转变政府职能的若干理论问题》，《国家行政学院学报》2015 年第 1 期）笔者认为，职权是静态规制，职能是对规制的动态实践。在本书中所用的"职能"一词涵盖了上述两层含义。

机构改革若干问题的通知》。其中对行署的总体职权有如下四条：

（1）"检查了解所属各县贯彻执行党的路线、方针、政策和决定的情况，总结交流经验"；

（2）"督促检查所属各县完成上级布置的各项工作任务，协调互相关系"；

（3）"接受省、自治区党委的委托，管理一部分干部"；

（4）"完成省、自治区党委和政府交办的其他事项"①。

其职权再次被提及是在第二次地区行署制度改革的 1993 年 7 月，《中共中央关于党政机构改革的方案》规定："地区一级要按照派出机构的性质进行改革，把工作重点转向监督、指导、检查、协调等方面。"②

（二）四个单项权力限定

除却上述四条总体职权，中央在不同形势下还对地区行署的四个单项权力作出了限定。

（1）1983 年取消地区行署的企事业管理权。因为要实行市领导县，虚化甚至撤销地区行署，1983 年的 6 号文件规定："地区党政领导机关不作为一级领导实体，今后不直接管理企业事业单位，现在管理的可交给所在市、镇或者县；一时交不了的，可以暂行代管，过渡一段。"

（2）1983 年取消地区行署对县级主要经济指标的制定权。"县的工作由省、自治区直接布置。计划、财政、物资等主要经济指标，由省、自治区径自下达"③。

（3）1987 年取消地区行署对直属机构的编制审批权。由于新时期政府机构改革中各级机构严重庞大超编，其中就包含大量各地自行设立的机构，所以，1987 年 4 月，中央上调各级政府的机构编制审批权限，规定"机构编制的审批权限不能下放，已经下放的要上收……各省、自

---

①　中共中央、国务院：《关于地市州党政机关机构改革若干问题的通知》（1983 年 2 月 15 日），河北省档案馆：907 - 31 - 2 - 1。

②　《中共中央关于印发〈关于党政机构改革的方案〉和〈关于党政机构改革方案的实施意见〉的通知》（1993 年 7 月 2 日），载中纪委干部室编《纪检监察干部手册》，第 188 页。

③　中共中央、国务院：《关于地市州党政机关机构改革若干问题的通知》（1983 年 2 月 15 日），河北省档案馆：907 - 31 - 2 - 1。

治区、直辖市党政机关的厅局机构，属于党群系统的，由中央组织部审核"①。据此，各级政府的机构编制审批权由原来下管第一级，变为下管第二级。由于文件只规定到省级，因此推断，地区直属委、办、局应由省级审批，地区行署只可审批地区二级机构编制和县直属机构编制。

（4）1999年取消地区行署的辖市权。第一次地区行署制度改革期间，中央尚未明确限制地区的辖市权。1983年5月18日，劳动人事部、民政部联合向国务院提出《关于地市机构改革的几个主要问题的请示报告》曾建议："可否将县级市委托地区级市代管，可由省、自治区自行确定。"②1983年6月，中央只规定："现有的地辖市中，有的在经济上和其他方面都已有相当规模（如工业产值在4亿元左右，非农业人口在15万左右），并且很有发展前途"的，可以将它升格为省、自治区辖市③。第三次地区行署制度改革的1999年，中央明确宣布地区行署制度撤销大限的同时最终规定"原地区所辖县改由附近地级市领导或由省直辖，县级市由省委托地级市代管。"④

（三）管理幅度：合并或调小

所谓"管理幅度是指一级行政组织直接领导和监督的下级组织数目，或者一个领导人直接领导和监督的下级人员数目"⑤。地区行署的管理幅度没有明确。1999年，民政部曾原则性规定："适当调整地级行政区划单位的管辖幅度。我国地级行政区划单位规模有的过小，有的过大，不便于行政管理。各省（自治区）在地区建制调整中，对面积和经济规模过小、人口过少的地级行政区划单位，可将其与相邻地级行政区划单位合并或降低

---

① 《中共中央、国务院关于制止机构、编制和干部队伍膨胀的通知》（1987年4月13日），载徐颂陶编《中国人事管理工作实用手册》，第578页。

② 周振鹤：《地方行政制度改革的现状及问题》，《战略与管理》1996年第5期。

③ 《中共中央办公厅、国务院办公厅关于地市州机构改革中应注意的几个问题的通知》（1983年6月14日），河北省档案馆：907-31-2-6。

④ 中共中央、国务院：《关于地方政府机构改革的意见》（1999年1月5日），河北省档案馆：907-40-58。

⑤ 毛昭晖：《中国行政效能监察——理论、模式与方法》，中国人民大学出版社，2007，第108页。

其行政区划等级；对面积过大、人口过多、管理不便的地级行政区划单位，可适当调小其管辖幅度，但不能增加地级行政区划单位。"①

二　地方实践：多数地区行署职权突破中央限定

上述规制如此，那么，到底地区行署的真实职能究竟如何呢？1978年以来的地方档案和史志均有地区行署不仅仅执行了督导、检查职能，还执行了大量分外职责，甚至行使了一级政府职能的叙述和记载。如1983年11月，辽宁省铁岭地区的一份档案记载：名义上"我地区是省委、省政府的派出机构，实际上已承担并行使着省辖市一级领导机关实的任务和职权"②。《湖北省志·政权》记载：湖北省"1983年政府机构改革时，曾力图把地区行政公署变为名实相符的省政府派出机构，但结果变化不大，地区行署仍行使着全面的行政管辖权，起着一级政府的作用"③。山东省各地区"长期以来由于工作需要，在省和县之间实际上担负着一级政府的任务"④。

安徽省⑤、贵州省⑥的地区行署亦同样如此。至于地区行署到底行使了哪些非分内职权，上述文献并无详述。类似的还有不同时期的著述。摘录如下。

> 1985年，《行政公署的性质及其法律地位》："行政公署不是一级政权实体。而实际上，行政公署对所辖县（市）人民政府不只是实行督促、检查、指导，而是实行着强有力的领导……在全区行使着最高

① 《民政部关于调整地区建制有关问题的通知》（1999年11月22日），载民政部法规办公室编《中华人民共和国民政法规大全贰 国家民政法规（2）》，第1490页。
② 《中共铁岭地委、铁岭地区行署关于铁岭地区地、市体制调整的请示报告》（1983年11月26日），铁岭市档案馆：1-2-571（永久）。
③ 《湖北省志·政权》，湖北人民出版社，1996，第408页。
④ 《山东省志·政权志（1983—2005）》，山东省省情资料库，http://lib.sdsqw.cn/bin/mse.exe? seachword =&K = g0&A = 15&rec = 82&run = 13，2016年1月31日阅。
⑤ 江荣海、刘奇等：《行政管理——阜阳行署调查》，第12～13页。
⑥ 张鼎良：《探析贵州省地区行政公署的作用及其发展趋势》，《贵阳学院学报》（社会科学版）2012年第2期。

行政管理权，行政公署是一级不称作政府的'政府'。"①

1992 年，《地区（行署）的沿革、现状及改革对策》："现在的地区机关职权较实，机构人员队伍庞大，实际上已经成为省县之间的一级领导实体。"②

1993 年，《地区机构改革的设想》："地区的职权已远远超过了'督导检查'的范围，实际上已成为省县之间的一级领导机关。"③

1994 年，《行署管理——阜阳行署调查》："实际上，地区行政公署在省和县之间起着一级政府的作用……绝不仅仅是'督导检查'……对本地区的政治、经济、文化教育、社会管理等方面，负有完全责任，实际的职责和权力都很大，并非'督导检查'所能概括。"④

1994 年，《中华人民共和国政府与政治（1949.10—1992）》："1984 年地、市、州机构改革时，再次要求地区变成'实在'的派出机关而非一级政府……但实际上，这一问题至今并没有解决。地区基本上仍行使着一级政权机关的权力。"⑤

2001 年，《中国地方政府体制结构》："在实际运作中，地区对所辖区内的经济建设和行政管理方面所承担的工作任务和责任，与地级市几乎是同等的……事实上，无论从上到下，还是从下到上，地区都起着一级政府的作用。"⑥

凭借这些，笔者还不敢言之凿凿地说地区行署确实执行了一级政府的所有权力，因为并无一级政府全部职权的科学量化标准可一一对证，诉诸几个组织法也均是模糊的质性描述。但笔者认为，这些声音至少传达了一

① 熊文钊：《行政公署的性质及其法律地位》，《法学杂志》1985 年第 6 期。

② 张雅林：《地区（行署）的沿革、现状及改革对策》，载吴佩纶主编《地方机构改革思考》，第 90 页。

③ 《地区机构改革的设想》，《经济研究参考》1993 年 Z3 期。

④ 江荣海、刘奇等：《行署管理——阜阳行署调查》，第 169 页。

⑤ 王敬松：《中华人民共和国政府与政治（1949.10—1992）》，中共中央党校出版社，1994，第 147 页。

⑥ 陈小京等：《中国地方政府体制结构》，第 174 页。

个共识：地区行署突破了中央的限定，不仅仅执行了督导检查职权。所以，"文化大革命"后中央对地区行署的定性既是一种政策的一以贯之，更是一种对与规制不符问题的不断重申与纠正。为探明地区行署到底哪里超规越限、程度如何，笔者至少列举以下五个新证据。

（一）大多数地区行署具有包括企事业管理权、县级主要经济指标制定权在内的财政权

如前所述，中央明定地区不能掌握企事业管理权，但绝大多数地区行署至今仍继续掌握企事业管理权，且有相当数量的企业收入。不仅如此，行署还可制定下级财政管理规章制度、审批专控商品代理权和制定县级主要经济指标等在内的财政权，详见"第六章地区（行署）的财务和'财政'"。

（二）地区行署基本执行中央规定的仅审批行署二级机构和县府机构

1987 年，中央规定地区只有县级直属机构编制审批权，各地基本执行。如 1990 年 4 月 13 日，河北省省编制委员会下发《关于严格履行机构编制审批程序的通知》规定，要对 1987 年中央前述规定下发后，至 1989 年省转发中央这一文件之间这段时间，"各地、市自行设置及经省委、省政府和省编委会文件要求设置的处、局、科级行政机构，没有履行报批手续的""进行检查清理。"该通知明确指出清理的对象有"地、市自设的副处级以上行政机构"①。这个文件足以证明：至少 1990 年以前河北省地区行署确实有副处级机构的审批权。这从当年的工作总结中也得到了印证。1990 年 12 月《河北省编制委员会办公室一九九〇年工作总结及一九九一年工作要点》写道：河北省"上收了部分审批权限……从去年底开始，原由地市审批的副处级行政机构改由省审批；大部分地市也把原由

---

① 河北省编制委员会：《关于严格履行机构编制审批程序的通知》（1990 年 4 月 13 日），石家庄市档案馆：58 – 1 – 184。

县（市）审批的副科级行政机构改由地市审批。"① 可见，河北省并没有在中央规定之后立即收回地区对副处级行政机构的审批权，而是稍有滞后。除河北省外，也有的地区行署在机构编制上没有任何实权。如 1994 年安徽省阜阳"行署在其辖区内对行政管理机构的设置基本上没有自主权，主要是按照上级指示行事的，不论某种机构在辖区内是否有必要设置或存在，也不论机构是否重叠，行署必须按照上级的意志执行。对未列入国家正式机构序列的临时机构，行署则有很大的自主权"。在人员编制上，"一般行署实行的是总量控制"②。因此，从笔者掌握的史料推测，在机构编制审批权上，地区行署超限越规的程度比企事业管理权及财政权要低，这可能是 20 世纪八九十年代国家连续四五次进行政府机构改革的原因。

需要申明一点，在 1987 年中央此规定下达前，地区行署除不能审批自身直属一级机构外，其余均可，即具有行署二级及以下机构和辖区所有机构的审批权。如 1979 年 11 月 10 日《青海省各级机构编制管理试行办法》即有如是规定："须经行政公署、州、市党委和政府审批的有：（1）行政公署、州、市的工作部门内部机构的设立、合并、撤销、改变名称和各该机构人员编制（在本级人员编制控制数内）的核定、调整；（2）所辖县、区和直辖镇工作部门的设立、合并、撤销、改变名称（须报省编制委员会备案）；（3）行政公署、州、市所属事业单位、机关附属机构的设立、合并、撤销和人员编制的核定、调整（在本级财政预算和职工计划内审批）。"而"行政公署国家机关工作部门的设立、合并、撤销或改变名称""须经省委、省人民政府审批"③。限于直接史料的缺乏，笔者不能直接说明河北省也如此，但从下面这个文件可见，1986 年以前河北省与青海省相似。1986 年 1 月《河北省人民政府关于进一步给县放权充分发挥县级作用的几点意见》显示，河北省为"进一步扩大县的自主权"，规定"要给县

① 《河北省编制委员会办公室一九九〇年工作总结及一九九一年工作要点》（1990 年 12 月 30 日），石家庄市档案馆：58－1－191（长期）。
② 江荣海、刘奇等：《行署管理——阜阳行署调查》，第 91 页。
③ 《青海省各级机构编制管理试行办法》（1979 年 11 月 10 日），110 法律咨询网，http://www.110.com/fagui/law_354746.html，2015 年 11 月 22 日阅。

级机构设置权"，县可以"在不突破省下达的编制名额和机构限额的前提下，可本着机构精干、政企分开的原则自行确定"，即"局、科内和事业企业机构设置由县自定。"①

（三）多数地区行署具有本地区机构和县府科级及以上人员甚至县长的人事任免权

由于人事管理体制是下管一级，地区人员管理的规制不由中央制定。笔者考察发现，地区行署任免的人员分为地区和县两类，以 1984 年为界分为两个阶段。1984 年以前，行署只能任免行署二级机构的负责人。如 1982 年 11 月 16 日《河北省人民政府任免工作人员暂行规定》规定，行署的办公室主任，各委、办主任，各局（处）长由省人民政府任免。②《沧州市志》载：1979 年 8 月沧州地区人事局"负责地直局下科级干部任免的具体工作；负责各县（市）报来的正科（局）级干部任免的审查"③。再如 1982 年 3 月，湖南省常德、怀化、益阳、湘潭、衡阳、涟源、零陵、邵阳 8 个地区行署直属机构的 35 个正、副领导干部都是由湖南省人民政府任免的，其中包括任命徐霞林为常德地区经济委员会副主任、魏祝平为益阳地区财税局局长、王久丰为涟源地区司法局局长、田志明为零陵地区行政公署财贸办公室副主任、王林早为邵阳地区统计局局长等。④ 1982 年 3 月，河南省规定"地区行署副专员、办公室主任、委主任、处局长、供销社主任"由省人民政府任免，其余干部"由各地区行政公署和各市、县（市）人民政府自行规定。"⑤ 而 1984 年以前对于县府人员的任免权，由于 1982 年及其后的组织法均同样规定县级人民政府的秘书长、厅长、局长、主任、科长等正职的任免都应是由本级人大常委会决定⑥。因此，前述河北

---

① 《河北省人民政府关于进一步给县放权充分发挥县级作用的几点意见》（1986 年 1 月 31 日），河北省档案馆：934 - 4 - 203。

② 《河北省志·人事志》（第 65 卷），河北人民出版社，1994，第 69 页。

③ 《沧州市志》（第三卷），第 2001 页。

④ 《湖南省人民政府任免事项》（1982 年 3 月），《湖南政报》1982 年第 3 期。

⑤ 《河南省志·劳动人事志》，河南省情网，http：//www.hnsqw.com.cn/sqsjk/hnsz/ldrsz/，2016 年 5 月 10 日阅。

⑥ 《中华人民共和国国务院公报》1982 年第 20 期，第 960 页。

省沧州地区行署说只有县科局干部的任免审查权,不能直接任免。再如安徽省各"县科、局长、区长的任免,由县政府提名,经县人大常委会审议批准,报行政公署备案"①。但也有的行署可以任免县府直属机构负责人。如 1982 年 3 月 8 日,河南省人民政府规定:"对于县(市)人民政府的顾问、科长、局长、委主任、办公室主任的任免,由省人民政府授权各地区行政公署批准。"② 再如 1982 年 9 月,广东省人事局公布的《关于办理报请省辖市、自治州、县、市、市辖区人民政府组成人员任免工作程序和具体手续等有关问题的通知》规定:"各地区行政公署批准任免的县、市、市辖区人民政府秘书长、委、办主任、局长,在接到县、市、市辖区委或组织部的任(免)职通知后……。"③ 说明 1984 年以前广东省地区行署有任免县府直属机构一把手的权力。

1984 年 9 月,"本着管少、管活、管好的原则,国务院决定适当下放任免行政人员的权限,由原来的下管两级改为下管一级"④。据此行署可以任免地区本级直属机构的负责人。河北省基本按章办事,如"1984 年 11 月 19 日,河北省人民政府颁发《任免工作人员暂行规定》,将原由省政府任免的行署办公室主任、供销社主任、各局(处)的权限下放由行署任免"⑤。相同的还有青海省,1984 年 11 月,《青海省县级以上人民政府任免行政工作人员暂行办法》规定:"授权行政公署任免的工作人员"包括"行署各部门的局长、副局长、处长、副处长、主任、副主任……及其他相当于上列各项职位的人员"⑥。1985 年 3 月,《河南省人民政府任免行政人员试行办法》规定:"地区行署办公室主任,各委、局(处)主任、局长(处长)"和"各县(市)人民政府

---

① 《巢湖地区简志》,安徽省情网,http://60.166.6.242:8080/was40/index_sz.jsp?rootid=48832&channelid=1190,2016 年 10 月 12 日阅。

② 《河南省志·劳动人事志》,河南省情网,http://www.hnsqw.com.cn/sqsjk/hnsz/ldrsz/,2016 年 5 月 10 日阅。

③ 《广东省志·政权志》,广东人民出版社,2003,第 560 页。

④ 国务院:《关于国务院任免行政人员范围的通知》(1984 年 9 月 22 日),载人事部政策法规司编《人事工作文件选编》(Ⅶ),1986,第 94 页。

⑤ 《河北省人民政府关于颁发任免工作人员暂行规定的通知》(1984 年 11 月 19 日),廊坊市档案馆:20 - 5 - 600(永久)。

⑥ 《青海省县级以上人民政府任免行政工作人员暂行办法》(1984 年 11 月 7 日),110 法律咨询网,http://www.110.com/fagui/law_206857.html,2015 年 1 月 10 日阅。

县（市）长”的任免只是“向省人民政府备案人员的范围”①。1985 年 5 月，安徽省《关于任免国家机关工作人员问题的通知》规定：“由省人民政府授权各行政公署决定：行政公署所属各委员会（办公室）主任、副主任，各局局长、副局长，以及其他相当于上列职务的人员”；“行署和市、县人民政府所属各部门内设机构的科长、副科长，股长、副股长，以及相当于上列职务人员的任免权限，由行署和市、县人民政府确定”；“由县（市、区）人民政府任免：县（市、区）人民政府所属各委员会（办公室）副主任，各局副局长，各区区长、副区长，各街道办事处主任、副主任，以及其他相当于上列职务的人员”②。所以，1985 年，有专家指出：“行政公署所属委、局的主任、局长等的任免”“通常的做法是由行署直接任免”③。行署对县府人员的任免权在 1984 年后有的执行组织法没有变化，有的提高了一级，属于前者的如河北省④。同样没有变化的还有陕西省⑤和青海省，如 1984 年 11 月《青海省县级以上人民政府任免行政工作人员暂行办法》规定，县政府直属机构一把手由县政府提请县人大常委会任免，副职由县政府直接任免⑥。

　　但进入 20 世纪 90 年代，也有的行署甚至已具有县长任免权。如安徽省阜阳地区“自 1992 年起，行署已对县市一级的行政长官（包括县、市委书记）有直接任免权”⑦。河北省各地区亦可任免县长、县委副书记，如“1991 年 10 月 16 日，中共衡水地委决定：齐志成任阜城县政府县长、县委副书记；免去王国梁阜城县政府县长、县委副书记职务。”⑧

①　《河南省志·劳动人事志》，河南省情网，http：//www.hnsqw.com.cn/sqsjk/hnsz/ldrsz/，2016 年 5 月 10 日阅。
②　《安徽省志·人事志》，安徽省情网，http：//60.166.6.242：8080/was40/index_sz.jsp?rootid=33540&channelid=18211，2016 年 1 月 20 日阅。
③　熊文钊：《行政公署的性质及其法律地位》，《法学杂志》1985 年第 6 期。
④　《沧州市志》（第三卷），第 2001 页。
⑤　《陕西省县级以上各级人民政府任免工作人员试行办法》（1984 年 7 月 4 日），110 法律咨询网，http：//www.110.com/fagui/law_272638.html，2015 年 1 月 10 日阅。
⑥　《青海省县级以上人民政府任免行政工作人员暂行办法》（1984 年 11 月 7 日），110 法律咨询网，http：//www.110.com/fagui/law_206857.html，2015 年 1 月 10 日阅。
⑦　江荣海、刘奇等：《行署管理——阜阳行署调查》，第 257 页。
⑧　郑秀君主编《衡水市大事记（1986—2005）》，河北人民出版社，2008，第 130 页。

关于行署的人事权，还有一点应该补充，由于根据组织法，地方各级人民政府的秘书长、局长、主任、科长的任免由同级人大机构决定，报经上级人民政府批准。而有的行署各直属机构的一二把手却不经地区人大机构决定，且专员的任免也不经任何选举程序，由省政府直接任命。基于此，有专家提出行署的人事权是"超政府权力"①。

（四）大多数地区始终具有辖市权

由于前述 1983 年对地区的辖市权并未完全禁死，只是在 1999 年才禁止了地区此权。但实际，各地区始终具有辖市权。至 2014 年底全国剩余的 12 个地区中有 7 个地区共辖市 8 个（见表 4-1）。1983 ~2015 年的 32 年中唯一有变化的只是各地区的平均辖市数量稍有下降而已。1983 年底，全国 138 个地区中有 86 个地区共辖市 100 个，平均辖市 1.16 个。1999 年禁止地区辖市前的 1997 年底，58 个地区平均辖市数量增加到 1.57 个；禁令下达两年后的 2001 年底，21 个地区的平均辖市数量仅降低了 0.22 个，为 1.35 个。2014 年底地区平均辖市数量再次降为 1.14 个。但这一系列的下降不全是禁令的效果，而是大量辖市较多的地区陆续被撤销了。2001 年底，一个地区辖 3 个市的地区也撤销，如山西、福建、黑龙江、江西、湖南、宁夏等省份各有一个这样的地区。而到 2014 年底，广西、甘肃、山西等省份的地区都已经撤销了。所以，平均辖市数量不断下降是地区撤销的结果，而非禁令的作用。

（五）管理幅度并未按规制明显缩小

1999 年，《中共中央、国务院关于地方政府机构改革的意见》规定地区要么合并要么缩小，实际除去撤销的地区辖县被合并外，其余地区的管理幅度并未出现显著缩小的现象。以 1999 年前后对照即可发现，1998 年即根据民政部 1997 年底的统计结果计算，如表 4-2 所示，全国 72 个地区平均管理幅度 8.7 个，多数为 8 个左右。规定下达两年后的 2001 年底，全国 32 个地区，平均管理幅度 8.3 个，大多仍为 8 个左右。2014 年底全国

① 熊文钊：《行政公署的性质及其法律地位》，《法学杂志》1985 年第 6 期。

表4－1　1983年底、1997年底、2001年底和2014年底全国各省地区辖市数量统计

单位：个

省份	1983年底			1997年底			2001年底			2014年底		
	地区数	辖市地区数（名称）	地区辖市数（名称）	地区数	辖市地区数（名称）	地区辖市数（名称）	地区数	辖市地区数（名称）	地区辖市数（名称）	地区数	辖市地区数（名称）	地区辖市数（名称）
河北	9	3（廊坊、沧州、衡水）	3（廊坊市、泊头市、衡水市）	—	—	—	—	—	—	—	—	—
山西	7	5（忻州、晋中、晋东南、临汾、运城）	6（忻州市、晋中市、临汾市、侯马市、运城市）	5	5（忻州、晋中、吕梁、临汾、运城）	13（忻州市、原平市、榆次市、介休市、离石市、孝义市、汾阳市、临汾市、侯马市、霍州市、运城市、河津市、永济市）	1	1（吕梁）	3（离石市、孝义市、汾阳市）	—	—	—
辽宁	2	2（铁岭、朝阳）	3（铁岭市、铁法市、朝阳市）	—	—	—	—	—	—	—	—	—
吉林	2	2（通化、白城）	3（通化市、浑江市、白城市）	—	—	—	—	—	—	—	—	—

续表

省份	1983 年底			1997 年底			2001 年底			2014 年底		
	地区数	辖市地区数（名称）	地区辖市数（名称）	地区数	辖市地区数（名称）	地区辖市数（名称）	地区数	辖市地区数（名称）	地区辖市数（名称）	地区数	辖市地区数（名称）	地区辖市数（名称）
黑龙江	6	2（黑河，绥化）	4（黑河市，五大连池市，绥化市）	2	1（绥化）	4（绥化市，安达市，肇东市，海伦市）	1	—	—	—	—	—
浙江	4	1（金华）	1（衢州市）	1	1（丽水）	2（丽水市，龙泉市）	—	—	—	—	—	—
安徽	8	6（阜阳，宿县，滁县，六安，巢湖，徽州）	6（阜阳市，宿州市，滁州市，六安市，巢湖市，屯溪市）	5	5（宿县，宣城，六安，巢湖，池州）	6（宿州市，宣州市，宁国市，贵池市，六安市）	—	—	—	—	—	—
福建	5	4（建阳，晋江，龙溪，龙岩）	5（南平市，邵武市，泉州市，漳州市，龙岩市）	1	1（宁德）	3（宁德市，福安市，福鼎市）	—	—	—	—	—	—
江西	5	5（宜春，抚州，上饶，吉安，赣州）	5（宜春市，抚州市，上饶市，吉安市，赣州市）	5	5（上饶，宜春，抚州，吉安，赣州）	11（上饶市，德兴市，宜春市，丰城市，樟树市，临川市，吉安市，井冈山市，赣州市，瑞金市，南康市）	—	—	—	—	—	—

续表

省份	1983年底			1997年底			2001年底			2014年底		
	地区数	辖市地区数（名称）	地区辖市数（名称）	地区数	辖市地区数（名称）	地区辖市数（名称）	地区数	辖市地区数（名称）	地区辖市数（名称）	地区数	辖市地区数（名称）	地区辖市数（名称）
山东	6	6（德州、惠民、临沂、泰安、菏泽、聊城）	8（德州市、滨州市、临沂市、莱芜市、菏泽市、聊城市、临清市）	2	2（滨州、菏泽）	2（滨州市、菏泽市）	—	—	—	—	—	—
河南	8	7（商丘、许昌、洛阳、信阳、南阳、周口、驻马店）	9（商丘市、许昌市、漯河市、三门峡市、义马市、南阳市、信阳市、周口市、驻马店市）	3	3（周口、驻马店、信阳）	4（周口市、项城市、驻马店市、信阳市）	—	—	—	—	—	—
湖北	6	3（孝感、咸宁、郧阳）	3（孝感市、咸宁市、丹江口市）	1	1（咸宁）	2（咸宁市、蒲圻市）	—	—	—	—	—	—

续表

省份	1983 年底			1997 年底			2001 年底			2014 年底		
	地区数	辖市地区数（名称）	地区辖市数（名称）	地区数	辖市地区数（名称）	地区辖市数（名称）	地区数	辖市地区数（名称）	地区辖市数（名称）	地区数	辖市地区数（名称）	地区辖市数（名称）
湖南	8	6（郴州、零陵、娄底、怀化、常德、益阳）	9（永州市、娄底市、冷水江市、怀化市、洪江市、常德市、津市市、益阳市）	1	1（娄底）	3（娄底市、冷水江市、涟源市）	—	—	—	—	—	—
广东	3	3（肇庆、惠阳、梅县）	3（肇庆市、惠州市、梅县市）	—	—	—	—	—	—	—	—	—
广西	8	6（南宁、百色、玉林、钦州、柳州、河池）	6（凭祥市、百色市、玉林市、合山市、钦州市、河池市）	6	5（南宁、柳州、桂林、贺州、百色、河池）	6（凭祥市、合山市、贺州市、百色市、河池市、宜州市）	5	5（南宁、百色、河池、柳州、贺州）	6（凭祥市、百色市、河池市、宜州市、合山市、贺州市）	—	—	—
四川	9	8（内江、宜宾、乐山、涪陵、万县、南充、达县、雅安）	8（内江市、宜宾市、乐山市、涪陵市、万县市、南充市、达县市、雅安市）	5	5（广安、达川、巴中、雅安、眉山）	5（华蓥市、达川市、万源市、巴中市、雅安市）	—	—	—	—	—	—

续表

省份	1983年底			1997年底			2001年底			2014年底		
	地区数	辖市地区数（名称）	地区辖市数（名称）	地区数	辖市地区数（名称）	地区辖市数（名称）	地区数	辖市地区数（名称）	地区辖市数（名称）	地区数	辖市地区数（名称）	地区辖市数（名称）
贵州	4	2（遵义、安顺）	2（遵义市、安顺市）	3	3（铜仁、毕节、安顺）	3（铜仁市、毕节市、安顺市）	2	2（毕节、铜仁）	2（毕节市、铜仁市）	—	—	—
云南	7	4（昭通、曲靖、玉溪、保山）	4（昭通市、曲靖市、玉溪市、保山市）	5	3（昭通、思茅、保山）	3（昭通市、思茅市、保山市）	3	1（思茅）	1（思茅市）	—	—	—
西藏	7	—	—	6	1（日喀则）	1（日喀则市）	6	1（日喀则）	1（日喀则市）	4	—	—
陕西	6	3（延安、渭南、汉中）	4（延安市、渭南市、韩城市、汉中市）	3	3（榆林、商洛、安康）	3（榆林市、商州市、安康市）	—	—	—	—	—	—
甘肃	8	3（平凉、天水、酒泉）	3（平凉市、天水市、玉门市）	7	5（平凉、庆阳、武威、张掖、酒泉）	7（平凉市、西峰市、武威市、张掖市、玉门市、酒泉市、敦煌市）	6	4（酒泉、张掖、庆阳、平凉）	6（酒泉市、玉门市、敦煌市、张掖市、西峰市、平凉市）	—	—	—

续表

省份	1983年底			1997年底			2001年底			2014年底		
	地区数	辖市地区数（名称）	地区辖市数（名称）	地区数	辖市地区数（名称）	地区辖市数（名称）	地区数	辖市地区数（名称）	地区辖市数（名称）	地区数	辖市地区数（名称）	地区辖市数（名称）
青海	1	—	—	1	—	—	1	—	—	—	—	—
宁夏	2	1（银南）	1（吴忠市）	2	1（银南）	3（吴忠市、青铜峡市、灵武市）	—	—	—	—	—	—
新疆	7	4（哈密、喀什、和田、阿克苏）	4（哈密市、喀什市、和田市、阿克苏市）	8	7（哈密、和田、阿克苏、喀什、伊犁、塔城、阿勒泰）	8（哈密市、和田市、阿克苏市、喀什市、吐鲁番市、塔城市、乌苏市、阿勒泰市）	7	7（喀什、阿克苏、和田、吐鲁番、哈密、塔城、阿勒泰）	8（喀什市、阿克苏市、和田市、吐鲁番市、哈密市、塔城市、乌苏市、阿勒泰市）	7	7（吐鲁番、哈密、阿克苏、喀什、和田、塔城、阿勒泰）	8（喀什市、阿克苏市、和田市、吐鲁番市、哈密市、塔城市、乌苏市、阿勒泰市）
合计	138	86	100	72	58	89	32	21	27	12	7	8

资料来源：（1）民政部编《中华人民共和国县级以上行政区划沿革（1949—1983）》（第一、二、三卷），测绘出版社，1986、1987、1988。（2）民政部编《中华人民共和国行政区划简册1998》，中国地图出版社，1998。（3）民政部编《中华人民共和国行政区划简册·2002》，中国地图出版社，2002。（4）民政部编《中华人民共和国行政区划简册·2015》，中国地图出版社，2015。

12个地区平均管理幅度7.4个，多数为7个左右。有专家提出："国外某些行政管理专家和学者认为，一级行政管理机构所辖下级行政单位一般以不超过15～20个为宜。从我国省地县三个层次的行政实践来看，这种见解不无道理。"[1] 笔者认为，粗略地说，世界各国国情不同，可比空间不大；严谨地说，中国行政区划的管理幅度因为历史沿革、特定山川地貌、经济特征与行政层次分布、政体、国体等诸多复杂因素的考量而有很大的差别，所以一刀切为15～20个不大可能，而且仅就1937年以来省级派出政府这一层级的管理幅度的历史演变来看，行政督察专员公署、专区专署、地区行署的管理幅度3～26个不等，大多数在7～10个，有的还要再小一些。所以，地区行署的管理幅度与省级一样，其变动范围较大，而且依据各地的经济、人口、地形和历史传统有很大的差异。

表4－2　1997年底、2001年底、2014年底全国各地区管理幅度统计

单位：个

省份	地区	1997年底	2001年底	2014年底
山西	忻州地区	14	—	—
	晋中地区	11	—	—
	吕梁地区	13	13	
	临汾地区	17	—	—
	运城地区	13	—	—
黑龙江	绥化地区	10		
	大兴安岭地区	3	3	3
浙江	丽水地区	9	—	—
安徽	宿县地区	5	—	—
	巢湖地区	5	—	—
	宣称地区	7	—	—
	池州地区	4	—	—
	六安地区	6	—	—
福建	宁德地区	9	—	—

---

[1] 吴越：《市地城乡双轨的地方行政体制刍议》，载刁田丁主编《中国地方国家机构研究》，第123页。

省份	地区	1997 年底	2001 年底	2014 年底
江西	上饶地区	12	—	—
	宜春地区	10	—	—
	抚州地区	11	—	—
	吉安地区	13	—	—
	赣州地区	18	—	—
山东	滨州地区	7	—	—
	菏泽地区	9	—	—
河南	周口地区	10	—	—
	驻马店地区	10	—	—
	信阳地区	10	—	—
湖北	咸宁地区	6	—	—
湖南	娄底地区	5	—	—
广西	南宁地区	12	12	—
	柳州地区	10	10	—
	桂林地区	10	—	—
	贺州地区	4	4	—
	百色地区	12	12	—
	河池地区	11	11	—
四川	广安地区	5	—	—
	达川地区	7	—	—
	巴中地区	4	—	—
	雅安地区	8	—	—
四川	眉山地区	6	—	—
贵州	铜仁地区	10	10	—
	毕节地区	8	8	—
	安顺地区	6	—	—
云南	昭通地区	11	—	—
	思茅地区	10	10	—
	临沧地区	8	8	—
	保山地区	5	—	—
	丽江地区	4	4	—

续表

省份	地区	1997 年底	2001 年底	2014 年底
西藏	那曲地区	10	10	11
	昌都地区	15	11	—
	山南地区	12	10	12
	日喀则地区	18	18	—
	阿里地区	8	7	7
	林芝地区	7	7	7
陕西	榆林地区	12	—	—
	商洛地区	7	—	—
	安康地区	10	—	—
甘肃	定西地区	7	7	—
	平凉地区	7	7	—
	庆阳地区	8	8	—
	陇南地区	9	9	—
	武威地区	4	—	—
	张掖地区	6	6	—
	酒泉地区	7	7	—
青海	海东地区	8	6	—
宁夏	银南地区	7	—	—
	固原地区	6	—	—
新疆	吐鲁番地区	2	3	3
	哈密地区	3	3	3
	和田地区	8	8	8
新疆	阿克苏地区	9	9	9
	喀什地区	12	12	12
	伊犁地区	9	—	—
	塔城地区	7	7	7
	阿勒泰地区	7	7	7

资料来源：（1）民政部编《中华人民共和国行政区划简册1998》，中国地图出版社，1998。（2）民政部编《中华人民共和国行政区划简册·2002》，中国地图出版社，2002。（3）民政部编《中华人民共和国行政区划简册·2015》，中国地图出版社，2015。

综上所述，不论是中央限定的企事业管理权、县级主要经济指标制定权、机构编制审批权，还是中央没有限定的财政权、人事任免权、辖市权、管理幅度，或多或少的地区就是这样或多或少的并非仅仅执行了督导检查职权。1992年任职于中央机构编制委员会办公室的张雅林说："现在的地区机关职权较实"，并非规定的虚级派出机构，"实际上已经成为省县之间的一级领导实体"①。1993年任民政部区划地名司负责人的张文范说道："地区职能已非上传下达、监督协调所能涵盖，它在行政、司法经济管理、财政金融等方面同样对县（市）具有直接控制权、领导权和决策权，县（市）对上报告工作、请示解决问题也必须通过地区这一层，而不得越过。事实上，无论从上到下，还是从下到上，地区都起着一级政府的作用。"②

三　地区行署超出规定职能的历史与现实逻辑

地区行署职能之所以会超规越限，笔者认为其原因可从两个方面分析，一是历史的；二是现实的。当然这两个方面并非完全独立，而是承前启后，有不可分割的内在逻辑联系。

（一）历史逻辑

第一，古代派出政府的职权往往大多超规。第一章已述，地区行署的历史渊源可追溯至汉代的部州，中经唐代的道、宋代的路、元初的行省和宣慰司道，中经明代的守、巡道、明清的督抚，直至清代的道员。这些派出政府在当时历朝历代都不乏职权规定。如汉部州按"六条问事"③；唐代的道"监察如汉刺史之职"④，"兼按州县、秋冬巡视"⑤，后来还有唐玄宗的"新六条"⑥；明清的督、抚在其所督或所抚道内拥有"经略、总理、赞

---

①　张雅林：《地区（行署）的沿革、现状及改革对策》，载吴佩纶主编《地方机构改革思考》，第90页。

②　张文范等：《安徽省地区行政区划体制调研报告》，《中国方域——行政区划与地名》1993年第6期。

③　《后汉书》卷三十八·志第二十八百官（五）。

④　《新唐书》卷二十七·志第二十七地理（一）。

⑤　郭锋：《唐代道制改革与三级制地方行政体制的形成》，《历史研究》2002年第6期。

⑥　《新唐书》卷四十八·志第三十八百官（三）。

理、巡视、抚治"等处置军务、监察官吏、治理民事的综合权力①。但这些派出机构的职权大多数超过监察范围，最终演变为一级行政，尽管有的转化不是发生在本朝而是在下代完成，如宋路和明督抚，但最终结果除个别外，大多数实化为一级正式行政层次。说明派出政府有实化的历史惯性。

第二，民国时期中国共产党行政督察专员公署职权或无规定或难以真正照章执行。1937~1949 年各根据地和解放区确实发布了专门的行政督察专员公署的职责规定，如《陕甘宁边区行政督察专员公署组织暂行条例》（1942 年 1 月）②、《晋察冀边区行政督察专员公署组织大纲》（1940 年 5 月）③、《晋西北行政督察专员公署组织条例》（1942 年 11 月）④、《修正陕甘宁边区行政督察专员公署组织条例》（1943 年 2 月）⑤ 等。这些职权规定不完全是中国共产党自创的，部分内容是套搬国民政府行政院公布的《行政督察专员公署组织暂行条例》（1936 年 10 月）⑥（见表 4 - 3，下划线文字为基本相同内容）。尽管其中的职权规定比较详细，也"体现了根据地的灵活性"⑦，作了适切性的调整和改变。但由于频繁变化的战势，实际执行的贴合度不大。尤其 1942 年后，由于日伪的残酷扫荡和封锁，大多数根据地被分割成零星小块，或成为游击区，进入游击状态的专员公署尤难死守成规、按部就班。而且笔者考察发现事实确实如此。中国共产党的行政督察专员公署的职权在 1943 年后随着形势发展有过两次明显变化。其中 1943~1945 年，为应对抗战的严峻形势，中央默认本为派出政府的行政督察专员公署具有一级财政，打破了派出政府不是一级财政的法理和历史传

---

① 《明史》卷七十三·志第四十九职官（二）。

② 陕西省档案馆、陕西省社会科学院合编《陕甘宁边区政府文件选编》（第五辑），档案出版社，1988，第 8 页。

③ 韩延龙、常兆儒编《中国新民主主义革命时期根据地法制文献选编》（第二卷），中国社会科学出版社，1981，第 255 页。

④ 韩延龙、常兆儒编《中国新民主主义革命时期根据地法制文献选编》（第二卷），第 324 ~ 325 页。

⑤ 韩延龙、常兆儒编《中国新民主主义革命时期根据地法制文献选编》（第二卷），第 215 ~ 217 页。

⑥ 中国第二历史档案馆编《国民党政府政治制度档案史料选编》（下册），安徽教育出版社，1994，第 491 ~ 494 页。

⑦ 翁有为等：《行政督察专员区公署制研究》，第 436 页。

统。1943 年陕甘宁《边区政府关于民国三十二年各分区财政统筹统支办法的决定》明确规定行政督察专员公署所在的分区建立一级财政。① 专门研究根据地财政的左治生亦曾说道："1940 年，在很多根据地都实行了以行署②为单位的统筹统支的办法，到了 1942～1943 年以后，又大都改为以专署为统筹统支单位，行署一级的军政经费和边区经费由专署上解的办法，步调颇不一致。"③ 除此之外，行政督察专员公署的人事权也有所扩大。而再至 1946～1949 年，因大兵团作战开始，需要高度统一，中央又上收了行政督察专员公署的权力。所以，1937～1949 年中国共产党行政督察专员公署也不是始终仅仅执行了督导检查的职能。当然这些在其组织机构上也有印证。所以，翁有为说道：行政督察专员公署"远远超出边区政府派出机构应有的规模，到解放战争结束，专署基本成为边区政府和县级政府之间的一级正式政权层级的规模"④。

表 4 - 3　民国时期国共行政督察专员公署职权规制对比

国民政府行政院《行政督察专员公署组织暂行条例》（1936 年 10 月 15 日）	《晋察冀边区行政督察专员公署组织大纲》（1940 年 5 月 2 日）	《陕甘宁边区行政督察专员公署组织暂行条例》（1942 年 1 月）
第三条　行政督察专员公署设专员一人，承省政府之命，推行法令并监督、指导暨统筹辖区内各县市行政，其职权如左： （一）关于辖区内各县、市行政计划或中心工作之审核及统筹事项； （二）关于辖区内各县、市地方预算、决算之审核事项；	二　专员公署设专员一人，由边委会呈准中央任用之，在边委会领导之下，推动督察及领导所属各县行政，其职权如左： 1. 关于辖区内各县行政计划与中心工作之推动与督促。 2. 关于辖区内各县地方预算决算之初步审核事项。	第三条　专员公署设专员一人，承边区政府及各厅处之命，办理下列事宜： （一）随时考察及督导所属各县地方行政规划与创办分区内各县应兴应革之事项。 （二）巩固分区地方治安，部署分区抗战工作。 （三）督察所属各县经费之收支情形。

① 陕甘宁革命根据地工商税收史编写组、陕西省档案馆编《陕甘宁革命根据地工商税收史料选编》（第四册）（1943 年），陕西人民出版社，1986，第 435～437 页。
② 根据地和解放区的行署有的是边区政府的派出机构，行政督察专员公署设置于其下。
③ 左治生：《新民主主义革命时期革命根据地的财政》（续），《财经科学》1980 年第 3 期。
④ 翁有为等：《行政督察专员区公署制研究》，第 404 页。

续表

国民政府行政院《行政督察专员公署组织暂行条例》（1936 年 10 月 15 日）	《晋察冀边区行政督察专员公署组织大纲》（1940 年 5 月 2 日）	《陕甘宁边区行政督察专员公署组织暂行条例》（1942 年 1 月）
（三）关于辖区内各县、市单行法规之审核事项； （四）关于辖区内各县、市地方行政及自治之巡视及指导事项； （五）关于辖区内各县、市行政人员工作成绩之考核事项； （六）关于辖区内各县、市行政人员之奖惩事项； （七）关于召集行政会议事项； （八）关于处理辖区内各县、市争议事项； （九）关于省政府交办事项。 行政督察专员公署为筹划辖区内各县市地方行政起见，于不抵触中央及省之法令范围内，得订立单行规则或办法，并应呈报省政府转报行政院及主管部、会、署备案。但关于限制人员自由、增加人民负担及变更组织或预算者，非经依法核准，不得执行。 第五条　行政督察专员除有特殊情形者外，应兼任驻在地之县长，其公署与县政府合署办公。 行政督察专员除有特殊情形者外，应兼任该区保安司令，对于辖区内各县、市之保安团、队、水陆公安警察及一切武装自卫之民众组织，有指挥、监督之权。 第九条　行政督察专员对于辖区内各县、市地方行政，除随时派员考察外，应每半年轮流巡视辖区内各县、市一周。	3. 关于辖区内各县地方行政及地方自治之巡视与指导事项。 4. 关于辖区内各县行政人员工作成绩之考核奖惩事项。 5. 关于辖区内各县地方武装、人民武装指挥调动事项。 6. 关于辖区内第二审民刑案件之监审（监审有最后决定权）及军法案件之判处事宜。 7. 关于召集辖区内各种行政会议事项。 8. 关于处理辖区内各县争议事项。 9. 关于边委会交办事项。 三　专员公署为推动辖区内各县地方行政起见，于不抵触中央及边委会之法令范围内，得制定单行规则或办法，呈报边委会备案，但关于限制人民自由、增加人民负担及变更组织或预算者非经核准，不得执行。 四　专员公署如因战争关系，与边委会失去联系时，并得代行边委会职权，但于战争结束后，应将各项处置办法，补报边委会备案	（四）召集分区行政会议。 （五）关于所属各级公务人员之考核。 （六）关于所属各县争议及有关事项之处理。 （七）推行边区现行法令。 第七条　专员公署和中心县政府在一地的，专员得兼县长，专员公署和县政府合署办公，但职权与文件，应明确划分，不得混淆。 第十条　为绥靖地方配合正规军抗战，专员有权调遣本区内保安队及地方自卫军，必要时得请调正规军协助。 第十三条　专员应亲自轮流巡视各县，将巡视结果列入工作月报，呈报边区政府及主管机关备查。 第十五条　专员对所属各县所为之命令或处分，如认为违法或不当时，得撤销或纠正之，但须呈报边区政府备查

续表

国民政府行政院《行政督察专员公署组织暂行条例》（1936年10月15日）	《晋察冀边区行政督察专员公署组织大纲》（1940年5月2日）	《陕甘宁边区行政督察专员公署组织暂行条例》（1942年1月）
第十条 行政督察专员对于辖区内各县、市长之命令或处分，认为违法或失当、不及呈报省政府核办时，得以命令撤销或纠正之，但仍须补报省政府查核		

资料来源：（1）中国第二历史档案馆编《国民党政府政治制度档案史料选编》（下册），第491~494页。（2）韩延龙、常兆儒编《中国新民主主义革命时期根据地法制文献选编》（第二卷），第254~256页。（3）陕西省档案馆、陕西省社会科学院合编《陕甘宁边区政府文件选编》（第五辑），第8~9页。

第三，新中国成立以后专区专署职权同样是超出了督导检查范围，在财政等职权上有超规越限行为；同时1958~1960年因尝试市领导县体制，也曾短暂正式转变为一级政府①。

综上所述，中国自古以来的派出政府就有职权"出轨"、越限行使分外之责，最终演变为一级政府的历史逻辑和惯性。

（二）现实逻辑

第一，地区行署的组织法缺失，这是其职权超限的一个不可忽视的原因。从新中国成立之初把行政督察专员公署改称专区专署开始就再无专门的组织条例或法规，对其职权的规定均夹杂在一些政策性临时文件中，这一问题遗传至地区行署。1978年后的历次宪法和组织法除将地区行署定位为派出政府外，均无其职权的系统、详细规定，因此当时无法可守的各省对地区行署虽也总体规定为督导，但呈现形式大致有三类：第一类是完全套搬组织法中对县以上政府职能的十条规定；第二类是照搬前述1983年中央的督导检查四条；第三类是选择性套改组织法。由表4－4可见，河北省属于第一种完全套搬组织法的，与此丝毫不爽的还有山东省②。表4－5中

---

① 侯桂红：《1949—1966年河北省专区专署的组织与职能考察》，《当代中国史研究》2010年第5期；侯桂红：《1949—1966年河北省专区专署的"财政"》，《当代中国史研究》2014年第2期。

② 《山东省志·政权志（1983—2005）》，山东省省情资料库·政权库，http://www.infobase.gov.cn/bin/mse.exe? seachword = &K = a&A = 12&rec = 123&run = 13，2014年8月26日阅。

的湖北省属于第二种，基本照搬1983年督导检查四条中的三条，辽宁省铁岭行署和贵州省毕节行署则是第三类，其中铁岭行署的六条分别是套改组织法①、②、④、⑤、⑩条，只是在第一条中增加了"执行地委的决议"几个字；毕节行署的六条分别套用了中央的①、③、④、⑤、⑥、⑧条。这三类中，第一类套搬组织法的大多出现在后来编写的地方史志中，第二类照搬中央督导检查四条和第三类套改组织法的基本出现在当时发布的官方文件中。

表4-4　1982年中央对县级以上地方各级人民政府的职权
与河北省对地区行署职权规定对比

1982年组织法县级以上的地方各级人民政府的职权	河北省地区行署的职权
①执行本级人民代表大会和它的常务委员会的决议，以及上级国家行政机关的决议和命令，规定行政措施，发布决议和命令。省、自治区、直辖市以及省、自治区的人民政府所在地的市和经国务院批准的较大的市的人民政府，还可以根据法律和国务院的行政法规，制定规章。 ②领导所属各工作部门和下级人民政府的工作。 ③改变或者撤销所属各工作部门的不适当的命令、指示和下级人民政府的不适当的决议、命令。 ④依照法律的规定任免和奖惩国家机关工作人员。 ⑤执行经济计划和预算，管理本行政区域内经济、文化建设和民政、公安等工作。 ⑥保护社会主义的全民所有的财产和劳动群众集体所有的财产，保护公民私人所有的合法财产，维护社会秩序，保障公民的人身权利、民主权利和其他权利。 ⑦保障农村集体经济组织应有的自主权。 ⑧保障少数民族的权利和尊重少数民族的风俗习惯，帮助本省少数民族聚居的地方实行区域自治，帮助各少数民族发展政治、经济和文化的建设事业。 ⑨保障妇女同男子有平等的政治权利、劳动权利、同工同酬和其他权利。 ⑩办理上级国家行政机关交办的其他事项	①执行省人民代表大会及其常务委员会的决议，执行国务院、省政府的决定和命令、规定行政措施，发布决定，根据法律和国务院、省政府的行政法规、规章，制定行政措施，发布决定，制定规范性文件。 ②领导所属各工作部门和下级人民政府的工作。 ③改变或撤销所属各工作部门的不适当的指示、规定和下级人民政府的不适当的决定、命令。 ④依照法律规定和职权范围，任免、培训、考核和奖惩国家行政机关工作人员。 ⑤执行国民经济和社会发展计划、预算，管理全区的经济、城乡建设、教育、科学、文化、卫生、体育、计划生育、民政、公安、司法行政、监察、外事、侨务、民族事务等工作。 ⑥保护社会主义的全民所有的财产和劳动群众集体所有的财产，保护公民私人所有的合法财产，维护社会秩序，保障公民的人身权利、民主权利和其他权利。 ⑦保障农村集体经济组织应有的自主权。 ⑧保障少数民族的权利和尊重少数民族的风俗习惯，帮助少数民族发展政治、经济和文化的建设事业。 ⑨保障宪法和法律赋予妇女的男女平等、同工同酬和婚姻自由等各项权利。 ⑩办理省政府和地委交办的其他事项

资料来源：（1）《中华人民共和国国务院公报》1982年第20期，第958页。（2）《河北省志·政府志》（第62卷），人民出版社，2000，第679页。

表 4 - 5　1983 年湖北省、辽宁省、1982 年贵州省地区行署职权规定

省份地区	对行署职权的规定
湖北省各地区行署（1983 年）	①督导检查所属各县（市）人民政府的工作；②检查了解所属县（市）政府贯彻执行党和国家的方针、政策、法律、法规和省政府各项决定的情况；③督促所属各县（市）政府完成上级布置的各项工作任务，协调相互关系；④完成上级交办的其他事项
辽宁省铁岭地区行署（1983 年）	①认真执行国家和省政府的方针、政策、规定和法令，执行地委的决议；②领导行署各部门及所属各县、市人民政府的工作；③讨论制订和执行全区经济计划和财政预算；④管理地区内经济、文化建设和民政、公安及各项行政工作；⑤完成省政府和地委交办的其他任务；⑥按照法律，任免和奖惩国家机关工作人员
贵州省毕节地区行署（1982 年）	①贯彻执行国务院、省人民政府发布的决议、命令和规定的行政措施；②改变或撤销所属各工作部门和下级人民政府不适当的决议、命令、指示；③依照法律规定，任免和奖惩国家机关工作人员；④执行经济计划、预算，管理本地区的经济、文化建设和民政、公安工作；⑤保护全民所有制和集体所有制财产，保护公民私有的合法财产，维护社会秩序，保障公民的人身权利、民主权利和其他权利；⑥保障少数民族的权利和尊重少数民族的风俗习惯，宣传贯彻党的宗教政策，帮助少数民族发展政治、经济和文化教育等事业

资料来源：（1）《湖北省志·政权》，第 412 页。（2）铁岭地区行政公署办公室：《关于加强行署领导改进工作方法的几项规定》（1983 年 5 月 16 日），铁岭市档案馆：21 - 1 - 427（永久）。（3）《毕节地区行政公署几项工作制度（修改稿）》（1982 年 4 月），《毕节地区志·财政志》，第118 页。

第二，既有的地区行署职权规定的政策性文件还可进一步严格、明确。地区行署存在至今，中共中央、国务院有关地区行署的所有指令出现于 1983 年、1993 年、1999 年三次地区改革中，但每次均为夹带在其他地方政府改革的统规文件中的寥寥数语，且有关地区职权的规定仅见于前述的两个文件，即使表述文字最多的 1983 年督导检查四条也有模糊之嫌，如第三条"接受省、自治区党委的委托，管理一部分干部"，到底哪一部分干部根本未明说；其他三条也没有硬性的界限。客观地说，笔者认为至少应对自古以来派出政府仰赖实化为一级政府的两项关键性权力——财政权和人事权，作出十分严格、明确的限定，以规避地区行署也演变为一级政府的风险，比如行署能任免、奖惩哪一级干部，科级、处级？还是没有任何实质性权力，只负责代替省人事厅监督、检查县政府干部的行政行为？地区财政是否一级财政？能否自辟新税种？还是只负责汇总县级预决算的数字上报给省财政厅、从附加税中坐支不超过多少的经费？对这些至关重

要的权力，1978年后的财政管理体制和人事管理体制及其他相关文件均无任何明确的规限。前述姑且算作限定的三项权力其实也没完全卡死，如规定"今后不直接管理企业事业单位，现在管理的可交给所在市、镇或者县"，但接下来又说"一时交不了的，可以暂时代管，过渡一段。"① 以上所有这些规制的留白和辗转腾挪的灵活性无形中给地区行署的超规越限提供了理由和空间。因此，必然出现前述所说"行政公署所属委、局的主任、局长等的任免应由哪一机关决定，由哪一级批准，法律尚无明确规定。通常的做法是由行署直接任免"② 和有些地区财政权等一系列职权名实不符的现象。当然这与自1982年以来的组织法中都不分省县地统规"县级以上的地方各级人民政府的职责"这种缺乏严格限定的做法有内在逻辑的一脉相承。

第三，全能型政府管理理念的必然逻辑。自新中国成立至改革开放，我国政府的执政理念始终是无所不包的全能型。一贯善于"一竿子统到底"的各级地方政府毫无例外地大包大揽。地区行署即使是派出政府，只要是这个强大行政体系链条中的一环，加之高度集中的计划经济管理体制的余势，就难逃被全能型。因此，地区出现与省、市相同模式的对口机构设置和相同的运作问题也就不可避免。虽然1988年中央开始提出转变政府职能，此后又提出打造服务型政府，但全能型的强大惯性对1999年前的行署甚至今天都还有较大的影响。如1994年安徽阜阳行署专员说："随着行政公署运作环境的变化，行政公署运作中的一些弊端也日益显现。如政府事无巨细大包大揽的管理方法造成政府事务庞杂，效率低下，机构庞大，人员繁多，财政负担沉重。目前，地区一级吃财政饭的人员已达2000多人，比国家规定的超出近两倍。因此，随着社会主义市场经济体制的建立，地区行政公署必须精简机构，转变职能，提高效率，强化政府适应现代化建设的各种能力。"③ 这些余音在耳的问题无一不是当时各级政府的通病。所以，即使有专门的地区组织法，行署能做到

① 中共中央、国务院：《关于地市州党政机关机构改革若干问题的通知》（1983年2月15日），河北省档案馆：907-31-2-1。
② 熊文钊：《行政公署的性质及其法律地位》，《法学杂志》1985年第6期。
③ 江荣海、刘奇等：《行署管理——阜阳行署调查》序二，第15页。

为各项建设添砖加瓦就难逃被迫执行一级政府职能的体制性强制命运。

综上所述，尽管对地区行署的职权，中央和地方都有基本口径一致的督导职权规定，但由于古代和近现代管县派出政府就有超规越限并实化的历史惯性与逻辑；而新中国成立以来，又从根本上缺乏专区专署、地区行署等派出政府的专门组织法和必要的明确、严格限定，加之全能型政府管理理念的体制性强制，地区行署难逃一级政府的逻辑，难免在企事业管理权、县级主要经济指标制定权、人事任免权、机构编制审批权、辖市权等诸方面或多或少超规越限，因此出现不仅仅执行了督导检查职权的结果实属必然。

四　改革开放以来政府职能改革与演变的地区透视

众所周知，"政府职能是行政管理的基本问题，是政府一切活动的逻辑与现实起点。政府权力来自法定的政府职能，政府所有其他要素都是由职能派生出来的。职能定位正确与否，是政府能不能正确行使权力，发挥相应作用的关键。"[1] "在一国政府体系中，地方政府职能定位往往取决于纵、横两个维度变量的影响"：纵向维度是"'中央—地方'政府管理关系架构下的权责划分"，横向维度是"不同时代条件下政府属性及其行为取向。"[2] 即政府的职能定位、调整取决于政府职能的制度建设及其背后所持的政府管理理念或曰价值取向，这两个问题一表一里，不可分离。而地区行署的职能定位及其演变恰好折射了改革开放以来我国政府制度建设及政府理念历经近 40 年的探索与发展历程。

（一）各级政府权限从无区分到有初步界定

在地方政府职能的制度建设方面，如欲正确定位，划清中央与地方的权限无疑是首先面临的问题。而这一问题被意识到并被改进之时，地区行署即将彻底结束。"政府职能转变的关键在于对行政权力格局的深层次的

① 高小平：《行政管理体制改革的关键是转变政府职能》，《人民日报》2008 年 2 月 27 日。
② 叶克林、侯祥鹏：《综论中国地方政府职能转变与机构改革》，《学海》2011 年第 1 期。

调整与制度设计，这是一个具有全局性、超前性、引领性、深刻性的制度创新问题"①。为此就要"制定明晰的权力清单和相应的权力运行规则，在此基础上，按照精简、统一、效能的原则，优化机构设置和职能配置。"②专家指出，一般"在宪政体制下，'中央—地方'政府的权责划分是法定的"，"中央政府与地方政府之间的权责划分，不仅通过国家宪法加以确定，而且具有操作性的明文规定"③。而新中国成立以来虽在"宪法原则上对中央和地方政府职责范围作出了规定，但实际上各级政府间并没有明显的区别，除了少数事权如外交、国防等专属中央政府外，地方政府拥有的事权几乎全是中央政府的直接翻版"④。随之，对 1949~1966 年专区专署的职能规定则要么笼统，要么不规范的以方法、途径、能干什么、不能干什么等外延式、枚举式替代内涵式职权界定。

改革开放以来，"在行政管理体制和机构改革中作出了重大的努力，把转变政府职责、理顺关系作为改革的重点。但很少注意到政府职能作为一个具体事物，对于不同层级政府而言是各不相同的"。相应地，"讨论政府职能的文章，绝大多数都是笼统地采用'政府职能'这一术语，很少提出不同层级政府的政府职能是不同的"⑤。因此，各省对地区行署的职能规定则照搬或套改其他地级市政府的职能规定。同样，"有关政府经济职能的分级研究主要限于中央政府与地方政府（主要是省级政府）之间的权限粗略划分方面，远没有政府经济职能的分类研究进行得系统和深化"⑥。1999 年中央开始注意这个问题，区分了省、市、县、乡镇的权限管理定位⑦。遗憾的是，地区行署所剩寥寥，对于不同于正式一级地方政府的派出政府，其职能的定位已不在设计范围。

① 何颖：《我国政府职能转变问题的反思》，《行政论坛》2010 年第 4 期。
② 夏勇：《坚守法治原则推进简政放权》，《求是》2014 年第 21 期。
③ 叶克林、侯祥鹏：《综论中国地方政府职能转变与机构改革》，《学海》2011 年第 1 期。
④ 魏星河、刘堂山：《处理中央与地方关系的关键：财权与事权的合理划分》，《江西行政学院学报》2004 年第 2 期。
⑤ 曾伟、罗辉：《地方政府管理学》，北京大学出版社，2006，第 302~303 页。
⑥ 叶克林、钱中苏：《政府职能转变理论研究述评》，载孙克强、周敏倩、叶克林主编《中国经济体制改革理论研究述评》，东南大学出版社，1992，第 131 页。
⑦ 中共中央、国务院：《关于地方政府机构改革的意见》（1999 年 1 月 5 日），河北省档案馆：907-40-58。

（二）政府管理理念或价值取向从集权型、全能型到政府与地方二元型、服务型

在上述制度建设的背后所反映的政府理念上，专区专署和地区行署也见证了其从一元集权、全能到二元互存、专责的转变。1949 年新中国成立后，在计划"经济体制下，政府职能的价值取向是以政府的管理和规范为主体的，因而政府职能的功能是集权的、单一的、整体性的政府权能，政府职能在功能上突出政府整体的需要，政府职能的范围广泛，政治、经济、社会一体化，政府职能的运行方式以政治性、行政性、直接性为主，同时政府职能的权能运行仅限于政府条块体系之内"①。政府是无所不包的、全能型，在政府与市场、政府与社会的关系中，政府占据了绝对主导地位。也有专家说："计划经济体制主要是政府利用行政力量来从事经济活动、调配资源，本来应该由市场发挥功能的各种职能由政府包办，这必然导致了政府行政机构的不断膨胀。"② 因此，专区专署作为派出机构也毫无例外地执行了条块对应体制，建立对应省县的各种组织机构，且即使精简和调整也并未有彻底的收缩迹象，并超出了督导检查的职能规定，实际发挥了一级政府的作用。

"文化大革命"结束后，政府管理理念和价值取向随着几次政府机构改革的推进发生了巨大的变化，政府职能由功能性向结构性转变。"通过 30 年的政府职能转变，伴随着经济全球化与经济体制改革的不断深化，政府职能进行了结构性的调整，即从传统的、单一的、整体的政府功能性职能向分散的、多元的政府职能转化，打破政治与经济，国家与社会一元从属结构模式，收缩和限制政府职能运行的范围，建立政治与经济、政府与社会的二元职能结构，着力理顺政府与社会、政府与国际组织、政府内部中央与地方之间的关系，以经济性、法律性、间接性的职能运行方式取代传统的政府职能运行方式，建构了适合市场经济发展的政府职能结构"③。在地区行署层面，

① 何颖：《中国政府机构改革 30 年回顾与反思》，《中国行政管理》2008 年第 12 期。
② 王莉：《论我国行政机构改革》，《法制与经济》2009 年第 1 期。
③ 何颖：《中国政府机构改革 30 年回顾与反思》，《中国行政管理》2008 年第 12 期。

这一职能变化主要体现在 1988 年后的第二次和第三次地区机构改革期间。

第一次地区机构改革，由于"深层理念问题不解决，转变政府职能也难以真正到位"。在"长期的计划经济影响下，发展经济被误认为是政府的中心任务，是政府职能的重点。但在如何推动经济发展的问题上，片面追求经济增长速度的理念误区"①，遮蔽了对政府职能的正确认识。所以，1988 年以前全国各级政府改革只是精简机构并未提出调整和转变职能。"1988 年以前政府转变职能是在计划经济框架之内的局部调整，如在计划管理体制方面缩小了政府下达的指令性计划范围，扩大了指导性计划和市场调节的范围；在财政体制方面通过'利改税''分级包干'等改革措施，增加了地方政府的财权；在农村实行了家庭联产承包责任制，做到了政府与农业经营的分开。"在与市场、社会的关系上，政府仍延续着强势。"政府职能转变必然落实到政府机构改革上"②，"没有职能转变肯定机构改革改不动"③。所以，各省从 1983 年至 1986 年耗时费力地开展了第一次地区行署机构改革，但地区行署的组织规模与结构、职能仍超规越限，机构庞大。

1992 年社会主义市场经济体制的改革目标确立后，政府管理的价值取向和行为逐渐发生了深远的变化。此后地方政府改革真正开始以"政企分开"为目标的职能转变，即"政府管理从微观转向宏观；由直接指挥企业生产经营转向间接管理；由政府只管部门所属企业转向全行业管理；由对社会的管治为主转向既实施管治又监督服务；由政府机关办社会转向机关后勤服务社会化"④。中央要求地方政府"综合经济部门的工作重点要转到加强宏观调控上来。撤并某些专业经济部门和职能交叉重复或业务相近的机构，大幅度裁减非常设机构。"⑤ 1992 年 3 月的《政府工作报告》指出：

---

① 沈荣华：《中国政府改革：重点难点问题攻坚报告》，第 24 页。
② 叶克林、钱中苏：《政府职能转变理论研究述评》，载孙克强、周敏倩、叶克林主编《中国经济体制改革理论研究述评》，第 138 页。
③ 李强、高全喜、任建涛等：《大部制之后中国行政管理体制改革的路径》，《学海》2008 年第 3 期。
④ 郭济：《中国行政改革的现状和趋势》，《中国行政管理》2000 年第 9 期。
⑤ 《江泽民在中国共产党第十四次全国代表大会上的报告》（1992 年 10 月 12 日），中国共产党历次全国代表大会数据库，http：//cpc. people. com. cn/GB/64162/64168/64567/65446/4526312. html，2016 年 10 月 22 日阅。

"各级国家机关工作人员总数减少幅度在25%"，而地区行署等"各级派出机构要大力精简"①。1999年，政府进一步退出社会和市场的空间，"把政府职能切实转变到经济调节、社会管理、公共服务等方面上来，把企业生产经营和投资决策权真正交给企业，把社会可以自我调节与管理的职能交给社会中介组织"②。2002年，党的十六大进一步提出"建设服务型政府"。2005年继续提出："努力建设服务型政府。创新政府管理方式，寓管理于服务之中，更好地为基层、企业和社会公众服务"③，政府职能转变进入了新阶段。

"政府机构改革是政治体制改革的重要组成部分，而并不等于政治体制改革"④。不论是地方政府职能的制度建设，还是其背后的理念及价值取向树立，归根结底都要受我国政治体制的根本影响。有学者指出："中国地方政府的历史演进已经表明，在单一制集权型背景下，解决中国地方政府的职能定位问题，将成为中国进一步发展不可逾越的挑战。"这也是为什么有专家说："中国自秦设郡县以来，直至当前的改革开放，面广量大的地方政府职能始终未能得到合理定位"的症结所在。⑤　总的体制不变的话，任何地方政府的职能都不可能有较高辨识度和独立系统的存在，而且"只搞经济体制改革，不搞政治体制改革，经济体制改革也搞不通"。

总而言之，"我们所有的改革最终能不能成功，还是决定于政治体制的改革"⑥。所以，进入新世纪后，我国对政治体制改革的认识更加清晰和准确。2007年，党的十七大提出要深化政治体制改革；2012年11月，党

①　李鹏：《1993年政府工作报告》（1993年3月15日），中华人民共和国国史网，http://www.hprc.org.cn/wxzl/wxysl/lczf/dishiyijie_3/200908/t20090818_27705_3.html，2018年8月18日阅。

②　中共中央、国务院：《关于地方政府机构改革的意见》（1999年1月5日），河北省档案馆：907-40-58。

③　2005年3月5日，中华人民共和国国史网·文献与史料·历次政府工作报告·第八届全国人民代表大会，http://www.hprc.org.cn/wxzl/wxysl/lczf/dishiyijie_1/200908/t20090818_27757_5.html，2015年3月23日阅。

④　王贵秀：《中国政治体制改革之路》，河南人民出版社，2004，第357页。

⑤　叶克林、侯祥鹏：《综论中国地方政府职能转变与机构改革》，《学海》2011年第1期。

⑥　邓小平：《在全体人民中树立法制观念》（1986年6月28日），载《邓小平文选》（第三卷），第164页。

的十八大再提出："必须继续积极稳妥推进政治体制改革"①；2017 年 10 月，党的十九大深刻提出："坚持全面深化改革，……坚决破除一切不合时宜的思想观念和体制机制弊端，……构建系统完备、科学规范、运行有效的制度体系"②。而从地区行署的职能及组织变化来看，如何科学、合理地定位地方政府的职能属性及其价值取向，尤其是派出政府，还有研究的必要和空间。

---

① 胡锦涛：《坚定不移沿着中国特色社会主义道路前进为全面建成小康社会而奋斗》（2012 年 11 月 18 日），中国民主促进会，http：//www. mj. org. cn/zsjs/wsxy/201211/t20121126_145927. htm，2018 年 11 月 14 日阅。

② 习近平：《决胜全面建成小康社会　夺取新时代中国特色社会主义伟大胜利——在中国共产党第十九次全国代表大会上的报告》（2017 年 11 月 18 日），中国政府网，http：//www. gov. cn/zhuanti/2017－10/27/content_5234876. htm，2018 年 11 月 14 日阅。

第五章　地区行署的运作机制

运作机制是一系列运作制度及其实际动态操作的总和，是行政体制[①]的重要组成部分。地区行署的行政运作机制包括行政决策机制、行政办公机制、行政监督机制，每种机制均由诸多具体的行政制度组成。其中行政决策中枢由专员、秘书长、行署办公室组成，行政决策与实施机制主要由专员分工负责制与蹲点制、会议制度、请示报告制度、公文制度等组成。行政监督工作由行署监察局、地区人大等完成。这些制度有的在国家层面有系统、专门的统一规定，如公文制度；有的则是地方层面（包括省级和地区）按中央的相关规定自订，如会议制度、请示报告制度。总体来说，地区行署的行政运作既有国家各种制度实施的共性，也有自身的特色。

一　行署的决策中枢

地区行署的决策、行政中枢包括专员、秘书长和办公室三部分，其中专员是行署首脑，是最高行政决策者；秘书长协助专员全面处理行署的日常事务，是决策、行政的把关者；办公室是行署决策、行政中枢的真正执行和办事机关，是决策、行政过程中的实际事务的承担者。

（一）专员

1. 专员分工负责制

行署时期与专署时期一样，各级政府首脑均实行分工负责制，行署专

---

① 行政学认为，地方层面的"行政体制是指政府系统内部行政权力的划分、政府机构的设置以及运行等各种关系和制度的总和。"齐明山主编《行政学导论》（第三版），中国人民大学出版社，2013，第51页。

员概莫能外。专员的分工负责制，总体来说，专员主持行署全面工作，副专员协助专员工作。专员主持行署全体会议和专员办公会议。行署工作中的重大问题，必须经专员办公会议或者行署全体会议讨论决定。日常工作分工负责，副专员按照各自的分工或专员的委托，做好工作。涉及两个及以上副专员分管的工作，要协商处理。对于工作中的重要情况和重大事件，要及时向专员报告。对于带方针、政策性的问题，要认真调查研究，向专员提出解决问题的建议①。

专员的具体分工，一方面是指专员分工负责行署内某专业领域的工作及相应的地直职能部门；另一方面是指分工负责所辖某县的工作，前者是包干某个专业领域，后者是包干某行政辖区。分工数量的多少，即包干责任大小，完全由行署专员的职数而定。如 1981 年 4 月，邯郸行署有正副专员 12 人，除正专员"刘俊孝主持行署的全面工作"外，其余 11 名副专员分工负责人事、农业、经建财贸、科教文卫、公安、民政、司法等几个方面，其中农业方面的农业生产、农业基本建设、农业技术又由 3 个副专员分司。具体如下：

逄志明协助刘俊孝抓行署的全面工作，牵头农业方面的工作，负责行署人事方面的工作；

宁全福侧重抓当前农业生产，分管畜牧局、农机局、社队企业局和农校的工作；

孙国栋侧重抓农业的基本建设，分管水利局、农业局和山区建设办公室的工作；

武耀清侧重抓农委的工作，分管棉花生产和农业局、气象局、农科所的工作；

蔡欣牵头科技、文化、教育、卫生、广播、计划生育、体育、地震方面的工作；

范超群分管科委、科协、文教、卫生、计划生育、体委、地震局的工作；

---

① 山东省省情资料库·政权库，http：//www.infobase.gov.cn/bin/mse.exe？seachword = &K = a&A = 12&rec = 123&run = 13，2014 年 8 月 26 日阅。

焦红、刘玉明分管经委、计委、建委、物委方面的工作；

刘玉明侧重抓计委、物委的工作；

李鸣魁分管财贸方面的工作；

刘仿分管公安处、民政局、民委、宗教处、外事办公室、侨务处的工作；

吴福祥分管司法方面的工作。①

包干某专业领域和包干某行政区域，这两种分工负责制中，前者是专员行政管理的常态，后者多属临时、短期工作。如 1981 年春，邯郸专区干旱严重，行署副专员实行"分工包县"，帮助各县解决抗旱中的实际问题②。

2. 蹲点制度

严谨地说，蹲点并非一种制度，中央并无专门规定蹲点制度，它只是新中国成立以来干部深入基层的方法之一，更是行政决策的依据；而且它一般不独立存在，往往是专员分工负责某专业领域工作或某县工作。为此，在其后的实际工作中为深入了解情况就会伴随着蹲点。因此，包括专员在内的各级干部的蹲点实际时间和地点是不固定的。但蹲点确是一个不成文的制度。

地区行署制度时期，中央数次提及此问题基本是为反官僚主义，要求干部下基层调查研究，走群众路线而出现。如 1980 年，《关于加强领导班子建设的几点意见》规定："要恢复和发扬党的优良传统和作风。领导干部要经常深入生产、工作第一线，调查研究，参加劳动，广泛倾听群众的意见和呼声。坚决反对那种只当官不办事，只画圈不拍板的官僚主义作风。中央各部委和省、市自治区一级的领导干部，每年至少应有两个月的时间下基层搞调查研究；地、县一级领导干部，下去的时间应更多一些。"③ 1990 年，中共中央、国务院下发《中共中央、国务院关于组织党

---

① 邯郸地区档案馆：《邯郸地区大事记（1949—1986）》，第 559~560 页。

② 邯郸地区档案馆：《邯郸地区大事记（1949—1986）》，第 558 页。

③ 中央组织部：《关于加强领导班子建设的几点意见》（1980 年 2 月 22 日），石家庄市档案馆：5-3-37。

政机关干部下基层的通知》，要求"各级党政机关的干部都要轮流下基层"，"地、县两级党政机关的干部，主要应下到本地区的农村去"；"各部委和各省、地、县，从部党组书记、部长、省委书记、省长、厅、局长，地委书记、行署专员，县委书记、县长做起，一级带一级。哪个地方的问题多、困难大、不安定的因素突出，领导同志首先要到哪些地方去"①。《1998—2003 年全国党政领导班子建设规划纲要》也规定："要完善领导干部调查研究制度，提倡蹲点调查。在重大问题决策前，领导班子成员要深入实际调查研究。"②

在实践中，首先，各地区行署专员在某一时间、区域内的蹲点是固定的，而且事毕一般均要上交蹲点调查报告。如 1982 年河北省廊坊地区行署规定："专员、副专员每年要拿出 1/4 左右的时间深入基层，调查研究，掌握第一手资料，以取得指导工作的主动权。"③ 1986 年，河北省保定地区规定："地委每个领导成员（专员是地委的当然成员——引者注）都确定了固定的基层联系点，使'三访'活动逐步制度化、经常化。每个领导干部每年坚持 1/3 的时间沉下去，倾听群众的呼声，实实在在地帮助基层解决实际问题。每个地委成员坚持对分管工作做经常性的调查研究，每季都写出一份有分量的调查报告。"④ 再如 1983 年，辽宁省铁岭地区规定："行署班子每年至少要有 1/4 的时间深入基层，调查研究；每人要有一至两个联系点；每年要写出一至两份调查报告"⑤。1990 年，中共中央、国务院要求下基层后，河北省各地还制定了制度和管理办法，其中"衡水地区制定了《下乡下厂干部工作条例》，规定各工作小组要建立学习汇报、考勤等项制度。邢台、唐山等地市订立《下基层干部守则》，承德地区制定

① 《中共中央、国务院关于组织党政机关干部下基层的通知》（1990 年 1 月 14 日），法律法规中心·法易网，http://law.fayi.com.cn/409060.html，2016 年 2 月 21 日阅。
② 《中共中央组织部〈1998—2003 年全国党政领导班子建设规划纲要〉的通知》（1998 年 6 月 24 日），载中纪委干部室编《纪检监察干部工作手册》，第 264 页。
③ 《河北省廊坊地区行政公署关于几项工作制度的试行规定》（1982 年 7 月 14 日），廊坊市档案馆：20 - 5 - 494。
④ 《中共保定地委、保定地区行署关于贯彻中央指示端正机关作风建站情况的报告》（1986 年 4 月 29 日），河北省档案馆：907 - 42 - 30。
⑤ 铁岭地区行政公署办公室：《关于加强行署领导改进工作方法的几项规定》（1983 年 5 月 16 日），铁岭市档案馆：21 - 1 - 427（永久）。

《下乡工作目标卡片》，邯郸地区建立了'下基层干部日报'制度，沧州地区采取扶贫单位与被扶贫单位双向选择的办法，受到基层单位的欢迎。"①

其次，各地区行署专员历次蹲点均有特定任务和目的。1990 年中央要求下基层时曾规定："党政机关干部下基层的任务，主要是三条：一是诚心诚意地倾听群众的意见、建议和批评，实事求是地回答群众关心的问题和疑难问题，耐心细致地进行思想政治工作；二是宣传党和政府的方针政策，进行国际国内形势教育，说明保持国家和社会长期稳定的重要性，动员群众努力维护安定团结，积极完成今年的各项任务；三是同基层干部和群众一起商量，出主意、想办法、解决生产、工作和生活中的实际困难。"② 如 "2001 年 9 月 17 日，贵州省铜仁行署专员袁周率行署办、地区扶贫办、地区农业局等单位负责人，自带铺盖、行李到泉口蹲点"③。2002 年 6 月 11 日，云南省鲁甸行署专员晏友琼等 "深入龙头山乡检查烤烟及大春作物长势情况，并对农业农村工作进行调查研究。通过实地察看光明村优质烟示范样板、走访群众，听取乡党委、政府工作汇报后，晏专员对粮烟生产、农村产业结构调整等工作提出了要求。"④ 1994 年 3 月 13~14 日，山西省某行署专员范堆相在太谷视察指导工作，先后视察了太谷县玛钢厂、有机化工分厂、胡村镇、水秀乡张家庄，并同县五大班子领导以及经委、体改委等部门的同志就如何引深企业改革，进一步发展农村经济，保持社会秩序稳定等问题广泛交换了意见⑤。这些深入基层的材料一般会成为日后政府决策的依据和来源。

（二）行署秘书长

秘书长帮助专员全面处理行署的日常事务，是决策、行政的把关者。但秘书长并非新中国成立后既有的，也非专区专署时期的产物。地区秘书

① 国务院办公厅：《参阅文件》（1990 年 3 月 15 日），石家庄市档案馆：3-9-1329。
② 《中共中央、国务院关于组织党政机关干部下基层的通知》（1990 年 1 月 14 日），法律法规中心·法易网，http://law.fayi.com.cn/409060.html，2016 年 2 月 21 日阅。
③ 《2002—2003 铜仁年鉴》，贵州人民出版社，2003，第 332 页。
④ 《鲁甸年鉴 2002 年刊》（总期第 5 期），德宏民族出版社，2002，第 70 页。
⑤ 《中国共产党山西省太谷县历史纪事（1949.8—2007.12）》，山西人民出版社，2008，第 269 页。

长始于地区革命委员会晚期，当时地区设秘书长的同时也设办公室主任，有的不设。如河北省衡水地区地革委和地委共用一个办公室的时候，"办公室未设主任、副主任领导职务，由地委秘书长和副秘书长直接领导办公室的工作"。① 再如河北省承德地区"1975 年 9 月，办公室取消主任、副主任领导职务，实行秘书长负责制，由秘书长和副秘书长领导办公室的工作。"②

大多数地区的行署秘书长始建时间为行署建立之时。河北省各地区行署秘书长的设立时间大都在 1986 年以前③，较早的基本随地区行署的建立而建立（见表 5-1）。这时有的秘书长兼任办公室主任。如河北省邯郸地区 1987 年 11 月，建立地区行署时即设立秘书长杨永年 1 人、副秘书长岳邦林、耿福生 2 人；同期的办公室主任分别是主任杨永年、副主任张余和耿福生。④ 同样，河北省承德地区 1987 年 11 月，设秘书长 1 正 3 副，其中秘书长李荣也是兼任办公室主任⑤。有的地区秘书长不兼任办公室主任，如 1978 年 5 月，河北省邢台地区行署秘书处处长为昝志敏，办公室主任为刘洪章。⑥ 与此类似的还有辽宁省铁岭地区行署⑦。但全国大多数地区的通例是正副主任升为秘书长的概率较高。

表 5-1　河北省各地区秘书长始建时间和行署时期秘书长始建时间及职数配置

地区	秘书长始建时间及职数配置			行署时期秘书长始建时间及职数配置		
	时间	秘书长	主任	时间	秘书长	主任
衡水地区	1983 年 12 月	—	—	1984 年 8 月	1 正 1 副	—
邢台地区	1976 年 10 月	1 正 6 副	1 正 3 副	1978 年 7 月	1 正 6 副	1 正 2 副

① 《中国共产党河北省衡水地区组织史资料（1922—1987）》，第 403 页。
② 《中国共产党河北省承德地区组织史资料（1931—1987）》，第 305 页。
③ 笔者此论的依据：1986 年 1 月 7 日《中共廊坊行署党组关于行署设秘书长的请示》（廊坊市档案馆：20-5-709 永久）中写道："为了便于对外联系，协调地直部门间的关系，及时处理行署日常行政事务，并鉴于我省其他地区行署多已实行秘书长制这一情况，拟将行署现行的办公室主任制改为秘书长制，即任田新民同志为行署秘书长，李世宏、盛广宇、荣士通同志为副秘书长。"
④ 《中国共产党河北省邯郸地区组织史资料（1987.11—1993.6）》（第二卷），第 170 页。
⑤ 《中国共产党河北省承德地区组织史资料（1987.11—1993.6）》（第二卷），第 219 页。
⑥ 《中国共产党河北省邢台地区组织史资料（1925—1987）》，第 420 页。
⑦ 《中国共产党辽宁省组织史资料（1923—1987）》，辽宁省新闻出版局，1995，第 401 页。

续表

地区	秘书长始建时间及职数配置			行署时期秘书长始建时间及职数配置		
	时间	秘书长	主任	时间	秘书长	主任
邯郸地区	1976 年 10 月	1 正 5 副	—	1978 年 9 月	1 正 7 副	1 正 4 副
沧州地区	1976 年 10 月	1 正 6 副	—	1985 年 4 月	1 正 4 副	1 正 2 副
廊坊地区	—	—	—	1986 年 3 月	1 正 3 副	1 正 3 副
承德地区	1975 年 9 月	—	—	—	—	—

资料来源：（1）《中国共产党河北省衡水地区组织史资料（1922—1987）》，第 403 页。（2）《中国共产党河北省邢台地区组织史资料（1925—1987）》，第 420、425 页。（3）《中国共产党河北省邯郸地区组织史资料（1925—1987）》，第 491、497 页。（4）《中国共产党河北省沧州地区组织史资料（1926—1987）》，第 395～396 页。（5）《河北省廊坊地区政权系统、地方军事系统、统一战线系统、群众团体系统组织史资料（1949—1987）》，第 103～104 页。（6）《中国共产党河北省承德地区组织史资料（1931—1987）》，第 305 页。

行署秘书长的职责与专区专署时期的办公室主任基本相同。如 2012 年新疆喀什地区行署规定："秘书长艾合买提·热孜克协助专员木太力甫·吾布力处理行署日常事务和发展改革、财政、税务、编制、人事、外事侨务、审计、监察等方面的工作；负责组织并提请行署全体会议、常务会议、行署党组会议决定事项；负责行署领导的重大活动安排和重要外宾的接待工作；负责行署重要决策和规定的督查落实工作；负责喀什驻北京联络处及行署对外联络工作；负责行署领导处理人民来信来访工作。主持行署机关党委工作。分管法制办公室、应急管理办公室、喀什噶尔宾馆和电子政务办公室的工作。"[1] 因此，秘书长的职责是地区行署全局性、面上工作的把关。所以，秘书长是行署决策的重要成员。

行署秘书长的职责与地位主要靠两个机制完成：一是秘书长分工负责制；二是秘书长会议制。秘书长分工负责制，即是由若干秘书长分工负责若干领域或专业的工作，以专司其责，这与专员分工负责制和专署时期办公室主任分工负责制毫无二致。如 1993 年 5 月，石家庄地区行署秘书长 1正 8 副的分工如下：

———

[1]　《喀什地区行政公署秘书长、副秘书长工作分工的通知》（2012 年 7 月 19 日），法律法规——法邦网，http://code.fabao365.com/law_586377.html，2016 年 8 月 18 日阅。

郭广生（行署秘书长）：在专员领导下，负责处理行署日常事务工作，协助专员抓好各个时期的中心工作；负责行署召开的重要会议的组织和行署常务会的准备工作；主持行署办公室全面工作；负责行署与地委的工作联系。

李长兴（行署副秘书长兼行署办公室主任）：负责行署和行署办公室的请示、报告、提案工作；负责办公室党建、廉政建设和日常具体工作；负责行署和行办保密、法制工作及机关行政事务工作；负责联系地区招待处、房管处、信访局和地方志办公室的工作。分管保密局、秘书科、督查室、法制科、经贸科机关事务管理处（含保卫科、幼儿园）、机关党委、工会、无委办、老干部科、驻京联络处。

王金廷（行署副秘书长）负责联系乡镇企业、建委、交通、邮电、监察、工商、物价、商业、供销、粮食、物资工作。分管经贸科。

商银海（行署副秘书长兼经济研究室主任）：负责联系农业、林业、畜牧、水利、气象、土地管理、农业开发、农机、区划、地震、石油工作。分管经济研究室及农业科。

董四春（行署副秘书长兼档案局长、档案馆长）：主要负责档案局工作。

李耀峰（行署副秘书长）：负责重要综合资料、信息的撰写和行署、行署办公室文件的拟发工作。分管综合一科、信息科。

王免（行署副秘书长）：负责联系经委、科委、统计、标准计量、矿产管理、经济协作、外经、化工、轻工、纺织、建材、机械、医药、电力、外贸、外事、旅游、侨务和台办工作。分管工业科。

刘计良（行署副秘书长）：负责联系劳动人事（包括军转办、编办、安全办）、计委（含重点项目办），财政、税务、审计、金融、武装工作。分管综合二科。

刘志辉（行署副秘书长）：负责联系教育、卫生、文化、计划生育、体育、广播电视、民政、民族宗教、公安、司法工作。分管文教科。①

行署秘书长会议制是行署秘书长的第二个工作机制，是秘书长的专门会议制度。此会议商讨议决的内容基本是要提交专员办公会、行署常务会议等的重要问题。其参加者除正副秘书长及必须人员外，还可能会有一些相关的地区直属机关一把手。如 1987 年 4 月 11 日，河北省廊坊行署办公室召开了秘书长会议，"参加会议 9 人，有秘书长田新民同志，副秘书长盛广宇、杜振东、刘培基、储延平同志，行署办公室调研员郝善明同志，人事科刘忠、董国臣同志，负责会议记录的苏国路同志。……会议议题：一 研究孙宝水等同志的任职问题。二 研究第三梯队人选问题。三 蔡惠珍同志退休改离休问题。四 郭来君同志更改党龄问题。"② 再如，1980 年 5 月 13 日至 12 月 11 日，辽宁省铁岭行署办公室秘书长共召开 10 次部门专项会议，其中主要议题包括：研究地区焦化厂移交问题（5 月 13 日）、传达省科技长远规划会议精神（5 月 24 日）、汇报农业抗灾情况（5 月 27 日）、研究城市环保和城建问题（7 月 11 日）、研究省技校有关问题（7 月 15 日）、研究行署例会制度（9 月 1 日）、研究上访案件（民事纠纷）问题（9 月 15 日）、研究成立地区技工学校问题（10 月 4 日）、研究柴河铅锌矿归属问题（11 月 26 日）、传达省政府工作会议精神问题（12 月 11 日）③。由此可见秘书长会议的重要性。至于行署秘书长会议的召开时间频率，只知河北省 1984 年 10 月 9 日，省政府建立健全秘书长办公会议，一般每周召开一次④。地区行署应与之相同，其他省份目前的地方志资料一般不加详载或大多根本不记载，因此笔者不能充分例证。

（三）行署办公室或秘书处

办公室是行署决策、行政中枢的真正办事机关，是决策、行政过程中的实际事务的承担者。办公室曾是专区专署时期的智囊和辅助机构，行署

①　河北省石家庄地区行政公署：《关于行署秘书长、副秘书长工作分工调整的通知》（1993 年 4 月 20 日），石家庄市档案馆：3 - 9 - 1660。

②　《行署秘书长会议讨论表决情况》（1987），廊坊市档案馆：20 - 6 - 696（长期）。

③　目录，铁岭市档案馆：21 - 1 - 224（永久）。

④　《河北省志·政府志》（第 62 卷），第 672 页。

时期由于秘书长的出现，成为秘书长的办事机关。

"文化大革命"期间实行党政军一体化，地委和地革委共用一个办公室。1978 年 3 月开始建立地区行署制度，12 月中央要求各级党政分开，改变党政一元化①，行署与地委的办公室遂分设。因此，全国的地区行署办公室大多成立于 1978 年前后。较早的，如河北省的衡水地区是 1978 年 7 月地革委办公室改为行署办公室②；邯郸地区党政分署办公也是 1978 年 7 月③。湖北省荆州地区"1978 年 11 月撤销"地委与行署合署办公，"成立行署办公室"④。稍晚的地区至 1979 年建立行署办公室。如 1979 年 1 月，吉林省白城地区行署建立后，"中共白城地委与白城地区分开办公，单设办公室"⑤。贵州省毕节地区行署也是 1979 年 1 月地革委改称行署时，行署办公室"与地委办公室分开办公"⑥。安徽省巢湖地区则在 1979 年 3 月建立独立的行署办公室⑦。总之，全国大多数地区在设立行署的同时设立了独立的行署办公室。

在地区的行政系统中，行署办公室的地位显著高于其他地直机构，其最重要的原因就是政府办公室（厅）历来是各级行政与决策的中枢机构。与行署内其他直属职能机构的专业管理不同，办公室是协助地区首长——专员处理日常事务的综合性办事机关，并直接对专员和秘书长负责。同时，办公室也是专员的参谋和咨政机关。源于此，办公室的地位才明显高于其他同级的行署直属职能机构。

行署办公室的决策和行政中枢地位，主要体现在其显性的职责和隐形的工作机制上。关于其显性的职能，如同专区专署制度时期一样，基本沿革着 1951 年政务院颁布的《关于各级政府机关秘书长和不设秘书长的办

---

① 《中国共产党第十一届中央委员会第三次全体会议公报》（1978 年 12 月 22 日），载中共中央文献研究室编《改革开放三十年重要文献选编》（上），第 16 页。
② 《中国共产党河北省衡水地区组织史资料（1922—1987）》，第 403 页。
③ 《中国共产党河北省邯郸地区组织史资料（1925—1987）》，第 331 页。
④ 《荆州地区志》，第 573 页。
⑤ 《白城地区志》，第 290 页。
⑥ 《毕节地区志》，第 131 页。
⑦ 《巢湖地区简志》，第 321 页，安徽省情网，http://60.166.6.242：8080/was40/index_sz.jsp？rootid＝48832&channelid＝1190，2016 年 8 月 17 日阅。

公厅主任的工作任务和秘书工作机构的决定》①。

根据表 5 - 2 第一列政务院的六条规定，专区专署办公室的职责主要在于协助专员综合情况、联系工作、掌管统战和保密工作、召开会议等日常政务和事务等琐碎的事务。这些文字统规了各级办公室的职能，似乎办公室的重要性还不显著。表中第二列 1987～1993 年河北省承德行署办公室的职能稍微具体了一些，但仍体现不出办公室的地位。第三列 2015 年新疆阿克苏行署办公室的职能更加具体一些，尤其前 6 条，而这正是行署办公室的重要作用和非同一般的地位之所在，即地区行署一级所有政令、规制等决策均由行署办公室研究、制定、督催办理、实施，当然其中也包括所有文件的收发、批办、草拟、审核、签发、传递、催办等工作；同时更包括敲定和出台这些决策的地区行署的各种会议。因此，行署专员作出决策的每个环节都离不开办公室，包括决策前的调研、情况汇总与分析、草拟初稿与征求意见、呈报专员审核、修改、上会议决、形成公文决策下发各地，决策后的执行与反馈信息收集等。

表 5 - 2　1951 年政务院、1987～1993 年河北省承德行署、
2015 年新疆阿克苏行署办公室职能的规定

1951 年政务院规定的办公室职能	1987～1993 年河北省承德行署办公室职能	2015 年新疆阿克苏行署办公室职能
（1）协助首长综合情况研究政策，推行工作； （2）协助首长密切各方面的工作联系； （3）协助首长掌管机关内部统一战线工作	（1）围绕行署的中心工作和重点工作，综合情况，积累资料，反馈信息； （2）安排组织行署各类会议，起草、修改、制作各种文电；	（1）行署会议的准备工作，协助行署领导组织会议决定事项的实施； （2）协助行署领导组织起草和审核、翻译以行署、行署办公室名义发布的公文； （3）研究行署各部门和各县（市）人民政府请示行署的问题，提出审核意见，报行署领导审批； （4）督促检查行署公文、会议决定事项及行署领导有关指示的执行；落实情况并跟踪调研，及时向领导报告； （5）协助行署领导组织处理需要由行署处理的突发事件和重大事故；

①　政务院：《关于各级政府机关秘书长和不设秘书长的办公厅主任的工作任务和秘书工作机构的决定》（1951 年 7 月 26 日），石家庄市档案馆：3 - 1 - 22。

续表

1951 年政务院规定的办公室职能	1987～1993 年河北省承德行署办公室职能	2015 年新疆阿克苏行署办公室职能
（4）协助首长掌管保密工作和机要工作； （5）主持日常行政事务； （6）掌管机关事务工作	（3）协助行署领导协调各县（自治县）、地直各部门之间的关系； （4）处理全国、省人大代表、政协委员提（议）案和群众来信来访； （5）负责行署机关事务单位管理和公务接洽工作	（6）根据行署领导的指示，组织专题调查研究，及时反映情况，提出建议； （7）负责行署及行署办公室的总值班工作，及时向行署领导报告重要情况，协助处理行署各部门和各县（市）向行署反映的重要问题； （8）负责自治区人大代表、地区人大代表的建议、批评、意见以及自治区政协委员、地区政协委员的提案的办理和答复工作； （9）负责做好行政事务工作，为行署领导服务； （10）负责行署驻外办事机构的管理； （11）负责行署各部门印章刻制与收缴管理工作； （12）办理行署领导交办的其他事项

资料来源：（1）政务院：《关于各级政府机关秘书长和不设秘书长的办公厅主任的工作任务和秘书工作机构的决定》（1951 年 7 月 26 日），石家庄市档案馆：3－1－22。（2）《中国共产党河北省承德地区组织史资料（1987.11—1993.6）》（第二卷），第 219 页。（3）《阿克苏地区行政公署办公室 2015 年部门预算及"三公"经费信息公开报告》（2015 年 4 月 21 日），阿克苏政府网，http：//www.aksu.gov.cn/art/2015/4/21/art_16_47529.html，2015 年 5 月 24 日阅。

　　由于办公室的重要性和工作的烦琐，其内设机构与人员也随着职能的具体化而增多。1978～2002 年，行署办公室的机构由 10 个左右发展到近 20 个，人员由不足 100 人发展到 150 人左右。如山西省运城行署办公室 1987 年内设内务科、综合科、秘书科、信息科、人事科、监察室、行政科、房产科、老干部科、保卫科 10 个机构"①。河北省 1982 年各地区行署办公室实有人数 57～144 人不等，平均 94.1 人；1986 年，第一次地区机构改革后为 61～117 人不等，平均 91.7 人。截至 1993 年，仍然保留的邯郸行署和承德行署办公室，人数分别为 86 人和 143 人，内设机构数分别为 13 个和 18 个（见表 5－3）。这也从另一侧面反映出两次地区机构改革对地区行署办公室同样作用不显著。因此，时至 2015 年仅存的 10 余个地区行署，其办公

---

① 《中国共产党山西省运城地区组织史资料（1987.10—1997.10）》（第二卷），第 250～251 页。

室内设机构仍有近 20 个、人数 150 人左右。如 2015 年，新疆阿克苏地区行署办公室内设 16 个职能科室，下属部门 4 个，在职人员 137 人。①

表 5 - 3　1978 年、1982 年、1986 年、1993 年河北省 9 个地区行署办公室内设机构数和实有人数统计

单位：人，个

年份	人数、机构数	石家庄行署	邯郸行署	张家口行署	保定行署	承德行署	邢台行署	沧州行署	廊坊行署	衡水行署
1978	实有人数	—	—	98	—	15	15	—	51	20
1982	实有人数	105	133	144	101	76	88	62	57	81
1986	内设机构数	9	7	8	9	7	8	3	8	12
	实有人数	103	61	80	104	96	117	88	101	75
1993	内设机构数	—	13	—	—	18	—	—	—	—
	实有人数	—	86	—	—	143	—	—	—	—

资料来源：(1) 河北省革委编委办公室：《一九七八年度河北省各级党政机关人民团体实有人数统计表》(1979 年 5 月)，河北省档案馆：934 - 4 - 115。(2) 河北省编制委员会：《河北省各地市党政群机关实有人数统计资料（一九八二年）》(1983 年 3 月)，河北省档案馆：934 - 4 - 150。(3)《各地区党政群机关分部门实有人数统计表》(十七) (1986 年 4 月)，河北省档案馆：934 - 4 - 218。(4)《中国共产党河北省邯郸地区组织史资料 (1987.11—1993.6)》(第二卷)，第 171 页。(5)《中国共产党河北省承德地区组织史资料 (1987.11—1993.6)》(第二卷)，第 219 页。

正是由于办公室内设机构日渐增多，行署办公室的各项工作分工更加细致。其中对于行署决策与实行的主要载体——公文的草拟、审核、签发、传递、催办、归档等，各行署办公室分工较为明确，有专管外来文的，有专管行署去文的。如表 5 - 4 所示，河北省承德行署办公室的秘书科、邯郸行署办公室的秘书二科是专管外来文的，承德行署办公室的综合科（后来改称综合一科）、邯郸行署办公室的秘书科是专管行署自身去文的。对于形成行署各种决策的行署的各种会议也分别由专门的科室负责其议题确定、会务组织、会议纪要整理及印发等一系列工作。行署常务会议这一系列工作在承德行署办公室是由综合科（综合一科）负责，在邯郸行署

①《阿克苏地区行政公署办公室 2015 年部门预算及"三公"经费信息公开报告》(2015 年 4 月 21 日)，阿克苏政府网，http://www.aksu.gov.cn/art/2015/4/21/art_16_47529.html，2015 年 5 月 24 日阅。

办公室则由秘书二科负责。贵州省毕节地区同样如此，"行署办公室负责专员办公会和行署全体成员会议的筹备工作。并在会议召开之前，将会议时间、地点、会期、议题及议程等通知与会人员。专员办公会的议题，由专员、副专员提出，由行署办公室负责收集、汇总、整理，于会前两天交会议主持人审定。行署全体成员会的议题，由专员办公会决定，由行署办公室按会议决定草拟相应的讨论稿，交专员审定，供会议讨论……各部门、各县向行署会议回报和请示的问题，要有简要的材料，必须在会议三天前交行署办公室。"会议期间，"行署办公室应作好会议记录，一般根据需要印发会议纪要"。① 所以，行署办公室主要负责的是行署决策中的具体事务性工作。

表 5-4　1987 年 11 月～1993 年 6 月河北省承德行署办公室和
邯郸行署办公室内设机构及职能对照

承德行署办公室		邯郸行署办公室	
科别	职能	科别	职能
综合科（综合一科）	1. 负责行署综合性文字的起草、行署党组会议、行署常务会议记录；2. 为专员做好事务性服务工作；3. 办理、落实专员、秘书长交办的协调、催办、查办事项；4. 办好《专题调查》和《内参与建议》两个刊物	综合科	1. 起草、审核专员和副专员的讲话和综合材料；2. 起草、审核专员、副专员、秘书长、办公室主任交办的行署及办公室的文件；3. 负责对全区政府系统公文处理和调研工作进行业务指导，接待专员、秘书长交办的来信来访工作
财贸科（综合二科）	1. 负责行署常务副专员、主管秘书交办的综合口、财贸口协调工作；2. 负责起草、修改常务副专员讲话和其他综合材料、文稿等，及时了解地直综合口、财贸口各部门工作情况，提供有关资料；3. 负责行署文件、行署办公室文件的审核、把关；4. 为主管专员做好事务性服务工作	秘书二科	1. 负责各种机要文件、函件、简报、通报、信息及有关机要参考资料的接收、分发、送批、传阅、存查使用；2. 负责行署及办公室印发的各种文稿的编号承印审批、行文格式的审查把关，地直各部门、地区各对口单位、行署及办公室领导上年文件的回收、销毁；3. 负责行署及办公室组织机构和领导沿革情况的汇集编报，行署大事记的收集、整理、编纂、印发；4. 负责行署常务会议议题的收集和纪要的整理、送审、印发，行署领导活动安排的收集印和分发，行署办公室资料的建档管理

① 《毕节地区志·财政志》，第 120 页。

续表

承德行署办公室		邯郸行署办公室	
科别	职能	科别	职能
农业科	1. 协助主管专员、秘书长掌握农业生产综合情况及农口各局指标完成进度；2. 起草、修改主管专员讲话、行署及办公室有关农业方面的文件及农口综合材料；3. 搞好协调服务；4. 为主管专员做好事务性服务工作	人事科	1. 负责行署办公室党组会及秘书长、主任办公室会议议题的收集和纪要的整理、送审、印发；2. 负责办公室科级及科级以下干部的考察、考核及干部职工的业务学习培训工作，负责各科室工作目标责任制的制订，检查、考评等有关工作；3. 负责办公室的人员调配、工资调整及编制管理，办公室所属事业单位干部职工的职称评审等工作
工业科	1. 负责工、建、交口各部门情况综合、协调服务；2. 为行署主管专员起草、修改会议讲话和有关工业方面的文件、文稿，完成领导交办的有关工业口的协调、会务、事务等工作；3. 为主管专员做好事务性服务工作	工农关系办公室 1989 年 6 月	1. 指导协调并在必要时直接处理全地区和企业单位、各级及外省、市驻邯单位与本区农村发生的矛盾纠纷及问题；2. 负责工农关系方面的各种来信来访的接待工作，负责有关会议的纪要、协议中议定事项的督查催办和办结情况的反馈工作，承办工农关系工作的各类文件，处理和呈转各单位的请示、报告；3. 负责地直机关房地产纠纷等基建方面的问题
文教科	1. 负责行署主管专员讲话及文教方面文件、文稿的起草、修改；2. 协助主管专员、秘书长搞好各部门的协调服务；3. 搜集和积累资料，为领导决策提供依据；4. 为主管专员做好事务性服务工作	文卫科	1. 收集掌握文教卫生系统工作计划、安排及主要工作进展情况；2. 负责起草审核主管副专员、副秘书长在以行署名义召开的各专业会议上的讲话材料以及有关会议的会务工作；3. 负责以行署及办公室名义下发、上报的有关文件、材料的起草修订；4. 负责与文教卫生系统有关部门工作的联络，承办或组织协调较大的社会文体活动

续表

承德行署办公室		邯郸行署办公室	
科别	职能	科别	职能
信息科	1. 负责政务信息反馈，向国务院办公厅、省政府办公厅反馈信息；2. 为行署领导提供信息服务，加强与各县、地直部门的联系和信息业务工作的指导，按要求参加部分地市信息网络活动；3. 办好《承德信息》《报省信息》《行署工作简报》三个刊物	信息科	1. 编印《政务信息》《简报》及报省、国务院信息的编发；2. 组织采编反映全区情况和反映行署重要决策、活动的新闻稿件，起草行署及办公室指导全区行政系统信息工作的文件材料
秘书科	1. 负责三级及各县、地直部门文件的登记、分发、送阅、催办、归档立卷工作；2. 负责行署、行署办公室印鉴管理；3. 行署、行署办公室文件、领导讲话的打印、复印；4. 行署信件交换中心的管理、行署部分政务事项的管理及文书会计、基建档案的管理、利用	秘书科	1. 负责行署及办公室的政务、公务接待，分发传递上级明传电报、省政府部门来文和各县、地直各部门上报行署及办公室的文件、材料；2. 负责全区重大节日和庆典活动的组织工作，负责行署及办公室召开的大型会议的会务工作和行署领导参加重要活动的服务；3. 负责行署及办公室印信管理、文件资料打印、车辆的管理和调度，负责办公室人员的医疗报销、工资领发等工作
行政科	1. 负责机关行政管理的后勤服务、财务管理、机关绿化、卫生、安全保卫及植树造林、防汛等有关工作的组织协调；2. 负责房管所、卫生所、幼儿园、车队、食堂、劳动服务公司、煤气站等单位工作的牵头组织拟订和实施	—	—
接待科	1. 负责行署的对外接待工作；负责协助做好行署及办公室召开会议的会务工作；2. 负责行署及办公室客人的导游，做好对外宣传工作	接待处 1988年5月	1. 负责来本区检查指导工作、参加重要活动的国家司（局）及以上和省政府厅（局）级以上领导同志的接待工作；2. 负责外地来本区考察工作，参观学习的地、市（师）级领导同志及由同级单位的正、副秘书长带队的团（组）接待工作；3. 配合外事办搞好外事接待，负责来邯开会、工作的各县领导同志的食宿安排，负责全区宾馆、招待所（处）的业务指导及各类人员的技术培训和职称评审工作

承德行署办公室		邯郸行署办公室	
科别	职能	科别	职能
无线电管理委员会办公室	1. 负责掌管全区无线电频率和台站呼号、统筹安排无线电台站建设布局，审批各类无线电台站生产、引进、销售和设置使用，核（换）发无线电台执照使用证书；2. 负责收取全区无线电管理费；3. 负责组织全区的无线电监测和技术论证，调查处理台站互相干扰和违章事宜，建立健全无线电技术管理档案	无线电管理委员会办公室	1. 负责各县无委会关于无线电管理方针、政策和法规在本区实施的督促检查和业务指导工作；2. 统一掌握无线电频率和台站的呼号，统筹安排无线电台站建设布局，审批各类无线电台和生产、引进销售以及台站设置；3. 审批核发无线电台准销证、准购证、电台使用证，按规定收取频率占用费等
老干部科 1988 年 10 月	负责行署办公室离退休人员的服务、管理工作	老干部科	1. 组织老干部参加有关会议，阅读文件等集体活动，负责老干部政治、生活两项待遇的落实工作；2. 老干部特需经费和公用经费的管理，以及药费报销、工资领取、机关供应的生活用品购买等服务事项；3. 老干部医疗保健和旅游疗养方面的联络服务等工作
法制科 1990 年 4 月	1. 负责制定立法规范，审查以行署名义拟发的规范性文件；2. 负责协调复议行政诉讼案件，参与以行署名义组织的执法检查；3. 负责组织、协调、承办省政府交办的省人大代表建议、省政协委员提案；4. 负责指导督促检查各县政府办公室承办工作	法规提案科 1990 年 1 月	1. 负责完成各县、地直各部门送审、备案文件的审查、答复、归档工作；2. 编纂规范性文件汇编，建立法库，编辑《行署政报》《政府法制》；3. 培训政府法制队伍，搞好理论研究，为领导正确决策当好法律事务方面的参谋和助手
地方志办公室 1990 年 5 月	1. 负责协调指导全区开展修志工作，组织评审和审订新编县志稿，组织开展地方志理论研究，承办全国及省业务主管部门指令的编研项目；2. 负责地区自定编研项目的设计、组织及编辑出版	地方志办公室 1988 年 8 月	1. 编纂邯郸地区地方志有关图书、资料；2. 指导、督促各县修志及编写年鉴等工作；3. 负责县志及专业志评审工作；4. 办理上级主管部门及行署领导交办的各项任务

续表

承德行署办公室		邯郸行署办公室	
科别	职能	科别	职能
督办科 1991年6月	1. 负责督促检查各县人民政府、地直各部门对国务院、省政府、地区行署重要文件、行署常务会议、行署全体会议和行署重要工作会议部署事项及行署主要领导重要批示的执行、落实情况；2. 负责行署办公室内督查工作的协调指导；3. 负责指导地直各部门，各县政府系统的督办工作	—	—
保卫科 1992年4月	1. 负责行署办公区的保卫工作；2. 负责行署领导的保卫工作；3. 负责行政公署直管办公楼的保卫工作	—	—
卫生所	负责为地委、行署领导及机关职工提供医疗保健服务，并开展社会化服务活动	—	—
幼儿园	负责为机关职工和社会提供幼儿教育和看护	—	—
房管所	为行署机关办公区和职工住宅提供维修、管理等服务，并提供社会化服务	—	—

注：承德行署办公室除老干部科、法制科、地方志办公室、督办科、保卫科标注建立时间外，其余机构的存在时间均为1987年11月—1993年6月）。

资料来源：（1）《中国共产党河北省承德地区组织史资料（1987.11—1993.6）》（第二卷），河北人民出版社，1998，第220～224页。（2）《中国共产党河北省邯郸地区组织史资料（1987.11—1993.6）》（第二卷），河北人民出版社，1998，第171～173页。

综上所述，办公室负责地区行署核心的日常工作运转，代表地区行署行使综合办事职能，是承上启下、联系地区领导与职能机构的桥梁，是沟通左右、协调地区工作关系的纽带，是上传下达、保证地区行署工作正常运转的中枢。而其作用基本体现在以下三个方面：一是参谋助手作用；二是督促检查作用；三是协调综合作用。

在此需要提及的是，多数地区行署只设办公室，如河北省、陕西省①、贵州省、湖北省。但少数地区某一时段在办公室之外还设秘书处。秘书处和办公室兼设在专区专署时期即有，如湖北省荆州专区"1949年7月成立专署秘书处。1950年成立专署办公室，与秘书处合署办公。1961年2月秘书处撤销"②。进入新时期，有的行署与秘书处同存，后撤销秘书处。如福建省建阳地区1983年8月机构改革后秘书处和办公室均有，1993年5月第二次改革后，撤销了秘书处③。也有的行署的秘书处取代了办公室。山西省运城地区即为一例，1980年3月至1983年9月设立行署秘书处，1983年10月至1984年12月撤销；1985年1月至1987年1月重新恢复，1987年2月至1993年12月又撤销，1994年1月再次恢复④。山西省忻州行署同样撤置多次，其间办公室一直存在，直到1996年12月撤销行署办公室，只设秘书处，办公室成为秘书处的内设机构。⑤ 没撤销办公室之前，秘书处主要负责行署文电部分，相当于前述承德行署办公室的秘书科、综合科（后来改称综合一科）和邯郸行署办公室的秘书二科、秘书科的地位。⑥ 办公室撤销后，秘书处的职能与大多数的办公室基本一样。

二 行署的决策与实施机制

（一）会议制度

首先声明，与其他地方政府相比，地区一级没有中央层面规定的专门的会议制度，包括县在内的其他地方各级政府的会议制度一般由组织法统一规定。自"文化大革命"后的历部组织法对各级地方政府的会议制度的规定文字基本是一样的，同时均未见地区行署会议制度的只言片语。1986

---

① 《汉中地区志》（第三册），陕西省地情网，http：//www.sxsdq.cn/dqzlk/dfz_sxz/hzdqz_3/，2016年8月18日阅。
② 《荆州地区志》，第573页。
③ 《南平地区志》，福建省情网，http：//www.fjsq.gov.cn/ShowText.asp？ToBook＝3151&index＝1965&，2016年8月21日阅（注：1989年1月建阳地区改称南平地区）。
④ 《中国共产党山西省运城地区组织史资料（1987.10—1997.10）》（第二卷），第24页。
⑤ 《中国共产党山西省忻州地区组织史资料（1987.10—1998.6）》（第二卷），第152页。
⑥ 《中国共产党山西省运城地区组织史资料（1987.10—1997.10）》（第二卷），第24页。

年和 1995 年的《中华人民共和国地方各级人民代表大会和地方各级人民政府组织法》只规定："县级以上的地方各级人民政府会议分为全体会议和常务会议"，"政府工作中的重大问题，须经政府常务会议或者全体会议讨论决定"①。由此可见，组织法规定地方各级政府的会议至少有全体会议和常务会议两种。地区行署到底有什么会议呢？

第一，不同时期、不同省份的地区行署的会议名称或种类有一定的差异，但总体各地均有的是行署全体会议和专员办公会议。

　　1979 年，河北省石家庄行署有署务会议、专员办公会议、常务会议 3 种会议。②

　　1983 年，辽宁省铁岭行署有全体会议、专员办公会议 2 种会议。③

　　1988 年，贵州省毕节行署有全体成员会议、专员办公会议 2 种会议。④

　　1979～2000 年，山东省滨州行署有全体会议、专员办公会议、常务会议、专题会议、例会 5 种会议。⑤

　　1991～2000 年，江西省上饶行署有全体会议、常务会议、专员办公会议、专员例会、专题会议、现场办公会议 6 种会议。⑥

　　2002 年，广西河池行署有工作会议、专员办公会议、办公会议、领导班子工作碰头会、专题会议 5 种会议。⑦

　　2015 年，新疆吐鲁番行署有全体会议、常务会议 2 种会议。⑧

①　中国地方政府机构改革编辑组编《中国地方政府机构改革》，第 31 页。《中华人民共和国国务院公报》1986 年第 33 期。
②　《石家庄地区志》，文化艺术出版社，1994，第 634 页。
③　辽宁省铁岭地区行政公署：《关于印发〈关于加强行署领导改进工作方法的几项规定〉的通知》（1983 年 5 月 15 日），铁岭市档案馆：21 - 1 - 427（永久）。
④　《毕节地区行政公署议事规则（试行）》（1988 年 8 月 17 日），《毕节地区志》，第 119～120 页。
⑤　《滨州地区志（1979—2000）》，山东省省情资料库，http：//sd. infobase. gov. cn/bin/mse. exe？seachword = &K = bd&A = 2&rec = 125&run = 13，2014 年 8 月 26 日阅。
⑥　《上饶地区志（1991—2000）》（下册），方志出版社，2014，第 1168 页。
⑦　杨凤春：《中国政府概要》，北京大学出版社，2002，第 383 页。
⑧　《吐鲁番地区行政公署工作规则（2015 年修订）》（2015 年 2 月 9 日），吐鲁番地区政府网，http：//www. tlf. gov. cn/info/52/114462. htm，2015 年 5 月 24 日阅。

第二，各地行署的会议制度基本是参照本省省政府的会议制度而定。例如《河北省志·政府志》载：1982 年以后省政府的会议有省政府全体会议、省政府常务会议、省长办公会议、秘书长办公会议；各"行署一般实行全体会议、专员办公会议和专题会议制度"；"各市人民政府一般实行全体会议、常务会议、市长办公会议和专题会议制度"①。实际河北省的行署与省政府一样也有常务会议和秘书长会议，如档案记载：1985 年石家庄行署召开常务会议 16 次②；1982 年，张家口行署曾召开常务会议，对 1982 年 11 月 16 日《河北日报》刊登的张家口地区重工业局分房中的不正之风"做了专门研究"③。因此，河北省各行署的会议基本是与省市对应设置，其他各省推测也应大致如此。

以下对行署的几种主要会议的议题、时间和参会者略述大凡。

1. 署务会议/行署全体会议

署务会议，也称行署全体会议，是不同省份对地区行署最大规模会议的不同称谓。河北省在改革开放初期称为署务会议。如 1982 年河北省廊坊地区行署的工作制度中即有关于署务会议的规定④。有的地区一直存在署务会议，如贵州省铜仁地区行署 2004 年 2 月 4 日和 6 日召开专员办公会议时曾"议定在近期召开 2004 年第一次署务会议，对上半年经济社会发展工作进行整体安排部署"⑤。

署务会议或行署全体会议基本都是每半年召开一次，具体"会议召开时间由专员办公会决定"⑥，或者时间固定。如河北省廊坊地区"一般在一月、七月召开"⑦。参会人包括专员、副专员、调研员（顾问）、秘书长、行署直属职能机构的主任、局长等，会议由专员或副专员召集和主持。山

① 《河北省志·政府志》（第 62 卷），第 671～672、679、681 页。
② 石家庄市档案馆：3－4－931－933。
③ 《河北省张家口地区行政公署办公室关于地区重工业局分房中不正之风解决情况的报告》（1982 年 12 月 6 日），河北省档案馆：907－36－102。
④ 《河北省廊坊地区行政公署关于几项工作制度的试行规定》（1982 年 7 月 14 日），廊坊市档案馆：20－5－494。
⑤ 《铜仁年鉴（2005）》，第 144～146 页。
⑥ 《毕节地区志·财政志》，第 120 页。
⑦ 《河北省廊坊地区行政公署关于几项工作制度的试行规定》（1982 年 7 月 14 日），廊坊市档案馆：20－5－494。

东省、贵州省①、新疆维吾尔自治区的地区行署都是如此。

署务会议或行署全体会议的议题多为宏观性、全局性、基础性问题，基本不涉及具体、微观问题。如1982年廊坊地区行署规定："署务会的主要内容是总结报告行署的工作，通报全区的形势，讨论行署的重要工作部署，检查国民经济计划、财政收支计划执行情况，听取各部门对行署工作的意见和建议。"② 山东省行署全体会议的主要任务："传达贯彻上级和地委的重要指示、决议；决定和部署行署的重要工作；通报重要情况，协调各部门的工作；讨论需要由行署全体会议决定的其他事项"③。时至2015年，行署全体会议的诸上内容并无变化。如新疆吐鲁番地区制定的《吐鲁番地区行政公署工作规则（2015年修订）》仍有如是规定，原文如下：

> "行署全体会议由行署专员、副专员，行署秘书长、各委办主任、各局局长组成，由专员召集和主持。全体会议的主要任务是：（一）传达贯彻党中央、国务院和自治区党委、自治区人民政府和地委的重要决定、指示和重要会议精神；（二）决定和部署行署的重要工作；（三）讨论其他需要行署全体会议讨论的事项。"④

2. 行署专员办公会议

专员办公会议，也称专员例会，其级别高于行署全体会议。专员办公会议基本是每周一次或每两周一次。如20世纪80年代初辽宁省规定，"一般每半月召开一次专员办公会"⑤；贵州省毕节地区每周召开一次⑥；山东

---

① 《毕节地区志·财政志》，第120页。
② 《河北省廊坊地区行政公署关于几项工作制度的试行规定》（1982年7月14日），廊坊市档案馆：20-5-494。
③ 山东省省情资料库·政权库，http://www.infobase.gov.cn/bin/mse.exe? seachword=&K=a&A=12&rec=123&run=13，2014年8月26日阅。
④ 《吐鲁番地区行政公署工作规则（2015年修订）》（2015年2月9日），吐鲁番地区政府网，http://www.tlf.gov.cn/info/52/114462.htm，2015年5月24日阅。
⑤ 辽宁省铁岭地区行政公署：《关于印发〈关于加强行署领导改进工作方法的几项规定〉的通知》（1983年5月15日），铁岭市档案馆：21-1-427（永久）。
⑥ 《毕节地区行政公署议事规则（试行）》（1988年8月27日），载《毕节地区志·财政志》，第120页。

省各地区均为每半月召开一次①；从 1979 年河北省石家庄行署的档案记载来看，从 2 月开始至 12 月石家庄行署共召开专员办公会议 30 次，平均每月 2.7 次②，基本 10 余天一次。再如江西省上饶地区 1998 年 3～12 月共召开专员办公会议 19 次③，平均也基本是半个月一次。

专员办公会议由专员或协助专员抓全面工作的副专员召集和主持。参会人员集中于行署的核心领导层，包括正、副专员和秘书长。如 2004 年 2 月 4 日和 6 日，贵州省铜仁行署专员谌贻琴主持召开 2004 年第一次专员办公会议，常务副专员杨安民、副专员王昆明、陆蓉、张吉勇、金康明、彭翔、游明进和秘书长杜宏胜出席，行署副秘书长和行署有关部门及单位负责人列席④。有的地区的专员办公会议的参会人员扩大至办公室正副主任和顾问，山东省即属此种⑤。

相较署务会议或行署全体会议的宏观性和基础性，专员办公会议更具体，更有实质内容。一般"凡重大问题，都要经过专员办公会集体讨论决定"⑥，具体包括"研究贯彻中央的路线、方针、政策和上级的指示、决定、决议；听取专员、副专员、调研员和行署部门对重要工作情况的汇报；审定向省政府、地委的重大问题的报告；讨论专员的重要讲稿；审议全区国民经济和社会发展的长远规划、年度计划、财政预决算等；研究制订行署的工作计划、重要改革方案和措施、制定行署职权范围内的政策规定；研究处理行署部门和县市报请解决的重要问题；讨论审定县市、乡镇区划调整意见，县市和重点镇的建设规划、重要机构设置以及重大工程项目安排；研究处理行署日常工作中的其他重要问题和需要由专员办公会议决定的其他事项"⑦。如

---

① 山东省省情资料库·政权库，http：//www. infobase. gov. cn/bin/mse. exe？seachword =&K = a&A =12&rec =123&run =13，2014 年 8 月 26 日阅。
② 石家庄市档案馆：3 - 4 - 931 - 933。
③ 《上饶地区志（1991—2000）》（下册），第 1168 页。
④ 铜仁年鉴编委会编《铜仁年鉴 2005》，第 144～146 页。
⑤ 山东省省情资料库·政权库，http：//www. infobase. gov. cn/bin/mse. exe？seachword =&K = a&A =12&rec =123&run =13，2014 年 8 月 26 日阅。
⑥ 辽宁省铁岭地区行政公署：《关于印发〈关于加强行署领导改进工作方法的几项规定〉的通知》（1983 年 5 月 15 日），铁岭市档案馆：21 - 1 - 427（永久）。
⑦ 山东省省情资料库·政权库，http：//www. infobase. gov. cn/bin/mse. exe？seachword =&K = a&A =12&rec =123&run =13，2014 年 8 月 26 日阅。

1982 年 8 月 12 日，石家庄行署召开第十二次专员办公会议议决临时机构的调整、清理工作①。再如 1982 年 7 月，廊坊行署制定的《河北省廊坊地区行政公署关于几项工作制度的试行规定》，即由"行署专员办公会议通过"②。1983 年 5 月，辽宁省铁岭行署"经专员办公会讨论研究，制定了《关于加强行署领导改进工作方法的几项规定》"③。

除了事关全地区的重要制度、重要事项外，只要是专员、副专员、专员助理在职权范围内不能解决的问题，均提交专员办公会议讨论④。行署很多具体事项也由专员办公会议议决。如前述江西省上饶地区行署 1998 年 10 个月开的 19 次专员办公会议，"先后'就横南铁路上饶段沿线征地拆迁问题''永平煤矿与铅山县周边乡（镇、场）农赔问题'等 18 项议题进行研究、讨论和审定"⑤。再如，2004 年 2 月 4 日和 6 日，贵州省铜仁行署召开 2004 年第一次专员办公会议主要研究的问题有以下 15 项，除说明专员办公会议内容包含隶属关系及体制等重要问题外，其中第（1）、（2）、（4）、（6）项也说明当时行署行政对事业和企业的全包型管理特征。

（1）研究铜仁民族师范并入铜仁师专，改名为铜仁师范高等、专科学校初等教育分校的有关问题。

（2）为整合教育资源，理顺关系，议定将铜仁七中纳入教育系统管理。

（3）听取全省交通工作会议精神汇报。

（4）研究铜仁汽车运输总公司客车站部分土地资产的处置问题。

（5）听取全省劳动保障会议精神汇报。

（6）研究银都水泥厂产权转让的有关问题。

---

① 《石家庄地区行政公署第十二次专员办公会议纪要》（1982 年 8 月 12 日），石家庄市档案馆：3 - 4 - 732（永久）。

② 《河北省廊坊地区行政公署通知》（1982 年 7 月 14 日），廊坊市档案馆：20 - 5 - 494。

③ 辽宁省铁岭地区行政公署：《关于印发〈关于加强行署领导改进工作方法的几项规定〉的通知》（1983 年 5 月 15 日），铁岭市档案馆：21 - 1 - 427（永久）。

④ 《滨州地区志（1979—2000）》，山东省省情资料库，http：//sd. infobase. gov. cn/bin/mse. exe？seachword = &K = bd&A = 2&rec = 125&run = 13，2014 年 8 月 26 日阅。

⑤ 《上饶地区志（1991—2000）》（下册），第 1168 页。

（7）研究将谢桥工业区移交铜仁市管理的问题。

（8）全省贯彻落实《行政许可法》工作会议精神汇报。

（9）听取地区粮食局有关工作的汇报。

（10）研究加强交通安全工作有关问题。

（11）听取全省人才工作会议和人事会议。

（12）听取全省禽流感防治工作紧急会议精神汇报。

（13）听取全省畜牧工作会议精神汇报。

（14）讨论地区经贸局代行署起草的《关于我区国有企业产权制度改革的实施意见》（讨论稿）。

（15）研究全区上半年经济社会发展工作如何重点突破、全面协调发展问题。[①]

3. 行署常务会议

从行署常务会议召开的时间、内容、参会人员看，其性质类似于专员办公会议。如山东省《滨州地区志（1979—2000）》载："行署常务会议，由专员、副专员、专员助理、秘书长组成，副秘书长列席会议，由专员或专员委托负责常务工作的副专员召集和主持。一般每月召开一至两次。主要任务是：讨论决定行署工作中的重大事项；讨论通过提请地区人大工委的工作报告和财政预算；讨论通过由行署制定和发布的重要政策规定及规范性文件；讨论决定行署各部门和各县市人民政府请示行署的重要事项；分析形势，研究行署的中心工作，讨论决定行署工作的重大问题；通报和讨论行署其他事项。"[②]

由于常务会议与专员办公会议相似，所以大多数地区只设其一，即专员办公会议，也有地区兼设专员办公会议和常务会议，除山东省外，河北省、江西省上饶地区亦属此类。现在的新疆吐鲁番地区行署也有常务会议，在其2015年修订的《吐鲁番地区行政公署工作规则》中对行署常务会议也有明确规定，如下：

---

① 《铜仁年鉴（2005）》，第144～146页。

② 《滨州地区志（1979—2000）》，山东省省情资料库，http://sd.infobase.gov.cn/bin/mse.exe?seachword = &K = bd&A = 2&rec = 125&run = 13，2014年8月26日阅。

常务会议的主要任务是：（一）讨论决定行署工作中的重大事项；（二）研究贯彻党中央、国务院、自治区党委、自治区人民政府和地委的重要决定、指示，分析研究全地区经济和社会发展形势，制定有关政策措施；（三）讨论决定向自治区人民政府和地委的重要报告、请示；（四）讨论决定提交地区人大工作委员会审议的议案；（五）讨论研究提交地区人大工作委员会审议的《行署工作报告》，讨论决定提交地区人大工作委员会审议的国民经济和社会发展计划报告及财政预算、决算报告；（六）听取行署各部门、各直属机构和县（市）人民政府的工作汇报，研究决定所请示的重大事项。常务会议一般每月召开一次，如有需要可临时召开。根据需要可安排有关部门、单位负责人列席会议。①

4. 行署专题会议

行署专题会议，顾名思义，是为解决某一专门、专项问题而召开的会议，参会人较少，只有行署的核心领导人参加。如山东省各地区行署均设有专题会议，一般"由专员、副专员、调研员（顾问），或由专员、副专员、调研员（顾问）委托秘书长、副秘书长、办公室主任、副主任召集，研究处理分管工作中的重要问题"②或"研究部署行署某一方面的工作，协调解决部门间的工作关系和问题"③。河北省石家庄行署也设有此类会议④。

5. 地区县、市长会议和直属机构专业会议

除上述4种行署内部会议外，行署的行政会议还包括行署首脑召开的辖区县、市长会议或地、县、市三级干部会议和行署部门会议。行署召开的这类辖区内的会议没有固定的时间和议题，大多因时因事而定。所以，

---

① 《吐鲁番地区行政公署工作规则（2015年修订）》（2015年2月9日），吐鲁番地区政府网，http：//www. tlf. gov. cn/info/52/114462. htm，2015年5月24日阅。
② 山东省省情资料库·政权库，http：//www. infobase. gov. cn/bin/mse. exe? seachword = &K = a&A = 12&rec = 123&run = 13，2014年8月26日阅。
③ 《滨州地区志（1979—2000）》，山东省省情资料库，http：//sd. infobase. gov. cn/bin/mse. exe? seachword = &K = bd&A = 2&rec = 125&run = 13，2014年8月26日阅。
④ 《石家庄地区志》，第634页。

各地并未见诸文本规制，但确是各地区行政中十分常见的管理形式。如山东省《滨州地区志（1979—2000）》载："专员根据需要主持召开全区县市长会议，研究部署政府工作，并就一些重大问题征求县市意见。行署部门召开的专业会议，一般不请县市长、分工县市长参加。必须参加时，须经专员、副专员集体研究或专员、主持工作的常务副专员批准，召开乡镇级干部会议或召开规模较大的（百人以上）其他会议，也按照以上程序办理。"① 地区各直属机构"原则上一个部门召开地区性会议一年不超过一次。受委托由地区有关部门组织在我地区召开的全国性、区域性行业会议，必须经行署批准"②。

　　以上行署的各种会议，行署全体会议、常务会议、专员办公会议，其议题基本均"由秘书长汇总，报常务副专员审查"或"由分管副专员协调或审核后"，最后报行署专员确定。"专题会议议题由会议主持人确定"。组织、会务工作由行署办公室负责。如山东省的地区志记载："行署全体会议、专员办公会议、专题会议以及县市长会议的组织工作，由行署办公室负责。"③ 即所有会议均由办公室总体组织。"行署全体会议、专员办公会议编印会议纪要，由秘书长签发。专题会议编印的会议纪要，由会议主持人签发"④；"必要时报行署专员或负责常务工作的副专员签发"，如果"行署全体会议、常务会议讨论决定的事项，宜于公开的，应及时报道。新闻稿须经秘书长审定，如有需要报专员、副专员审定"⑤。

（二）请示报告制度

　　行署的请示报告制度分为对上和对下两种。无论哪种也基本都是参照

① 《滨州地区志（1979—2000）》，山东省省情资料库，http://sd.infobase.gov.cn/bin/mse.exe? seachword=&K=bd&A=2&rec=125&run=13，2014年8月26日阅。
② 《吐鲁番地区行政公署工作规则（2015年修订）》（2015年2月9日），吐鲁番地区政府网，http://www.tlf.gov.cn/info/52/114462.htm，2015年5月24日阅。
③ 《滨州地区志（1979—2000）》，山东省省情资料库，http://sd.infobase.gov.cn/bin/mse.exe? seachword=&K=bd&A=2&rec=125&run=13，2014年8月26日阅。
④ 《滨州地区志（1979—2000）》，山东省省情资料库，http://sd.infobase.gov.cn/bin/mse.exe? seachword=&K=bd&A=2&rec=125&run=13，2014年8月26日阅。
⑤ 《吐鲁番地区行政公署工作规则（2015年修订）》（2015年2月9日），吐鲁番地区政府网，http://www.tlf.gov.cn/info/52/114462.htm，2015年5月24日阅。

省级人民政府的规定，制定本级对上和对下的相关请示报告制度。

对上的请示报告包括行署对省政府、省委和地委。如1982年7月，河北省廊坊行署根据《河北省人民政府的几项工作制度（试行）》和中共廊坊地委《关于加强和改善地委领导的几项规定》的精神制定了《河北省廊坊地区行政公署关于几项工作制度的试行规定》，对行署的两种请示报告制度作出了明确规定。其中行署对上的请示报告主要是"对工作中的重大问题，应根据内容、性质，分别向省政府或地委请示报告"，具体报请地委审批的工作包括以下六项：

（1）全区性的工作部署和涉及党的方针，政策的大事；

（2）全区国民经济计划、发展规划、财政子〔预〕算的制订和较大调整，地区机动财力使用计划，重点基建项目和经济协作项目的确定，重要科技项目的推广，以及经济工作中采取的重大措施；

（3）行署各项工作管理体制的重大改革；

（4）行署委、办、局、处和其他直属机构的设立、合并和撤销；

（5）公社、镇、街道或较大范围的生产大队区划变动；

（6）有关全区人民切身利益的重大行政措施以及其他需要报告地委的重要问题。

对上级省政府、省委的请示报告没有具体事项的规定，仅规定"根据职权范围和有关规定需要报请省政府的各项事宜，应报省政府批准。"这一试行规定本身实际也是报请并"经地委批准。"①

下级的请示报告主要来自行署所辖各县和行署直属职能部门。一般地区内各县和行署各部门对主管工作的方针、政策、计划等方面的重大问题和工作动态，应及时向行署请示报告，对行署交办的各项事宜，应积极办理并随时报告办理情况和结果。这些就形成了各县和各职能部门的请示报告制度。

需要注意的是，严格从公文种类来讲，请示和报告是两种截然不同的文种，请示是"向上级机关请示指示和批准用"；报告是"向上级机关汇

---

① 《河北省廊坊地区行政公署通知》（1982年7月14日），廊坊市档案馆：20-5-494。

报工作、反映情况、提出建议，答复上级机关的询问或要求用"①。但在
1989 年以前这两个文种在公文制度中被混为一个，笔者在研究专区专署制
度时对此有深切体会。直到 1989 年 4 月 25 日，中共中央办公厅发布《中
国共产党各级领导机关文件处理条例（试行）》后各级政府才将它们分开。
当然，在本书中，笔者所说的请示报告制度是一种上下级政府间沟通、协
调的工作机制，其载体形式不仅限于公文，还包括电报、电话、电视、会
议、面对面交流等。

（三）公文制度

前述的会议制度和请示报告制度最终大多通过公文下发，因此，公文
制度也是行署行政运作的重要机制。需要交代的是，地区虽为派出机构，
但行署并无特殊的公文制度，也基本是遵照中央的规制。因此，以下将新
时期的公文制度做一梳理。

在新时期，为适应新形势的变化，中央曾 7 次调整公文制度，具体包
括：1981 年 2 月 27 日国务院办公厅《国家行政机关公文处理暂行办法》②
（以下简称 1981 年规定）；1987 年 2 月 18 日国务院办公厅《国家行政机关
公文处理办法》③（以下简称 1987 年规定）；1989 年 4 月 25 日中共中央办
公厅《中国共产党各级领导机关文件处理条例（试行）》④（以下简称 1989
年规定）；1993 年 11 月 21 日国务院《国家行政机关公文处理办法》⑤（以
下简称 1993 年规定）；1996 年 5 月 3 日中共中央办公厅《中国共产党机关
公文处理条例》⑥（以下简称 1996 年规定）；2000 年 8 月 24 日国务院《国
家行政机关公文处理办法》⑦（以下简称 2000 年规定）；2012 年 4 月 16 日
中共中央办公厅、国务院办公厅《党政机关公文处理工作条例》⑧（以下简

---

① 陈纪宁主编《现代应用文写作大全》（第二版），中华工商联合出版社，1998，第 1015 页。
② 《中华人民共和国国务院公报》1981 年第 5 期。
③ 《北京档案》1987 年第 4 期。
④ 赵宏主编《中国秘书实用大全》，法律出版社，1991，第 837～847 页。
⑤ 《北京档案》1994 年第 2 期。
⑥ 《秘书工作》1997 年第 1 期。
⑦ 《中华人民共和国国务院公报》2000 年第 31 期。
⑧ 《秘书之友》2012 年第 6 期。

称 2012 年规定）。

相比 1949～1966 年专署时期的 4 个公文制度①，行署时期公文制度变化比较频繁，2012 年规定是集大成者。其中 1989 年和 1996 年的两个规定虽是针对党委机关而言，但实际对行政机关同样有效。总体来说，每个公文制度都是对上一个公文制度的修补和完善，历次公文制度对公文的种类和办理程序均作了不完全相同的规定，大致有以下特征。

1. 文种逐渐细化、专业化

新时期公文制度规定的公文种类逐渐增多、细化，从 1981 年的 9 种发展到 2012 年的 15 种（见表 5－5）。除了分化组合和排位顺序的变化外，更有新增文种的专业化变化（表中标灰色底纹者）。这些文种由于内容不同，其专业化名称明确了其差别，这是公文现代化发展的必然。此外，在历次公文制度调整中，下行文种多于上行文种和平行文种。这说明我国政府行政事务主要是对下级政府开展的。

表 5－5   1981～2012 年 7 个公文制度规定的公文种类

文种	1981 年	1987 年	1989 年	1993 年	1996 年	2000 年	2012 年
一	命令、(令)、指令	命令（令）、指令	公报	命令（令）	决议	命令（令）	决议
二	决定、决议	决定、决议	决议	议案	决定	决定	决定
三	指示	指示	决定	决定	指示	公告	命令（令）
四	布告、公告、通告	布告、公告、通告	指示	指示	意见	通告	公报
五	通知	通知	条例	公告、通告	通知	通知	公告
六	通报	通报	规定	通知	通报	通报	通告
七	报告、请示	报告、请示	通知	通报	公报	议案	意见
八	批复	批复	通报	报告	报告	报告	通知
九	函	函	请示	请示	请示	请示	通报

---

① （1）1950 年 9 月中央人民政府政务院秘书厅《各机关、团体、企业单位文书档案工作暂行办法（草案）》；（2）1951 年 8 月中央人民政府政务院《公文处理暂行办法》；（3）1956 年 2 月 21 日国务院《国家机关文书处理工作和档案工作暂行条例（草稿）》；（4）1964 年 3 月国务院秘书厅《公文处理试行办法》。

续表

文种	1981 年	1987 年	1989 年	1993 年	1996 年	2000 年	2012 年
十	—	会议纪要	报告	批复	批复	批复	报告
十一	—	—	批复	函	条例	意见	请示
十二	—	—	会议纪要	会议纪要	规定	函	批复
十三	—	—	函	—	函	会议纪要	议案
十四	—	—	—	会议纪要	—	—	函
十五	—	—	—	—	—	—	纪要

资料来源：（1）《中华人民共和国国务院公报》1981 年第 5 期。（2）《北京档案》1987 年第 4 期。（3）赵宏主编《中国秘书实用大全》，第 837～847 页。（4）《北京档案》1994 年第 2 期。（5）《秘书工作》1997 年第 1 期。（6）《中华人民共和国国务院公报》2000 年第 31 期。（7）《秘书之友》2012 年第 6 期。

2. 办理程序愈益具体化、规范化

如表 5－6 所示，1981 年、1987 年不分发文还是收文笼统规定了"公文处理程序一般"包括的环节①。1989 年规定开始体现出发文和收文差异意识，1993 年规定更加明确区分出"公文办理分为收文和发文"两个方向的不同环节②。

表 5－6　1981～2012 年 7 个公文制度规定的公文办理程序

程序	1981 年	1987 年	1989 年		1993 年		1996 年		2000 年		2012 年	
			收文	发文	收文	发文	收文	发文	收文	发文	收文	发文
（1）	收文	登记	签收	起草	传递	拟稿	签收	起草	签收	草拟	签收	起草
（2）	分办	分办	登记	校核	签收	审核	登记	校核	登记	审核	登记	审核
（3）	催办	批办	批抄	审核	登记	签发	拟办	审批	审核	签发	初审	签发
（4）	拟稿	承办	注办	签发	分发	缮印	请办	签发	拟办	复核	承办	复核
（5）	审核	催办	拟办	上报	拟办	校对	核发	批办	批办	缮印	传阅	登记
（6）	传递	拟稿	分发	发出	批办	用印	传阅	登记	承办	用印	催办	印制
（7）	—	审核	承办	—	承办	登记	承办	印制	催办	登记	答复	核发

---

① 完整的、广义的公文办理还应包括公文的保管部分，即立卷、归档、销毁等环节。此处为狭义的公文办理，只包括收文和发文部分。真正明确公文办理包括收文、发文、保管三部分的是 2012 年规定。

② 《北京档案》1994 年第 2 期。

续表

程序	1981 年	1987 年	1989 年		1993 年		1996 年		2000 年		2012 年	
			收文	发文	收文	发文	收文	发文	收文	发文	收文	发文
(8)	—	签发	传阅	—	催办	分发	催办	分发	—	分发	—	—
(9)	—	缮印	印制	—	查办	—	—	—	—	—	—	—
(10)	—	用印	传递	—	—	—	—	—	—	—	—	—
(11)	—	传递	—	—	—	—	—	—	—	—	—	—

资料来源：(1)《中华人民共和国国务院公报》1981 年第 5 期。(2)《北京档案》1987 年第 4 期。(3) 赵宏主编《中国秘书实用大全》，第 837 ~ 847 页。(4)《北京档案》1994 年第 2 期。(5)《秘书工作》1997 年第 1 期。(6)《中华人民共和国国务院公报》2000 年第 31 期。(7)《秘书之友》2012 年第 6 期。

上述公文的办理程序，具体在行署行政中分别是由行署办公室或各直属部门办理，以发文的关键环节为例，其过程大致如下。

拟制：一般行署对各直属机关或下辖各县行文，由办公室下的各专门科室负责草拟；属于部门职权范围内的问题，以部门名义行文；涉及几个部门业务范围的问题，可由有关部门联合行文；其中重大事项径送行署有关专员审签后，可加"经行署同意"字样，仍由部门单独或联合行文[①]。

送批：行署自身草拟的公文逐级送办公室主任、秘书长、分管专员批准，地区直属各部门、各县市上报行署的文电，一律按规定份数报送行署办公室，由办公室按照专员分工和规定的程序送批。部门和县市不能直接报送某一行署负责人，不能多头主送；行署负责人一般不直接受理不按程序送审的文稿。

审核与签发：总体而言，所有行署的文电，涉及综合、全面、重大问题的，由秘书长或办公室主任审核、把关，专员审签，或经行署有关会议讨论决定；属于已经确定的方针、政策、原则、计划范围内事项和只涉及某方面日常工作问题的，由分管副秘书长或办公室副主任审核、把关，副专员、调研员（顾问）审签，如涉及其他副专员、调研员（顾问）分管的

---

① 山东省省情资料库·政权库，http：//www.infobase.gov.cn/bin/mse.exe? seachword = &K = a&A = 12&rec = 123&run = 13，2014 年 8 月 26 日阅。

工作，应与有关副专员、调研员（顾问）商定后签发。经专员办公会议讨论决定的事项，需发文时由秘书长签发。"以行署办公室名义发文，由秘书长签发，或由副秘书长核报分管的副专员签发；如有必要，可报专员或常务副专员签发。"① 属行署办公室职责范围内的发文，由秘书长或办公室主任签发。行署直属部门代行署撰拟的文稿，主要领导同志必须严格审核、把关并签名，然后再报送分管本部门专业的分管副专员签发。如果某部门起草的文件内容涉及其他部门的，由主办部门组织会签，部门之间有分歧意见时，主办部门应主动与有关部门协商解决，经协商解决不了的，要把不同意见如实写清楚，报行署决定。"凡行署各部门，各县（市）人民政府报送行署审批的公文，以及以行署和行署办公室名义印发的公文，统一由行署办公室按规定程序办理，并按行署领导同志分工呈批，重大事项报行署专员审批。"①

复核、登记、印制、核发：文件在正式印制前，文秘部门应当进行复核，复核重点是审批、签发手续是否完备，附件材料是否齐全，格式是否统一、规范等。② 然后对即将发出的文件在登记簿上登记文件名、文号、日期、签发机关、份数、分发机关等。接下来交专门印刷部门印制，最后是核发。

三　行署的监督机制

地区行署的行政监督分为两个层面，一是来自其内部的监督；二是来自外部的监督。内部监督主要由行署监察局和地区人大负责，外部监督主要通过信访局负责的人民来信来访实现。

（一）内部监督：行署监察局、地区人大

行署监察局和地区人大是设于地区内部的专职监督机构，所以也属同

---

① 《吐鲁番地区行政公署工作规则（2015 年修订）》（2015 年 2 月 9 日），吐鲁番地区政府网，http://www.tlf.gov.cn/info/52/114462.htm，2015 年 5 月 24 日阅。

② 国务院：《国家行政机关公文处理办法》（2000 年 8 月 24 日），《中华人民共和国国务院公报》2000 年第 31 期。

级监督。

1. 行署监察局

相对于地区人大的派出机构的虚级身份，行署监察局虽为地区行署内部唯一一个全职、专门的行政监督机构，但却并非自新中国成立以来既有，也并非与行署同时建立。1951 年，学习苏联，政务院规定各级政府建立监察机构①，各省专区专署建立监察处。此后，包括地区在内的各级行政监察机构的发展比较曲折。1959 年 4 月，国家管理监察体制调整，第二届全国人民代表大会第一次会议作出决议，撤销监察部，其工作并入中央监察委员会②。随之，包括专署监察处在内的各级政府的监察机构撤销并入同级党委监察委员会。直到近 30 年后的 1987 年，各级政府的行政监督机构才恢复。

1987 年，由于改革开放开始一段时间后，伴随经济的活跃和发展出现了违法乱纪现象，"有些国家行政机关未能严格遵守和执行国家对外开放的有关政策和法律、法规；有的国家行政机关工作人员利用职权和工作之便，贪污受贿，中饱私囊；有的领导干部失职渎职，官僚主义严重，对涉外经济活动中的违法违纪行为长期熟视无睹或查处不力，致使国家蒙受重大经济损失，败坏了国家声誉，造成了很坏影响"。1986 年 11 月，国务院向全国人大常委会提出《关于提请设立中华人民共和国监察部的议案》，提请批准设立监察部。同年 12 月 2 日，第六届全国人大常委会第十八次会议根据国务院的提请，通过了《全国人民代表大会常务委员会关于设立中华人民共和国监察部的决定》。此决定指出，为了恢复并确立国家行政监察体制，加强国家监察工作，设立中华人民共和国监察部。经过半年的筹备，1987 年 6 月，监察部正式成立。随后的 8 月，国务院下发《关于在县以上地方各级人民政府设立行政监察机关的通知》，要求"省辖市、自治州、地区行政公署、盟以及县（市）、旗，市辖区的行政监察机关，要在

---

① 政务院：《省（行署、市）人民政府人民监察委员会试行组织通则》和《县（市）人民政府人民监察委员会试行组织通则》（1951 年 7 月 6 日），石家庄市档案馆：59 - 1 - 15 - 18。

② 《人民日报》1959 年 4 月 29 日，第 2 版。

1987 年底前组建起来"①。于是，各省开始组建地区监察局。如较早的河北省各地区②和湖北省荆州地区③分别于 1987 年 11 月和 12 月建立行署监察局。到 1988 年底，全国"各地基本完成了县以上各级监察机关的组建工作"，不仅如此，"随后，地、县监察局陆续在政府职能部门设立了监察机构"④。此后，1990 年 12 月 9 日国务院《中华人民共和国行政监察条例》⑤、1997 年 5 月 9 日全国人大常委会《中华人民共和国行政监察法》⑥、2004 年 9 月 6 日国务院《中华人民共和国行政监察法实施条例》⑦，对包括地区在内的各级行政监察机制进行了不断的健全与完善。

根据上述国务院文件，行署监察局的组织、职能、权限均有相应的规定。地区行署与盟、自治州、直辖市辖区同样设人员配备数额为 20～40 人的监察局。监察的对象主要有三类人：（1）本级政府各部门及其国家公务员；（2）本级政府及本级政府各部门任命的其他人员；（3）下一级人民政府及其领导人员。监察的内容是"检查监察对象贯彻实施国家政策和法律、法规的情况；监督处理监察对象违反国家政策和法律、法规以及违反政纪行为；受理个人或单位对监察对象违反国家政策和法律、法规以及违反政纪行为的检举、控告；受理监察对象不服纪律处分的申诉，按照行政序列分别审议经国务院任命的人员和经地方人民政府任命的人员的纪律处分事项。"监察局行使监察职能时，"具有检查权、调查权、建议权和一定的行政处分权"等权限。⑧

2. 地区人大

虽然同为地区的行政监察机构，但地区人大和行署监察局有以下四点不同：

---

① 监察部编《中国监察年鉴（1987—1991）》，中国政法大学出版社，1993，第 8～9 页。
② 河北省编制委员会：《关于我省县以上各级人民政府设立行政监察机构有关问题的通知》（1987 年 11 月 19 日），石家庄市档案馆：58－1－163（长期）。
③ 《荆州地区志》，湖北省情资料库，http://www.hbdfz.com.cn:8081/dfz/onetable/browse/main.jsp? id = cc32f7da－99b5－4006－bd61－1b1ec95ba6f1，2016 年 4 月 25 日阅。
④ 《新中国六十年党的建设成就》，党建读物出版社，2010，第 387 页。
⑤ 监察部编《中国监察年鉴（1987—1991）》，第 8 页。
⑥ 《中华人民共和国全国人民代表大会常务委员会公报》1997 年第 3 期。
⑦ 《中华人民共和国国务院公报》2004 年第 33 期。
⑧ 《中华人民共和国全国人民代表大会常务委员会公报》1997 年第 3 期。

一是地区人大是省级人大的派出机构，其行政级别高于行署监察局；

二是第三章已述，较早的地区人大的建立时间是 1980 年，即早于行署监察局；

三是行署监察局主要侧重专职监察人，而地区人大主要侧重对机构的监督、监察；

四是行署监察局的职能相对比较固定，而地区人大不同，随着时代的发展，其职能日趋详细、具体和规范化，但在 20 世纪 90 年代以前仍主要是监督执行机关，还不是完全意义上的立法机关。

（二）外部监督：人民来信来访来电

人民来信来访来电是地区行署行政的外部监督。信访制度自新中国成立以来，一直延续下来，相对比较成熟和稳定。所以，地区行署时期，各地区基本延续专区专署时期的成熟做法。

1. 地区党政领导亲自接待来访、批阅来信制

专区专署时期接待人民来信来访的机关称问事处。各省自专署问事处时期，即建立专区领导阅件、接待制度，行署时期亦然。如 1982 年，广西柳州地区地委、行署发出《关于建立地委、行署领导同志轮流接待群众来访制度》①。江西省上饶地区 1991 年地委、行署也建有领导接待日制度②。湖北省荆州地区"1978 年 12 月，地委、行署领导实行每周星期五接待上访群众的制度，当月接待上访群众 41 人"③。接见人民来访的同时，专员还亲自阅批来信。陕西省安康地区"1978 年，建立了各级党政主要负责同志亲自批阅重要信件制度。同年 8 月，进一步完善了中共安康地委'接待日'制度，每半月接待一次，每次 4～8 个小时，常委轮流接待。常委接待日，各有关部局负责同志参加，实行常委、来访群众和有关部局'三当面'，当面听群众意见、当面商量解决办法、当面答复来访群众。要求做

① 《柳州地区志》，广西地情网，http：//www.gxdqw.com/bin/mse.exe? seachword = &K = b&A = 22&rec = 600&run = 13，2016 年 9 月 11 日阅。

② 《上饶地区志（1991—2000）》（下册），第 1173 页。

③ 《荆州地区志》，湖北省情资料库，http：//www.hbdfz.com.cn：8081/dfz/onetable/browse/main.jsp? id = cc32f7da－99b5－4006－bd61－1b1ec95ba6f1，2016 年 4 月 25 日阅。

到接待前有准备、接待中有记录、接待后有催办"①。贵州省毕节地区行署专员、秘书长 1986 年接待群众来访 106 人次，批阅来信 174 件②。河北省廊坊地区领导 1980 年亲自阅批来信 24 件③。随着时代的进步，人民监督增加了电话、电子邮件、微信公众号等即时通信形式。如黑龙江省大兴安岭地区"2000 年 11 月 20 日专员信访热线电话正式开通使用，到年末，接群众来访电话 153 个"④。

2. 来信来访来电问题由部门分工和"包案"负责制

人民来信来访来电，一般先由专门的接待室予以登记和初步接谈。然后，按来访群众反映问题的性质和业务分工，由接待室将来信来访来电转至有关部门认真接谈处理。凡是重要性的、综合性的、全局性、协调性的问题由地区行署总负责，专门某一方面的来信来访问题由行署职能部门负责处理。1981 年，辽宁省铁岭地区直接由地区接待室负责处理的问题有以下五类："（1）地委、行政公署领导同志和上级领导机关交办的来访；（2）需要直接向地委、行政公署反映的有关当前重要倾向问题，以及涉及面大的群众生产、生活问题；（3）无主管业务部门处理或互相推诿的问题；（4）需要协调有关部门接谈处理后，来信来访者仍有意见而且又需要解决或需向地委、行政公署领导汇报的问题；（5）经地直有关部门接谈处理后，来信来访者仍有意见而且又需要解决或需向地委、行政公署领导汇报的问题。"而由"地直各有关部门负责接待处理的问题"为以下八类：（1）"申诉"；（2）"控告干部违法乱纪"；（3）"有关职工退职、退休、精简下放问题"；（4）"询问、反映有关职工工资待遇、劳保福利政策和要求劳动就业问题，由地区劳动局接谈处理。必要时会同地区工会处理"；（5）"职工要求解决工资待遇、工令〔龄〕计算、劳保福利问题"；（6）"工作调动、安排问题"；（7）"反映其他方面的问题，按业务分工，

① 《安康地区志》（下册），陕西省地情网，http：//www.sxsdq.cn/dqzlk/dfz_sxz/akdqz_2/，2016 年 8 月 8 日阅。
② 《毕节地区志》，第 261 页。
③ 《全区一九八〇年人民群众来信来访统计表》（1981 年 1 月 5 日），廊坊市档案馆：1－7－522（永久）。
④ 《大兴安岭年鉴 2000》，第 150 页，中国龙志网，http：//210.76.63.176/trsweb/Detail.wct?SelectID=9401&RecID=322，2016 年 2 月 22 日阅。

分别由各主管部门处理"；（8）"因机构变动、撤销所遗留下来的问题，由接收部门或上一级主管部门接谈处理"①。凡是相关问题转至某部门，一般由专门负责人采取包案办理②，以此提高行政决策的针对性和行政效能。

行署时期与专署时期的信访主要有以下两点差异：

（1）信访机构名称由专署时期的人民问事处，陆续变更为信访室、信访局。行署建立之初，延续"文化大革命"时期地委和行署合署办公的信访室，后更名为信访科、信访局。如陕西省安康地区在 1978 年 12 月将原革命委员会下设信访组改为地委、行署信访室，统一办理地委、行署信访工作；1979 年，成立地区信访工作领导小组，中共安康地委书记任组长，地区改信访办公室为安康地区信访局；同年 10 月，信访局内设政办科、办案科和信访科，一些信访量较大的地直党政机关先后设立信访科室③。安徽省池州地区 1988 年 12 月成立地区行署信访办公室，代替 1975 年成立的地区地革会信访科④。贵州省毕节地区 1984 年建立行署信访科⑤。

（2）20 世纪 80 年代后期信访量较前大幅下降。80 年代后期，随着大量历史遗留问题得到解决，信访量大幅下降。如安徽省池州地区 70 年代末，信访量逐年上升。1976 ~ 1979 年，全区共受理群众信访案件 48667 件次，年均 16200 余件；1989 ~ 1993 年，信访量趋于正常，全区平均年受信访 3900 件左右。⑥再如表 5 - 7 所示，1991 ~ 2000 年江西省上饶地区的人民来信来访案件数量除个别年份外，总趋势基本为下降。

①　中共铁岭地委办公室：《关于地直机关接待和处理人民来访分工的暂行办法》（1981 年 11 月 9 日），铁岭市档案馆：1 - 2 - 361（永久）。

②　《大兴安岭年鉴 2000》，第 149 ~ 150 页，中国龙志网，http：//210.76.63.176/trsweb/Detail. wct？SelectID = 9401&RecID = 316，2016 年 2 月 22 日阅。

③　《安康地区志》（下册），陕西省地情网，http：//www. sxsdq. cn/dqzlk/dfz_sxz/akdqz_2/，2016 年 8 月 8 日阅。

④　《池州地区志》，安徽省情网，http：//60. 166. 6. 242：8080/was40/index_sz. jsp？rootid = 19256&channelid = 28159，2016 年 8 月 8 日阅。

⑤　《毕节地区志》，第 261 页。

⑥　《池州地区志》，安徽省情网，http：//60. 166. 6. 242：8080/was40/index_sz. jsp？rootid = 19256&channelid = 28159，2016 年 8 月 8 日阅。

表 5 - 7　1991～2000 年江西省上饶地区历年受理人民来信来访案件数量统计

単位：件，%

类型	1991 年	1992 年	1993 年	1994 年	1995 年	1996 年	1997 年	1998 年	1999 年	2000 年
来信	2271	2152	—	1924	2100	—	1727	2188	1859	2228
来访	813	732	—	1189	1715	—	1095	1175	1219	1433
合计	3084	2884	3079	3113	3815	4057	2822	3363	3076	3661
比上一年	—	- 6.4	6.7	1.1	22.5	6.3	- 30.4	19.1	- 8.5	19

资料来源：《上饶地区志（1991—2000）》（下册），第 1175 页。

上述各种行政监督机制起到了重要的监督、教育和警示作用，尤其人民来信来访来电对行署的行政工作起到了有效的监督作用，主要表现在以下两点。

（1）及时解决了不同时期人民群众的一些棘手、重要问题，维护了行政秩序和社会的稳定。如广西柳州地区"1992 年，武宣县新龙乡银村因与尚满村的水利纠纷未得到妥善解决，银村干部群众 85 人到地区上访，地委领导亲自到武宣县提出解决问题方案，缓解了矛盾，双方达成协议，解决了银村的人畜饮水和农田用水"[①]。再如辽宁省铁岭地区 1981 年 1～8 月的信访案件中，劳动就业、工资福利，包括农村非农户子女要求劳动权的占 33%；要求解决历史遗留问题的占 22%；"文化大革命"中冤、假、错案平反后，要求解决遗留的经济问题，包括要求为"一打三反"案件平反的占 20%；揭发检举干部工作作风和违纪问题的占 15% 左右。这四个方面的案件占全部案件的 85% 左右[②]。这些问题均为当时的重要问题，如得不到较好的解决，势必影响社会安定和行政秩序。2000 年 6 月 14 日，黑龙江省大兴安岭地区"新林区 314 名退休职工要求解决陈欠退休金、取暖费、菜金等问题集体来地区上访，情绪激烈，不听劝阻，欲去省进京集体上访，地区领导出面接待，做了大量艰苦细致的思想疏导工作，使这起集体

① 《柳州地区志》，广西地情网，http：//www.gxdqw.com/bin/mse.exe？seachword＝&K＝b&A＝22&rec＝600&run＝13，2016 年 2 月 29 日阅。

② 中共铁岭地委办公室：《铁岭地区信访领导小组会议纪要》（1981 年 9 月 29 日），铁岭市档案馆：1 - 2 - 361（永久）。

上访控制稳定在地区"①。

（2）促进了政府的行政效能和自身管理能力的提高。如江西省上饶地区人大工委（联络处）以及市人大常委会在1991～2000年的10年先后对50余部法律、法规的实施情况进行检查②，提高了地区行署行政的法制化程度。2000年黑龙江省大兴安岭地区全年收到信访信息382条，向省办提供92条，被省办采用4条；同时"将涉及人民群众生产生活，事关改革，影响社会政治稳定的重大问题及热点、难点问题及时编发信息，反馈给各级党委和政府，使领导机关能全面、准确、及时掌握情况"③，提高了省、地政府行政决策的针对性和行政效能。

综上所述，地区行署行政运作的各种制度逐渐建立，各种决策、实施和监督机制，如公文制度、会议制度、请示报告制度、监督制度，不断规范化、具体化、科学化，行政监督体系日益完善、成熟，促进了行署行政运作的规范化、法制化和效能的提高。这也是改革开放以来政府机构与体制改革成就在地区层面的反映。

---

① 《大兴安岭年鉴（2000）》，第150页，中国龙志网，http：//210.76.63.176/trsweb/Detail. wct？SelectID＝9401&RecID＝318，2016年2月22日阅。

② 《上饶地区志（1991—2000）》（下册），第1158页。

③ 《大兴安岭年鉴（2000）》，第149～150页，中国龙志网，http：//210.76.63.176/trsweb/Detail. wct？SelectID＝9401&RecID＝316，2016年2月22日阅。

第六章　地区（行署）的财务和"财政"

财务与财政是政府存在和运作的基础和保障。地区行署自1978年建立以来，在法理上本不应是一级财政，而从史料记载和实际情况来看，实际近似一级财政。其本级财务由个人经费和公用经费组成，在预算管理上实行经费包干制。其本级"财政"有着与其他地方政府相似的收入结构和完全相同的支出结构。地区"财政"的发展演变，折射了我国新时期以政府与企业关系的转变为核心的国家与社会关系的转变历程。但地区始终掌握着一定的企业管理权及其收入、经济建设费与行政管理费的较高比重和省级补助的长期存在等事实深刻说明：即使在派出机构这一层面上，政府主导型的经济社会管理模式的强大惯性历经40年的转变仍未完全弱化为强弩之末，政府与企业、国家与社会二元关系达臻应然状态还需时日。

一　地区（行署）的财务：经费标准与来源

（一）经费项目及标准

与专区专署时期相同，1978年以来，包括行署在内的地区的行政经费与其他各级地方政府一样，皆分为个人经费和公用经费两大部分。

1. 个人经费

个人经费，即通常所说的人头费或人员经费，主要用于个人，其项目一般包括工资、补助工资、离退休费、福利费、各种补贴等，具体各地区各时期有一定差异。如1978年，河北省廊坊地区行署办公室个人经费包括工资、补助工资、职工福利费3项[①]；1989年，河北省国家机关个人经费

[①]　《1978年□月行政支出报表》《一九七八年第四季度分月用款计划表》（1978年12月31日），廊坊市档案馆：20-5-371（永久）。

改为 7 项，除了前述的 3 项外，新增离退休人员费用、主要副食品价格补贴、人民助学金、差额补助费 4 项。① 与河北省同样的还有陕西省。② 再如山东省地区行署"个人经费包括工资、补助工资、职工福利费、离退休人员费用和差额补助费等 5 项"③。这些差异，主要是由于不同时期、不同省份财务计算归类差异而致。

由于个人经费主要进入个人手中，也是地区人事保障制度的重要组成部分，因此笔者将此部分内容移至第七章"三 保障：薪资与福利"中介绍。

2. 公用经费

公用经费，是指除个人经费外的公用开支，包括公务费、设备购置和修缮费、业务费及其他费用等项，具体开支项目不同时期各地区也稍有差异。如 1978 年河北省廊坊地区行署办公室的公用经费主要开支了公务费、修缮费、设备购置费、业务费、其他费用 5 项④；1982 年河北省各地区行署公用经费的开支范围增至 13 项："办公费、邮电费、水电费、会议费、取暖费、差旅费、租赁费、车辆修理费、机动车燃料费、业务费、房屋修缮费、设备购置费及其他正当费用"⑤；1989 年河北省公用经费合并改为 5 项：公务费、设备购置费、修缮费、业务费、其他费用。⑥ 再如山东省、福建省和陕西省各地区公用经费均为公务费、修缮费、设备购置费、业务费及其他费用 5 项。⑦ 地区的公用经费随着国家机关工作范围、开

① 石家庄地区行政公署财政局：《关于进一步做好〈一九八九年行政费执行情况电快月报〉及分析工作的通知》（1989 年 3 月 31 日），石家庄市档案馆：32 - 1 - 483（永久）。
② 《陕西省志·财政志》，陕西省地情网，http：//www.sxsdq.cn/dqzlk/sxsz/czz/，2016 年 1 月 22 日阅。
③ 《山东省志·政权志（1983—2005）》，山东省省情资料库，http：//lib.sdsqw.cn/bin/mse.exe? seachword = &K = a&A = 53&rec = 229&run = 13，2015 年 5 月 13 日阅。
④ 《1978 年□月行政支出报表》《一九七八年第四季度分月用款计划表》（1978 年 12 月 31 日），廊坊市档案馆：20 - 5 - 371（永久）。
⑤ 《河北省人民政府关于节约行政事业经费开支的几项规定》（1982 年 10 月 16 日），廊坊市档案馆：20 - 6 - 468。
⑥ 石家庄地区行政公署财政局：《关于进一步做好〈一九八九年行政费执行情况电快月报〉及分析工作的通知》（1989 年 3 月 31 日），石家庄市档案馆：32 - 1 - 483（永久）。
⑦ 《山东省志·政权志（1983—2005）》，山东省省情资料库，http：//lib.sdsqw.cn/bin/mse.exe? seachword = &K = a&A = 53&rec = 229&run = 13，2015 年 5 月 13 日阅。《陕西省志·财政志》，陕西省地情网，http：//www.sxsdq.cn/dqzlk/sxsz/czz/，2016 年 1 月 22 日阅。

支标准的变动而增减。以下对公用经费中的几种常见主要开支做具体分析。

（1）公务费，开支项目较为繁杂，大多数地区的公务费包括办公费、邮电费、会议费、差旅费、机动车燃料和修理费、大宗印刷费、公用取暖费（南方各地区没有）、其他费用。在公务费中较为繁杂的是办公费，办公费同样开支项目较多。如陕西省的办公费包括办公文具、纸张、账簿、表册等购置费，印刷费，书报费，汇费，邮费，电话机用的电池费，电话机修理费、迁移费，市内电话月租费，零星搬运费，清洁卫生费，消防设备费，零星购置修理费，机关公共水电费，自行车牌照费，零星公用杂支和特殊需要费用等。① 新时期，各省地区机关配有数量不等的公车、专车。如1978年12月底，河北省廊坊地区行署办公室配有自行车5辆、机动车9辆（其中上海轿车1辆、伏尔加轿车1辆、旅行轿车2辆、机〔吉〕普车5辆）②。1986年，保定地区规定：地直局级单位根据人员多少，工作量大小，原则上只准许配车1~3辆③。1986年，福建省规定各地委、行署可配备小轿车或旅行车1辆，行政在编人员超过100人以上者可增配1辆，作为单位的公务用车。凡是独立办食堂的单位，可配1辆生活用车（只能配工具车或人货两用车）；各地（市）属的局或同级的独立核算单位，原则上只能配备轿车或旅行车1辆；在编人员超过100人以上的，根据工作需要，可增配1辆，作为公务用车；地（市）机关，根据单位正副地（市）级干部人数按1~9人部分，每3人配1辆；10~21人部分，每4人配1辆；22人以上部分，每5人配1辆。④ 这些车辆就产生了机动车燃油费和修理费（见表6-1）。

---

① 《陕西省志·财政志》，陕西省地情网，http://www.sxsdq.cn/dqzlk/sxsz/czz/，2016年1月22日阅。

② 《1978年□月行政支出报表》（1978年12月31日），廊坊市档案馆：20-5-371（永久）。

③ 《中共保定地委、保定地区行署关于贯彻中央指示端正机关作风建站情况的报告》（1986年4月29日），河北省档案馆：907-42-30。

④ 《福建省人民政府批转省机关事务管理局〈关于党政机关公务车辆配备标准和配车试行办法〉的通知》（1986年4月12日），人民网·法律法规库，http://www.people.com.cn/item/flfgk/dffg/1986/C622053198601.html，2015年2月11日阅。

表 6 – 1　1990 年河北省石家庄地区本级修车款安排

单位	项目	车数（辆）	安排金额（辆/千元）
地委	（1）行政科修 6 个单位车	7	166
	（2）宣传部修上海车	1	30
	小计	8	196
组织部	更换伏尔加车款	1	20
纪检委	修伏尔加	1	13
行署	（1）行政科修面包车	2	80
	（2）山建办修伏尔加	1	8
	小计	3	88
宗教处	修伏尔加	1	59
检察院	修上海拉达车	2	8
法院	修伏尔加、吉普、213 车	3	50
合计	—	19	434

资料来源：《石家庄地区本级 90 年修车款安排表》（1990 年 11 月 18 日），石家庄市档案馆：32 – 1 – 559。

（2）修理（缮）费，指行政、事业单位的公用房屋、建筑物及附属设备的修缮费、公房租金、城建部门和房产部门经营的由国家预算拨款的房屋建筑物、公共设施的维修养护费、文物保护单位的古建筑、革命纪念物的维修费，以及不够基本建设投资额度的零星土建工程费用。修理费一般采用实报实销的方法。

（3）设备购置费，"是行政事业单位不够基本建设投资额度，按固定资产管理的办公用一般设备、车辆等购置费，教学、科研、医疗单位专业设备购置费，图书馆、文化馆（站）图书购置费等"①。

（4）业务费，是行政、事业单位为完成专业所需的消耗性费用支出和购置的低值易耗品，包括各职能部门的专业会议费、资料印刷费、宣传活动费、事业补助费。② 业务费也包括财政部门的大宗账簿、表册、票证、

---

① 《陕西省志·财政志》，陕西省地情网，http：//www. sxsdq. cn/dqzlk/sxsz/czz/，2016 年 1 月 22 日阅。

② 《安徽省志·财政志》，安徽省情网，http：//60. 166. 6. 242：8080/was40/index_sz. jsp? rootid = 1645&channelid = 27409，2016 年 1 月 22 日阅。

规章制度、资料、材料印刷费，行政事业单位临时出国人员制装费、差旅费、国外生活补贴、外宾招待费和举办刊物单位的稿费支出等。业务费开支在单位之间差距很大，无统一开支标准，据实际需要编制预算经批准后开支。

（5）其他费用，是上述个人、公用经费各项支出未能包括的其他必要开支，如出国实习人员生活费、本单位职工教育及居民委员会经费等。

（二）经费预算包干制

1. 试行经费预算包干制：1980～1987 年

"文化大革命"结束以前，我国基本实行财政统收统支管理制度，行政事业单位所需经费基本由财政供给，年终结余缴回财政。

地区行署时期，行政事业单位实行预算包干制，结余留用。1979 年 11 月，为了贯彻执行"发展经济、保障供给"的方针，"充分调动行政事业部门和单位的积极性，合理组织收入，努力节约经费开支，提高资金使用效果，提高财务管理水平，更好地完成各项事业计划和工作任务"，财政部颁布《关于文教科学卫生事业单位、行政机关"预算包干"试行办法》，从 1980 年开始试行预算包干制。据此，根据预算形式不同试行两种预算包干制，一是"凡是在预算管理上实行全额管理的单位，由现行国家核定预算，年终结余收回财政的办法，改为'预算包干，结余留用'的办法。即按国家核定的当年预算包干使用，年终结余全部留归单位支配"；二是"凡是以自己的收入抵拨一部分支出，差额由国家补助，在预算管理上实行差额管理的单位，可实行'定收入、定支出、定补助、结余留用'的办法。即按国家核定的收入和支出，确定一个补助数额，包干使用，结余留归单位支配。"具体包干定额由各省"按照历年开支情况，事业发展的要求和国家财力可能"自行确定。

一般而言，行署在内的地区各党政机关实行第一种，地区所属事业单位实行第二种，也就是通常说的全额预算管理单位和差额预算管理单位。但不论哪种，其"预算结余部分，都可以结转下年度继续使用。结余的资金，除国家规定的专项资金应专项使用外，主要用于改善工作条件，发展各项事业，不得用于增加人员工资，提高开支标准。"当然，各单位可以从增收节支中提取一部分作为奖励。提取的比例，由主管部门与财政部门、劳动部门具体商定。此项奖励，可用于集体福利和个人奖励。提取奖励的办法：（1）实行全额管理的单位，内部可实行"定额管理、节约奖励"的办法，即从节约的定额经费中提取一部分；有事业收入的，也可从纯收入中提取一部分。（2）实行差额管理的单位，在"定收入、定支出、定补助"后，可以从增收节支结余中，提取一部分。①

不论几种预算单位的包干分类，理想的包干应该是先有一个经费总额包干，然后其下有每一项包干和下属单位的总包干与分项包干，其中包括按人、按项、按单位不同的包干数额计算方式。总之，越细致越容易明确财政责任和保证节约行政成本。实际各省经费因最初的经验和部门实际情况不同，大致有以下三种形式：一是实行经费总额包干；二是实行总额包干下的单项或几项包干；三是实行总额包干下分部门包干。

（1）仅经费总额包干，这种基本实行于早期的摸索阶段，且实行者较少。如《安徽省志·财政志》载："1980 年实行'预算包干'以后，办公费、邮电费、水电费等由单位在总预算内自行掌握。……设备购置费，除新成立的机构外，一般不专列预算，而是包括在公用经费总定额内，由各单位自行掌握使用。……修缮费，……行政单位一般零星小修在单位公用费内调剂解决，较大维修另报预算审批……正常业务费是按其业务活动范围、性质和工作量，参照以前年度开支水平确定；专项业务费，是根据实际需要由用款单位编造临时预算审批"。② 即有经费包干总数，没有分项目的包干限定数额。

（2）单项或几项包干，由于财政部规定全额预算管理"有困难的，也可以对单位预算中的一项或几项费用实行预算包干的办法"③。即不能

① 财政部：《关于文教科学卫生事业单位、行政机关"预算包干"试行办法》（1979 年 11 月 23 日），载国务院办公厅法制局：《中华人民共和国法规汇编（1979 年 1—12 月）》，法律出版社，1986，第 165～166 页。
② 《安徽省志·财政志》，安徽省情网，http：//60.166.6.242：8080/was40/index_sz.jsp? rootid=1645&channelid=27409，2016 年 1 月 22 日阅。
③ 财政部：《关于文教科学卫生事业单位、行政机关"预算包干"试行办法》（1979 年 11 月 23 日），载国务院办公厅法制局：《中华人民共和国法规汇编（1979 年 1—12 月）》，第 165～166 页。

实行各项全包的，可先分项进行，有的省对便于分项包干即采取此种包干类型。如河北省各地区初期只"对一些大宗的支出项目，如会议费、公费医疗等试行单项包干"①。其中，1981 年廊坊地区行署"核定行署机关经费包干 22.20 万元"，"分项目的情况是个人部分（工资、补助工资、福利费）核定 12.12 万元"；"公用经费（办公、差旅、会议、邮电、汽油、修车、业务费等）核定 10.08 万元"②。山东省亦如此，滨州地区 1981 年后，对正常公务费实行按人定额包干，地区级每人每年 300～400 元，县级 150～200 元，区级 100～150 元；"临时经费按预算程序专项报批"不包干③。再如福建省对公务费中的机动车燃料、修理费和办公费实行预算包干，1979 年规定地市级办公费标准每人每月 5 元；1981 年 6 月规定燃料油定额每辆每月：专车 100 公斤；公用车 70 公斤；大客（卡）车 105 公斤，每辆每年修理费 800 元；1982 年 7 月，规定汽车中、小修及燃料费，不分车型，每辆每年平均定额 2000 元，摩托车每辆每年 500 元包干使用。汽车大修（指行车 6 万公里以上）费用，按实报销④。

（3）部门包干，部分地区实行此种包干形式。如 1985 年河北省石家庄地区根据省给的总指标，自定地区本级行政经费支出限额为 319.3 万元，分部门为：地委 92.2 万元、行署 120.3 万元、公安处 44.3 万元、法院 23.2 万元、检察院 19.7 万元、司法局 8.7 万元、商业局 10.9 万元⑤。具体单项经费也实行部门包干，如河北省廊坊行署"对各项经费凡是可以包干到办、局、科的逐步采取包干的办法包下去"，长途电话费和汽油包到各局、办，其中汽油："财办、文办、办公室、外办、人事局按一车标准

① 河北省财政厅：《积极的探索——财政改革的十三年回顾之二》（1992 年 5 月 26 日），《财政简报》第 25 期，石家庄市档案馆：32-1-723。
② 《廊坊地区行政公署办公室的报告》（1981 年 7 月 28 日），廊坊市档案馆：20-5-467（永久）。
③ 《滨州地区志（1979—2000）》，山东省省情资料库，http：//sd.infobase.gov.cn/bin/mse.exe？seachword=&K=bd&A=1&rec=430&run=13，2014 年 8 月 26 日阅。
④ 《福建省志·财税志》，福建省情网，http：//www.fjsq.gov.cn/ShowText.asp？ToBook=156&index=199&，2016 年 1 月 20 日阅。
⑤ 《河北省石家庄地区行政公署批转地区财政局关于节俭行政经费意见报告的通知》（1985 年 8 月 9 日），石家庄市档案馆：3-4-939（永久）。

每月 70 公斤，农办每月 100 公斤"；长途电话费每月包干："农办 100 元、棉办 50 元、财办 40 元、人事局 60 元、秘书科 80 元、行政科 20 元、外办 15 元、文办 20 元、政法办 10 元"①。此种包干形式较之前两种的预算约束力强。

　　对于包干结余资金的处理方法各地也有不同。中央指出了结余使用的大概方向是："除国家规定的专项资金应专项使用外，主要用于改善工作条件，发展各项事业，不得用于增加人员工资，提高开支标准"②，并未限定比重或标准。所以各地主要在结余用于生产性积累和非生产性消费的比例上有多有少。如山西省实行八二分，规定"用于集体福利和个人奖励的最多不超过 20%，发给个人的奖金最多不超过本人一个月的标准工资额。"③ 即用于发展事业的占 80%，用于改善职工生活条件的占 20%。黑龙江省大兴安岭地区 1983 年实行四六分，"按 60% 预发 1983 年行政事业单位预算包干节约奖"④，其余 40% 为发展生产。河北省曾实行七三分，1980 年 8 月，规定除专项资金和大型专业设备购置业务费必须结转下年继续使用外，其余结余部分 70% 结转下年用于发展事业和改善工作条件，30% 用于集体福利和职工奖金。其中发给个人的奖金有一刀切的，也有奖勤罚懒的。如河北省的奖金按人均最高额每人每年不得超过 10 元，重点奖给那些节约有显著成绩的个人，不得平均分配⑤。河北省廊坊行署则自订按全年人均 50 元最高额度的平均分配发放，同时奖金来源并非仅为预算包干结余，规定"首先由本单位正常经费预算包干结余资金中解决；预算包干结余资金不足的，可从本单位预算外资金中

　① 《廊坊地区行政公署办公室的报告》（1981 年 7 月 28 日），廊坊市档案馆：20 - 5 - 467（永久）。
　② 财政部：《关于文教科学卫生事业单位、行政机关"预算包干"试行办法》（1979 年 11 月 23 日），载国务院办公厅法制局：《中华人民共和国法规汇编（1979 年 1—12 月）》，第 165～166 页。
　③ 山西省财政厅：《关于颁发〈行政机关、文教科学卫生事业单位"预算包干"的试行办法〉的通知》（1980 年 2 月 28 日），河北省档案馆：989 - 9 - 1798。
　④ 《大兴安岭地区财政志》，中国龙志网，http：//210.76.63.176/trsweb/detail.wct？RecID = 19&SelectID = 6697&Back = - 2，2016 年 1 月 29 日阅。
　⑤ 河北省财政局：《关于行政事业单位实行"预算包干"年终结余如何使用问题的通知》（1980 年 8 月 28 日），河北省档案馆：989 - 9 - 1798。

解决；本单位预算外资金仍解决不了的，可从主管部门掌握的可用资金中调剂解决"。① 最终，实际上1980年底廊坊地区地直共有3764人，共发奖金188200元，即每人每年50元，其来源是单位解决175400元，财政解决12800元。②

2. 正式预算包干制：1988年至今

由于各地各单位情况较为复杂，在试行几年的基础上，财政部认为：1980年的"'预算包干，结余留用，超支不补'的预算包干办法，总的讲效果是好的。但只用一种包干模式，适应不了类型复杂的文教行政单位的业务活动"③。于是，1988年进行修订，除离退休经费和专项经费外，全部实行包干，并将包干方式在1980年全额预算管理和差额预算管理两种的基础上增加为四种，以适应各类文教科学卫生事业单位和行政机关的不同特点。1988年5月，财政部颁发《文教科学卫生事业单位、行政机关"预算包干"办法》，规定除"离休、退休人员经费按实编列预算"和"各种专项资金实行专项资金追踪反馈责任制度""不列入包干范围"外，"文教科学卫生等事业单位和行政机关的正常经费全部实行预算包干办法"；"按照预算管理级次，预算包干级次可分为单位预算包干和部门预算包干。各级文教科学卫生等事业单位、行政机关普遍实行单位预算包干"，根据定员定额核定包干基数可实行四种包干方式及其相应的核定预算包干经费方法（见表6-2）。"实行上述四种预算包干形式的单位，编制、定员管理健全，也可同时试行工资总额包干办法，增人不增工资，减人不减工资。结余的工资额，可以用于增聘人员、增发奖金或实行浮动工资制度。"同时，为收紧财政预算管理，配合政府机构改革，财政部规定，预算包干经费核定以后，"一般不予调整预算包干经费"④。

---

① 廊坊地区行政公署财政局：《关于地直行政事业单位发放年终预算包干结余奖的通知》（1980年12月20日），廊坊市档案馆：34-9-134（永久）。
② 《中共廊坊地区财政局党组关于行政事业单位发放年终预算包干结余奖的报告》（1980年12月17日），廊坊市档案馆：34-9-128（永久）。
③ 项怀诚主编《中国财政50年》，中国财政经济出版社，1999，第187页。
④ 《财政部关于颁发〈文教科学卫生事业单位、行政机关"预算包干"办法〉的通知》（1988年5月27日），《财政》1988年第8期。

表 6 – 2　1988 年预算包干制的四种方式、适用单位、包干基数及经费核定规制

方式	适用单位	包干基数的核定	包干经费的核定
（1）经费和任务挂钩，一年一定	易于计算任务量和开支定额、经费全部或基本上依靠财政拨款的全额预算管理单位	原则上按定员定额核定。"定员"系指编制主管部门核定的编制人数；"定额"系指财政部门根据事业发展的需要和财力的可能，以一定的核算对象确定的经费额度。对暂未实行定员定额管理的单位，可按前 3 年的平均开支水平，剔除一次性费用和一些不合理的因素后，确定预算包干基数	根据单位的性质、事业发展计划和各项经费定额，按年核定各单位的经费预算。对有收入的全额预算单位，应以其收入的一部分抵顶预算拨款
（2）核定基数，比例递增	需要发展而又难以计算工作量和开支定额的全额预算管理单位		根据单位的性质，事业发展计划和财力可能核定各单位的经费递增比例，每年按比例增拨包干经费
（3）包死基数，一定几年	收支比较稳定的全额预算管理单位和一般差额预算管理单位		核定的包干基数一定几年不变，单位增收减支不减拨包干经费，减收增支不增拨包干经费
（4）核定基数，比例递减	收入较多、有条件逐步实现经费自给的差额预算管理单位		根据单位事业发展、收入增长情况等因素核定经费递减比例，每年按比例减拨包干经费，直至减完为止

资料来源：《财政部关于颁发〈文教科学卫生事业单位、行政机关"预算包干"办法〉的通知》（1988 年 5 月 27 日），《财政》1988 年第 8 期。

　　此后，我国进一步规范和收紧预算管理。1997 年 1 月《事业单位财务规则》[1] 和 1998 年 1 月《行政单位财务规则》[2] 实行后，取消全额、差额、自收自支三种预算管理形式，国家对事业单位实行"核定收支，定额或定项补助，超支不补，结余留用"的预算管理办法，对行政单位实行"收支统一管理，定额、定项补助，超支不补，结余留用"的预算管理办法。严格按单位核实后的编制内实有人数和定额标准安排人员经费，对专项经费根据财力可能和单位实际承担的工作量逐项核定。[3] 相较此前，此种预算管理方式可视为另一种大包干。

---

① 《中华人民共和国国务院公报》1996 年第 35 期。
② 《财会月刊》1998 年第 3 期。
③ 《滨州地区志（1979—2000）》，山东省省情资料库，http：//sd. infobase. gov. cn/bin/mse. exe？seachword = &K = bd&A = 2&rec = 543&run = 13，2014 年 8 月 26 日阅。

二　多数地区（行署）的一级财政表现及收支结构

（一）多数地区行署仍然是一级财政

众所周知，"财权是指一级政府为满足一定的支出需要而筹集财政收入的权力，包括税权和费权，形成自筹的财力。"[①] 在我国，一级政府一级财政[②]。因此，只要是派出政府就没有一级财政，也就没有财权。地区行署自 1978 年替代地区革命委员会而建立并被定位为派出机构后，中央对其是否为一级财政始终没有明确规定。实际上，大多数地区（行署）近似一级财政，主要证据如下。

1. 部分省份确有明文记载地区为一级财政

部分省份的地方文献中确有明文记载地区为一级财政。如黑龙江省《大兴安岭地区财政志》载："自 1980 年 1 月 1 日起正式建立一级财政。"[③]吉林省《白城地区志》载："1985 年白城地区恢复一级财政，直接管理区内各县（市）和地区本级财政"，行署也有"地区级固定收入"[④]。1983 年10 月，辽宁省铁岭地区一份档案载："地区自一九六八年抓实的以来，经过十五年的发展，已成为实体……财政、工业、计划、物资、商业体制，均管实的。"[⑤] 1980 年 2 月，河北省廊坊地区的一份公文明确规定："划分

① 楼继伟：《中国政府间财政关系再思考》，中国财政经济出版社，2013，第 4 页。
② 不同于西方国家的行政层级多于财政层级，我国基本一级行政就有一级财政。所以，在我国现代，判断是否为一级政府可用一级财政作为标准。财政学认为，一级财政的条件包括一级事权、一级独立的预算、一级税收立法和管理权、一级国有资产产权、一级举债权、一级预算外资金管理权；财务指除了有预算外资金管理权外，其余均没有。行政管理学认为，财政是指除了组织预算收入和安排预算支出外，还有相当数量的资本性投资支出形成的国有资产，以及因政府的财务、财政活动和行政的对内对外的债权债务管理活动；而财务仅局限于政府及附属单位的预算资金活动。显然，财政学和行政管理学两专业虽对一级财政的表述不同，但对一级财政的要素界定基本相同，尤其国有资产是核心。
③ 《大兴安岭地区财政志》，第 14 页。
④ 《白城地区志》，第 834 页。
⑤ 中共铁岭地委：《关于将铁岭地区按省辖市体制过渡的请示报告》（1983 年 10 月 11 日），铁岭市档案馆：1－2－571。

收支、分级包干"，"分级：省、地（市）、县（市）三级"，"地、市、县财政预算由地、市、县分别编制，并由地区汇总报省"①。福建省《南平地区志》载：1982 年"地区一级首次被作为一级财政建制，并具有相应的财权和事权"；1985 年，"地区仍建立一级财政"②。《广西通志·财政志》载：1986～1987 年"设立行署本级财政"，1988～1991 年"建立地区一级财政"③。而且，上述地方志中并无各地区一级财政后来被取消的记载。

不过，在此要澄清一点：1978 年宪法规定地区行署为派出机构后不久，一些省也曾按照中央规定或早或晚地取消了"文化大革命"时期地区一级财政及一级预算，将其纳入省级的单位预算。如吉林省白城地区 1970～1979 年是一级财政，1980～1984 年取消一级财政④。广西柳州地区 1971～1978 年是一级财政，从"1979 年起，地区本级又改为向自治区报账单位"⑤。广东省 1979～1982 年实行省—县（市）—公社三级地方财政，地区行政公署虽设立财政机构，但"不是一级财政，其组织、协调、汇总和监督财政工作的作用"⑥。安徽省和黑龙江省均从 1980 年开始"撤销地区一级财政，行署相应改为省级财政预算单位"⑦ 或曰"行署本级的预算收支编入省级预算"⑧。湖南省稍晚，从 1983 年开始"行署财政不再作为一级财政，不担负全地区财政预算平衡的职责。行署本身的财务收支改为省财政的一个财务单位。"⑨ 只是时隔不久，一些省不知不觉又恢复地区为一级财政，尤其在 1985 年后居多，如前述广西即为一例。

---

① 《廊坊地区关于试行"划分收支、分级包干"财政管理体制的若干规定》（1980 年 2 月），廊坊市档案馆：34 - 9 - 129。
② 《南平地区志》，福建省情网，http：//www.fjsq.gov.cn/ShowText.asp？ToBook = 3151&index = 982&，2016 年 8 月 21 日阅。
③ 《广西通志·财政志》，广西地情网，http：//www.gxdqw.com/bin/mse.exe？seachword = &K = a&A = 58&rec = 184&run = 13，2015 年 6 月 20 日阅。
④ 《白城地区志》，第 834 页。
⑤ 《柳州地区志》，广西地情网，http：//www.gxdqw.com/bin/mse.exe？seachword = &K = b&A = 22&rec = 502&run = 13，2015 年 6 月 20 日阅。
⑥ 《广东省志（1979—2000.8）》（财政税收卷），方志出版社，2014，第 55 页。
⑦ 《安徽省志·财政志》，方志出版社，1998，第 335～336 页。
⑧ 《黑龙江省志·财政志》，黑龙江人民出版社，1991，第 419～433 页。
⑨ 《中共湖南省委、湖南省人民政府关于改革地区行政公署一级财政的通知》（1983 年 1 月 13 日），《湖南政报》1983 年第 2 期。

2. 没有明确记载地区是一级财政的省份实际将地区视同一级财政

没有明确指出地区是一级财政的省份，却有相关材料表明实际上将地区视同一级财政，执行与市、县同样的财政管理体制。如1980年《河北省人民政府关于我省实行"划分收支、分级包干"财政管理体制几个有关问题的通知》规定，从1980年起，对地、市、县普遍实行"划分收支、分级包干"的财政管理体制。① 山东省《潍坊市志》载："1980年中央对省（市）实行划分收支，分级包干的财政体制。省对地（市）、地（市）对县（市）同时实行这种体制。"② 安徽省1982年2月15日《关于实行"划分收支、分级包干"财政管理体制的通知》中亦明确规定："财政包干由省包到市、县，行署视同市、县一样实行包干。"1985年仍规定："行署比照县办理实行'划分税种，核定收支，超收分成，分级包干'的财政体制。"③ 河南省和浙江省在1980年、湖北省在1985年的史志中均亦有相似记载④。广东省至2000年"尚未实行地市合并的地区行政公署仍然没有赋予一级财政权限，但参照地级以上市核定包干基数"⑤。因此，有专家指出："我国实行'划分收支、分级包干'的财政管理体制，地区一级实际上也行使着这种分级包干的财政权。行政公署掌握着全区的人、财、物三大权，在全区行使着最高行政管理权，行政公署是一级不称作政府的'政府'。"⑥ 正因为执行同样的财政管理体制，本不应参与省、县财政上解与分成的地区行署，实际同样有份儿，所以，很多史志中地区本级实际不应有收入的预决算项下却不合常理的有数字款项。

---

① 《河北省人民政府关于我省实行"划分收支、分级包干"财政管理体制几个有关问题的通知》（1980年4月25日），廊坊市档案馆：20-6-358（长期）。

② 《潍坊市志》，山东省省情资料库，http：//lib. sdsqw. cn/bin/mse. exe？seachword = &K = b7&A = 1&rec = 894&run = 13，2015年6月20日阅。

③ 《安徽省志·财政志》，安徽省情网，http：//60. 166. 6. 242：8080/was40/index_sz. jsp？rootid = 1645&channelid = 27409，2015年6月20日阅。

④ 《河南省志·财政志》，河南省情网，http：//www. hnsqw. com. cn/sqsjk/hnsz/czz/，2015年6月6日阅；《浙江省财政税务志》，浙江地方志，http：//www. zjdfz. cn/tiptai. web/BookRead. aspx？bookid = 201212082674，2015年6月6日阅；《湖北省志·财政》，第443～444页。

⑤ 《广东省志（1979—2000. 8）》（财政税收卷），第56页。

⑥ 熊文钊：《行政公署的性质及其法律地位》，《法学杂志》1985年第6期。

3. 大多数地区行署具有企事业管理权及其收入

从一级财政的核心指标——筹支权来衡量，地区行署也早已超出本应仅是财务的范围。筹支权是一级财政的基本权力，在我国，筹支权的核心是具有企事业管理权及其收入。1983 年《中共中央、国务院关于地方州党政机关机构改革若干问题的通知》规定：地区"今后不直接管理企业事业单位"，"一时交不了的，可以暂时代管，过渡一段"①。而实际地区行署存在至今，绝大多数均具有企业事业管理权并掌握其收入。上述中央命令下达后，尽管河北省也曾发文规定地区"今后一般不再直接管理企事业单位"，但同时表示可"暂时由地区代管"②。因此，1987 年，河北省还"将邯郸、邢台、沧州、承德地区农科所下放给所在地区行署领导"③。该省承德地区从 1987 年 11 月至 1993 年 6 月被撤销前，掌管的厂矿企业有承德地区运输总公司、承德地区铁厂等共 9 家，掌管的事业单位有承德地区教育学院、承德地区师范学校、存瑞中学等共 12 所院校。④ 同样，1983 年 10 月，辽宁省铁岭行署"有直属工业企业 36 个"，"各种事业和科研单位 166 个"⑤。福建省龙岩行署存续期间各直属局、委也曾管理 61 个企事业单位。⑥ 至 1993 年，全国范围内"地区都管理着不少企事业单位，它们或由地区直属管理，或由地区工作部门直属管理"。⑦ 即便是经济欠发达的贵州省毕节地区行署，也"直接领导一批国有企业，初步形成一级经济实体"。1995 年，毕节行署直接领导全地区列入预算内 64 户国有工业企业中的 10 多户骨干企业，地直商业、粮食、供销、农林水、城建系统都有

---

① 中共中央、国务院：《关于地市州党政机关机构改革若干问题的通知》（1983 年 2 月 15 日），河北省档案馆：907－31－2－1。
② 《中共河北省委关于地、市党政机关机构改革若干问题的讨论纪要》（1983 年 6 月 9 日），河北省档案馆：934－4－167。
③ 河北省人民政府：《关于下放邯郸等五个地、市农科所的通知》（1987 年 8 月 31 日），河北省档案馆：907－40－30。
④ 《中国共产党河北省承德地区组织史资料（1987.11—1993.6）》（第二卷），第 544、552 页。
⑤ 中共铁岭地委：《关于将铁岭地区按省辖市体制过渡的请示报告》（1983 年 10 月 11 日），铁岭市档案馆：1－2－571。
⑥ 《龙岩地区志》（下册），第 944~946 页。
⑦ 《地区机构改革的设想》，《经济研究参考》1993 年第 Z3 期。

各自领导的工业企业，还有 10 多家商业贸易公司"经营着数额相当大的批发、零售业务"，以及为数不少的事业单位（2 所高等院校、7 所中等专业学校、1 所盲聋哑学校、1 所电视大学分校、4 个科研单位、3 个技术设计单位、2 所医院及 1 所卫生防疫机构）。[①] 时至 2015 年，新疆塔城地区行署也管理着 7 个企业单位和 15 个事业单位。[②] 可见，地区始终具有企事业管理权及相关收入，这一现象在全国应属通例。

4. 有的行署具有县级主要经济指标制定权

大多数地区行署还长期具有县级主要经济指标制定权、核定与平衡全地区预算等财政权，如河北省《沧州市志》载：沧州地区存在的 1978 年 8 月至 1993 年 6 月，行署曾"制定国民经济与社会发展规划"包括"1981 年至 1982 年 11 月讨论制定了《沧州地区 1981—2000 年工农业生产发展规划的初步设想（讨论稿）》"；1986 年 12 月 10 日下发了《沧州地区国民经济和社会发展第七个五年计划》；"1991 年 9 月 10 日行署制订印发了《沧州地区国民经济和社会发展十年规划和第八个五年计划纲要》" 等。[③] 再如，在安徽省阜阳县"实际上，地区行政公署对本辖区内国民经济计划、社会发展规划和年度计划以及其他各项社会主义建设工作负有全面责任"；行署曾制定"'五五''六五'国民经济发展规划，1991～2000 年农业综合发展和经济发展规划、1991～2000 年国民经济和社会总体规划等长期计划"；还编制了每个五年计划的"中期计划，并对中期计划进行分解，制订详细的短期计划（即年度计划）"[④]。这些规划、计划中就包含了大量对县级主要经济指标的制定权。再如《吐鲁番地区行政公署工作规则（2015 年修订）》中规定：行署常务会议要"讨论决定提交地区人大工作委员会审议的国民经济和社会发展计划报告及财政预算、决算报告"[⑤]。同样，目前新疆阿克苏政府网站上所列其财政局的职权之一就是"根据地区国民经

① 《毕节地区志·财政志》，贵州人民出版社，1998，第 119 页。
② 新疆塔城地区政府网，http：//www. xjtc. gov. cn/info/egovinfo/xxgknr/68270107% C3% AF% C2% BC% C2% 8D3－30/2015－0415011. htm，2015 年 5 月 25 日阅。
③ 《沧州市志》（第三卷），第 1954 页。
④ 江荣海、刘奇等：《行署管理——阜阳行署调查》序一，第 12～13 页。
⑤ 《吐鲁番地区行政公署工作规则（2015 年修订）》（2015 年 2 月 9 日），吐鲁番地区政府网，http：//www. tlf. gov. cn/info/52/114462. htm，2015 年 5 月 24 日阅。

济和社会发展战略，拟订地区财政发展战略、中长期财政规划，参与制定有关综合经济政策，提出运用财税政策实施宏观经济调控和综合平衡社会财力的建议；拟订和执行地区与各县（市）、财政与企业的分配办法，对地区财政进行综合平衡"①。说明行署时至今日仍具有国民经济和社会发展计划的制定权。同时，地区还具有核定辖县财政收支指标的权力。如黑龙江省大兴安岭地区根据省财政厅 9 月 17 日"核定大兴安岭财政收入包干基数为 6304.4 万元，支出包干基数为 3439 万元，收入上解额为 2865.4 万元，总额上解比例为 45.45%，总额留成比例为 54.55%。9 月 23 日，地区财政局对县区核定新财政体制收支基数：呼玛县收入基数为 133.6 万元，支出基数为 930.7 万元，定额补助为 797.1 万元；加格达奇区收入基数为 542.8 万元，支出基数为 876 万元，定额补助为 333.2 万元，塔河县收入基数为 1282.8 万元，支出基数为 86.9 万元，上解数为 1195.9 万元，上解比例为 93.23%，超收留成比例为 20%；漠河县收入基数为 1178.5 万元，支出基数为 43.8 万元，上解数为 1134.7 万元，上解比例为 96.28%，超收留成比例为 10%；地本级收入基数为 3116.7 万元，支出基数为 1501.6 万元，上解数为 1665.1 万元。"②

此外，地区行署还具有所属县级财政的收支指标和汇总县级预算制定权、下级财政管理规制制定权、专控商品代理审批权等。因此，1992 年，专家曾撰文指出："目前地区的职权较实，管理工作量比较大。一般地区都有一级财政、一级国民经济计划，还有物资分配等职权，除了不开党代会和人代会，省对县布置工作基本上都通过地区。现在地区都管理着不少企事业单位，它们或由地区直属管理，或由地区工作部门直属管理……地区的职权已远远超过了'督导检查'的范围，实际上已成为省县之间的一级领导机关。"③ 而并非如中共中央、国务院 1983 年规定的"县的工作由

---

① 阿克苏政府网，http://www.aksu.gov.cn/art/2014/6/1/art_1218_691.html，2015 年 5 月 24 日阅。

② 《大兴安岭地区财政志》，龙志网，http://210.76.63.176/trsweb/detail.wct? RecID = 21&SelectID=6697&Back = -4，2016 年 1 月 29 日阅。

③ 张雅林：《地区（行署）的沿革、现状及改革对策》，载吴佩纶主编《地方机构改革思考》，第 96 页。

省、自治区直接布置"①，"有些地区已成为不是一级财政的一级财政"②。

笔者认为，尽管如上所述，地区早已超出财务——自身经费收支的权力本分。但即便如此，也还不能言之凿凿地将地区等同于一级财政；严谨地说，应是近似一级财政，因为地区"财政"的收支结构与其他层级的地方政府不完全相同。

（二）以税收为主的地区"财政"收入结构

地区的收入主要分为企业收入、税收（包括农牧业税和工商各税）、其他收入三大类，这与其他地方政府是完全相同的，不同之处在于地区本级（地区行署）的收入。

1. 税收：地区本级不同于其他地方政府

税收是地区财政收入结构中与其他地方政府有所不同的方面。如1980年，中央明确规定地方可征收的税种为盐税、农牧业税、工商所得税、地方税、工商税。③ 而1980年2月，河北省廊坊地区规定："划归地区的收入"只有"地区所属的企业收入"④，没有上述税收；当年6月制订财政计划时，核定的地区本级收入只有"企业收入"和"上交折旧"，预算表中，地区本级的"农业税""工商税""地方税""所得税"栏均为空，而其所有辖县则各栏均有数字（见表6-3）⑤。与河北省相似的还有安徽省。后者虽于1982年2月规定"行署视同市、县一样实行包干"，但市、县的收入有"所属企业的收入、工商税收、农业税和其他收入"，而地区本级收

---

① 中共中央、国务院：《关于地市州党政机关机构改革若干问题的通知》（1983年2月15日），河北省档案馆：907-31-2-1。

② 吴越：《市地城乡双轨的地方行政体制刍议》，载刁田丁主编《中国地方国家机构研究》，第124页。

③ 《国务院关于实行"划分收支、分级包干"财政管理体制的通知》（1980年2月1日），载中国社会科学院法学研究所编《中华人民共和国经济法规选编（1979年10月—1981年12月）》（下），中国财政经济出版社，1983，第216~217页。

④ 《廊坊地区关于试行"划分收支、分级包干"财政管理体制的若干规定》（1980年2月），廊坊市档案馆：34-9-129。

⑤ 廊坊地区行政公署财政局：《廊坊地区一九八〇年财政预算收支计划》（1980年6月21日），廊坊市档案馆：34-7-433。

入只有"行署所属的收入和其他收入"①。再如《广西通志·财政志》载：从"1979年地区行政公署不再设立一级财政，地区本级的其他收入等，应上缴自治区财政，地区本级所需财政支出，由自治区财政拨付，并给各行署一定数额的机动费"。可见，此后广西各地区本级仅有"其他收入"和"机动费"。即使1986～1987年该省地区成为一级财政，此志仍载：地区本级的收入项目仅有"地区行署管理的企业上交收入、其他收入等"②，并无上述税收。

表6-3　1980年河北省廊坊地区本级和辖县收入分项统计

单位：万元

收入项目	地区本级	县小计	合计
（一）企业收入	678.9	1269.2	1948.1
1. 工业	690.4	39.2	729.6
2. 商业	-6.0	1171.4	1165.4
3. 供销	2.7	71.4	74.1
4. 交通	—	19.4	19.4
5. 其他	-8.2	-32.2	-40.4
（二）所得税	—	2600.5	2600.5
（三）农业税	—	820.5	820.5
（四）其他收入	—	17.9	17.9
固定收入小计	678.9	4708.1	5387.0
（五）地方税	—	7.0	7.0
地方收入小计	678.9	4715.1	5394.0
（六）工商税	—	5373.0	5373.0
（七）上交折旧	134.0	—	134.0
收入总计	812.9	10088.1	10901.0

资料来源：廊坊地区行政公署财政局：《廊坊地区一九八〇年财政预算收支计划》（1980年6月21日），廊坊市档案馆：34-7-433。

　1994年实行分税制，江西省上饶地区的固定收入包括"地级企业所得

①　《安徽省志·财政志》，第336页。

②　《广西通志·财政志》，广西地情网，http：//www.gxdqw.com/bin/mse.exe？seachword=&K=a&A=58&rec=184&run=13，2016年2月21日阅。

税，地级企事业单位缴纳的其他收入，其他资源税共计 20%；土地使用税、印花税、土地增值税、个人所得税、房产税、遗产税共计 10%，证券交易税共计 5%”。即除企事业收入外的税种共 8 个，而县级固定收入则有 17 个税种，且相同的税种的税率却较低，具体为“其他资源税 40%，土地使用税、印花税、土地增值税、个人所得税、房产税、遗产税共计 50%，证券交易税 25%”[①]。因此，至少就上述时期的税种和税率而言，有些地区本级与其他地方政府并不等同。而此前和此后出现于各种档案文件和地方史志中的所谓地区财政收入诸项数字，实际大多是辖县上解、省级分成（或奖励）与后来地区本级自收三方数字的汇总。如湖北省 1980 年规定：“地区所属县（市）的工商税（省管税收除外）增收的部分，在年终决算时，由省给地区分成 10%”；1982 年“地区所属县的工商税增收部分，继续实行由省给地区分成 10% 的规定”；1983 年“地区所属县（市）的收入比上年增收的部分，由省继续给地区 10% 的分成”[②]。再如广西 1988～1991 年“建立地区一级财政”期间，除“地区本级直属企业”产生收入外，“地区所属各县的财政收入比上年增收部分，仍按 1986 年确定的分成比例给地区奖励”[③]。1990 年，河北省石家庄地区本级财政收入中包括“县上解”1989 万元。[④] 所以，就地区本级收入而言，把地区“财政”完全等同于其他地方政府的一级财政还是可辩驳的。

在三大类收入中，不论是地区本级，还是全地区，税收均是总收入不断攀升的重要来源，最终占总收入的 70%～80%。税收之所以代替企业收入成为大宗，是因为 1983 年、1984 年国营企业陆续实行利改税改变了企业收入的形式。

2. 企业收入：地位逐渐降低

新中国成立以来至 1983 年，国营企业收入绝大部分是以利润形式上缴

① 《上饶地区志（1991—2000）》（下册），第 1011 页。
② 《湖北省志·财政》，湖北省情资料库，http：//www.hbdfz.com.cn：8081/dfz/onetable/browse/main.jsp？id＝984f81f3－6fe2－40f9－b323－498453debdde，2015 年 5 月 11 日阅。
③ 《广西通志·财政志》，广西地情网，http：//www.gxdqw.com/bin/mse.exe？seachword＝&K＝a&A＝58&rec＝184&run＝13，2016 年 2 月 29 日阅。
④ 《石家庄地区财政局关于一九九〇年地区本级可用资金安排意见的报告》（1990 年 3 月 17 日），石家庄市档案馆：32－1－555。

政府，且数额至少占专区或地区本级财政收入的 50% ~ 70% 以上。1983 年、1984 年实行利改税后，国营企业收入的形式改为税、费和利润三种（见表 6 – 4）①。

表 6 – 4　1978 年至今中央规定国营（有）企业收入（利润）分配形式统计

时期	收入分配形式
1978 ~ 1983 年	企业收入
1983 ~ 1984 年	国营企业所得税和企业收入
1984 ~ 1986 年	国营企业所得税、国营企业调节税
1987 ~ 1993 年	利润承包（包括所得税承包），部分地区实行税利分流改革试点
1994 ~ 2006 年	企业所得税，少数地方国有企业上交一定比例的税后利润
2007 年至今	企业所得税，企业分不同行业以不同比例向政府缴纳国有产权收益

资料来源：转引自崔潮《中国财政现代化研究》，第 411 页。

具体而言，1993 年以前企业收入主要是企业所得税、调节税、利润、承包费。关于企业所得税税率，1984 年规定国营大中型企业为 55% 的固定税率，小型企业为 10% ~ 55% 的八级超额累进税率②，调节税比例不固定③，小型国营企业在交纳所得税后，由企业自负盈亏，少数税后利润较多的，再上交一部分承包费。1993 年调节税取消，所得税率降为 33%④。如山东省 1983 年起"对盈利较多的小型企业，税后利润高于留利水平 10% 以上的，收取一定的承包费，或者按固定数额上缴部分利润"⑤。再如，1985 年河南省规定：地县收入中包括"地、市县国营企业的所得税、调节税、利润（亏损）和承包费"⑥。1988 年国营企业实行承包经营责任

① 《国务院办公厅关于今后不再批准企业实行利润递增包干等办法的通知》（1984 年 7 月 13 日），廊坊市档案馆：20 – 5 – 632。
② 国务院：《中华人民共和国国营企业所得税条例（草案）》（1984 年 9 月 18 日），载杨洪、徐杰编《经营管理大系经济法卷》，上海人民出版社，1991，第 770 页。
③ 国务院：《国营企业调节税征收办法》（1984 年 9 月 18 日），载杨洪、徐杰编《经营管理大系经济法卷》，上海人民出版社，1991，第 774 页。
④ 《中国财政年鉴（1994）》，第 563 页。
⑤ 《山东省志·财政志（1986—2005）》，山东省省情资料库，http：//lib. sdsqw. cn/bin/mse. exe？ seachword = &K = g0&A = 6&rec = 10&run = 13，2016 年 2 月 10 日阅。
⑥ 《河南省志·财政志》，河南省情网，http：//www. hnsqw. com. cn/sqsjk/hnsz/czz/，2016 年 1 月 20 日阅。

制规定，"盈利企业承包上交利润的范围是所得税、调节税、利润；实行所得税后承包的是所得税后的调节税、利润。亏损企业承包的范围是国家拨补的亏损"①。如安徽省"1980～1989年国营企业收入项目演变为'资金占用费''利润''国营企业所得税''调节税'"②。福建省1993年以前，预算报表中的"企业收入"这一大类包括："国有企业所得税、国有企业调节税、国有企业上缴利润、国有企业计划亏损补贴、国有企业承包收入退库等五大项"③。由此，原来纳入"企业收入"项下的大部分国营企业收入转为税收，其在地区收入中的大宗地位遂逐渐易手于税收。如河北省沧州地区"1986年以前企业收入为地方财政收入的重要项目"④，此后税收成为主要部分。再如，贵州省毕节地区1995年全区财政收入中，仅"地直企业上缴的利税占50%左右"⑤。广西柳州地区的"企业收入"1987～1992年，年收入占财政总收入的12%～18%；1993年以后企业收入比重较前下降。⑥安徽省巢湖地区本级1981～1985年、1986～1990年两个时期，"企业收入"占比分别为13.4%、12.85%，"税收"占比则分别为85.84%、83.8%。⑦陕西省汉中地区1976～1995年"工商各税"占历年同期收入的70%以上，1991～1995年甚至达到95.6%；而"企业收入"在1986～1990年减少了9.3%。⑧同样地，黑龙江省绥化地区1977～1990年的"企业收入"增长率一栏历年均为负值，其中1984～1989年高达负10511.3～16096.8万元。⑨再如，表6-5所示的陕西省商洛地区、表6-6所示的安徽

① 财政部：《全民所有制工业企业推行承包经营责任制有关财务问题的规定》（1988年4月27日），载国务院法制办公室编《中华人民共和国法规汇编（1987—1988）》（第8卷），中国法制出版社，2005，第400页。

② 《安徽省志·财政志》，安徽省情网，http：//60.166.6.242：8080/was40/index_sz.jsp?rootid=1645&channelid=27409，2016年2月22日阅。

③ 《福建省志·财政志（1991—2005）》，社会科学文献出版社，2012，第57页。

④ 《沧州市志》（第三卷），第1527页。

⑤ 《毕节地区志·财政志》，第119页。

⑥ 《柳州地区志》，广西地情网，http：//www.gxdqw.com/bin/mse.exe?seachword=&K=b&A=22&rec=486&run=13，2016年2月21日阅。

⑦ 《巢湖地区简志》，黄山书社，1995，第274页。

⑧ 《汉中地区志》（第二册），陕西省地情网，http：//www.sxsdq.cn/dqzlk/dfz_sxz/hzdqz_2/，2016年2月21日阅。

⑨ 《绥化地区志》（上卷），第654页。

省安庆地区虽为工业经济发展较好的地区，但企业收入占比也不同程度地逐渐下降。

表 6 - 5　1976～1999 年陕西省商洛地区财政收入结构统计

单位：万元，%

时期	工商税占比	农业税占比	企业收入占比	其他收入占比	收入合计
1976～1980 年	63.82	12.30	23.03	0.85	9795.4
1981～1985 年	80.09	11.17	6.20	2.54	11729.4
1986～1990 年	78.34	9.16	1.05	11.45	25748.1
1991～1995 年	68.59	18.82	-4.79	17.38	45043.0
1999 年	60.50	23.04	-2.79	19.25	24266.0

资料来源：《商洛地区志》，陕西省情网，http://www.sxsdq.cn/dqzlk/dfz_sxz/sldqz/，2016 年 2 月 11 日阅。

表 6 - 6　1978～1988 年安徽省安庆地区财政收入结构统计

单位：万元，%

年份	工商税占比	农业税占比	企业收入占比	其他收入占比	收入合计
1978	47.84	19.45	30.25	2.46	8804.9
1979	50.95	26.96	21.56	0.53	8798.1
1980	57.59	15.62	25.90	0.89	7517.9
1981	49.91	24.38	25.12	0.58	8578.7
1982	50.78	26.41	22.06	0.75	8927.8
1983	58.11	17.22	23.85	0.81	8145.1
1984	55.19	21.83	22.26	0.72	10254.8
1985	65.28	20.33	13.49	0.91	12342.5
1986	72.44	20.78	5.20	1.58	13133.0
1987	70.61	19.12	7.94	2.33	16027.4
1988	72.29	16.81	7.34	3.57	17647.6

资料来源：《安庆地区志》，安徽省情网，http://60.166.6.242：8080/was40/index_sz.jsp? rootid=30103&channelid=43676，2016 年 2 月 19 日阅。

需要补充一点的是，实际除了所得税、调节税、利润、承包费外，企业基本折旧基金（或折旧费）也是地区财政企业收入的形式之一①，但数额不大，且不同时期或列入或不列入财政预算。1978 年，国务院批转财政部文件规定：各级企业主管部门，按其直属企业汇总计算，盈亏相抵以后的利润，超过国家年度利润指标的部分，可提取 5%～15% 的企业基金。②1985 年以前此收入不属地区所有，要上缴省和中央，1985 年后列为地区财政预算外收入，但各地区征收比例不同。如福建省各地区行署 1985 年以前无论是所管理的企业固定资产原值在 100 万元以上的，还是 100 万元以下的，企业基本折旧基金均有 20%～30% 要上交集中到省财政，剩下的由企业掌握；“从 1985 年起，原由省集中的 30% 企业基本折旧基金，下放各地、市、县集中调剂使用”③。河北省也是从 1985 年“国营企业提取的基本折旧基金不再上缴中央，省、地、市财政集中的部分也不再列入预算”④。河南省从 1978 年“所有地方国营企业提取的基本折旧基金，50%留给企业，50% 上缴财政”；“1985 年起，全省地方国营企业所提取的基本折旧率不再上缴财政，全部留给企业用于固定资产更新改造”，其中 1980～1984 年，全省地方国营企业上缴财政的企业基本折旧基金占同期财政总收入的 1.74%⑤。因此，利改税后，政府还可从企业获得的收入除利润外，还有少量企业基本折旧基金。

由于实行分类分成的财政管理体制，企业产生的收入在不同时期分属不同的类型和分成比例。从国务院规定来看，企业所产生的收入基本各类型都包括，仅是分成比例稍有变化。1980 年实行“划分收支、分级包干”体制，“地方所属企业的收入”属于“地方财政的固定收入”；“上划给中央部门直接管理的企业……80% 归中央财政，20% 归地方财政”属于“固

---

① 企业基本折旧基金，属于企业收入的一个项目，是企业对固定资产在使用过程中磨损减少的价值，以折旧费的形式计入产品成本并按月提取损耗价值的补偿基金。
② 《国务院批转财政部关于国营企业试行企业基金的规定》（1978 年 11 月 25 日），《财务与会计》1979 年第 1 期。
③ 《福建省志·财税志》，福建省情网，http：//www.fjsq.gov.cn/showtext.asp？ToBook = 156&index = 87，2016 年 2 月 10 日阅。
④ 《河北省志·财政志》（第 42 卷），河北人民出版社，1992，第 202～203 页。
⑤ 《河南省志·财政志》，河南省情网，http：//www.hnsqw.com.cn/sqsjk/hnsz/czz/，2018 年 11 月 9 日阅。

定比例分成收入"①。1985 年实行"划分税种、核定收支、分级包干"体制，"地方国营企业的所得税、调节税和承包费；集体企业所得税"；"地方包干企业收入；地方经营的粮食、供销企业亏损；税款滞纳金、补税罚款收入"；"石油部、电力部、石化总公司、有色金属总公司所属企业的产品税、营业税、增值税，以其 30% 作为地方财政固定收入"。"产品税、营业税、增值税"和"国营企业奖金税；外资、合资企业的工商统一税、所得税"属于"中央和地方财政共享收入"②。1994 年开始实行分税制，地方企业所得税，地方企业上交利润属于"地方固定收入"；"增值税"属于"中央与地方共享收入"，地方分享 25%③。

　　1983 年利改税之初，各地区对由企业产生的税收计入何项下，全国大致有三种处理方式：（1）企业上缴税收仍划入"企业收入"项，1985 年后转入"税收"项。如河北省省级财政"1983 年，实行第一步利改税后，对部分国营企业征收的所得税，仍视为企业上缴的利润，列入企业收入"；"1984 年实行第二步利改税，全省绝大多数有盈利的国营企业，均由上缴利润改为缴纳所得税和调节税，仍列入企业收入"；"1985 年国营企业缴纳的所得税、调节税改在税收项下单列，不再列入企业收入"④。（2）列入税收项下。如贵州省的各地区⑤和福建省宁德地区⑥属此种情况。（3）部分列入"企业收入"。可能是为了计算方便或专门报告某一事项，个别时候某些地区仍将企业应缴税收列入"企业收入"项下。如河北省沧州地区 1986 年以后"地、市绝大多数有盈利的国有企业均由上缴利润改

①　《国务院关于实行"划分收支、分级包干"财政管理体制的通知》（1980 年 2 月 1 日），载中国社会科学院法学研究所编《中华人民共和国经济法规选编（1979.10—1981.12）》（下），第 216～217 页。

②　《国务院关于实行"划分税种、核定收支、分级包干"财政管理体制的规定的通知》（1985 年 3 月 21 日），《中华人民共和国国务院公报》1985 年第 10 期。

③　《国务院关于实行分税制财政管理体制的决定》（1993 年 12 月 15 日），《中华人民共和国国务院公报》1993 年 30 期，第 1462～1467 页。

④　《河北省志·财政志》（第 42 卷），第 202～203 页。

⑤　《毕节地区志·财政志》，贵州地方文献全文数据库，http://dfz.gznu.edu.cn/tpi/Cnki-View/OnlineView.aspx? dbname = Empty7&Recid = 2426&filename = NDAuMTQyLTE0OS5wZGY = &FilenameID = 2426#，2016 年 2 月 11 日阅。

⑥　《宁德地区志》，福建省情网，http://www.fjsq.gov.cn/ShowText.asp? ToBook = 3219&index = 967&，2016 年 2 月 8 日阅。

为缴'所得税'和'调节税'，仍列入企业收入"，甚至"1995 年、1996 年列入'企业收入'的数字（仍）包括一小部分非国有企业的所得税和调节税。"① 再如，陕西省汉中地区"1986～1995 年，全区企业共上交财政利润 21309.3 万元"，其中"含所得税、调节税、承包费"②。

3. 其他收入

各地区的其他收入较为繁杂、数额较少，且常年不固定。兹举以下几例。

> 贵州省铜仁地区的其他收入主要有规费收入、公产收入和其他杂项收入。在其他杂项收入中有有价证券利息收入、资源收入、土地使用权转入收入、基本建设还贷收入、基本建设收入、捐赠收入、国家预算调节基金收入以及退赃收入，学杂费收入，部队生产收入，土地证收入，"三查"审计收入、烟草超收分成收入，城市增容费收入等。③

> 福建省宁德地区在 1980～1992 年，历年均有的其他收入包括杂项收入、罚没收入、退赃收入和其他收入，其中 1990 年还曾有少量的契税和"清理资金额"收入。④

> 广西柳州地区的其他收入：列入此类收入的项目共 14 个。1950～1995 年，累计收入超过 1 亿元的项目有罚没收入、杂项收入等 2 个；累计收入 200～1000 万元的项目有国家资源管理收入（954 万元）、事业收入和行政性收费（832 万元）、国有土地使用权有偿出让收入（693 万元）和以前年度支出收回（227 万元）。规费、公产收入、摊位租收入、清理"小钱柜"收入、有价证券利息收入、积压物资变价收入、土地监证费、地方自筹收入等 8 项，累计收入在 70 万元以下。1950～1995 年，其他和专项收入 42764 万元，占同期财政总收入的

---

① 《沧州市志》（第三卷），第 1527 页。
② 《汉中地区志》（第二册），陕西省地情网，http：//www.sxsdq.cn/dqzlk/dfz_sxz/hzdqz_2/，2016 年 2 月 8 日阅。
③ 《铜仁地区志·财政志》，第 214 页。
④ 《宁德地区志》，福建省情网，http：//www.fjsq.gov.cn/ShowText.asp？ToBook = 3219&index = 967&，2016 年 2 月 8 日阅。

10.22%。其中其他收入35520万元，占此类收入总数的83.06%；专项收入7050万元，占16.49%；公债收入194万元，占0.45%。①

四川省各地区的其他收入包括"行政性收费收入、罚没收入、其他收入"②。

以上地区的几大类收入，在1994年分税制改革后，逐渐分类为税收收入和非税收入。税收收入，就是此前的各种税收，即上述的工商各税和农业税；非税收入是以非税收的形式纳入财政的收入，包括国有资产收益（国有企业上交利润、国有股份红利）、各种收费（服务性收费、基金、罚款、集资、摊派）、公债等。但无论如何划分，地区和其他地方并无差别，且税收仍是大宗。

（三）以经济建设费和科教文卫事业费为主的地区"财政"支出结构

虽然地区本级的收入结构与其他地方政府稍有不同，但其支出结构与其他地方政府并无二致，大致分为四大类：经济建设支出、行政管理支出、科教文卫和抚恤救济支出、其他支出。其中前两项为地区支出的大宗。

1978~2002年，中央对地方财政支出项目的规定变化不显著。如1980年规定地方财政支出的项目包括"地方的基本建设投资，地方企业的流动资金（包括中央代建项目的流动资金）、挖潜改造资金和新产品试制费，支援农村人民公社支出，农林、水利、气象等事业费，工业、交通、商业部门的事业费，城市维护费，人防经费，城镇人口下乡经费，文教卫生科学事业费，抚恤和社会救济费，行政管理费等"③。1985年的规定只是做了小幅的变动：撤销了地方企业的"流动资金"和"城镇人口

① 《柳州地区志》，广西地情网，http://www.gxdqw.com/bin/mse.exe? seachword = &K = b&A = 22&rec = 489&run = 13，2016年2月10日阅。

② 《四川省人民政府关于调整省与市地州财政管理体制的通知》（2000年2月21日），《四川政报》2000年第7期。

③ 《国务院关于实行"划分收支、分级包干"财政管理体制的通知》（1980年2月1日），载中国社会科学院法学研究所编《中华人民共和国经济法规选编（1979.10—1981.12）》（下），第217~218页。

下乡经费”；增加了“地方企业的简易建筑费”；将“城市维护费”改为
“城市维护建设费”；将“人防经费”改为“民兵事业费”①。1993 年实行
分税制规定的地方支出项目与 1985 年的相比，变化更小：一是将“公检
法支出”从行政管理费中分离出来单列，二是增加了“部分武装经费”和
“价格补贴支出”②。

　　各省对辖区内地、县、市、州支出项目的规定与上述不同时期的国务院
或财政部规定的差异也不显著，主要是各支出项目的名称不同，还有合并计
算的，如河南省，各地区的实际支出也基本如此（见表 6－7）。1980 年 6
月，河北省廊坊地区核定的本级支出 15 项，基本与县相同。③ 1990 年石家庄
地区本级可用资金要支出的也有 8 项。④ 2014 年新疆吐鲁番地区本级财政支
出有三大类：“公共财政预算支出”⑤ “上解上级支出”“结转下年使用资
金”⑥，实际具有当时规定的 17 类支出中的 13 类（“上解上级支出”和“结
转下年使用资金”均属于第 17 项“转移性支出”），如表 6－8 所示。

---

① 《国务院关于实行“划分税种、核定收支、分级包干”财政管理体制的规定的通知》
（1985 年 3 月 21 日），《中华人民共和国国务院公报》1985 年第 10 期。
② 《国务院关于实行分税制财政管理体制的决定》（1993 年 12 月 15 日），《中华人民共和国
国务院公报》1993 年第 30 期，第 1462～1467 页。
③ 廊坊地区行政公署财政局：《廊坊地区一九八〇年财政预算收支计划》（1980 年 6 月 21
日），廊坊市档案馆：34－7－433。
④ 《石家庄地区财政局关于一九九〇年地区本级可用资金安排意见的报告》（1990 年 3 月 17
日），石家庄市档案馆：32－1－555。
⑤ 2006 年 2 月 10 日《财政部关于印发政府收支分类改革方案的通知》下发后，政府的收支
分类发生了较大改变，由以前按政府职能分类，改为三种不同的分类方式：收入按来源
和性质分为税收收入、社会保险基金收入、非税收入、贷款转贷回收本金收入、债务收
入、转移性收入共 6 类；支出分类有两种，按政府活动的功能与政策目标分类分为一般
公共服务、外交、国防、公共安全、教育、科学技术、文化体育与传媒、社会保障和就
业、社会保险基金支出、医疗卫生、环境保护、城乡社区事务、农林水事务、交通运输、
工业商业金融等事务、其他支出、转移性支出共 17 类；按政府支出反映的经济性质与用
途分类分为工资福利支出、商品和服务支出、对个人和家庭的补助、对企事业单位的补
贴、转移性支出、赠予、债务利息支出、基本建设支出、其他资本性支出、贷款转贷及
产权参股；其他支出共 12 类（中华人民共和国财政部，http：//www. mof. gov. cn/zheng-
wuxinxi/caizhengwengao/caizhengbuwengao2006/caizhengbuwengao20062/200805/t20080519 _
23693. html，2016 年 3 月 1 日阅）。
⑥ 新疆吐鲁番地区财政局局长聂自成：《关于 2014 年地区本级财政预算执行情况和 2015 年
预算（草案）的报告》（2015 年 3 月 23 日），吐鲁番市财政局，http：//czj. tlf. gov. cn/in-
fo/5907/64620. htm，2016 年 2 月 21 日阅。

表 6 - 7　1985 年国务院与河南省、山东省、湖北省、福建省、陕西省
规定的地县市州财政支出结构对比

中央	河南省	山东省	湖北省	福建省	陕西省
地方统筹基本建设投资	基本建设投资	—	—	地（市）县财力安排的基建拨款	基本建设投资
地方企业的挖潜改造资金、新产品试制费和简易建筑费	企业挖潜改造资金、企业流动资金	农机部门简易建筑费	县办五小工业补助、简易建筑费	企业挖潜改造资金	企业挖潜改造资金、新产品试制费、简易建筑费
支援农业支出	支援农村合作生产组织资金和小农水补助费	支援农村合作生产组织资金、小型农田水利、防汛岁修经费	支援农业支出	支援农村生产支出	支援农业支出
城市维护建设费	城市维护建设费	城市建设维护费	—	—	—
地方的农林水利事业费	农林水利、文化教育、科学卫生等项事业费	农林水事业费	农林水利事业费	各部门事业费（不包括工商、税务事业费）	农林水利事业费
文教科学卫生事业费		文教科学卫生事业费	文教科学卫生等事业费	—	文教科学卫生事业费
工业、交通、商业部门事业费	工业、交通、商业部门事业费	工业、交通、商业部门事业费	工业、交通、商业部门事业费	—	工业、交通、商业部门事业费
抚恤和社会救济费	优抚和社会救济费	抚恤和社会救济费	优抚救济	—	抚恤和社会救济费
行政管理费	行政管理费	行政管理费	行政管理费	行政管理费	行政管理费
民兵事业费	—	—	—	—	—
其他支出	其他支出	其他支出	其他支出	其他支出	其他支出

　　资料来源：（1）《国务院关于实行"划分税种、核定收支、分级包干"财政管理体制的规定的通知》（1985 年 3 月 21 日），《中华人民共和国国务院公报》1985 年第 10 期。（2）《河南省志·财政志》，河南省情网，http：//www. hnsqw. com. cn/sqsjk/hnsz/czz/，2015 年 5 月 11 日阅。（3）山东省省情资料库·财政库，http：//sd. infobase. gov. cn/bin/mse. exe？ seachword = &K = a&A = 53&rec = 357&run = 13，2015 年 1 月 26 日阅。（4）《湖北省志·财政》，第 445 页，湖北省情资料库，http：//www. hbdfz. com. cn：8081/dfz/onetable/browse/main. jsp？ id = 984f81f3 - 6fe2 - 40f9 - b323 - 498453debdde，2016 年 2 月 28 日阅。（5）《福建省志·财税志》，福建省情网，http：//www. fjsq. gov. cn/ShowText. asp？ ToBook = 156&index = 239&，2015 年 5 月 11 日阅。（6）《陕西省志·财政志》，陕西省地情网，http：//www. sxsdq. cn/dqzlk/sxsz/czz/，2016 年 1 月 22 日阅。

表 6 - 8　1980 年廊坊地区、1990 年石家庄地区、2014 年吐鲁番地区本级财政支出统计

单位：万元

1980 年廊坊地区		1990 年石家庄地区		2014 年吐鲁番地区	
项目支出	金额	项目支出	金额	项目支出	金额
（一）行政经费	199.1	（一）自筹基建	248.0	（一）公共财政预算支出	98861.0
（二）文化事业费	38.0	（二）挖攻新产品开发	100.0	1. 一般公共服务支出	12951.0
（三）教育事业费	130.0	（三）科技三费	40.0	2. 教育支出	7571.0
（四）卫生事业费	111.0	（四）商业网点补助	30.0	3. 公共安全支出	11112.0
（五）体育事业费	15.2	（五）支援农业	400.0	4. 社会保障和就业支出	6699.0
（六）科学事业费	16.8	（六）文教科卫	340.1	5. 医疗卫生与计划生育支出	7492.0
（七）地震事业费	2.7	（七）行政、政法	219.5	6. 节能环保支出	2002.0
（八）广播事业费	12.0	（八）其他	109.2	7. 城乡社区事务支出	11534.0
（九）文物事业费	0.5	—	—	8. 农林水事务支出	7116.0
（十）计划生育事业费	8.7	—	—	9. 交通运输支出	4375.0
（十一）公费医疗经费	21.9	—	—	10. 资源勘探电力信息等事务支出	2394.0
（十二）知青业务费	0.2	—	—	11. 商业服务业等支出	2572.0
（十三）抚恤救济	16.5	—	—	12. 住房保障支出	1790.0
（十四）其他支出	31.2	—	—	（二）上解上级支出	1996.0
（十五）预备费	69.8	—	—	（三）结转下年使用资金	11072.0
合计	673.6	合计	1486.8	合计	189537.0

注：吐鲁番地区是按政府活动的功能与政策目标分类的。根据 2006 年 2 月 10 日《财政部关于印发政府收支分类改革方案的通知》，一般公共服务支出包括 32 款：人大事务、政协事务、政府办公厅（室）及相关机构事务、发展与改革事务、统计信息事务、财政事务、税收事务、审计事务、海关事务、人事事务、纪检监察事务、人口与计划生育事务、商贸事务、知识产权事务、工商行政管理事务、食品和药品监督管理事务、质量技术监督与检验检疫事务、国土资源事务、海洋管理事务、测绘事务、地震事务、气象事务、民族事务、宗教事务、港澳台侨事务、档案事务、共产党事务、民主党派及工商联事务、群众团体事务、彩票事务、国债事务、其他一般公共服务支出（中华人民共和国财政部，http://www.mof.gov.cn/zhengwuxinxi/caizhengwengao/caizhengbuwengao2006/caizhengbuwengao20062/200805/t20080519_23693.html，2016 年 3 月 1 日阅）。

资料来源：（1）廊坊地区行政公署财政局：《廊坊地区一九八〇年财政预算收支计划》（1980 年 6 月 21 日），廊坊市档案馆：34 - 7 - 433。（2）《石家庄地区财政局关于一九九〇年地区本级可用资金安排意见的报告》（1990 年 3 月 17 日），石家庄市档案馆：32 - 1 - 555。（3）吐鲁番地区财政局局长聂自成：《关于 2014 年地区本级财政预算执行情况和 2015 年预算（草案）的报告》（2015 年 3 月 23 日），吐鲁番市财政局，http://czj.tlf.gov.cn/info/5907/64620.html，2016 年 2 月 21 日阅。

由于 2007 年以前各级政府的费用支出按政府职能基本划分为四大类：经济建设费支出、行政管理费支出、科教文卫费和社会抚恤福利救济支出、其他支出。以下笔者据此分类分析地区财政支出结构。

1. 经济建设费支出：占总支出的 20%～30%，主要用于农村和农业

由于改革开放，包括地区在内的各区域经济飞速发展，经济建设费支出不断增加。经济建设费常年占地区"财政"总支出的 20%～30%。如陕西省榆林地区 1977～1989 年"用于建设的财政支出"占总支出的31.1%①。陕西省汉中地区 1978～1995 年的"经济建设费类"占 36.1%，居各项支出之首②。福建省宁德地区 1978～1992 年经济建设费占同期总支出的 24.1%③。需要指出的是，作为主管农村的地域型政区，大多数地区的经济建设费支出主要用于扶助农村、农业、农民，少部分经济较好的地区部分用于国营（有）企业改造和城市建设。前者如黑龙江省绥化地区，历年经济建设费基本用于支农，具体用于"农村农技推广和植保补助费，用于集体建立技术服务组织、生产科技联合体和科技示范户的补助及农作物防治、新农药推广、试验补助""小型农田水利""农村水产补助""发展粮食生产"等④。后者如河北省 1985 年，9 个地区经济建设费支出的 11个项目中，数额位居前三的依次是企业挖潜改造、支援农村社队生产支出、农林水利气象等部门事业费⑤。

2. 行政管理费支出：占总支出的 20% 左右

行政管理费支出包括个人和公用两部分，是全地区和地区本级"财政"支出的另一大宗，数额长期增长且占比 20% 左右。如河北省石家庄地区本级 1985 年上半年行政管理费比 1984 年同期增长 18.4%⑥。福建省宁

① 《榆林地区志》，陕西省地情网，http：//www. sxsdq. cn/dqzlk/dfz_sxz/yldqz/，2015 年 4 月29 日阅。
② 《汉中地区志》（第二册），陕西省地情网，http：//www. sxsdq. cn/dqzlk/dfz_sxz/hzdqz_2/，2016 年 2 月 21 日阅。
③ 《宁德地区志》，福建省情网，http：//www. fjsq. gov. cn/ShowText. asp？ ToBook = 3219&index =972&，2015 年 12 月 21 日阅。
④ 《绥化地区志》（上卷），第 656 页。
⑤ 《河北省志·财政志》（第 42 卷），第 227 页。
⑥ 《河北省石家庄地区行政公署批转地区财政局关于节俭行政经费意见报告的通知》（1985年 8 月 9 日），石家庄市档案馆：3 - 4 - 939（永久）。

德地区 1986～1990 年行政支出占总支出的 13%①，福建省南平地区 1979～1994 年行政管理费支出占总支出的 18.9%②。陕西省汉中地区 1978～1995 年的"行政管理费类"占同期总支出的 18.0%③。陕西省榆林地区 1977～1989 年的行政管理费占总支出的 18%④。广西柳州地区行政管理费支出，1993 年比 1990 年增长 47.93%，占财政总支出的 17.82%，1995 年比 1993 年增长 64.36%，占财政总支出的 23.63%。行政管理费中的个人部分有时是"大头儿"。如广西柳州地区 1971～1995 年的行政管理费支出中，个人部分占 56.15%，公用部分占 43.85%⑤。陕西省商洛地区 1999 年的各种"人头费"支出占当年财政总支出的 71.5%，其数额"比当年全区地方财政收入 24226 万元还多出 23352 万元"⑥。

3. 科教文卫和社会抚恤福利救济支出

科教文卫支出包括文化支出、文物支出、教育支出、卫生支出、体育卫生、广播电视支出、计划生育支出、科学支出、档案支出等。社会抚恤福利救济支出包括抚恤事业费、社会救济福利事业费、自然灾害救济事业费、退休退职费、离休费和其他民政事业费。

科教文卫和社会抚恤福利救济支出合计占比 30%～40%，其中社会抚恤救济支出比重一般不超过 10%，科教文卫支出则渐增，有时超过行政管理费。如在湖北省荆州地区文教卫生事业费"历为全区财政支出第一大项"⑦。陕西省汉中地区 1978～1995 年"文教科学卫生事业费"支出比重

① 《宁德地区志》，福建省情网，http：//www. fjsq. gov. cn/ShowText. asp？ToBook = 3219&index = 972&，2016 年 2 月 21 日阅。

② 《南平地区志》，福建省情网，http：//www. fjsq. gov. cn/frmBokkList. aspx？key = F09D4D42AD75438ABFF8BA466F731789，2020 年 3 月 14 日阅。

③ 《汉中地区志》（第二册），陕西省地情网，http：//www. sxsdq. cn/dqzlk/dfz_sxz/hzdqz_2/，2016 年 2 月 21 日阅。

④ 《榆林地区志》，陕西省地情网，http：//www. sxsdq. cn/dqzlk/dfz_sxz/yldqz/，2016 年 2 月 21 日阅。

⑤ 《柳州地区志》，广西地情网，http：//www. gxdqw. com/bin/mse. exe？seachword = &K = b&A = 22&rec = 495&run = 13，2016 年 2 月 5 日阅。

⑥ 《商洛地区志》，陕西省地情网，http：//www. sxsdq. cn/dqzlk/dfz_sxz/sldqz/，2016 年 3 月 2 日阅。

⑦ 《荆州地区志》，第 423 页。

（29.6%）明显大于"行政管理费类"的支出比重（18.0%）①；榆林地区1977～1989年"文教和社会福利"支出则占33.3%②。安徽省巢湖地区1986～1990年"文教卫生"（37.5%）和"社会优抚"（5.3%）支出比重之和也显著超过"行政"支出比重（15.3%）③。广西柳州地区1978～1995年本级"文教卫生"和"抚恤救济"的支出比重（37.6%）同样大大超过"行政管理费"的支出比重（19.0%）④。福建省宁德地区1991～1992年全区科教文卫事业费占总支出的31.7%⑤。

4. 其他支出

各地其他支出与其他收入相同，不固定因素较多，波动较大，其资金来源相当一部分由省级专项补助解决。兹举以下几例。

陕西省商洛地区1999年的其他支出包括财政支付的农林水气、工业、交通和税务部门的事业费及行政事业单位离退休人员的离退休费。⑥

贵州省毕节地区1978～1995年的其他支出大致包括少数民族地区补助费、支援不发达地区资金、价格补贴支出、其他杂项支出。⑦

福建省宁德地区1969～1992年的其他支出基本包括国防战备费，其他部门事业费（华侨、旅游、工商管理、税务、统计、劳教、劳改等），"五七"干校经费、干部下乡插队落户经费，少数民族地区补助

① 《汉中地区志》（第二册），陕西省地情网，http：//www.sxsdq.cn/dqzlk/dfz_sxz/hzdqz_2/，2015年2月21日阅。

② 《榆林地区志》，陕西省地情网，http：//www.sxsdq.cn/dqzlk/dfz_sxz/yldqz/，2016年2月21日阅。

③ 《巢湖地区简志》，安徽省情网，http：//60.166.6.242：8080/was40/index_sz.jsp？rootid=48832&channelid=1190，2016年2月21日阅。

④ 《柳州地区志》，广西地情网，http：//www.gxdqw.com/bin/mse.exe？seachword=&K=b&A=22&rec=491&run=13，2016年2月21日阅。

⑤ 《宁德地区志》，福建省情网，http：//www.fjsq.gov.cn/ShowText.asp？ToBook=3219&index=972&，2016年2月21日阅。

⑥ 《商洛地区志》，陕西省地情网，http：//www.sxsdq.cn/dqzlk/dfz_sxz/sldqz/，2016年3月2日阅。

⑦ 《毕节地区志》，贵州地方文献全文数据库，http：//dfz.gznu.edu.cn/tpi/WebSearch/Search_DataInit.aspx？dbid=91&dbcode=Empty7，2016年3月2日阅。

费，支援不发达地区发展资金，地方外事费，价格补贴等。①

三　地区（行署）的财务、"财政"特点

（一）一些地区大多数年度靠上级补助生存

前述地区的支出项目大多不是用地区本级收入或全区汇总收入解决的，因为一些地区自给率仅有三成左右或更少。即使如河北省整体是"收大于支的省"②，其地区"财政"也不能完全自给，因此，省一直对地区采取与同级的地级市不同的财政政策。1985年河北省规定，地级市增收后省要截留30%~60%，而地区增收多少都不截留③；1988年，河北省9个地区中有5个"吃补贴"，2个地区"收支基本平衡""自收自支"，只有2个地区完全不"吃补贴"④；1990年"收支基本平衡"的石家庄地区本级也出现入不敷出，当年本级实际收入有1041万元，而其计划支出却需要1486.8万元，还有445.8万元的缺口⑤。1985年，河南省8个地区中仅有许昌和南阳2个地区是"收大于支"，其余6个地区均是"支大于收"⑥。陕西省商洛地区1950~1999年的"大部分时期，自给率都为28%~35%，即支出的2/3靠上级补助，平均自给率只有33%，1984年首次出现赤字"；"之后，虽上级多次增加补助基数和专项补贴，但始终为赤字"；1999年，甚至全区所有收入还不够"人头费"一项支出，"欠发职工、教师工资、

①　《宁德地区志》，福建省情网，http：//www.fjsq.gov.cn/ShowText.asp? ToBook = 3219&index = 972&，2016年2月11日阅。

②　《关于新财政体制改变后对我区两次匡算情况》（1980年1月19日），廊坊市档案馆：34 - 9 - 129（永久）。

③　《河北省人民政府印发〈关于实行"划分税种、核定收支、分级包干"财政管理体制的规定〉和〈关于扭转地县财政补贴的暂行规定〉的通知》（1985年1月8日），廊坊市档案馆：20 - 5 - 692（永久）。

④　《河北省人民政府关于改进财政管理体制的几项规定》（1988年8月23日），廊坊市档案馆：20 - 5 - 885（永久）。

⑤　《石家庄地区财政局关于一九九〇年地区本级可用资金安排意见的报告》（1990年3月17日），石家庄市档案馆：32 - 1 - 555。

⑥　《河南省志·财政志》，河南省情网，http：//www.hnsqw.com.cn/sqsjk/hnsz/czz/，2016年5月21日阅。

药费、出差费甚多"。① 有的地区的自给率甚至低至两成。如 1977～1993
年，湖北省荆州地区有一半时间自给率在 20%～30% 以下；陕西省榆林地
区1978～1988 年本级"财政"的自给率平均为 23.29%；黑龙江省绥化地
区 1977～1990 年自给率基本均为负值，其本级收入除 1989 年为正值（5 万
元）外，其余年度始终均为负值（见表 6－9）。2014 年，新疆吐鲁番地区获
得自治区补助收入（54464 万元）占本级财政总收入（111929 万元）的
48.66%，是公共财政预算收入（本级收入）的 114.3%。②

表 6－9　1977～1993 年湖北省荆州地区、陕西省榆林地区、
黑龙江省绥化地区本级自给率统计

单位：万元，%

年份	湖北省荆州地区			陕西省榆林地区			黑龙江省绥化地区		
	收入	支出	自给率	收入	支出	自给率	收入	支出	自给率
1977	124	3043	4.07	—	—	—	－ 669	1151	－ 58.12
1978	530	4644	11.41	2633	12829	20.52	－ 702	1856	－ 37.82
1979	465	5399	8.61	2152	12329	17.45	－ 919	1169	－ 78.61
1980	525	4601	11.41	2469	11896	20.75	－ 494	916	－ 53.93
1981	626	3602	17.38	2750	11961	22.99	－ 434	1191	－ 36.44
1982	699	2923	23.91	2849	12292	23.18	－ 161	1373	－ 11.73
1983	454	3801	11.94	2912	14118	20.63	－ 141	1325	－ 10.64
1984	448	4164	10.76	2018	15929	12.67	－ 100	1709	－ 5.85
1985	139	4300	3.23	3383	17356	19.49	－ 27	1778	－ 1.52
1986	199	4661	4.27	5236	20632	25.38	－ 56	2998	－ 1.87
1987	887	4431	20.02	6399	21987	29.10	－ 66	3294	－ 2.00
1988	1074	5241	20.49	8651	26629	32.49	－ 144	3196	－ 4.51
1989	1344	5725	23.48	—	—	—	5	3985	0.13
1990	1906	6341	30.06	—	—	—	－ 88	3872	－ 2.27
1991	2285	7034	32.49	—	—	—	—	—	—

---

① 《商洛地区志》，陕西省地情网，http：//www.sxsdq.cn/dqzlk/dfz_sxz/sldqz/，2016 年 3 月
2 日阅。

② 新疆吐鲁番地区财政局局长聂自成：《关于 2014 年地区本级财政预算执行情况和 2015 年
预算（草案）的报告》（2015 年 3 月 23 日），吐鲁番市财政局，http：//czj.tlf.gov.cn/in-
fo/5907/64620.htm，2016 年 2 月 21 日阅。

年份	湖北省荆州地区			陕西省榆林地区			黑龙江省绥化地区		
	收入	支出	自给率	收入	支出	自给率	收入	支出	自给率
1992	1775	6678	26.58	—	—	—	—	—	—
1993	2320	8272	28.05	—	—	—	—	—	—
合计	15800	84860	18.62	41452	177958	23.29	−3996	29813	−13.40

资料来源：（1）《荆州地区志》，第 427～428 页。（2）《榆林地区志》，陕西省地情网，ht-tp：//www.sxsdq.cn/dqzlk/dfz_sxz/yldqz/，2015 年 6 月 6 日阅。（3）《绥化地区志》（上卷），第 650～651 页。

由于自给率低，实际地区的生存主要依赖上级补助。上级补助主要包括专项补助、税收返还补助、定额补助、临时补助等，其中数额较大的是专项补助和税收返还补助（见表 6-10）。除税收返还补助明确规定要"地方相应列收入"外[1]，其余大多数地区的省补助收入明细极少出现于地方志和档案的预决算报表中，尤其各种专项补助基本不单独列入地方收支包干。

表 6-10 1980～2000 年贵州省对铜仁地区本级的专项补助、税收返还补助、定额补助明细

单位：万元

年份	专项补助		税收返还补助	定额补助
	金额	使用方向	金额	金额
1980	296.4	小型农田水利补助、土壤普查补助、支援不发达地区补助	—	384.0
1981	268.8	农业税减免	—	417.8
1982	555.1	农业税减免	—	451.2
1983	747.0	—	—	461.8
1984	1295.5	—	—	505.2
1985	699.4	支援农业生产、支援不发达地区发展资金、价格补贴、抚恤和社会救济、贫困户农业税减免、灾欠减免，基建占地减免、调资补助	—	—

---

[1] 《国务院关于实行分税制财政管理体制的决定》（1993 年 12 月 25 日），载中国财政年鉴编辑委员会编《中国财政年鉴（1994）》，中国财政杂志社，1994，第 563 页。

续表

| 年份 | 专项补助 | | 税收返还补助 | 定额补助 |
	金额	使用方向	金额	金额
1986	80. 2	农业税减免	—	1801. 3
1987	1608. 7	—	—	1795. 6
1988	2601. 1	—	—	—
1989	4352. 5	—	—	—
1990	4252. 5	支援农业生产支出、支援不发达地区支出、抚恤和社会救济支出、行政事业单位调整工资、价格补助支出	—	
1991	合计 7360. 2	—	—	
1992		—	—	1795. 6
1993		—	—	
1994		—	5687. 5	—
1995		—	5829. 9	1795. 6
1996	合计 20938. 3	救灾	6090. 8	—
1997		—	6215. 8	1225. 6
1998		—	6346. 0	—
1999		—	6283. 0	—
2000		—	5771. 0	—

资料来源：《铜仁地区志·财政志》，第 228～230、233 页，贵州地方文献全文数据库，ht-tp：//dfz. gznu. edu. cn/tpi/CnkiView/OnlineView. aspx？dbname＝Empty49&Recid＝1604&filename＝dHIxMC4yMjgtMjMyLnBkZg＝＝&FilenameID＝1604#，http：//dfz. gznu. edu. cn/tpi/CnkiView/Online-View. aspx？dbname＝Empty49&Recid＝1605&filename＝dHIxMC4yMzMucGRm&FilenameID＝1605#，2016 年 2 月 11 日阅。

1. 专项补助

专项补助是中央拨给省，省再下拨给地区的专项经济建设开支。中央拨给省的主要为"特大自然灾害救济费、特大抗旱防汛补助费、支援经济不发达地区的发展资金等"①。而具体各省转拨给地区的专项补助在国务院

---

① 《国务院关于实行"划务收支、分级包干"财政管理体制的通知》（1980 年 2 月 1 日），载中国社会科学院法学研究所编《中华人民共和国经济法规选编（1979. 10—1981. 12）》（下），第 219 页。

规定的应急、救灾、防汛外，主要还是用于农村、农业、基本建设，而具体名目较为多样化，举例如下。

1980年，山东省各地区的省级专项补助包括："省统筹安排的基本建设投资，增拨企业的流动资金，企业挖潜改造资金和科技三项费用，特大自然灾害救济，支农事业费中的特大抗旱、防汛经费、机井配套补助、小水电补助、喷灌补助、人畜吃水困难补助、改碱样板田补助、沼气推广补助、渔民陆居补助、小水库除险经费、水库养鱼补助，知青安置费，人防工程经费，民兵事业费，抗震加固补助费，旅游点补助费，调出煤补贴及其他一次性补助费"①。

1980年，浙江省各地区的省级专项补助包括："省统筹安排的基本建设投资、地方企业流动资金，省下达项目的挖潜改造资金和新产品试制费、支援人民公社投资、社队造林补助、水产养殖补助费、公社开荒经费，重点小型水利一次性补助，防汛岁修经费、人防工程经费"②。

1980年，贵州省铜仁地区的省级专项补助包括："调整工资省对地区补助50%，企业增加流动资金，特大自然灾害救济费，寒衣补助费，改变贫困地产田补助，小型农田水利、人防经费、支援地区资金等补助"③。

1980年，陕西省各地区的省级专项补助包括："特大自然灾害救济费、特大抗旱、防汛补助费、陕南穷困低产县补助费、发展多种经营基地补助费、人畜饮水补助费、土壤普查费、疫病情防治费、自然资源调查和区域规划费、山区道路修建补助费、火葬场修建费、陕北建设资金、抗震加固费、民兵事业费、人民防空经费、城市人口下乡经费，以及其他一次性支出等"。

1985年，陕西省各地区的省级专项补助包括："特大自然灾害救济费，特大抗旱和防汛补助费，陕南贫困低产县补助费，支援不发达

① 山东省省情资料库·财政库，http：//sd. infobase. gov. cn/bin/mse. exe? seachword＝&K＝a&A＝53&rec＝357&run＝13，2015年1月26日阅。

② 《浙江省财政税务志》，浙江地方志，http：//www. zjdfz. cn/tiptai. web/BookRead. Aspx? bookid＝201212082674，2015年1月16日阅。

③ 《铜仁地区志·财政志》，第229页。

地区补助费（含陕北建设资金），人畜饮水补助费，城镇青年就业经费，以及其他一次性的补助支出"①。

1985年，湖北省各地区的省级专项补助包括："省财政自筹的基本建设投资，小型农田水利经费（包括小水电补助），较大的自然灾害救济，省管重点文物保护，血防经费，知青就业经费和地方病防治经费等"②。

1985～1989年，河南省各地区的省级专项补助包括："支持经济不发达地区的发展资金，自然灾害救济费，特大抗旱防汛补助费，以及支援农村合作生产组织资金、小农水补助费等"③。

2. 定额补助

定额补助为省级财政对入不敷出的地区的困难补助。定额补助是省对地区支出大于收入的数额部分给予一个固定数额的补助，一般5年不变。在不同的财政体制下，中央对入不敷出的各省均有困难补助的规定。1980年实行"划分收支、分级包干"时规定："支出大于收入的地区，不足部分从工商税中按一定的比例留给地方，作为调剂收入；有些地区，工商税全部留给地方，收入仍然小于支出的，不足部分由中央财政给予定额补助"④。1985年实行"划分税种、核定收支、分级包干"体制时规定："地方固定收入和中央、地方共享收入全部留给地方，还不足以抵拨其支出的，由中央定额补助"⑤。地方也有类似规定。如1980年，浙江省规定："支出大于收入的，不足部分从工商税13%的范围内按比例留给；有的地、县工商税13%全部留用后，收入仍少于支出的，不足部分由省财政给予定

---

① 《陕西省志·财政志》，陕西省地情网，http：//www.sxsdq.cn/dqzlk/sxsz/czz/，2016年1月22日阅。

② 《湖北省志·财政》，第445页。

③ 《河南省志·财政志》，河南省情网，http：//www.hnsqw.com.cn/sqsjk/hnsz/czz/，2015年5月11日阅。

④ 《国务院关于实行"划分收支、分级包干"财政管理体制的通知》（1980年2月1日），载中国社会科学院法学研究所编《中华人民共和国经济法规选编（1979.10—1981.12）》（下），第216～217页。

⑤ 《国务院关于实行"划分税种、核定收支、分级包干"财政管理体制的规定的通知》（1985年3月21日），《中华人民共和国国务院公报》1985年第10期。

额补助。上缴和补助数额确定后，原则上5年不变。"① 1988年正式实行预算包干制后，地方财政实行六种办法的包干，其中有16个省份实行第六种包干办法——"定额补助"办法②。即由中央给予各省份××万元、一个固定数额的补助，一般5年不变，各省份再补助地区。

一般地区获得的省级定额补助数额有以下四种情况：

一是给一个固定的数额，即一个死数。如1983年湖北省不分各地差异，对"黄冈、孝感、咸宁、荆州、襄阳、鄂阳、宜昌和恩施8个地直补助20万元"③。

二是补助支出与收入的差额，即超支的部分就是省级补助的数额。如1980~1984年黑龙江省黑河地区省核定给地区的包干基数：收入总额为3158万元（其中，固定收入为581万元、调剂收入为2577万元），支出总额为4849万元。其中将支出大于收入的1691万元，作为省财政对黑河地区的定额补助④。1988年，河北省9个地区中有5个要"吃补贴"，也是"实行'定额补贴，收入全留'的办法"⑤。

三是支出与收入的差按某百分比递减补助，即（支出－收入）（1－×%）。递减的比例，有的几年不变，有的一年一变。如安徽省1988年实行定额补助递减的办法，其中定额补助安庆地区本级为1230.2万元、宣称地区本级为1176.7万元、宿县地区本级为1449.1万元、六安地区本级为1141.6万元、巢湖地区本级为997.5万元；1989年12月，对新成立的池州行署本级财政的收入包干基数核定为641.3万元，支出包干基数为

① 《浙江省财政税务志》，浙江地方志，http://www.zjdfz.cn/tiptai.web/BookRead.aspx?bookid=201212082674，2015年1月16日阅。

② 《国务院关于实行地方财政包干办法的决定》（1988年7月28日），载郑易男主编《财政体制沿革回眸》，江苏人民出版社，1998，第222页（16个省份为吉林省、江西省、陕西省、甘肃省、福建省、内蒙古自治区、广西壮族自治区、西藏自治区、宁夏回族自治区、新疆维吾尔自治区、贵州省、云南省、青海省、海南省、湖北省、四川省）。

③ 《湖北省志·财政》，第442页，湖北省情资料库，http://www.hbdfz.com.cn:8081/dfz/onetable/browse/main.jsp?id=984f81f3-6fe2-40f9-b323-498453debdde，2016年2月28日。

④ 《黑河地区志》，中国龙志网，http://210.76.63.176/trsweb/Detail.wct?SelectID=3817&RecID=315，2016年1月29日阅。

⑤ 《河北省人民政府关于改进财政管理体制的几项规定》（1988年8月23日），廊坊市档案馆：20-5-885（永久）。

736.5 万元，年定额补助为 95.2 万元。收入递增率年为 4%，递增率内的收入上缴省 22.5%，超过递增率的收入全留。按此计算，定额递增数 1989 年为 6 万元，1990 年为 12 万元。此后几年每年以不同的比例递减①。

　　四是支出与收入的差按某百分比递增补助，即（支出 － 收入）(1 ＋ ×%)。递增的比例，有的几年不变，有的一年一变。如 1980 年山东省对支出大于收入的 9 个地、市，不足支出部分由省给予定额补助，其中淄博为 376 万元、枣庄为 4032 万元、济宁为 7022 万元、临沂为 8604 万元、泰安为 6420 万元、聊城为 6739 万元、菏泽为 10605 万元、德州为 8298 万元、惠民为 6344 万元，补助定额确定以后，按每年 5% 的比例递增；1993 年山东省核定临沂地区定额补助为 6752 万元，补助额中每年递增 8% 的为 1820 万元，递增 5% 的为 3652 万元，不递增的为 1280 万元。② 贵州省给铜仁地区本级"1984 年定额补助在 1983 年基础上递增 10%"，"1986 定额补助在 1985 年基础上递增 12%"，"1988 年取消递增补助办法，实行定额补助"。③ 黑龙江省 1985～1992 年，对黑河地区财政包干基数确定收入为 4582.2 万元，支出为 7402.6 万元，支出大于收入为 2820.4 万元，由省给予差额补助；然后"从 1986 年起，省补助数额每年递增 5%。包干基数一定 5 年不变"。④ 1985 年湖北省各地区同样实行 5% 递增补助⑤。

3. 税收返还补助

　　税收返还补助是 1993 年分税制改革后，为补助地税的不足而设立的，其返还额度随着税收的不断增加而增加⑥。

　　总之，正是以上诸多种上级补助才填上了地区"财政"70% 左右的窟

① 《安徽省志·财政志》，安徽省情网，http：//60.166.6.242：8080/was40/index_sz.jsp？rootid = 1645&channelid = 27409，2016 年 2 月 22 日阅。

② 《山东省志·财政志（1986—2005）》，山东省省情资料库，http：//lib.sdsqw.cn/bin/mse.exe？seachword = &K = g0&A = 6&rec = 145&run = 13，2016 年 1 月 31 日阅。

③ 《铜仁地区志·财政志》，第 226～227 页。

④ 《黑河地区志》，龙志网，http：//210.76.63.176/trsweb/Detail.wct？SelectID = 3817&RecID = 315，2016 年 1 月 29 日阅。

⑤ 《湖北省志·财政》，第 455～458 页，湖北省情资料库，http：//www.hbdfz.com.cn：8081/dfz/onetable/browse/main.jsp？id = 984f81f3 – 6fe2 – 40f9 – b323 – 498453debdde，2016 年 2 月 26 日阅。

⑥ 《中国财政年鉴（1994）》，第 563 页。

窿，因此，如果严谨地说，实际地区"财政"收入的大头儿不是税收，而是上级补助。

（二）行政管理费持续递增

1. 行政管理费递增率超同期财政收支增幅

行政管理费的增长表现在，一是本身的增幅持续递增；二是超过同期财政收支的增幅。

众所周知，政府规模必须与政府能力一致、与政府财政承受力相一致。政府要合理确定政府行政成本占整个财政收入的比重及占财政支出的比重，这个比重是衡量政府规模是否合理的重要参数。有专家认为，从行政管理费用规模来看，在社会主义市场经济体制不断完善的条件下，我国地方政府行政管理费占本级政府财政支出的比例若能保持在14%左右是一个比较合理的比例；行政管理费占财政收入的比例保持在15%左右比较合适；行政管理费占GDP的比重则应尽量控制在2%以内。[①]但改革开放后，由于各项事业的突飞猛进，"各级行政经费不断增加"。它的增加，不仅是绝对数值和增幅的历年增加超过了同期的财政收入增幅，而且在财政支出中所占比重也在增加。财政部统计发现：行政经费1983年比1982年增长了21%，1984年又比1983年增长了28%，"大大超过财政收支的增长幅度"；"行政经费占国内财政支出的比例"，1982年为7%，1984年已提高到8%[②]。如广西壮族自治区行政经费1984年比1980年增长了93.87%，平均每年递增16.4%[③]。因此，1985年2月，国务院下发《关于节减行政经费的通知》，提出了八条措施和各级政府要削减10%的目标[④]。四个月后，财政部检查发现：尽管"各地区、各部门正在贯彻"上述国务院通知，"但是，今年（1985年——引者注）一至四月份全国行政经费开支仍比上年同期增

① 谭桔华：《论合理政府规模与政府行政成本》，《湖湘论坛》2005年第2期。

② 财政部：《关于节减行政经费几项具体措施的通知》（1985年6月20日），石家庄市档案馆：32-1-255（长期）。

③ 《自治区人民政府批转区财政厅关于节俭行政经费的报告的通知》（1985年5月18日），《广西政报》1985年第7期。

④ 《国务院关于节减行政经费的通知》（1985年2月28日），载国务院法制办公室编《中华人民共和国法规汇编（1985—1986）》（第7卷），第25~26页。

长31.3%"。于是，财政部不但又提出十条减支措施和10%的压缩目标，还特别提高了其中四项开支的削减指标至40%～50%①。为此，各省及所辖地区又开展了减支工作，但效果不理想。如1985年1～7月，河北省各地县共支出行政经费15414万元，比上年同期增长2.7%；其中，除邢台和沧州地区分别比上年同期下降了7.3%和1.8%以外，"其他地区支出均有所增长，增长幅度较大的有：保定地区增长8%，廊坊地区增长13.9%"；尽管全省"行政经费支出大幅度增长的趋势已经基本得到控制，增长幅度逐月下降。但是，距离国务院关于行政经费压缩10%，按支出限额计算比上年压缩13.5%的要求还有相当大的差距"②。1987年，国务院亦再次指出："近几年行政费增长过快，超过了同期国民收入和财政支出的增长水平"，1985年全国行政费比1980年增加94%，按同口径比较，"平均每年增长16%，超过了同期财政收入增长水平"；整个"'六五'期间平均每年增长14%"。1986年行政管理费继续增长，比上一年增长21%以上。财政部推测："'七五'后4年如无有效措施，行政费过快增长的势头将难以控制"③。1989年，河北省全省行政管理费超出财政部下达控制指标的20.91%，居全国第六，其中增长幅度在15%以下的有保定地区、张家口地区和邢台地区，幅度超过20%的有沧州地区、石家庄地区和承德地区④。到1990年，全国行政管理费开支占国家财政总支出比重由5.5%增长到9.7%⑤。广西柳州地区，1993年行政管理费支出比1990年增长47.93%，占财政总支出的17.82%，1995年行政管理费支出比1993年增长64.36%，

①　财政部：《关于节减行政经费几项具体措施的通知》（1985年6月20日），石家庄市档案馆：32-1-255（长期）。

②　《河北省人民政府关于今年一至七月份全省行政经费支出情况的通报》（1985年8月26日），廊坊市档案馆：20-5-692（永久）。

③　《国务院办公厅转发财政部关于控制行政费问题报告的通知》（1987年4月6日），廊坊市档案馆：20-5-818（永久）。

④　《河北省人民政府办公厅转发省财政厅关于加强行政费管理意见报告的通知》（1990年7月30日），石家庄市档案馆：3-9-1355（长期）。

⑤　《1993年国务院机构改革的情况》，中国机构编制网，http://www.scopsr.gov.cn/zlzx/zlzxlsyg/201203/t20120323_35153.html，2015年1月30日阅。

占财政总支出的 23.63%①。至 2008 年，有专家统计，全国近年来行政管理费支出占财政支出的比例为 14% 左右，相比之下，国外政府的一般公务支出（统计口径相当我国的行政管理费支出）占财政支出的比例，大致都在 10% 以下，说明我国行政管理费支出和运行成本高于国外一般水平，财政负担较重②。

2. 行政管理费超支的项目主要为会议费、差旅费、购置费和"人头费"

行政管理费不断增长的项目主要是会议费、差旅费、购置费和"人头费"。这从 1985 年 2 月和 6 月国务院和财政部分别提出的节减措施（见表 6 - 11）也可发现端倪。实际这也是整个地区行署时期，各级政府行政管理费不断增长的主要项目所在。如河北省石家庄地区 1985 年上半年地区本级行政管理费没有达到国务院提出的压缩 10% 的要求，比上年同期增长 18.4%，其原因：一是人员增加，据 6 月份统计，地直各行政单位人员比上年同期增加 149 人，增加开支近 23 万元；二是会议多，上半年会议费比去年同期增加 11.8 万元，增长 118.5%（其中地委增加 4.6 万元，增长 200%，行署增加 1.6 万元，增长 59.3%）；三是购置费因车辆更新较多和增设机构、价格提高等增加 10.1 万元（其中地委增加 14.2 万元，增长 143.4%）。因此，上半年已经将全年的行政经费支出了一大半（具体为 62%，全年为 319.3 万元，上半年支出了 198.0 万元）③。1989 年，石家庄地区行署财政局规定："公用经费开支弹性较大""尤其是会议费、差旅费、设备购置，有较大的节约潜力"④。再如广西全区行政管理费 1984 年比 1980 年增长了 93.87%⑤，其原因除两次调整工资和增加发放节约奖及各种补贴外，其主要原因与河北省大体相似：一是行政机构人员逐年增

①　《柳州地区志·财政志》，广西地情网，http：//www.gxdqw.com/bin/mse.exe？seachword =&K = b&A = 22&rec = 495&run = 13，2015 年 7 月 10 日阅。

②　沈荣华：《中国政府改革：重点难点问题攻坚报告》，第 77 页。

③　《河北省石家庄地区行政公署批转地区财政局关于节俭行政经费意见报告的通知》（1985 年 8 月 9 日），石家庄市档案馆：3 - 4 - 939（永久）。

④　石家庄地区行政公署财政局：《关于分配一九八九年行政费支出控制指标的通知》（1989 年 6 月 16 日），石家庄市档案馆：32 - 1 - 483（永久）。

⑤　《自治区人民政府批转区财政厅关于节俭行政经费的报告的通知》（1985 年 5 月 18 日），《广西政报》1985 年第 7 期。

加，4 年里人员增加了 128.6%。二是随着人员、机构的增加，不仅要增加人头经费，而且还要解决办公用房、职工宿舍、车辆等一系列问题。因此，全区行政机关修缮费 1984 年的支出比 1980 年平均每年递增 9.4%，设备购置费从 1980～1984 年平均每年递增 29.7%。广西柳州地区 1971～1995 年，党政群等部门共支出 83177 万元，"人头费"合计为 46702 万元（其中，工资为 25546 万元，补助工资 10376 万元，职工福利费 2043 万元，离退休费 7905 万元，人民助学金为 40 万元，副食品价格补助为 792 万元），占党政群等行政支出的 56.15%；公用经费合计为 36475 万元（其中，公务费 17391 万元，设备购置费为 2712 万元，修缮费为 4552 万元，业务费为 6293 万元，差补费为 899 万元，其他费用为 4628 万元），占党政群等行政支出的 43.85%[1]。三是近几年各种会议过多，饭店、招待所收费标准越来越高，加之一些办公用品价格上升，也增加了行政经费开支[2]。

表 6-11　1985 年国务院和财政部提出的行政经费节减措施

国务院	财政部
（1）严格控制行政编制；	（1）层层落实压缩指标，严格控制拨款；
（2）大力节减设备购置和办公费用；	（2）严格控制人员经费；
（3）精简会议、文件和刊物；	（3）严格控制社会集团购买力，大力压缩设备购置费；
（4）坚决刹住不正之风（严格控制发放奖金、补贴和实物）；	（4）大力压缩修缮费；
（5）坚持勤俭办外事；	（5）压缩会议费、差旅费和其他费用；
（6）整顿宾馆、招待所的收费标准；	（6）整顿宾馆、招待所收费标准，刹住乱涨价的歪风；
（7）制止摊派和挤占行政经费；	（7）整顿各项期刊和内部刊物的补贴；
（8）整顿预算外资金（不得用于增加职工工资、发放奖金和提高开支标准）	（8）坚决刹住滥发奖金、补贴和实物等不正之风；
	（9）加强监督，严肃财经纪律；
	（10）加强领导，统一管理，坚持"一支笔"审批制度

资料来源：（1）《国务院关于节减行政经费的通知》（1985 年 2 月 28 日），载国务院法制办公室编《中华人民共和国法规汇编（1985—1986）》（第 7 卷），第 26～27 页。（2）财政部：《关于节减行政经费几项具体措施的通知》（1985 年 6 月 20 日），石家庄市档案馆：32-1-255（长期）。

---

① 《柳州地区志·财政志》，广西地情网，http://www.gxdqw.com/bin/mse.exe? seachword = &K = b&A = 22&rec = 495&run = 13，2015 年 7 月 10 日阅。

② 《自治区人民政府批转区财政厅关于节俭行政经费的报告的通知》（1985 年 5 月 18 日），《广西政报》1985 年第 7 期。

不难发现，"人头费"不仅是行政管理费中的大宗，也是引发其他几项公用经费支出增多的"祸首"。1978～2008年"改革开放30年，政府公务人员的增长速度（年均3.2%）超过了人口的增长速度（年均1.1%），政府公务人员绝对规模增长了近一倍，相对规模增长了近45%"，而"近年来行政管理支出占财政支出的比例为14%左右，主要用于'人头费'，所占比重偏高，并呈逐年增长趋势"①。地区行署也概莫能外。如陕西省商洛地区"行政管理费和文教卫生费""此两大类支出多为'人头费'（主要是工资），一直为商洛财政总支出的大头"。"五五"时期"此后的各时期和年份，二者比重都在60%以上，'八五'时期高达76.7%。全区由财政供给的工资性支出，绝大部分在此两项中"；"1980年后，全区的财政供养人员，逐年大幅度增加，远远超出经济发展水平和财政支付能力"；1980～1995年"15年累计增加52072人，平均每年增加3471人。到1999年，又增加78556人，'人头费'支出高达47618万元（其中工资为36552万元），占当年财政总支出的71.5%，比当年全区地方财政收入24226万元还多出23352万元"②。

（三）行政管理费超支原因为地区机构庞大、人为浪费、行政效率低、财政制度缺陷

行政管理费超支的原因不无一定的客观原因，如20世纪80年代中后期，"一些内部宾馆、饭店、招待所收费上升幅度过大，伙食标准也不断提高，致使会议费、差旅费迅速增加"③；"因药品及医疗仪器检查价格的提高，导致医药费数额的增加"④。但除此之外，主观原因造成的超支也值得注意。

1. 地区机构扩增、庞大

众所周知，"行政组织的规模是一个矛盾体，它既反映行政组织的工

---

① 沈荣华：《中国政府改革：重点难点问题攻坚报告》，第77页。

② 《商洛地区志》，陕西省地情网，http://www.sxsdq.cn/dqzlk/dfz_sxz/sldqz/，2016年2月11日阅。

③ 《国务院办公厅转发财政部关于控制行政费问题报告的通知》（1987年4月6日），廊坊市档案馆：20-5-818（永久）。

④ 石家庄地区行署财政局：《关于地区本级公费医疗经费执行情况报告》（1989年12月21日），石家庄市档案馆：32-1-482（长期）。

作动能的规模，也体现行政组织的资源消耗的规模。行政组织的规模涉及两项内容：一是行政机关的数量以及行政机关内设机构的数量；二是公务员的总定额。"①

第三章已述，精简总是难以理想达标绝大部分原因是主观导致的，无论是精简无效动作、机构改革配套不到位等现实（表层）原因，还是地区组织法的缺失、地区行署前身的历史惯性、全能型政府理念的根本桎梏等历史（深层）原因，这些基本都是主观的。政府机构庞大、"机构设置过细，尤其是为机关自身服务的机构分设过细，而且各机关还设置了大量的非常设机构。这种机构的扩充必然会导致人员的增加，从而带来人员经费的增加，而这种人员经费的增加还带来了一个行政管理支出的结构性问题，即其中人头费用过高，而业务费用相对过少，这严重妨碍了政府机关正常发挥其服务功能"②。1987 年，财政部曾指出："控制行政费开支，重点要解决机构膨胀、人员费用增加过猛问题……清理和精简机构，控制人员编制。这是节减行政费的关键。"③

需要说明的是，人头的增加有其必然合理之处，更有其危险之处。"改革开放后我国政府公务人员规模呈逐步增长态势，并保持在比较合理的增长范围之内。这种增长与 GDP 增长（年均 9.8%）、财政收入增长（年均 14%）和人口增长（年均 1.1%）呈正相关关系，适应了经济社会发展的需要。同时也应看到，政府公务人员数量规模与 1978 年相比扩大了近一倍，在总量上不是规模'偏小'问题，而是如何控制数量过快增长、避免产生'偏大'问题"④。"近年来，财政每年需要增加的工资性支出就占国家新增财力的 60% 以上，在不少地区新增财政收入约有 80% 以上用于人员经费。这表明，由于'养人'太多，我国财政正在日益向'吃饭型财政'发展，公共财政调控经济和社会事业发展的能力受到严重限制。"⑤

① 毛昭晖：《中国行政效能监察——理论、模式与方法》，第 111 页。
② 李春林等：《地区财政支出效益与结构优化》，冶金工业出版社，2008，第 25 页。
③ 《国务院办公厅转发财政部关于控制行政费问题报告的通知》（1987 年 4 月 6 日），廊坊市档案馆：20 - 5 - 818（永久）。
④ 沈荣华：《中国政府改革：重点难点问题攻坚报告》，第 76 页。
⑤ 苏明：《我国公共支出管理若干重大理论政策问题研究》，《财经论丛》（浙江财经学院学报）2003 年第 4 期。

2005 年有专家指出："中国实际由国家财政供养的公务员和准公务员性质的人员超过 7000 万人，官民比例高达 1：18。"①

财政供养人口，即人头费，自古就是财政最主要的负担，这部分支出具有刚性特征，是确定财政支出规模的基础因素。财政供养人口与政府行政机构设置和政府职能定位有密切的关系。如果政府职能仍定位于管理和经营经济，那么机构设置和人员安排仍会根据经济管理的要求进行，而随着中国经济的发展，专业部门设置越来越多、具体职责划分越来越细，政府相应配备的人员必然会越来越多。因此，必须根据市场经济体制对政府管理的要求根本改变政府机构和职责，才能避免再度陷入"吃饭财政"，才能避免再度陷入"精简—膨胀"的怪圈。

2. 人为浪费

人为浪费在各地较为普遍。如 1981 年，廊坊地区行署根据石油部门规定应每月耗油一吨，"实际每月耗油仍在二吨上下，超的原因"之一就是"汽车管理偏松"等人为浪费现象②。再如 1985 年，河北省 10 个地区行政经费增长的原因也"主要是一些地方、部门和单位的领导同志对压缩行政经费的重要意义认识不足，缺乏具体措施。特别应当指出的是，有些经济不发达、财力不充裕的地方花钱却大手大脚；有些急需开支的教育、科研项目资金得不到保证，而行政机关却讲排场，摆阔气，浪费资金"③。还有日常办公中的"常流水""常明灯"更是司空见惯的浪费④。1987 年财政部曾指出："近几年，各地区、各部门购买小汽车过多，这不仅使车辆购置费、燃料修理费等支出大量增加，也助长了机关讲排场、摆阔气等不正之风"，"随着办公现代化的需要，不少部门要求配备复印机、微机等设备，但利用率不高"；"许多单位在用水、用电、用煤、用气方面浪费很大"⑤。随

① 《大公报》（香港）2005 年 8 月 11 日。
② 廊坊地区行政公署办公室的报告（1981 年 7 月 28 日），廊坊市档案馆：20 - 5 - 467（永久）。
③ 《河北省人民政府关于今年一至七月份全省行政经费支出情况的通报》（1985 年 8 月 26 日），廊坊市档案馆：20 - 5 - 692（永久）。
④ 《河北省人民政府关于节减行政事业费开支的通知》（1987 年 3 月 17 日），廊坊市档案馆：20 - 5 - 818（永久）。
⑤ 《国务院办公厅转发财政部关于控制行政费问题报告的通知》（1987 年 4 月 6 日），廊坊市档案馆：20 - 5 - 818（永久）。

后，河北省也反省道：超支中"存在着严重的浪费。有些地方、部门和单位，勤俭节约、艰苦奋斗的观念淡薄，讲排场，花钱大手大脚；有的用公款请客送礼，滥发奖金、补贴和实物；有的违反国家规定和财经纪律，随意提高开支标准，挥霍浪费。"① 同样，"公费医疗经费长期高速增长，除医疗技术进步、药品材料涨价、享受人数增加、人员老化、疾病谱的变化等客观因素外，损失浪费也是十分惊人的。据估计药品浪费和不必要的检查费用占整个开支的30%左右"，"享受者缺乏费用意识和节约观念，追求医疗保健的高消费，小病大养，点名要药，甚至出现一人公费、全家吃药等不正常现象"②。有专家还指出："目前地区财政支出及各单位分配中的非货币化分配大量存在，如住房分配及各种实物福利、补贴这种非货币化分配方式一方面使得地方政府活动不能得到全面真实的反映；另一方面不便于对各单位进行考核管理，造成许多浪费。"③

3. 行政效能不高

作为"三多""五多"之一的会议多、公文多既是官僚主义的表现，也是地区行政效能低下的表现。"三多""五多"不可避免导致行政管理费增加。如1978年，河北省分配给石家庄地区行政会议费160万元，实际开支204万元，占原指标的127.5%，其中行署"地直（机关）均超支"，"地直指标20万元，实际开支37.7万元，为指标的188.5%。"石家庄行署认为会议费超支的原因就是"会议多，会期长"④。1980年1~6月，廊坊行署半年开支的会议费为全年预算的82.9%，"接近去年（指1979年——引者注）全年开支"⑤。

行政效能低下也与地区机构人员不断膨胀有撇不开的关系。尽管实践

---

① 《河北省人民政府关于节减行政事业费开支的通知》（1987年3月17日），廊坊市档案馆：20-5-818（永久）。
② 丛明、路和平：《我国的财政投入与医疗卫生事业发展》，《经济研究参考》1993年Z1期。
③ 李春林等：《地区财政支出效益与结构优化》，第29页。
④ 河北省石家庄地区行政公署财政局：《关于我区行政会议费执行情况和今后意见的报告》（1979年10月16日），石家庄市档案馆：32-1-157。
⑤ 《廊坊地区行政公署办公室的报告》（1981年7月28日），廊坊市档案馆：20-5-467（永久）。

证明，行政效能和财政供养并不存在着线性的必然联系。如 2000 年美国的财政供养率为 16.4%、中国香港地区为 11.3%、日本为 12.1%，而以上各国和地区政府行政效率之高却是公认的[①]。换言之，"从逻辑上分析，行政组织规模的膨胀，并不必然导致行政效能的降低，然而，当行政组织的规模膨胀到一定程度时，其必然成为阻碍行政效能提升的主要障碍"。因为，"一方面提升行政效能的制度安排的过程，实质上是对组合结构、权力分配和行政流程，进行有效再造和整合的过程。通过制度整合，往往能够堵住扩张行政组织的种种借口。另一方面，对组织结构、权力配置和行政流程的再造与整合，也是具有内生性的机构、人员的裁撤的过程"[②]。因此，只有政府机构的数量和行政效能两者之间存在一种动态的协调、制约关系，政府组织规模的扩大才不会导致行政低效。反之，则有必然联系。而笔者认为，仅从地区行署职能和历次机构改革的结果来看，地区机构的规模与行政效能的关系应属后者。

4. 财务财政制度有漏洞

其一，中央要求压缩经费的同时又增开很多花钱的口子。如 1980 年，廊坊行署反映："尽管中央六号文件提出了一些节支的要求，但新开的减收增支的口子要更大得多……例如，去年规定的调整工资，提高类差，副食品补贴等减收增支项目，其数额是相当大的，在核定收支包干基数时，并没有考虑，这本来给平衡今年的财政收支已经带来很大困难，其他口子应该尽量别开了。但是实际情况并不是这样。从今年半年多看，除了排污费、猪肉降价等新的减收项目外，又增加了教育班主任津贴、卫生防疫补助、民政定期定量补助扩大范围，提高标准，退休人员取暖费、福利费等增支项目，而且还在不断开口子。"[③] 再如 1985 年 1 ~ 7 月，河北省各地行政管理费除邢台和沧州地区分别比去年同期下降了 7.3% 和 1.8% 以外，其他地区的增幅在 0.2% ~ 13.9% 不等，而行政经费"增长的主要原因"就

① 陈广桂、将乃华：《从财政供养角度对我国行政改革的理性思考——基于三种类型国家财政供养率和供养结构的比较研究》，《商业研究》2005 年第 2 期。
② 毛昭晖：《中国行政效能监察——理论、模式与方法》，第 112 页。
③ 《廊坊地区行政公署财政局关于在实行新的财政体制中的几点体会》（1980 年 8 月），廊坊市档案馆：34－9－129（永久）。

是"发放离退休人员生活补助和差旅费标准提高等客观因素"①。1986 年，河北省石家庄地区反映："这几年由于增支口子年年开，致使财政支出却增长了 91.6%。因此，只能靠人为地压缩支出度日，单纯地保了人头费，挤了事业费，这几年尽管做了最大努力，实现了财政收入年年有所增加，但也难以应付逐年不断增开支出口子的需要。"② 1987 年，财政部承认："近几年行政费增长过快，有合理的因素，主要是安置军队转业干部、充实和加强政法部门、建设乡政权、增设必要的机构以及行政单位调整工资、发放副食品补贴等。"③ 此句中的"合理的因素"就是中央政策变化导致的增支。

其二，财政管理体制本身有滋长浪费的因素。这主要表现在：（1）包干制实际形成"包而不干"。20 世纪 80 年代以来实行预算包干，预算包干之所以能发挥加强预算管理的作用在于责、权、利得到有机的结合。而如果包干任务不明确、不具体、与实际差距大，就会产生"包而不干"。财政体制长时期实行收支两条线，地方政府的收与支不挂钩，即地方政府的财政责任与财政利益不相关。因此无论收多少，都可以有国家按人计算的标配的经费，即使花超了，也可追加预算或有各种补助。因此，有专家深刻指出：

> 一方面是我国行政事业单位工作人员的工资、福利待遇等标准，都由中央统一制定。10 年来不断出台了一些改革措施，但其减收增支的口子却按包干体制甩给了地方，增加了地方的支出压力。另一方面，地方也想办法挖中央的收入。在那些收入上缴的地区，采取向企业减税让利的办法，"藏富于企业"，地方办事需要时，再通过向企业集资、摊派的办法拿回来。这实际等于挖中央一块收入，来满足本级支出。在那些补贴地区，则跑步（部）前（钱）进，拼命争中央的专

---

① 《河北省人民政府关于今年一至七月份全省行政经费支出情况的通报》（1985 年 8 月 26 日），廊坊市档案馆：20 - 5 - 692（永久）。

② 《石家庄地区行政公署财政局关于财政管理体制问题的报告》（1986 年 6 月 27 日），石家庄市档案馆：3 - 9 - 980。

③ 《国务院办公厅转发财政部关于控制行政费问题报告的通知》（1987 年 4 月 6 日），廊坊市档案馆：20 - 5 - 818（永久）。

项拨款。反过来，中央财政揭不开锅，再采取有悖于包干体制的行政
　　手段向地方连年"借款"，并打进了各地的基数，又从地方捞回一块
　　固定收入。这种因财权与事权不统一引起的财力争夺战，必然导致各
　　级财政的包而不干。[①]

此后的财政体制在"改革中没有及时转轨，而是以此为发端，形成了更加
明显的讨价还价的行政性分权模式。这种模式具有严重的随意性，造成预
算约束弱化"[②]。截至2007年，"理论界普遍认为，目前的公共财政体制只
是初步理顺了中央政府和省级政府之间的财政关系，但没有在省级以下政
府之间确立一个较为合适的责任和财力分配模式"[③]。（2）采用"基数加
增长"的预算编制本身具有浪费潜质。"基数加增长"即根据前几年支出
实际平均数再加上物价上涨和事业发展增长的部分编制预算单位的支出预
算。这种方法"不是根据各单位真实需要确定支出，结果造成厉行节约的
单位少支，大手大脚花钱的单位多支的不合理局面，不利于地区财政支出
的节约使用"[④]。如1980年财政体制分级包干是以1979年实际收支为基数
计算，因此"从收入上讲，谁在1979年收入组织得好，就闹个大的收入
基数，就吃了亏；谁收入组织得不好，就落个小的收入基数，就占了便
宜。从支出上讲，谁在1979年精打细算，节约开支，就闹个小的支出基
数，就吃了亏；谁大手大脚，加大支出，就落个大的支出基数，就沾了
光。而且这种吃亏和占便宜不是短时期，而是一定5年不变"[⑤]。（3）财政
体制变动频繁，地方财政不能或者不愿做长期打算。财政管理体制基本每
隔5年左右就进行一次改革，间接"培养"了地方财政这样一种心态：有
钱赶快花，不然哪天就改政策，没准包干指标更低了。怀揣如此心态怎可
能在节约上精打细算。总之，财政体制的漏洞是行政经费超支的制度性
原因。

---

①　秦凤翔：《论财政包干体制及其改革》，《学术交流》1990年第3期。
②　杨志勇：《中国财政体制改革理论的回顾与展望》，《财经问题研究》2006年第6期。
③　毛昭晖：《中国行政效能监察——理论、模式与方法》，第116页。
④　李春林等：《地区财政支出效益与结构优化》，第28页。
⑤　《廊坊地区行政公署财政局关于在实行新的财政体制中的几点体会》（1980年8月），廊
　　坊市档案馆：34-9-129（永久）。

四　地区（行署）"财政"的国家与社会关系透视

笔者认为，在我国，国家与社会关系的基础，鲜明地表现为政府与市场的关系，而在新时期，政府与市场关系的历史性转变则是发轫并围绕政府与企业关系的转变而展开的。1978 年以来的地区"财政"恰恰折射了这一转变的三个阶段：1978 ~ 1982 年、1983 ~ 1992 年、1993 年至今。此即可视为地区"财政"演变的特征。

在国家与社会关系的应然状态下，"企业作为社会中一个独立的主体，自主地从事生产、创新和管理，国家以税收的形式分享企业创造的收益，并提供一般性的服务和管理"[1]。而新中国成立后，通过统收统支、三大改造、统购统销，国家统一配置人财物资源，社会空间不断被压缩，大政府小社会、大政府小市场的政府主导型经济社会管理模式牢固确立起来，并于 1958 ~ 1960 年达臻巅峰。此间，政府与企业的实然状态是：企业本质上只是国家用于完成自身政权稳定、经济发展和社会渗透的工具。企业的财务，实质上是国家财政的一部分，企业没有自身的所有权、利润分配权和管理权，即"企业并不具有独立的经济主体身份，与政府之间不是一种平等交易的关系，而是管理与被管理者的关系"[2]。甚或更确切地说，社会、市场、企业均是在国家或政府的指令下生存。表现在财政上就是不论专区专署、地区革命委员会还是其他各级政府，"企业收入"均是其收入的绝对大宗。因此，当时我国财政收入被称为家财型、自产型[3]，财政支出被称为全包型。

1978 ~ 1982 年，政府初步对企业让渡小部分利润分配权，尝试改变国家与社会，与市场关系的不合理状态。首先，1978 年恢复和建立企业基金、企业利润留成制度，使企业初步从利润中提取工资总额的 3% ~ 5% 企业基金，自由决定"用于举办职工集体福利设施，举办农付［副］业，弥

---

[1]　刘守刚：《国家成长的财政逻辑——近现代中国财政转型与政治发展》，第 148 页。

[2]　崔潮：《中国财政现代化研究》，中国财政经济出版社，2012，第 405 页。

[3]　崔潮：《中国财政现代化研究》，第 388 页。

补职工福利基金的不足以及发给职工社会主义劳动竞赛奖金等项开支"；同时，限定各级政府提留的 5%～15% 的超计划利润企业基金只能"用于奖励超额完成利润指标的企业"和"生产技术措施和本系统企业的集体福利设施"，完全"不准用于主管部门机关本身的各项开支"[①]。其次，1982年调整企业利润留成和盈亏包干办法。由此，企业可支配财力即"企业留利占企业利润的比重"，1978 年为 2%，1979 年为 7.6%，1982 年达到 21.1%[②]；这就开创性地改变了 1978 年以前企业留利占企业收入平均 4.4% 的水平和 10.2%（1958～1961 年，见表 6–12）的历史最高纪录[③]。因此，反映在前述地区"财政"收入上就是"企业收入"的占比出现小幅下滑。

表 6–12　1949～1978 年实行的国营企业留利规定

单位：年，%

主要制度	实施时期	目的	主要内容	企业留利比重
统收统支	1949～1952 年	恢复经济	利润全额上交	—
企业奖励基金、超计划利润分成	1952～1957 年	调动企业、职工和企业主管部门积极性	利润部分留存于企业	3.6
利润留成	1958～1961 年	进一步扩大企业财力	利润部分留存于企业	10.2
企业奖励基金	1962～1968 年	缓解"大跃进"给国民经济造成的困难	减少企业留利部分	3.8
职工福利基金	1969～1977 年	缓解国家财政困难	利润全额上交	0.17

资料来源：崔潮：《中国财政现代化研究》，第 399 页。

此时段是谋求改善国家与社会关系的一个良好开端，但诸上"变革是在原有计划经济体制总体格局未变的态势下展开的，计划机制仍占主体地位"[④]。

---

① 《国务院批转财政部关于国营企业试行企业基金的规定》（1978 年 11 月 25 日），《财务与会计》1979 年第 1 期。

② 刘守刚：《国家成长的财政逻辑——近现代中国财政转型与政治发展》，第 132 页。

③ 崔潮：《中国财政现代化研究》，第 399 页。

④ 庞明川：《转轨经济中政府与市场关系中国范式的形成与演进》，《财经问题研究》2013 年第 12 期。

尽管"政府已经开始正视企业独立的主体地位，但其种种放权让利措施仍在'家财型'财政框架内进行，仍可视为家长对子女的种种鼓励措施"①。也就是说，政府主导型经济社会管理模式的根本没有大的改动。所以，如前所述，尽管1978年撤销地区一级财政一声令下，各省基本按章办事，但不久就"不知不觉"地恢复了，企业收入在1983年以前仍妥妥地占据地区总收入的"半壁江山"，甚至更多。

1983～1992年，政府发布一系列政策，减少对企业的计划性指令和微观控制，归还给企业更多的资源分配权和生产自主权，正式开始重塑政府与企业的平等关系。除1988年实行企业全面承包、自负盈亏提高其自主性外，此前，"从1985年起，国家计委管理的指令性计划产品由123种减少为60种，指令性计划产品占工业总产值的比重，由原来的40%下降为20%左右，同时下放了基本建设、技术改造和利用外资项目的审批权限"②。与此相适应，政府启动了政企分开的机构改革，明确提出，包括地区行署在内的各级政府的经济管理部门"必须大力简化和紧缩，经济综合协调部门、统计监督部门、立法执法部门，必须大力加强和完善"③。此后，1988年又规定党政机关不得开办公司④，1989年政府党政领导限期"辞去公司（企业）职务"⑤。由此，政府对企业的干预和控制逐步减少。而所有这一切的发端，也是这一阶段最具里程碑意义的，是1983年、1984年国营企业的利改税。这场改革首度以税收形式正式重塑政府与企业的平等契约关系，把企业与政府的关系初步从利的层面上升至权的层面。唯其如此，前述在地区"财政"收支结构上，代表政府与企业新型契约关系的税收替代了此前"企业收入"项的大宗地位，且数字比重增至60%～70%以上。而全国1985～1993年税收占财政收入的比重甚至高达98.0%⑥；相应地，在地区

---

① 刘守刚：《国家成长的财政逻辑——近现代中国财政转型与政治发展》，第134页。
② 《铜仁地区志·财政志》，第186～187页。
③ 《中共中央、国务院关于省、市、自治区党政机关机构改革若干问题的通知》（1982年12月7日），河北省档案馆：934-4-152。
④ 《十三大以来重要文献选编》（上），中央文献出版社，2011，第249页。
⑤ 《中国共产党反腐倡廉文献通典（1989.1—1997.8）》（第四卷上），党建读物出版社，2009，第553页。
⑥ 崔潮：《中国财政现代化研究》，第405页。

"财政"支出中，科教文卫支出和经济建设支出逐渐增加。因此，原财政部长项怀诚说："传统体制下国有企业利润全额上缴的财政收入机制不复存在，国家财政来自国有企业的收入下降，自1979年起，各种税收超过了企业收入，在财政收入中居第一位。"① 由此，财政收入历史性地转向税收型，财政支出转为建设型。

此时段政府通过一系列让利分权政策成功探索了"计划与市场内在统一的体制"②，但也有一些问题尚未解决。"就放权而言，主要是将原来掌握在企业主管部门（行政部门）手中的部分决策权，转给企业的领导人。但这种转移是授予性的，没有严格的保障"；就让利而言，毕竟"当时的产品价格是政府特别是中央政府统一确定的，企业利润的多少，很多时候并不取决于企业自己的努力"③。所以，企业真正获得利与权不能仅靠政策性的调整，必须有硬性、法制性的保障。

1993年至今，政府建立系统化制度保障，进一步扩大企业的分配权、归还企业经营管理权。在1992年确立社会主义市场经济体制目标后，开始多方面制度化的政企分离。1993年税制税法改革，企业不再上缴调节税，进一步扩大企业收益分配权；同时，"国营企业"更名为"国有企业"④，政府归还企业经营管理权。1994年第八届全国人民代表大会第二次会议通过的财政基本法——《中华人民共和国预算法》，限制政府对财政的不合理干预。2001年又陆续取消企业行政审批，扩大企业自主权，等等。同时，为配合政府退还企业空间，"政府转变职能立足于全面突破计划经济的樊篱"⑤。自1993年起，包括地区在内的各级政府掀起了"触及到职能配置、权责体系、机构设置、人事制度、运作机制等行政体制的各个方面、各个层次的问题"的全面改革和制度建设⑥。

① 项怀诚主编《中国财政50年》，第305页。
② 赵紫阳：《沿着有中国特色的社会主义道路前进——在中国共产党第十三次全国代表大会上的报告》（1987年10月25日），《人民日报》1987年11月4日。
③ 刘守刚：《国家成长的财政逻辑——近现代中国财政转型与政治发展》，第155页。
④ 《中华人民共和国宪法修正案（1993年）》（1993年3月29日），中国人大网，http：//www. npc. gov. cn/wxzl/gongbao/1993 –03/29/content_1481290. htm。
⑤ 郭济：《中国行政改革的现状和趋势》，《中国行政管理》2000年第9期。
⑥ 李莹、孔祥利：《政府改革与政府创新——从另一种角度看中国行政改革的逻辑进程》，《中国行政管理》2009年第1期。

上述系统化制度保障使"国家对社会行使政治权力时，已真正运行在有约束力的制定框架内"①。2004 年，政府又正式明确由"全能型"向"服务型"转变，定位于公共服务和社会管理。最终体现在财政上，就是企业的权与利得到制度化的保证和扩大。所以，在收入上，包括地区在内的各级政府从国有企业中拿走的收益越来越少，国营（有）企业所得税由 1984 年的 55%，下降至 1993 年的 33%，2007 年再降为 25%，调节税则被取消②，原来代表"家财型"财政特征、反映企业附属地位的"企业收入"在各级政府收入的大宗地位一去不复返。而 1993 年国家财政分项目收入统计改为税收和非税收入两大类，不再有"企业收入"这一类③。在支出上，各级政府支出规划和支出重点转向社会文教领域，1992～2005 年，全国经济建设费支出比重从 43.1% 降至 27.46%，社会文教费支出比重从 25.92% 升至 26.39%④。同样，如前所述，地区的科教文卫和社会抚恤救济支出不断增加，有时超过行政管理费。自此，我国财政收入正式转为税收型，财政支出开始转向福利型、民生型。

当下，"虽然社会主义市场经济体制已经初步形成，但是政府直接干预微观经济的传统管理模式，仍然根深蒂固，大行其道"⑤，即政府与企业、国家与社会的关系尚未完全进入应然状态，政府主导型的经济社会管理模式余势仍在。这在前述地区"财政"上，同样有深刻的反映。

第一，地区行署至今仍掌管着一定的国有企业及 10% 左右的企业收入，直接证明部分国有企业并未完全彻底从政府手中独立出来。

第二，占地区支出 30% 左右的经济建设费常年大部分投入于小型农田水利等地区专管的农业、农村的基本建设支出，在仍未使其自给、自立的

① 刘守刚：《国家成长的财政逻辑——近现代中国财政转型与政治发展》，第 278 页。
② 杨洪、徐杰编《经营管理大系·经济法卷》，第 770 页；《中国财政年鉴（1994）》，第 563 页；《中华人民共和国企业所得税法》（2007 年 3 月），转引自崔潮《中国财政现代化研究》，第 409 页。
③ 《中华人民共和国宪法修正案（1993 年）》（1993 年 3 月 29 日），中国人大网，http://www.npc.gov.cn/wxzl/gongbao/1993-03/29/content_1481290.htm，2016 年 3 月 19 日阅。
④ 刘守刚：《国家成长的财政逻辑——近现代中国财政转型与政治发展》，第 274 页。
⑤ 沈荣华：《中国政府改革：重点难点问题攻坚报告》，第 24 页。

同时，也仍未能满足社会对基础设施的需要，"这表明地方政府并未从主要应由市场调节的生产性事务中退出来"①。

第三，地区行政管理费常年居高不下，且保持在 20% 左右，甚至比 2007 年全国整体水平（15%）还高②。这一方面说明地区行署持续管着大量不该管的事，其中的一个典型是："文化大革命"以来地区政府对微观经济活动和生产性事务的管理并未随着政企分开及国家与社会关系的转变而大幅减少。有什么样的职能就有什么样的财政支出结构与规模。由此，"文化大革命"时期的地区一级财政在取消后不久又不知不觉地恢复了，且此后再没有明文取消。而这也正是为什么地区与其他政府相比，没有相同的收入结构，却有相同的支出结构的反推原因。另一方面，行政管理费居高不下，必然挤占社会抚恤救济和科教文卫等公共服务支出，服务型政府和福利型财政也就不可能充分实现。

第四，作为转移支付形式的上级补助本身就是国家主导型经济社会管理模式存在的又一直接证据。因为无论何种补助都是无偿的，都说明国家对社会、中央对地方的越俎代庖；而各种上级补助有时占地区生存来源的 70%，也证明地方和社会远未达到自立并有效支撑起本属于自己的"地盘"。

除以上诸多"财政"的表现外，1978 年后地区行署始终具有近似一级政府的结构与规模并实际基本掌握一级政府的职权，也是政府主导型模式依然存在的深刻反映。为此，有专家说："经过 20 多年的市场化改革，我国计划经济时期形成的建设财政发生了重大变化，公共财政体制框架初步建立。但是，相当多的体制性和结构性问题并未得到根本解决。"③ 总之，即使在省级派出机构——地区（行署）这一虚级层次，历经 40 年的转变，政府主导型的经济社会管理模式的强大惯性仍未完全弱化为强弩之末，这一现象说明政府与企业、国家与社会二元关系达臻应然状态还需时日。

---

① 李春林等：《地区财政支出效益与结构优化》，第 17 页。

② 全国"行政管理支出占财政支出的比重由改革开放初期的 4.7% 增长到目前（指 2007 年——引者注）的 15%"，也"是各类支出中上升最快的"。参见毛昭晖《中国行政效能监察——理论、模式与方法》，第 119 页。

③ 毛昭晖：《中国行政效能监察——理论、模式与方法》，第 117~118 页。

第七章　地区行署的人事

地区的干部是地区行政管理的执行主体和核心，因此，地区人事是研究地区行署制度不可或缺的重要内容。概括地说，行署时期与专署时期一样，国家对地区各级干部没有专门的人事制度规定，仍是纳入整个领导干部系统统一管理，或者说地区干部人事制度是国家干部人事制度在地区层面的运行。所以，地区的人事实施着改革开放以来中央在干部新陈代谢、激励约束、保障等方面的各项制度规定。

一　新陈代谢：任免、管理、学习、退休

（一）专员的任免与管理

干部的任用形式有四种：委任、选任、考任、聘任，专员和地委书记自新中国成立开始即采用委任制，改革开放以后开始实行选任制；但任免机构在不同时期或为中央或为省级，其日常管理主要由省委负责。

1. 任免与管理机构

1983 年以前，专员和副专员由不同的机构任免，其中专员由省人大常委会决定后，报请国务院批准任免，副专员由省政府任免。如《河北省志·人事志》（第 65 卷）载："1981 年 5 月 10 日，河北省人大常委会通过任免暂行办法，规定：'省人民政府秘书长、主任、厅长、局长，地区行政公署专员，以及相当于这些职务的顾问的任免，经省长提请省人大常委会决定后，由省人民政府报请国务院批准'"；1982 年 11 月 16 日，河北省人民政府根据《中华人民共和国地方各级人民代表大会和地方各级人民政府组织法》制定的《河北省人民政府任免工作人员暂行规定》规定地区行

政公署的副专员，办公室主任，各委、办主任，各局（处）长由省人民政府任免。① 再如《河南省志》载：1979 年 9 月建立 10 个地区行署后，专员"由省人民政府任免"②。

1984 年，中央给地方更多的权力，开始实行干部体制下管一级，专员和副专员均由省人民政府任免，向中央报备。1983 年 2 月 22 日，《劳动人事部关于省、市、自治区人民政府任免顾问、专员和校、院长的通知》规定："原由国务院任免的省、市、自治区人民政府顾问、专员、省属高等学校的校、院长也相应地改由省、市、自治区人民政府任免。"③ 1984 年 11 月，河北省重新修订颁发《河北省人民政府任免工作人员暂行规定》规定："各地区行政公署的专员、副专员、顾问"，由"省人民政府任免"④。同样，从 1983 年起实行的《广东省人民政府任免工作人员暂行办法》也规定地区行署正副专员由省人民政府任免⑤。黑龙江省绥化地区 1985 年以后，"地委委员、行署副专员由省委组织部讨论审批，报省委备案。地委书记、行政公署专员由省委审批，报中央组织部备案"⑥。1985 年 3 月《河南省人民政府任免行政人员试行办法》亦规定："地区行政公署专员、副专员"由省人民政府任免⑦。1995 年 3 月《国家公务员职务任免暂行规定》同样规定："各行政公署的专员、副专员"由"省、自治区、直辖市人民政府任免。"⑧ 2002 年和 2014 年针对县级以上干部的《党政领导干部选拔任用工作条例》规定："市（地、州、盟）、县（市、区、旗）党委和政府领导班子正职的拟任人选和推荐人选，一般应当由上级党委常委会提名并提交全委会无记名投票表决；全委会闭

① 《河北省志·人事志》（第 65 卷），第 68~69 页。
② 《河南省志·人民政府（1978—2000）》（第 30 篇），河南省人民政府办公厅，2002，第 39 页。
③ 人事部政策法规司编《人事工作文件选编》（Ⅵ），1986，第 194 页。
④ 《河北省人民政府关于颁发任免工作人员暂行规定的通知》（1984 年 11 月 19 日），廊坊市档案馆：20-5-600（永久）。
⑤ 《广东省志·政权志》，第 559 页。
⑥ 《绥化地区志》（下卷），中国龙志网，http://210.76.63.176/trsweb/Detail.wct? SelectID = 4744&RecID = 0，2016 年 4 月 29 日阅。
⑦ 《河南省志·劳动人事志》，河南省情网，http://www.hnsqw.com.cn/sqsjk/hnsz/ldrsz/，2016 年 5 月 10 日阅。
⑧ 中国法制出版社编《党政干部选拔任用规定》，中国法制出版社，2003，第 85 页。

会期间急需任用的，由党委常委会作出决定，决定前应当征求全委会成员的意见"①，然后由上级人大或人大常委会决定任命。

从各地任免实况来看，各地基本没有差异。兹举以下几例。

> 1993 年，云南省人民政府任命了宝山、曲靖、昭通、临沧、玉溪 5 个行署的 7 个副专员，1 个专员，同时免职 2 个副专员。②

> 1995 年，广西壮族自治区任命了河池地区行署 3 位副专员（宋永琪、曹效军、王大生均挂任期两年），免职 1 个副专员（阳明剑）。③

> 1996 年 5 月 30 日，"河北省政府决定：刘德忠任衡水地区行署专员；邱国胜任衡水地区行署副专员；孙志人任衡水地区行署副专员；免去刘锡峰、蒲增瑚、郭华的衡水地区行署副专员职务"④。

> 2001 年 11 月 27 日，广西壮族自治区人民政府"免去晏支华的河池行署专员职务"，"任杨才寿为河池地区行政公署专员"⑤。

需要提及的是，地委书记比行署专员高一级，其正职由中央任免，副职由省委任免。如 1981 年，河北省委呈请中央批准"张曙光同志任张家口地委第一书记、曹恒忧同志任张家口地区行政公署专员、解峰同志任石家庄地委第一书记"，免去"王英俊同志张家口地委第一书记兼地区行政公署专员职务、孙吉全同志石家庄地委第一书记职务"；"曹恒忧同志任张家口地委书记"则由"省委决定"⑥。再如 1982 年 3 月 16 日，辽宁省"省委通知，经党中央批准，免去孙维本铁岭地委书记职务，由曹明远任中共铁岭地委书记。"⑦ 1985 年 11 月 3 日，河北省"省委决定：乔世忠任地委书记……免去臧振国地委书记职务"⑧。

---

① 中共中央：《党政领导干部选拔任用工作条例》（2014 年 1 月 24 日），载国务院法制办公室编《最新领导干部依法行政常用法律法规手册》（第 5 版），中国法制出版社，2018，第 222 页。
② 《云南政报》1993 年第 3 期。
③ 《广西政报》1995 年第 2 期。
④ 《衡水市大事记（1986—2005）》，第 233 页。
⑤ 《自治区人民政府关于周久伟、晏支华等同志任免职的通知》，《广西政报》2001 年第 36 期。
⑥ 河北省委：《关于金明等同志任免职的通知》，河北省档案馆：855 - 79 - 312。
⑦ 《铁岭党的活动大事记（1948—1987）》，铁岭日报社，1991，第 275 页。
⑧ 《保定地区大事记（1949—1985）》，第 266 页。

专员和地委书记日常管理主要由省委组织部负责。1980 年 6 月，中央组织部重新修订和颁发了《中共中央管理的干部职务名称表》。据此，1981 年 3 月，河北省发布《中共河北省委管理的干部职务名称表》，规定"地委书记和行政公署的专员"与省委书记、省长同样属于"省委协助中央管理的干部职务"，"省委管理干部的工作，实行在省委领导下，由省委各部分部办理，组织部统一综合平衡的办法。"各地委、地委委员，秘书长，纪律检查委员会书记、副书记，各部部长；地区行政公署副专员，秘书长（办公室主任），各委办主任，各局局长等属于省委管理和任免的干部。① 1991 年，中央组织部再次修订《中共中央管理的干部职务名称表》，"地、市、州、盟党委书记、副书记，专员、市长、州长、盟长，副专员、副市长、副州长、副盟长"均为"向中央备案的干部职务"②。1998 年的《中共中央管理的干部职务名称表》则规定地区仅有正职，即专员和地委书记属于"向中央备案的干部职务"③。

2. 选用原则

众所周知，中国共产党自建政后没有不同级别干部的专门任职标准，一直都是各级通用的标准。进入地区行署时期，如果就地区领导干部的专门任免条件而言，仅有唯一的一次规定，即 1983 年第一次地区行署制度改革时的 6 号文件——中共中央、国务院《关于地市州党政机关机构改革若干问题的通知》。其原文规定："配备市、州、地的领导班子，一定要坚持任人唯贤，坚持走群众路线。坚决大胆地选拔任用德才兼备、年富力强的中青年干部，注意培养选拔妇女干部和少数民族干部，在政府机关要安排适当的非党人士。"④ 1995 年，为改变改革开放以来人事制度"相对滞后的状态"，中共中央印发《党政领导干部选拔任用工作暂行条例》（简称

---

① 《中共河北省委关于重新颁发〈中共河北省委管理的干部职务名称表〉的通知》（1981 年 3 月 21 日），河北省档案馆：855 - 79 - 312。

② 《中央组织部关于修订〈中共中央管理的干部职务名称表〉的通知》（1990 年 5 月 10 日），载人事部政策法规司编《人事工作文件选编》（ⅩⅡ），中国人事出版社，1991，第 48 页。

③ 《中央组织部关于修订〈中共中央管理的干部职务名称表〉的通知》（1998 年 8 月 13 日），载中纪委干部室编《纪检监察干部工作手册》，第 299 页。

④ 中共中央、国务院：《关于地市州党政机关机构改革若干问题的通知》（1983 年 2 月 15 日），河北省档案馆：907 - 31 - 2 - 1。

1995 年暂行条例），开始实行领导干部队伍分类管理，包括专员在内的县级以上党政领导干部从整个干部队伍中突出出来单独规制。这一文件成为新时期党政领导干部选拔人事制度民主化、规范化、制度化的开端。2002年，去掉其中的"暂行"二字，修订为《党政领导干部选拔任用工作条例》（简称 2002 年版），这标志党政领导干部选拔任用制度在科学化、民主化、制度化的轨道上又迈出了重要的一步。[①] 2014 年、2019 年又进一步修订（简称 2014 年版、2019 年版）。诸上规制对新时期党政领导干部的选拔任用的原则、标准（或称条件）日臻法制化、科学化。

　　地区行署时期，干部的选拔原则由 1949 年以来的德才兼备、任人唯贤一条逐渐发展为六条。由表 7-1 可见，从 1995 年到 2014 年，基本不变的（灰色底纹文字）和逐渐新增的（下划单线文字）原则一目了然。1995 年暂行条例针对当时"党政领导干部选拔任用缺乏严格的制度约束和强有力的监督，选人用人中存在不正之风有禁未止，缺乏综合配套措施，尚未形成富有生机和活力的用人机制"等问题[②]，也为执行 1982 年中央提出的"在选拔领导干部、调整领导班子的工作中要打破神秘化和手工操作方式，坚决地、大胆地放手走群众路线"[③]，增大干部选任工作的民主程度，提出了第（三）、（四）、（五）、（六）等 4 条新原则。2002 年版除了个别"的"字删除外，基本未做改动。2008 年，由于改革开放以来干部"德"的弱化，全国组织部长会议将"德才兼备"标准延伸为"德才兼备，以德为先"，成为此后选拔任用领导干部的核心依据。2014 年版也将此写入第（三）条，将官员品德操守的考察提升到首要位置；同时，针对当时公众议论较多的问题，如"带病提拔、火箭升官、拉票贿选、跑官买官等选人用人方面的不正之风，唯票论、唯分数论、唯 GDP 论、裸官"等诸多新问题[④]，2014 年版增加了"五湖四海"和"民主"，强调公开、公正选拔干

　　① 贺国强：《进一步推进〈干部任用条例〉的贯彻落实》，《党建研究》2003 年第 9 期。

　　② 中共中央组织部办公厅编《改革开放 30 年组织工作大事资料摘编》，党建读物出版社，2009，第 185、186 页。

　　③ 郭庆松主编《艰难探索·铸就辉煌治国方略》，上海人民出版社，2011，第 289 页。

　　④ 张希贤、杨杰：《〈党政领导干部选拔任用工作条例〉修订透视》，《领导之友》2004 年第 5 期。

部。为持续解决上述问题，2019 年版将 2014 年版的第（二）、（三）两条合并为第（二）条；然后又新增了"事业为上、人岗相适、人事相宜"和"公道正派"；将"依法办事"改为"依法依规办事"①，进一步剔除"萝卜官位"和用人失察等问题，强调"把政治纪律和政治规矩作为选任干部的底线，保证干部队伍的政治团结性，坚定干部的政治信仰。"②

表 7 – 1 1995 年、2002 年、2014 年中共中央规定的领导干部选拔任用原则对比

1995 年暂行条例	2002 年版	2014 年版
（一）党管干部的原则	（一）党管干部原则	（一）党管干部原则
（二）德才兼备、任人唯贤的原则	（二）任人唯贤、德才兼备原则	（二）五湖四海、任人唯贤原则
（三）群众公认、注重实绩的原则	（三）群众公认、注重实绩原则	（三）德才兼备、以德为先原则
（四）公开、平等、竞争、择优的原则	（四）公开、平等、竞争、择优原则	（四）注重实绩、群众公认原则
（五）民主集中制的原则	（五）民主集中制原则	（五）民主、公开、竞争、择优原则
（六）依法办事的原则	（六）依法办事原则	（六）民主集中制原则
（七）依法办事原则		

资料来源：（1）中共中央：《党政领导干部选拔任用工作暂行条例》（1995 年 2 月 9 日），江流等主编《中国社会主义年鉴（1995—1996）》，改革出版社，1997，第 136 页。（2）中共中央：《党政领导干部选拔任用工作条例（全文）》（2002 年 7 月 23 日），人民网，http：//www. people. com. cn/GB/shizheng/16/20020723/782504. html，2020 年 3 月 7 日阅。（3）中共中央：《党政领导干部选拔任用工作条例》（2014 年 1 月 24 日），载国务院法制办公室编《最新领导干部依法行政常用法律法规手册》（第 5 版），中国法制出版社，2018，第 205 ~ 206 页。

3. 任用标准、条件与资格

县级以上干部任用的标准初定为"四化"，后改为"任用条件"，并发展为六个"基本条件" + 七个"基本资格"。

"四化"指革命化、年轻化、知识化和专业化。"四化"是针对改革开放之初干部队伍老龄化、文化程度低等"这样或那样的不相适应的问题"

---

① 中共中央：《党政领导干部选拔任用工作条例》，党建读物出版社，2019，第 6 页。

② 赵丽、黎江宇：《新干部任用条例亮点解读》，《法制日报》2019 年 3 月 28 日第 4 版。

而提出的①。1980 年 8 月 18 日，邓小平在《党和国家领导制度的改革》中
正式明确提出"干部四化"的新方针②，当时只大致谈了什么是革命化，
也尚未具体指示其他"三化"的内容。1982 年 9 月，劳动人事部制定《吸
收录用干部问题的若干规定》，勾勒了干部"四化"标准的大致内容：
"（一）坚持四项基本原则，拥护党的路线、方针、政策；（二）作风正
派，遵纪守法，服从组织分配；（三）具有高中毕业以上文化程度或同等
学力（少数民族和边远地区可适当放宽），或具有所需要的专业技术知识
和业务能力；（四）身体健康，年龄一般在二十五岁左右，特殊情况可根
据不同工作的需要，由用人单位做出规定。"③ 其中可以认为第（一）、
（二）两点是革命化，第（三）点是知识化和专业化，第（四）点是年轻
化。在这一规定的背景下，才有了前述 1983 年第一次对地区领导干部的任
用要求。

"四化"标准是党的干部队伍建设政策的一大发展，在党的干部选拔
任用发展史上起到了承前启后的作用。1995 年暂行条例正式规定了"党政
领导干部应当具备"的六个"基本条件"和"提拔担任党政领导职务的，
应当具备"的七个"资格"（2014 年版后改为"基本资格"）。其后颁布的
2002 年、2014 年、2019 年三个修订版均是在 1995 年暂行条例的基础上进
行的小型修改。表 7 - 2（加灰色底纹文字为比上一版新增内容）可见，
2002 年版和 2014 年版的差异很小，尤其七个"基本资格"更可认为是没
有变化。变化稍大的是"基本条件"，历版均增加不同时代的党和国家领
导人的新的政治理论。如 2002 年版增加"邓小平理论"和"三个代表"；
2014 年版增加"科学发展观"；2019 年版又新增加"习近平新时代中国特
色社会主义思想"，以及十八大以来的"四个意识""两个维护"（政治意
识、大局意识、核心意识、看齐意识，坚决维护习近平总书记核心地位、

---

① 中央组织部：《关于加强领导班子建设的几点意见》（1980 年 2 月 22 日），石家庄市档案
馆：5 - 3 - 37。
② 《邓小平文选》（第二卷），第 326 页。
③ 《劳动人事部关于制定〈吸收录用干部问题的若干规定〉的通知》（1982 年 9 月 19 日），
载劳动人事部政策研究室编《劳动人事法规章文件汇编》（1949—1983），劳动人事出
版社，1987，第 30 页。

坚决维护党中央权威和集中统一领导）"四个自信"（道路自信、理论自信、制度自信、文化自信）"三严三实"（严以修身、严以用权、严以律己，谋事要实、创业要实、做人要实）等要求①。由此，有人认为选拔干部主要看党的政治理论如何了。鉴此，以下内容笔者不以"基本条件"和"任职资格"，而是以"四化"为框架进一步叙述专员的任用资格。

表 7 - 2　1995 年、2002 年、2014 年选拔任用党政干部的基本条件和基本资格对照

基本条件		
1995 年暂行条例	2002 年版	2014 年版
（1）具有履行职责所需要的马克思列宁主义、毛泽东思想的理论政策水平，掌握建设有中国特色社会主义的理论，努力用马思主义的立场、观点、方法分析和解决实际问题	（1）具有履行职责所需要的马克思列宁主义、毛泽东思想、邓小平理论的水平，认真实践"三个代表"重要思想，努力用马克思主义的立场、观点、方法分析和解决实际问题，坚持讲学习、讲政治、讲正气，经得起各种风浪的考验	（1）自觉坚持以马克思列宁主义、毛泽东思想、邓小平理论、"三个代表"重要思想和科学发展观为指导，努力用马克思主义立场、观点、方法分析和解决实际问题，坚持讲学习、讲政治、讲正气，思想上、政治上、行动上同党中央保持高度一致，经得起各种风浪考验
（2）坚决执行党的基本路线和各项方针、政策，立志改革开放，献身现代化事业，在社会主义建设中艰苦创业，开拓创新，做出实绩	（2）具有共产主义远大理想和中国特色社会主义坚定信念，坚决执行党的基本路线和各项方针、政策，立志改革开放，献身现代化事业，在社会主义建设中艰苦创业，做出实绩	（2）具有共产主义远大理想和中国特色社会主义坚定信念，坚决执行党的基本路线和各项方针政策，立志改革开放，献身现代化事业，在社会主义建设中艰苦创业，树立正确政绩观，做出经得起实践、人民、历史检验的实绩
（3）坚持实事求是，认真调查研究，能够把党的方针、政策同本地区、本部门的实际相结合，讲实话，办实事，求实效，反对形式主义	（3）坚持解放思想，实事求是，与时俱进，开拓创新，认真调查研究，能够把党的方针、政策同本地区、本部门的实际相结合，卓有成效地开展工作，讲实话，办实事，求实效，反对形式主义	（3）坚持解放思想，实事求是，与时俱进，求真务实，认真调查研究，能够把党的方针政策同本地区本部门实际相结合，卓有成效开展工作，讲实话，办实事，求实效，反对形式主义
（4）有强烈的革命事业心和政治责任感，有实践经验，有胜任领导工作的组织能力、文化水平和专业知识	（4）有强烈的革命事业心和政治责任感，有实践经验，有胜任领导工作的组织能力、文化水平和专业知识	（4）有强烈的革命事业心和政治责任感，有实践经验，有胜任领导工作的组织能力、文化水平和专业知识
（5）正确行使人民赋予的权力，清正廉洁，勤政为民，以身作则，艰苦朴素，密切联系群众，坚持	（5）正确行使人民赋予的权力，依法办事，清正廉洁，勤政为民，以身作则，艰苦朴素，	（5）正确行使人民赋予的权力，坚持原则，敢抓敢管，依法办事，清正廉洁，勤政为民，以身作则，艰

---

① 中共中央：《党政领导干部选拔任用工作条例》，党建读物出版社，2019，第 9~12 页。

续表

1995 年暂行条例	2002 年版	2014 年版
党的群众路线，自觉地接受党和群众的批评和监督，反对官僚主义，反对任何滥用职权、谋求私利的不正之风 （6）坚持和维护党的民主集中制，有民主作风，有全局观念，善于团结同志，包括团结同自己有不同意见的同志一道工作	密切联系群众，坚持党的群众路线，自觉接受党和群众的批评和监督，做到自重、自省、自警、自励，反对官僚主义，反对任何滥用职权、谋求私利的不正之风 （6）坚持和维护党的民主集中制，有民主作风，有全局观念，善于集中正确意见，善于团结同志，包括团结同自己有不同意见的同志一道工作	苦朴素、勤俭节约，密切联系群众，坚持党的群众路线，自觉接受党和群众批评和监督，加强道德修养，讲党性、重品行、作表率，带头践行社会主义核心价值观，做到自重、自省、自警、自励，反对官僚主义，反对任何滥用职权、谋求私利的不正之风 （6）坚持和维护党的民主集中制，有民主作风，有全局观念，善于团结同志，包括团结同自己有不同意见的同志一道工作

基本资格

1995 年暂行条例	2002 年版	2014 年版
（1）提任县（处）级领导职务的，应当具有五年以上工龄和两年以上基层工作经历 （2）提任县（处）级以上领导职务的，一般应当具有在下一级两个以上职位任职的经历 （3）提任副县（处）级以上领导职务的，由副职提任正职，一般要在副职岗位上工作两年以上，由下级正职提任上级副职，一般要在下级正职岗位上工作三年以上 （4）一般应当具有大学专科以上文化程序〔度〕，其中，省部级领导干部一般应当具有大学本科以上文化程度 （5）必须经过党校、行政院校或者其他培训机构三个月以上的培训 （6）身体健康	（1）提任县（处）级领导职务的，应当具有五年以上工龄和两年以上基层工作经历 （2）提任县（处）级以上领导职务的，一般应当具有在下一级两个以上职位任职的经历 （3）提任县（处）级以上领导职务，由副职提任正职的，应当在副职岗位工作两年以上，由下级正职提任上级副职的，应当在下级正职岗位工作三年以上 （4）一般应当具有大学专科以上文化程度，其中地（厅）、司（局）级以上领导干部一般应当具有大学本科以上文化程度 （5）应当经过党校、行政院校或者组织（人事）部门认可的其他培训机构五年内累计三个月以上的培训，确因特殊情况在提任前未达到培训要求的，应当在提任后一年内完成培训 （6）身体健康	（1）提任县处级领导职务的，应当具有五年以上工龄和两年以上基层工作经历 （2）提任县处级以上领导职务的，一般应当具有在下一级两个以上职位任职的经历 （3）提任县处级以上领导职务，由副职提任正职的，应当在副职岗位工作两年以上，由下级正职提任上级副职的，应当在下级正职岗位工作三年以上。提任处级以上非领导职务的任职年限，按照有关规定执行 （4）一般应当具有大学专科以上文化程度，其中厅局级以上领导干部一般应当具有大学本科以上文化程度 （5）应当经过党校、行政院校、干部学院或者组织（人事）部门认可的其他培训机构的培训，培训时间应当达到干部教育培训的有关规定要求。确因特殊情况在提任前未到培训要求的，应当在提任后一年内完成培训 （6）具有正常履行职责的身体条件

续表

1995 年暂行条例	2002 年版	2014 年版
(7) 提任党的领导职务的，除具备上列规定资格外，还应当符合《中国共产党章程》规定的党龄要求	(7) 提任党的领导职务的，应当符合《中国共产党章程》规定的党龄要求	(7) 符合有关法律规定的资格要求。提任党的领导职务的，还应当符合《中国共产党章程》规定的党龄要求

资料来源：(1) 中共中央：《党政领导干部选拔任用工作暂行条例》（1995 年 2 月 9 日），载江流等主编《中国社会主义年鉴（1995—1996）》，改革出版社，1997，第 136～137 页。(2) 中共中央：《党政领导干部选拔任用工作条例（全文）》（2002 年 7 月 23 日），人民网，http://www.people.com.cn/GB/shizheng/16/20020723/782504.html，2020 年 3 月 7 日阅。(3) 中共中央：《党政领导干部选拔任用工作条例》（2014 年 1 月 24 日），载国务院法制办公室编《最新领导干部依法行政常用法律法规手册》（第 5 版），中国法制出版社，2018，第 206～207 页。

（1）革命化，是"四化"之首，是新中国成立以来的"红"和"德"标准的延续，即政治表现。1980 年，邓小平说道："所谓德，最主要的，就是坚持社会主义道路和党的领导。在这个前提下，干部队伍要年轻化、知识化、专业化"[①]。革命化或曰德在干部选拔中极受重视，这从长期以来始终将"德才兼备"放在干部选拔原则仅次于"党管干部"原则之下也可看出。1982 年《中共中央关于建立老干部退休制度的决定》规定：所有领导干部的选拔，"首先要看政治表现，要考察他们在'文化大革命'中的表现，特别是十一届三中全会以来的表现。德不好的，虽有某一方面的才能，但不能忠诚地为人民服务，在他们用实际行动切实改正并取得群众谅解信赖以前，一个也不能选拔到领导岗位上"[②]。1983 年，中央又强调"德"比"才"更重要："即使有才，但政治素质差的人，决不能委以重任"；"德才平庸的所谓'老好人'，也不能选进班子"[③]。2000 年，中央组织部同样强调"要坚持把革命化放在首位"[④]。2014 年版条例正式确立的"德才兼备，以德为

① 邓小平：《党和国家领导制度的改革》（1980 年 8 月 18 日），载中央文献研究室编《改革开放三十年重要文献选编》（上），第 146 页。

② 《中共中央关于建立老干部退休制度的决定》（1982 年 2 月 20 日），载中共中央文献研究室编《改革开放三十年重要文献选编》（上），第 249 页。

③ 《中共中央关于批转中央组织部、省、市、自治区机构改革指导小组〈关于配备全国省级领导班子的工作报告〉》（1983 年 5 月 9 日），中国二十世纪通鉴编辑委员会编著载《中国二十世纪通鉴（1901—2000）》第五册第十七卷（1981—1985），第 752～756 页。

④ 中央办公厅法规室、中央纪委法规室、中央组织部办公厅编《中国共产党党内法规选编（1996—2000）》，法律出版社，2001，第 295 页。

先"选拔原则，更加注重领导干部的"德"不只是包括个人品德，更重要的是作为执政党的领导干部，要密切联系群众，要忠诚于党和人民，依旧时刻保持"革命性"，更强调的是政治品德。1995年暂行条例和此后的3个修订版中的"基本条件"均可视为是革命化的要求。"德"的标准的总体趋势是由最初的政治忠诚向政治理论素养转变。

（2）年轻化，1983年，中央规定专员和地委书记的年龄和文化要求基本介于省、县领导之间，大致省级应为60岁左右，地区级（地级市）应为50岁左右，县级应为45岁左右；1998年中央调整规定后，地区级（地级市）党政领导的年龄降为40岁左右（见表7－3）①。1995年的暂行条例和2002年、2014年、2019年三个修订版对县级以上党政领导干部的任用年龄并无规定，能与年龄发生关系的是"身体健康"或"具有正常履行职责的身体条件"。这实际是一种对年龄标准的放宽。

表7－3　1983年、1998年中共中央、国务院对省、地、市、县领导班子
成员年龄规定对比

级别	1983年	1998年规定
省级	（1）要着重从50岁以下的优秀干部中挑选。年满60岁的，一般不要作为选拔对象。（2）正职一般不超过65岁，副职一般不超过60岁。党委二、三把手中，至少要有一名55岁左右的年富力强的干部，在常委中，55岁以下的，不得少于1/3；政府的领导班子，日常经济等方面工作十分繁重，其成员年龄，应当比党委领导班子成员的年龄更年轻一些	到2003年换届时，要形成由60岁左右、55岁左右、45岁左右的干部构成的梯次配备。50岁以下的干部，党委领导班子中要有3名，政府领导班子中要有2名；其中45岁左右的干部，党委、政府领导班子中至少各有1名。党政正职中50岁左右的应有一定数量
地区级	一般不超过60岁，50岁以下的应占1/3	党委、政府领导班子中45岁以下的干部要各有2名，其中40岁左右的干部各有1名。在省、自治区、直辖市范围内，市（地、州、盟）党政正职中，40岁左右的应有一定数量
地级市	一般不超过60岁，50岁以下的应占1/2	

---

① 《中共中央组织部〈1998—2003年全国党政领导班子建设规划纲要〉的通知》（1998年6月24日），载中纪委干部室编《纪检监察干部工作手册》，第262页。

续表

级别	1983 年	1998 年规定
县级	一般由 50 岁左右、40 岁左右、30 岁左右的干部组成，平均年龄掌握在 45 岁左右；县委的二、三把手，要有一名 45 岁以下的；县政府的领导班子的年龄还应当更年轻一些；县长一般不要超过 50 岁	党委、政府领导班子中 35 岁以下的干部至少各有 1 名。在省、自治区、直辖市范围内，县（市、区、旗）党政正职中，35 岁左右的应有一定数量

资料来源：（1）《中共中央关于省级领导班子配备的几点原则意见的通知》（1982 年 10 月 26 日）；《关于地市州党政机关机构改革若干问题的通知》（1983 年 2 月 25 日）；《中共中央、国务院关于县级党政机关机构改革若干问题的通知》（1983 年 12 月 1 日），载劳动人事部编制局编《机构 编制 体制文件选编》（上），第 105～106、118、131 页。（2）《中共中央组织部〈1998—2003 年全国党政领导班子建设规划纲要〉的通知》（1998 年 6 月 24 日），载中纪委干部室编《纪检监察干部工作手册》，第 262 页。

（3）知识化，指文化水平，通常以学历证明，其标准随时代而提高。如表 7－4 所示，包括专员在内的地区领导干部的文化最初要求是高中以上，20 世纪 90 年代中后期提高为大专和大学以上学历，对地区干部的要求也是处于省县之间。2002 年、2014 年和 2019 年三个修订版《党政领导干部选拔任用工作条例》所规定的大同小异，基本是"一般应当具有大学专科以上文化程度，其中厅局级以上领导干部一般应当具有大学本科以上文化程度。"①

（4）专业化，不同于前"三化"，可视为是对整个领导班子结构配置而言的，并非针对个人，因此，在多版干部任用条例中无此相关规定。专业化的标准随着我国改革开放和经济发展日益具体化，由单一倾向各类经济建设向兼具外经贸、高科技、法律等方向转变。1980 年，中央组织部《关于加强领导班子建设的几点意见》规定："为了提高各级领导班子的业务领导能力，要大力充实精通业务的干部。工业、交通、农林、财贸、文教、卫生、科研等企业、事业单位及其主管部门，都要在领导班子中配备熟悉和精通业务、懂外文、懂技术、会管理、热心'四化'并有组织领导能力的干部。力求在三五年内，使这样的干部，在领导班子中达到 50% 以上。"② 1982 年只初步规定"要有熟悉工业、农业、文化、教育、科学技

---

① 中共中央：《党政领导干部选拔任用工作条例（全文）》（2002 年 7 月 23 日），人民网，http://www.people.com.cn/GB/shizheng/16/20020723/782504.html，2020 年 3 月 7 日阅。

② 中央组织部：《关于加强领导班子建设的几点意见》（1980 年 2 月 22 日），石家庄市档案馆：5－3－37。

术等方面的人才"。1998 年，由于改革日益进入全面调整阶段和现代信息技术的普及，中央对专业化的要求发展为"熟悉宏观经济、外经贸、金融、高新科技"，"形成有利于当地经济建设和社会发展的知识和专业优势。地方党政领导班子应注意配备既懂党务又懂财务的干部。"① 2000 年，《中共中央组织部关于进一步做好培养选拔优秀年轻干部工作的意见》再改为："具有较高马克思主义理论素养、熟悉意识形态工作"，"熟悉现代经济管理、金融和外经外贸工作的干部，熟悉法律工作的干部。"②

表 7 - 4　1983 年、1998 年中共中央、国务院对省、地、市、县领导班子成员文化规定对比

级别	1983 年	1998 年
省级	具有大专文化程度（或确实相当大专文化程度）的，要占1/3 左右	一般应具有大学本科以上学历
地区级	高中以上文化程度的应不少于1/3	一般应具有大专以上学历，其中具有大学本科以上学历的应达到一定比例
地级市	高中以上文化程度的要不少于1/2	
县级	一般应当是高中（中专）以上，其中应有1/3 具有大专文化程度；县委书记和县长，一般应有一人具备大专文化程度	

资料来源：（1）《中共中央关于省级领导班子配备的几点原则意见的通知》（1982 年 10 月 26 日）；《关于地市州党政机关机构改革若干问题的通知》（1983 年 2 月 25 日）；《中共中央、国务院关于县级党政机关机构改革若干问题的通知》（1983 年 12 月 1 日），载劳动人事部编制局编《机构 编制 体制文件选编》（上），第 105～106、118、131 页。（2）《中共中央组织部〈1998—2003 年全国党政领导班子建设规划纲要〉的通知》（1998 年 6 月 24 日），载中共中央纪委干部室编《纪检监察干部工作手册》，第 262～263 页。

　　"四化"标准优化了新时期地区干部队伍的结构，增强了干部队伍的活力，极大地推进了以经济为中心的国家建设，也对社会稳定发挥了积极作用。但也出现了干部选拔中"唯年龄""唯学历"、年龄层层递减、一刀切等现象；年轻化变成了一切以年龄划线，"知识化"变成了"唯学历是

---

　　① 《中共中央组织部〈1998—2003 年全国党政领导班子建设规划纲要〉的通知》（1998 年 6 月 24 日），载中纪委干部室编《纪检监察干部工作手册》，第 262～263 页。
　　② 《中共中央组织部关于进一步做好培养选拔优秀年轻干部工作的意见》（2000 年 8 月 29 日），载中央办公厅法规室、中央纪委法规室、中央组织部办公厅编《中国共产党党内法规选编（1996—2000）》，第 293 页。

从"；干部调整从某种程度上是为了贯彻上级指示，而忽视了领导干部的工作实绩、所应具备的整体的素质能力以及年龄结构的合理梯度搭配。①这也是后来几版党政领导干部任用条例中增加"注重实绩、群众公认原则"和以身体胜任力代替年龄标准的原因。

4. 辞职、降职和免职

专区专署时期的专员、地委书记连任 10 余年，甚至终身制并不少见，地区行署时期的干部开始建立辞职、降职制度。1995 年《党政领导干部选拔任用工作暂行条例》正式规定辞职分为 3 种：因公辞职、个人申请辞职和责令辞职。2002 年版开始将"个人申请辞职"改为"自愿辞职"，并开始增加第 4 种"引咎辞职"。"因公辞职，是指领导干部因工作需要变动职务"；"自愿辞职，是指党政领导干部因个人或者其他原因，自行提出辞去现任领导职务"；"责令辞职，是指党委（党组）及其组织（人事）部门根据党政领导干部任职期间的表现，认定其已不再适合担任现职，通过一定程序责令其辞去现任领导职务。拒不辞职的，应当免去现职"；"引咎辞职，是指党政领导干部因工作严重失误、失职造成重大损失或者恶劣影响，或者对重大事故负有重要领导责任，不宜再担任现职，由本人主动提出辞去现任领导职务"②。

干部降职制度，除了 1995 年暂行条例和 2002 年版规定相同外，2014 年版增加了考核不称职情形（见表 7 - 5，加灰色底纹文字为比上一版新增内容）。这与前述 2014 年的干部选拔任用原则增加"以德为先"和"公开、竞争、择优原则"是一致的。

干部免职制度是 2002 年版任用条例开始规定的，随着此后的修订，免职原因或曰符合情形从 3 种发展到 8 种（见表 7 - 5，加灰色底纹文字为比上一版新增内容）。2014 年版新增辞职、调出、离职学习等正常、正当免职。2019 年版又增加了"不适宜"、违法违纪、健康不佳等，突出了对干部的监督，以避免出现懒政、怠政和庸政问题。

① 张向鸿：《中国党政领导干部选拔任用制度研究》，博士学位论文，中共中央党校，2014，第 49～50 页。
② 《中共中央关于印发〈党政领导干部选拔任用工作暂行条例〉的通知》，110 网，http：//www.110.com/fagui/law_67.html，2020 年 3 月 10 日阅。

表 7 – 5　1995 年、2002 年、2014 年中央对干部符合降职、免职情形的规定对比

类型	1995 年暂行条例	2002 年版	2014 年版
降职	因工作能力较弱或者其他原因，不适宜担任现职的，可降职使用	因工作能力较弱或者其他原因，不适宜担任现职的，应当降职使用	党政领导干部在年度考核中被确定为不称职的，因工作能力较弱、受到组织处理或者其他原因不适宜担任现职务层次的，应当降职使用
免职	—	（1）达到任职年龄界限或者退休年龄界限的（2）在年度考核、干部考察中，民主测评不称职票超过 1/3、经组织考核认定为不称职的（3）因工作需要或者其他原因，应当免去现职的	（1）达到任职年龄界限或者退休年龄界限的（2）受到责任追究应当免职的（3）辞职或者调出的（4）非组织选派，离职学习期限超过一年的（5）因工作需要或者其他原因，应当免去现职的

资料来源：（1）《党政领导干部选拔任用工作暂行条例》（1995 年 2 月 9 日），载江流等主编《中国社会主义年鉴（1995—1996）》，改革出版社，1997，第 139～140 页。（2）《党政领导干部选拔任用工作条例（全文）》（2002 年 7 月 23 日），人民网，http://www.people.com.cn/GB/shizheng/16/20020723/782504.html，2020 年 3 月 7 日阅。（3）《党政领导干部选拔任用工作条例》（2014 年 1 月 24 日），载国务院法制办公室编《最新领导干部依法行政常用法律法规手册》（第 5 版），中国法制出版社，2018，第 217 页。

（二）在职学习与脱产轮训

干部决定一切（斯大林语）。自 1921 年建党以来，中共中央一直十分重视干部的学习和教育以及干部队伍的建设，因此，总是随形势的变化和经济建设的需要改变学习内容和学习方式，而且成立各种专任机关管理和监督干部的学习。"文化大革命"结束后，一切工作以经济建设为中心，中央即意识到了专业化学习的重要性，邓小平指出："主要的精力放到政治运动上去了，建设的本领没有学好，建设没有上去，政治也发生了严重的曲折。现在要搞现代化建设，就更加不懂了。所以全党必须再重新进行一次学习。"[①] 干部"四化"标准中革命化和专业化使干部的学习与教育要

[①]　邓小平：《解放思想，实事求是，团结一致向前看》（1978 年 12 月 13 日），载中共中央文献研究室编《改革开放三十年重要文献选编》（上），第 9～10 页。

求不断翻新和提高，为此，学习场所除了专区专署时期各级党校和扫盲班侧重文化补习外，地区行署时期干部学习增加了高校和境外学习，同时学习内容和学习者年龄群体也发生了变化。

首先，参加学习的干部群体由改革开放之初的全员进行，逐渐偏重中青年干部，主要侧重 50 岁、45 岁以下和初中以下文化程度的干部。因为"几年来，经过调整和整顿，特别是通过机构改革，领导班子人数偏多、年龄偏大、文化偏低的状况，有了明显的变化。但是，总的说来，……年龄大的还比较多，年轻的还比较少，文化程度偏低、专业干部较少的状况还没有完全改变。"所以，1983 年 10 月，《中共中央组织部关于领导班子"四化"建设的八年规划》决定："培训干部的重点，首先是下决心轮训领导班子中 50 岁以下、只有初中以下文化程度的干部，学习二三年，达到高中以上文化程度。"① 进入 20 世纪 90 年代末，由于自 80 年代以来干部年轻化的要求使年轻干部日益增多，其文化水平相应有所提高，2000 年后需要学习的干部年龄开始侧重于 45 岁以下②。

其次，干部学习的内容分为党政理论学习和专业学习，前者指向革命化，由最初学习马列主义毛泽东思想转变为干部任免条例"基本条件"中历版增加的党和国家领导人的政治理论；后者指向知识化和专业化，由最初的"科学文化和经济管理知识"③ 转变为有利于市场经济建设和管理的各种专业知识与理论。1982 年、1983 年中央要求"有计划地、分期分批地轮训所有干部，切实提高干部的政治理论、文化科学和专业知识的水平"，要"用一两年，甚至更长一点时间，让他们进行系统的学习，补上文化这一课"④。执行这一任务的机构，主要是"党校开办干部文化进修班"和

---

① 《中共中央组织部关于领导班子"四化"建设的八年规划》（1983 年 10 月 5 日），载中共中央组织部编《十一届三中全会以来党的组织工作文献选编》，第 205～206 页。

② 《中共中央组织部关于进一步做好培养选拔优秀年轻干部工作的意见》（2000 年 8 月 29 日），载中央办公厅法规室、中央纪委法规室、中央组织部办公厅编《中国共产党党内法规选编（1996—2000）》，第 504～505 页。

③ 《中共中央关于批转中央组织部，省、市、自治区机构改革指导小组〈关于配备全国省级领导班子的工作报告〉》（1983 年 5 月 9 日），载中国二十世纪通鉴编辑委员会编著《中国二十世纪通鉴（1901—2000）》第五册第十七卷（1981—1985），第 752～756 页。

④ 《中共中央、国务院关于省、市、自治区党政机关机构改革若干问题的通知》（1982 年 12 月 7 日），载劳动人事部政策研究室编《劳动人事法规规章文件汇编（1949—1983）》，第 134 页。

"各大中专院校办干部培训班"①。

　　为此，各地采用了多种形式和内容的干部学习。如河北省利用"省、地、市、县各级党校和干校""省属和地属大专院校"分别开设"学制在一年以上的长期班"和短期"干部进修班或培训班"，以"迅速提高广大干部特别是中青年干部的科学文化知识、理论水平和专业能力"②。其中河北省张家口地委自 1982 年 10 月 15 日起组织了有 1043 名地直机关干部参加学习"十二大"文件轮训班的第一期开班学习。"其规模之大、参加学习的领导干部之多，是地直机关的第一次。轮训班以党的'十二大'会议上邓小平同志的开幕词、胡耀邦同志的报告和'十二大'通过的新党章为主要学习内容，着重讨论了党在新的历史时期的总任务、我国社会主义经济建设的战略目标和方针政策、以共产主义为核心的社会主义精神文明建设、建设高度的社会主义民主、加强党的建设、坚持和改善党的领导等五个专题"；截至 1982 年底，张家口地委共举办了五期轮训班，地直机关干部和企事业单位领导干部全部参加了轮训③。

　　市场经济目标建立后，为"适应发展社会主义市场经济、推进社会主义民主法制建设和社会主义精神文明建设的要求"，1998 年，《中共中央组织部〈1998—2003 年全国党政领导班子建设规划纲要〉的通知》规定将学习内容改为"掌握社会主义市场经济知识、法律知识、现代管理和现代科学技术知识，还要学习历史、文学等知识。所有领导干部都要努力成为分管工作的内行"。同时，党政理论中要"深入学习马列主义、毛泽东思想特别是邓小平理论"，"注意把学习理论同了解历史实践、总结历史经验结合起来，同学习其他知识特别是反映当代世界新发展的各种新知识结合起来，……县以上党政领导干部在每届任期内参加政治理论培训的时间不少于 3 个月。……通过党校（干部院校）培训、中心组学习、加强自学等方

①　《中共中央关于批转中央组织部，省、市、自治区机构改革指导小组〈关于配备全国省级领导班子的工作报告〉》（1983 年 5 月 9 日），载中国二十世纪通鉴编辑委员会编著《中国二十世纪通鉴（1901—2000）》第五册第十七卷（1981—1985），第 752～756 页。

②　《中共河北省委组织部关于抓紧做好选拔优秀中青年干部工作的规划》（1980 年 12 月 11 日），石家庄市档案馆：5 - 3 - 37。

③　张家口地区档案馆：《张家口地区大事记（1949—1983）》，第 613 页。

式"。为监督干部学习，"逐步建立领导干部理论学习考试考核制度，把干部理论学习的考核结果作为选拔任用干部的一项重要依据。分别确定省部和市（地）县（市）党政领导干部学习马列主义、毛泽东思想特别是邓小平理论的必读书目，提出具体的学习要求。通过民主评议领导干部、开展党性分析、表彰和学习先进典型等多种形式，深入开展以讲学习、讲政治、讲正气为主要内容的党性党风教育活动，注重实效。"①

自 2000 年开始，学习的内容加强了"理论培训和思想政治教育"，强调"深入、系统地学习马列主义、毛泽东思想特别是邓小平理论，掌握理论的科学体系和精神实质"；"党的基本知识，学习中共党史、中国近现代史，使他们懂得党内政治生活的基本准则和要求，了解中国的过去和党的优良传统。要引导他们发扬理论联系实际的马克思主义学风，树立正确的世界观、人生观、价值观，学会运用马克思主义的立场、观点、方法，解决改革开放和现代化建设中的实际问题。"还特别"规定年轻干部理论学习的必读篇目……重点对他们进行国情教育、理想信念教育、全心全意为人民服务的宗旨教育和廉洁自律教育，使他们增强政治责任感和历史使命感，按照'三个代表'的要求提高自己，自觉地为实现党的目标任务而奋斗。"中央组织部计划"用 5 年左右的时间，把县处级以上、45 岁以下的干部普遍轮训一遍，时间一般不少于 3 个月。"这一时期学习的场所除了以往的各级党校和"高等院校"外，中央组织部每年还要选派一定数量的市（地）级优秀年轻干部到国外、境外学习进修②。

实际各省一般在学习党政理论和时政方面比较重视，且形式多样。如前文所述 20 世纪 80 年代初的河北省。自 90 年代中期，中央提出"三讲"后，各地切实开展了多种形式与内容的相关学习。2000 年黑龙江省大兴安岭地区"地委常委会制定了地级领导班子'三讲'教育六项制度（学习制度、请假制度、补课制度、立会制度、考勤制度、保密制度）和五有制度

---

① 《中共中央组织部〈1998—2003 年全国党政领导班子建设规划纲要〉的通知》（1998 年 6 月 24 日），载中共中央纪委干部室编《纪检监察干部工作手册》，第 262、264 页。

② 《中共中央组织部关于进一步做好培养选拔优秀年轻干部工作的意见》（2000 年 8 月 29 日），载中央办公厅法规室、中央纪委法规室、中央组织部办公厅编《中国共产党党内法规选编（1996—2000）》，第 504～505 页。

（有学习档案、有学习材料、有专用学习笔记、有书面发言提纲、有心得体会文章）。为防止理论学习前紧后松的现象，确保理论学习贯穿全过程、指导全过程，把 22 天的理论学习划分四个小节，组织地级四个班子全体成员先集中学习 10 天，通读和精读中央规定的必读篇目；然后分散自学 6 天，准备专题发言提纲；再集中专题研讨 3 天，进行分组讨论和大会交流；最后利用 3 天时间联系实际进行初步查摆，保证了学习任务的完成。"[①] 再如，2000 年广西壮族自治区"结合'三讲'教育，组织党员干部学习邓小平党风廉政建设和反腐败理论，开展党风廉政建设和党纪条规教育。全自治区发行《邓小平论党风廉政建设和反腐败》一书及其《讲析》6 万多册；举办理论骨干培训班 1447 期，专题讲座 2101 次，组织考试 101 次；发行《中国共产党纪律处分条例（试行）》系列电视片 400 多套，播放 2.8 万场次，收看人数达 780 多万人，95% 以上的机关和企事业单位的党员干部收看了该电视片"[②]。各地方对党政理论学习的重视，实际与干部任免、升迁首要考察革命化有直接关系。

（三）干部交流制度

干部交流在专区专署时期即已实行。地区行署时期，中央对干部交流制度仍十分重视，且日益制度化、正规化，主要表现在干部交流的时间、人数或范围、地域不断完善，并与干部的换届、提拔、调整等紧密结合起来，成为干部人事组织管理的重要组成部分。

最初，干部交流基本没有特定对象、人数或范围、地域的限定。如 1980 年，中央组织部《关于加强领导班子建设的几点意见》规定："调整县以上各级领导班子时，可根据需要和条件有计划有步骤地交流干部，每次交流的人数，以有利于工作为原则。"[③] 1990 年 7 月的《中共中央关于实行党和国家机关领导干部交流制度的决定》对干部交流的时间、人数和地域

---

① 《大兴安岭年鉴（2000）》，第 104 页，中国龙志网，http：//210.76.63.176/trsweb/Detail.wct? SelectID = 9401&RecID = 112，2016 年 2 月 22 日阅。

② 《广西年鉴（2000）》，第 45 页，广西地情网，http：//www.gxdqw.com/shizhi/ztk/d/2000/02.htm，2016 年 2 月 29 日阅。

③ 中央组织部：《关于加强领导班子建设的几点意见》（1980 年 2 月 22 日），石家庄市档案馆：5 - 3 - 37。

作了初步限定，要求"尽可能地同换届选举、调整领导班子结合起来。如换届选举时需要交流的干部过于集中，可分期分批地进行。一个地区的党政主要领导干部，一般不要同时交流，以保持领导班子的相对稳定"。同时，"为了加强中青年干部的培养锻炼，……有计划地抽调部分司（局）、厅（部）、地（市）级干部，在中央与地方之间及中央各部门之间进行交流"①。

1992 年 7 月，中共中央《关于做好 1993 年地方各级领导班子换届工作的通知》将干部交流作为领导班子换届的内容之一，规定："从有利于加快发展经济、培养锻炼干部、提高班子整体功能出发，推进上下、地区、部门间的干部交流，解决一些班子不强、不协调、不健全的问题。"因此，特限定交流的对象、范围和人数。其中"交流的对象主要是：适合担任更重要领导职务，需要'压担子'培养的；缺乏全面领导经验，需要到基层或轮岗锻炼的；在一个地方或部门工作时间长，需要回避的，以及其他因工作需要交流的。"②

1995 年《党政领导干部选拔任用工作暂行条例》开始，干部交流制度固定化。其中规定交流的对象主要是：（1）因工作需要交流的；（2）需要通过交流丰富领导经验、提高领导水平的；（3）在一个地方或者部门工作时间长，按照规定需要回避的；（4）因其他原因需要交流的：（5）地方党委和政府领导成员在同一职位上任职满十年的，必须交流。交流的地域空间与 1992 年的规定相同。③ 2008 年《党政干部交流工作规定》使干部交流进一步制度化和规范化。2014 年版干部任用条例增加了两种交流对象，一是"地方党委和政府领导成员原则上应当任满一届"必须交流；二是"党政机关内设机构处级以上领导干部在同一职位上任职时间较长的，应当进行交流或者轮岗"④。

地区行署时期干部交流制度逐步正规化、制度化，有利于培养锻炼干

---

① 中国共产党新闻网，http://cpc.people.com.cn/GB/64162/71380/71387/71591/4855056.html，2016 年 5 月 10 日阅。

② 中国二十世纪通鉴编辑委员会编著《中国二十世纪通鉴（1901—2000）》第五册第十七卷（1981—1985），第 764~766 页。

③ 《中共中央关于印发〈党政领导干部选拔任用工作暂行条例〉的通知》，110 网，http://www.110.com/fagui/law_67.html，2020 年 3 月 10 日阅。

④ 中共中央：《党政领导干部选拔任用工作条例（2014 修订）》，河南省商务厅人事处网，http://www.hncom.gov.cn/cs_rsc_jypx/show/95651.aspx，2020 年 3 月 10 日阅。

部，了解基层，提高干部的管理素质和工作能力，在一定程度上也可以起到防止不正之风和腐败现象的作用。以下为河北省的干部交流调查史料，可兹为证。

> 河北省在 1987 年、1989 年曾"搞过两次较大规模的交流"，到 1990 年，"应当实行任职回避的 1650 名领导干部中已调整 1014 名，占 61.45%；应实行地区回避的 1238 名领导干部中已调整 641 名，占 51.78%。""'在家门口当官'的现象已基本上得到解决。"河北省干部"交流、回避的观念已深入人心"，"成效是显著的。"而"两年前，'交流、回避'对广大干部群众来说，还是个非常生疏的概念，正如有的同志所讲的'不知交流回避是何物'。但时至今日，交流、回避的观念在我省可以说已深入人心。各级党委和组织部门在研究调整班子、选拔干部时，一般都要考虑干部的交流、回避问题；领导干部任职两届或提任、改任需要地区回避的领导职务时，也都提前做好了思想准备，有的还主动提出'换换地方'；就连在一般干部群众中也常常听到这样的议论：'××该交流交流了''×××是本地人，不适合担任××职务'，等等。这种观念上的变化，标志着执行交流、回避在我省已初步形成了一种气候。""各地反映，通过交流回避，进一步优化了班子的结构，提高了班子的战斗力……另外，通过干部交流，也使一批干部得到了锻炼提高。据邢台、衡水两个地区统计，自 1987 年以来被交流的 176 名干部中，已有 73 名被提拔到新的领导岗位，占被交流干部总数的 41.5%"①。

（四）退职与离、退休

1. 退职

包括专员、地委书记在内的干部退职制度，一般由退职条件和退职待遇两部分组成，其中退职待遇包括退职生活费（俗称退职金）、安家费等。

---

① 中共河北省委组织部：《关于我省实行领导干部交流、回避制度情况的调查》（1990 年 6 月 11 日），载《河北省组工通讯》调查报告（1），石家庄市档案馆：5－2－606。

地区行署时期，由于没有专门的规定，专员和地委书记等地区干部的退职一直执行 1978 年 5 月 24 日《国务院关于安置老弱病残干部暂行办法》。其中退职条件是"完全丧失工作能力，又不具备退休条件的干部应当退职"；退职待遇是"退职后，按月发给相当于本人标准工资 40% 的生活费，低于 20 元的，按 20 元发给"；"异地安家的，可以发给本人两个月的标准工资，作为安家补助费"①。此后，随着经济的发展，退职生活费不断增加。1983 年 6 月，"退职生活费的最低保证数在现行标准的基础上提高 5 元……年老和因病完全丧失劳动能力不够退休条件而退职的，由 20 元提高到 25 元"②。

从全国来看，各地发放标准不一，但基本趋势是不断增加。如浙江省从 1990 ~ 1999 年基本每隔 2 ~ 3 年即调高一次，1990 年 2 月规定提高到 40 元，每月再增发退职生活费 8 元；1991 年 4 月又规定从当年 5 月起，对按本人工资 40% 领取退职金的退职人员，每月补偿 6 元，增加退职金；1994 年 4 月规定办理退职的人员增加退职费，按职级分档的，每人每月分别增加 50 ~ 164 元，按工龄分档的，每人每月分别增加 61 ~ 69 元；1996 年 3 月和 1997 年 11 月两次规定每月又各增退职费 15 元；两年后的 1999 年 9 月又每月增加退职生活费 80 元③。

2. 退休、离休

专区专署时期的干部没有退休、离休制度，成为出现职务终身制的原因之一。1982 年 2 月，中共中央作出《中共中央关于建立老干部退休制度的决定》④；4 月，国务院发布《国务院关于老干部离职休养制度的几项规定》，我国正式建立老干部退休、离休制度。

此前，包括专员和地委书记在内的各级干部执行 1978 年 5 月《国务院

---

① 《国务院关于安置老弱病残干部暂行办法》（1978 年 5 月 24 日），石家庄市档案馆：32 - 1 - 162。

② 《劳动人事部、财政部关于提高职工退休费退职生活费的最低保证数的通知》（1983 年 6 月 28 日），载财政部文教行政财务司编《文教行政财务制度资料选编》（1949—1985 年），中国财政经济出版社，1990，第 690 页。

③ 《浙江省人事志》，浙江地方志，http：//www. zjdfz. cn/tiptai. web/BookRead. aspx? bookid = 201304280001，2015 年 5 月 13 日阅。

④ 《中共中央关于建立老干部退休制度的决定》（1982 年 2 月 20 日），载中共中央文献研究室编《改革开放三十年重要文献选编》（上），第 248 页。

关于安置老弱病残干部暂行办法》这一离退休制度的"政策框架"性规定①。据此文件，干部离职不是因为年龄限定，而是因为"老弱病残"和"丧失工作能力"，前者可以担任顾问和荣誉职务，后者可以离职休养②。这个暂行办法发布以后，对加快干部新老交替暂时起到了作用，但随着工资、物价、住房、医疗、财政等体制的改革，在干部退休、退职待遇和管理方面出现的问题越来越多，说明干部退休制度欠完善、人事制度配套不健全。这也是出现第三章所述干部该离休不离休、该退休不退休的原因。

此后，在1982年的基础上，退休、离休制度不断完善。对退休、离休干部的条件、待遇有了更合理的规定。

（1）条件。退休条件以年龄为标准，一般是男满60周岁、女满55周岁。具体1978年规定条件有以下三个：（1）男满60周岁，女满55周岁，参加革命工作年限满10年的；（2）男年满50周岁，女年满45周岁，参加革命工作年限满10年，经过医院证明完全丧失工作能力的；（3）因工致残，经过医院证明完全丧失工作能力的③。1993年对一般年龄未变，延长了工龄。总的来说，是一般国家公务员男年满60周岁，女年满55周岁，或丧失工作能力的都应当退休，此外，男年满55周岁，女年满50周岁，且工作年限满20年；或工作年限满30年的，本人提出要求，经任免机关批准，可以提前退休④。

离休条件，以参加工作时间和行政级别为标准。1980年规定的条件较为细化：第一、二次国内革命战争时期参加革命工作的干部，抗日战争时期参加革命工作的副县长及相当职务或行政十八级以上的干部，新中国成立以前参加革命工作的行政公署副专员及相当职务或行政十四级以上的干部，年老体弱、不能坚持正常工作的，应当离休。⑤ 1982年4月10日，

---

① 魏礼群主编《当代中国社会大事典（1978—2015）》（第1卷），华文出版社，2018，第389页。

② 《国务院关于安置老弱病残干部暂行办法》（1978年5月24日），石家庄市档案馆：32-1-162。

③ 《国务院关于安置老弱病残干部暂行办法》（1978年5月24日），石家庄市档案馆：32-1-162。

④ 《国家公务员暂行条例》（1993年8月14日），中国网，http://www.china.com.cn/chinese/MATERIAL/385908.htm，2016年5月6日阅。

⑤ 《国务院关于公布〈国务院关于老干部离职休养的暂行规定〉的通知》（1980年10月7日），廊坊市档案馆：20-6-359（长期）。

《国务院关于发布老干部离职休养制度的几项规定的通知》，条件扩充为：新中国成立前参加中国共产党所领导的革命战争、脱产享受供给制度待遇的和从事地下革命工作的老干部。同时，此通知规定地委书记和行署专员不分正副职，其离休年龄均为年满60周岁。俟后至今，只要是新中国成立前参加工作的，都可视为离休。

（2）待遇。退休待遇，是每月发给退休费（或称退休金），根据工资标准和工龄计算，直到去世为止。1978年《国务院关于安置老弱病残干部暂行办法》规定，抗日战争时期参加革命工作的，按本人标准工资的90%发给，解放战争时期参加革命工作的，按本人标准工资的80%发给。中华人民共和国成立以后参加革命工作，工作年限满10~20年的，按本人标准工资的60%~70%发给；退休费低于25元的，按25元发给①。1988年，国务院决定退休干部与离休干部统一管理；1989年，中共中央、国务院规定：凡因物价上涨发给在职人员的生活补贴，对离休、退休人员也相应增加离休、退休费②。因此，与退职金一样，随着物价和经济调整，退休费、离休费不断提高。如浙江省从1991年5月起，对退休人员每月增加退休费6元③。湖北省荆州地区1990年每人每月增加退休费18.76元；1992年平均又增加28.13元④。福建省1999年10月、2001年10月、2003年10月、2005年10月，均曾调高离、退休费：离休人员按同职务在职人员晋升一个工资档次的增资额增加离休费，每月低于25元的按25元增加；退休人员每月按20元增加退休费。其中，副厅级以上退休干部以及1952年底前参加革命工作领取100%退休费（含退休补助费）的退休人员，可按同职务在职人员晋升一个工资档次的增资额增加退休费⑤。

---

①　《国务院关于安置老弱病残干部暂行办法》（1978年5月24日），石家庄市档案馆：32－1－162。

②　当代中国的人事管理编辑委员会编《当代中国的人事管理》（上），当代中国出版社、香港祖国出版社，2009，第450页。

③　《浙江省人事志》，浙江地方志，http://www.zjdfz.cn/tiptai.web/BookRead.aspx?bookid=201304280001，2015年5月13日阅。

④　《荆州地区志》，湖北省省情资料库，http://www.hbdfz.com.cn:8081/dfz/onetable/browse/main.jsp?id=cc32f7da－99b5－4006－bd61－1b1ec95ba6f1，2016年4月25日阅。

⑤　《福建省志·人事志（1998—2005）》，第91~92页，福建省情网，http://www.fjsq.gov.cn/frmPDFList.aspx?key=039d063253ed47a594013348649a8b6d#menu，2020年3月12日阅。

离休待遇，包括生活待遇和政治待遇。生活待遇包括工资（生活补贴）、护理费、搬家费、探亲费等，名目较多。由于离休人员对新中国的革命贡献大，离休待遇的总原则是"原标准工资（含保留工资）照发，福利待遇不变。其他各项生活待遇，都与所在地区同级在职干部一样对待，并切实给予保证。医疗、住房、用车、生活用品供应等方面，应当优先照顾。"1982 年 4 月 10 日，《国务院关于发布老干部离职休养制度的几项规定的通知》规定离休后根据"生活待遇略为从优"的原则，按干部参加革命时间的早晚给予原有工资和相应的生活补贴（见表 7-6），通知规定："享受上述待遇的离休老干部，一律不再发给任何形式的奖金。"① 但较之奖金，其实离休干部的生活待遇是国家全包型的，十分优厚，除同级退休干部均可享受的丧葬费、家庭困难补助和探亲费外，还额外包括：（1）因公致残护理费，"因公致残饮食起居需要人扶助的离休干部，一般可发给不超过当地普通机械行业二级工标准工资的护理费。由于瘫痪等原因，生活长期完全不能自理的，可酌情发给护理费。需要购置病残工具而本人有困难的，可酌情补助"。（2）专门休养及专车服务，"干部休养所和直接管理离休干部较多的部门，要配备必要的车辆，为离休干部服务"。（3）异地安置费，"离休干部易地安置的，由原工作单位一次发给安置补助费 150 元，安置到农村生产队的，发给 300 元。离休干部本人及其供养的直系亲属，前往安置地点的车船费、旅馆费、行李搬运费和途中伙食补助费，都按在职干部差旅费的规定报销"②。

除了生活待遇以外，因为"任何一个共产党员的革命意志和组织纪律是绝对不能'退休''离休'的，他们仍然应当是共产主义革命者，仍然肩负着为人民服务、对人民负责的政治责任。因此，对于一切离休退休的老干部"，还有相应的政治待遇，"包括阅读文件、听重要报告、参加某些重要会议和重要政治活动等等，应当一律不变。"③

---

① 《国务院关于发布老干部离职休养制度的几项规定的通知》（1982 年 4 月 10 日），廊坊市档案馆：20-6-442（长期）。

② 《国务院关于公布〈国务院关于老干部离职休养的暂行规定〉的通知》（1980 年 10 月 7 日），廊坊市档案馆：20-6-359（长期）。

③ 《中共中央关于建立老干部退休制度的决定》（1982 年 2 月 20 日），中共中央文献研究室编《改革开放三十年重要文献选编》（上），第 250 页。

表 7 - 6　1982 年国务院规定离休干部生活补贴标准

参加革命工作时间段	生活补贴
1937 年 7 月 6 日以前	按本人离休前标准工资，每年增发两个月的工资
1937 年 7 月 7 日至 1942 年 12 月 31 日	按本人离休前标准工资，每年增发一个半月的工资
1943 年 1 月 1 日至 1945 年 9 月 2 日	按本人离休前标准工资，每年增发一个月的工资
1945 年 9 月 3 日至 1949 年 9 月 30 日	不增发生活补贴
行政八级和相当于八级以上（含八级）的老干部离休后，不增发生活补贴	

资料来源：《国务院关于发布老干部离职休养制度的几项规定的通知》（1982 年 4 月 10 日），廊坊市档案馆：20 - 6 - 442（长期）。

各省离休干部在上述国务院规定的基础上还有额外的待遇，充分保障离休干部老有所养、老有所尊。如贵州省毕节地区的"离休干部除享受原单位在职人员所享受的各项津贴、补贴外"，还享受每年 150 元的"特需经费"（1982 年 12 月规定）、每年 150～200 元的"健康保养费"（1993 年 5 月规定）、每月 51 元的"护理费"（1996 年 5 月规定）、每月 30～60 元的高龄补贴①。辽宁省铁岭地区根据干部离休前参加工作时间的不同，还有不同质和量的酒、肉、粮等实物供应。具体条件和标准如下：

（1）凡是第一、二次国内革命战争时期参加革命工作的离休干部；抗日战争时期参加革命工作的副县长及相当职务或行政十八级以上离休干部；新中国成立前参加革命工作的行政公署副专员及相当职务或行政十四级以上的离休干部（包括军队离休干部），每人每月供应平价牛肉或羊肉三斤、鲜蛋三斤、鲜鱼三斤、甲级烟三条、优质酒一瓶。

（2）凡是新中国成立前参加革命工作的离休干部，每人每月供应平价牛肉或羊肉二斤、甲级烟二条、优质酒一瓶。

（3）离休干部的粮油供应，第一、二次国内革命战争时期和抗日战争时期参加革命工作的离休干部；新中国成立前参加革命工作的行政公署副专员及相当职务或行政十四级以上离休干部，本人全部供应细粮（精粉、优米自选），每月增补豆油一斤。对新中国成立前参加

① 《毕节地区志》，第 307～308 页。

革命工作的离休干部，本人全部供应细粮（米、面自选），每月增补豆油一斤。①

二 激励约束：考察、考核、奖惩

（一）考察

专区专署时期没有建立正规的干部考核制度，而是延续战争年代的做法，基本以审查、考察代替干部考核。因此，有专家指出，这是一种"不甚完善"的考核制度②。而这种不正规的做法在地区行署时期告终。

审查或考察，一是用于干部任免，二是作为关键时刻干部政治表现的评估，主要是审查干部在重大政治事件中的表现以整肃其时某些问题。新中国成立后，1953年，《中共中央关于审查干部的决定》标志着干部审查制度正式建立。专署时期的干部审查，一般总是与某一运动，如"三反"运动、整党运动和各种社会民主改革运动结合起来，着重对干部在运动中的表现及过往历史进行重点和全面调查。

地区行署时期的干部考察主要用于干部的陟黜升迁，基本主要是选拔和晋升时使用。考察的内容也基本围绕前述干部的任用标准或考核内容进行，但由于干部"四化"中革命化的首要性，考察也大多以革命化的标准为主。如1986年1月，中共中央规定"提拔干部前，必须按拟任职务所要求的德才条件进行严格考察"，具体"考察干部要历史地全面地了解德、能、勤、绩。要了解干部在'文化大革命'中以及中共十一届三中全会以来的表现，着重考察近几年的工作实绩"③。2000年，针对要提拔的年轻干部，《中共中央组织部关于进一步做好培养选拔优秀年轻干部工作的意见》也提出三个考察方面："领导才能的全面考察""要注重工作实绩"

① 辽宁省铁岭地区行政公署：《关于离休老干部商品供应的通知》（1983年3月7日），铁岭市档案馆：21-1-427（永久）。

② 曹志：《中华人民共和国人事制度概要》，北京大学出版社，1985，第164页。

③ 《中共中央关于严格按照党的原则选拔任用干部的通知》（1986年1月28日），中国共产党新闻·文献资料，http://dangshi.people.com.cn/n/2013/0319/c359291-20841118.html，2015年1月27日阅。

"要坚持群众公认"，其中第一个方面仍然是中央一直强调的德才①。2014年版干部任用条例具体解释了德、能、勤、绩、廉五个方面的考察内容②。

（二）考核

考核主要用于干部工作的过程性评价。1978年以后主要根据以下制度执行：1979年11月《中共中央组织部关于实行干部考核制度的意见》③、1988年6月《中共中央组织关于试行地方党政领导干部年度工作考核制度的通知》④、1998年5月《党政领导干部考核工作暂行规定》⑤、2009年7月《党政领导班子和领导干部年度考核办法（试行）》《地方党政领导班子和领导干部综合考核评价办法（试行）》《党政工作部门领导班子和领导干部综合考核评价办法（试行）》⑥。这些文件对考核内容、考核时间与形式和考核程序均有相关规定。

1. 考核内容

党政领导干部的考核大致分为集体考核和个人考核两部分，其考核内容与干部的考察内容相近。如2009年的《党政领导班子和领导干部年度考核办法（试行）》规定，领导班子年度考核，主要考核本年度发挥职能作用情况，内容包括思想政治建设、领导水平、工作实绩、完成重点任务、反腐倡廉等方面的实际成效。领导干部年度考核，主要考核本年度履行岗位职责情况，内容包括德、能、勤、绩、廉等方面的现实表现。其中

① 《中共中央组织部关于进一步做好培养选拔优秀年轻干部工作的意见》（2000年8月29日），载中央办公厅法规室、中央纪律法规室、中央组织部办公厅编《中国共产党党内法规选编（1996—2000）》，第296页。
② 《党政领导干部选拔任用工作条例（2014修订）》，河南省商务厅人事处网，http://www.hncom.gov.cn/cs_rsc_jypx/show/95651.aspx，2020年3月10日阅。
③ 《中共中央组织部关于实行干部考核制度的意见》（1979年11月21日），中国共产党新闻网，http://dangshi.people.com.cn/n/2013/0319/c359291-20841125.html，2014年9月29日阅。
④ 《中共中央组织关于试行地方党政领导干部年度工作考核制度的通知》（1988年6月6日），载国家公务员素质工程全书编委会编《国家公务员素质全书》，中国方正出版社，1998，第1751页。
⑤ 中共中央组织部：《党政领导干部考核工作暂行规定》（1998年5月26日），载中国法制出版社编《公务员法及相关文件类公务员考核·培训》，中国法制出版社，2005，第5～10页。
⑥ 《人民日报》2019年4月22日，第5版。

的考"德"的内容基本与干部任用条例的"基本条件"相同。对地区行署、地委直属机构的负责人，即"对党政机关内设机构领导干部的年度考核，按照《公务员考核规定（试行）》办理。"①

2. 考核的时间与形式

考核的时间与形式，1993 年规定为平时考核和年度考核两种，"平时考核作为年度考核的基础"。1998 年改为三种："平时考核、任职前考核、定期考核"，其中，"平时考核是对领导班子和领导干部所进行的经常性考核。考核机关通过检查工作、个别谈话、专项调查、派人参加领导班子民主生活会和年度总结工作会等多种形式和渠道，了解考核对象的有关情况"；"任职前考核按《党政领导干部考核工作暂行规定》的有关规定进行"；"定期考核采取届中、届末考核的形式进行。没有明确届期的，每两年或三年进行一次定期考核"②。地方党政领导班子和领导干部按照各自测评内容设置测评项目，并进行总体评价。各地可以结合实际情况，适当设置具有地方特色的测评项目。由于测评类型和内容不同，测评结果划分不同。2009 年的《地方党政领导班子和领导干部综合考核评价办法（试行）》规定："领导班子测评项目、总体评价意见分为好、较好、一般、差；领导干部测评项目评价意见分为好、较好、一般、差，总体评价意见分为优秀、称职、基本称职、不称职。"③

3. 考核程序

1979 年《中共中央组织部关于实行干部考核制度的意见》规定的考核程序是"由本人提出工作思想总结，群众评议，考核组织评定。对领导干部，还可结合本部门的工作总结，组织群众评议或实行民意投票"④。1998

① 中共中央组织部：《党政领导班子和领导干部年度考核办法（试行）》（2009 年 7 月 16 日），靖边县人民政府网，http://www.jingbian.gov.cn/gk/fgwj/42875.htm，2020 年 3 月 10 日阅。

② 中共中央组织部：《党政领导干部考核工作暂行规定》（1998 年 5 月 26 日），载中国法制出版社编《公务员法及相关文件类编公务员考核·培训》，第 6～7 页。

③ 中共中央组织部：《地方党政领导班子和领导干部综合考核评价办法（试行）》（2009 年 7 月 16 日），中共乌审旗委组织部，http://wsqdjw.gov.cn/zcfg/201211/t20121121_745004.html，2020 年 3 月 7 日阅。

④ 《中共中央组织部关于实行干部考核制度的意见》（1979 年 11 月 21 日），中国共产党新闻网，http://dangshi.people.com.cn/n/2013/0319/c359291-20841125.html，2014 年 9 月 29 日阅。

年《党政领导干部考核工作暂行规定》规定定期考核的基本程序具体化为
8 个环节：（1）考核准备；（2）述职；（3）民主测评；（4）个别谈话；
（5）调查核实；（6）撰写考核材料；（7）综合分析，评定考核结果；
（8）反馈①。2009 年将领导干部个人的年度考核测评程序缩减为 4 个环
节：（1）提前发放领导班子工作总结、领导干部个人述职报告、测评要
点、年度目标任务完成情况等材料；（2）召开民主测评会议；（3）领导班
子工作总结和个人述职报告；（4）填写测评表②。总体而言，考核的程序
越来越正规、严格。

　　全国各省份在实际干部考核操作中各有特色，广西壮族自治区注重搜
集干部多方面的考核信息，其省 1986 年考核干部的程序是："听取领导干
部意见，向组织人事部门了解情况，走访考核对象周围的干部，查阅实绩
纪［记］录、民主生活会记录、干部档案、干部本人的工作总结、报告、
文件、文章；专家评价、本人述职、民意投票（在县处级以上领导干部中
实行）。"③ 河北省对干部考核的程序比较公开、民主、严谨，1987 年对包
括地委委员、行署正副专员在内的省地两级干部的考评程序是先由"被考
评人述职"，"述职报告的重点，是自己一年来做的主要工作，取得的成绩
及不足，述职报告一般不超过 3000 字，做述职报告的时间一般不要超过
20 分钟"。然后是"评议"，"在考评工作组的主持下，由参加考评者填写
《党政领导干部年度工作评价表》和书面评议意见"。接下来是"综合汇
总"，"考评工作组分别汇总评价和评价情况，填入《党政领导干部年度工
作考核表》"。再接下来是"通报"，包括"向所在单位的主要领导同志通报
对考评对象的评价和评议结果"和"向考评对象个人通报"。最后是"汇
报"，"由考评工作组向派出单位汇报考评工作情况和结果。对民主考核中得
'优秀'与'称职'票合计在 90% 以上和'不称职'与'基本不称职'票

---

① 中共中央组织部：《党政领导干部考核工作暂行规定》（1998 年 5 月 26 日），中国法制出
　　版社《公务员法及相关文件类编公务员考核·培训》，第 9～10 页。
② 中共中央组织部：《党政领导班子和领导干部年度考核办法（试行）》（2009 年 7 月 16
　　日），靖边县人民政府网，http://www.jingbian.gov.cn/gk/fgwj/42875.htm，2020 年 3 月
　　10 日阅。
③ 《广西通志·中共广西地方组织志》，广西地情网，http://www.gxdqw.com/bin/mse.exe?
　　seachword=&K=a&A=34&rec=121&run=13，2018 年 11 月 9 日阅。

合计接近或超过50%的干部，经与派出单位的组织人事部门商议后，确定重点考察对象"①。江西省上饶地区1997年实行定量考核，结合日常考核，科学地量化考核标准，然后同样给予优秀或称职的考核结果。其中地直党政机关有1439人参加考核，获优秀165人，称职1274人②，即优秀率为11.5%。

（三）奖惩

相对于干部的新陈代谢机制，地区行署时期干部的激励约束机制中的奖惩制度并无太多的新文件。地区干部奖惩，最初仍执行1957年的规定，1980年11月，人事部《关于贯彻执行〈国务院关于国家行政机关工作人员的奖惩暂行规定〉的通知》规定：1957年《国务院关于国家行政机关工作人员的奖惩暂行规定》（以下简称《奖惩暂行规定》）仍然适用。请认真贯彻执行，把奖惩工作开展起来。③ 这一文件成了行署干部奖惩的基本规定。1993年8月，国务院发布《国家公务员暂行条例》（以下简称《公务员条例》），2005年4月，全国人大颁布《中华人民共和国公务员法》（以下简称《公务员法》），其中间有涉及干部奖惩规定。参照这些，各省、各地区也自订干部奖惩规制。仅就这些文件来看，地区行署时期的干部惩戒与专区专署时期相比，有如下变化。

第一，地区行署时期，干部奖、惩的条件和标准均有所损益。损的是奖惩的种类，1957年《奖惩暂行规定》规定奖励分为6种（记功、记大功、授予奖品或者奖金、升级、升职、通令嘉奖），纪律处分分为8种（警告、记过、记大过、降级、降职、撤职、开除留用察看、开除）④。1993年《公务员条例》中奖与惩的种类均有所减少，奖励减为5种（嘉奖、记三等功、二等功、一等功、授予荣誉称号），由于20世纪90年代工

---

① 《中共河北省委组织部印发〈关于一九八七年度民主考评领导干部的实施意见〉的通知》（1987年11月28日），石家庄市档案馆：5－2－552。

② 《上饶地区志（1991—2000）》（下册），第1247页。

③ 人事部：《关于贯彻执行〈国务院关于国家行政机关工作人员的奖惩暂行规定〉的通知》（1980年11月19日），载劳动人事部干部局编《奖惩工作文件汇编》（内部资料），1984，第15页。

④ 《国务院关于公布国家行政机关工作人员奖惩暂行规定的命令》（1957年10月26日），载《河北省国家机关财政人事法规汇编》（1958年7月），第16页。

资经历多次调整，取消了升级和升职两种，将记功的等次由两等细分为三等；行政处分减为 6 种（警告、记过、记大过、降级、撤职、开除），取消了降职和开除留用察看 2 种。1993 年与 1957 年的规制相比，配合对干部廉洁、高效和政企分开的要求，奖的条件增加了 3 条（"遵守纪律，廉洁奉公，作风正派，办事公道，起模范作用的""在抢险、救灾等特定环境中奋不顾身，做出贡献的""在对外交往中，为国家争得荣誉和利益的"），惩的条件增加了 2 条（"散布有损政府声誉的言论，组织或者参加非法组织，组织或者参加旨在反对政府的集会、游行、示威等活动，组织或者参加罢工"和"经商、办企业以及参与其他营利性的经营活动"①）。在此基础上，2005 年《公务员法》除个别表述发生变化外，奖惩条件各新增 1 条（"为增进民族团结、维护社会稳定做出突出贡献的"和"旷工或者因公外出、请假期满无正当理由逾期不归"②）。

第二，奖惩偏重政治表现，考核偏重业绩。专区专署时期因为以考察、审查代替考核，所以，奖惩与考核是息息相关的，惩戒多与政治运动中的干部考察、审查紧密相关，即考察出什么问题，惩戒的就主要是什么问题。地区行署时期，奖惩与考核各有侧重。由于革命化摆在第一位，奖惩侧重政治表现，这从前述的奖惩条件可窥其一斑。而考核则侧重工作业绩。1993 年的《公务员条例》大体规定："年度考核结果作为对国家公务员的奖惩、培训、辞退以及调整职务、级别和工资的依据。"③ 而 2005 年的《公务员法》虽也规定"全面考核公务员的德、能、勤、绩、廉"，但实际强调"重点考核工作实绩"④。因为这与干部的任免息息相关，也正因此，形成了后来有些干部片面追求政绩的倾向。

第三，奖励逐渐脱离中国革命战争时期和"文化大革命"前重精神、轻物

---

① 国务院：《国家公务员暂行条例》（1993 年 8 月 14 日），中国网，http：//www. china. com. cn/chinese/MATERIAL/385908. htm，2016 年 5 月 6 日阅。

② 《中华人民共和国公务员法》（2005 年 4 月 27 日），载中国法制出版社编《中华人民共和国反腐败和廉政建设法规制度全书》（第二版），第 301～302 页。

③ 国务院：《国家公务员暂行条例》（1993 年 8 月 14 日），中国网，http：//www. china. com. cn/chinese/MATERIAL/385908. htm，2016 年 5 月 6 日阅。

④ 《中华人民共和国公务员法》（2005 年 4 月 27 日），载中国法制出版社编《中华人民共和国反腐败和廉政建设法规制度全书》（第二版），第 300 页。

质的传统。由于受限于经济条件，自中国革命战争时期直至"文化大革命"时期，干部的奖励均是重精神、轻物质。改革开放后，随着经济水平的提高，物质不断丰富，国家有富裕的财力运用于奖励。尽管1993年《公务员条例》的5种奖励并无一项是物质奖励的，但实际此条例明确规定："坚持精神鼓励与物质鼓励相结合的原则"，而且"按照规定给予一定的物质奖励"①。所以，尤其20世纪90年代开始，实惠的物质奖励增多。正如湖北省《荆州地区志》所载："建国初期对干部的奖励，主要是'评功表模'，给功臣、模范颁发奖章、奖状、记功等。此后除精神奖励外，还有发奖金、晋级、升职等。"②

第四，受惩戒的主因是贪腐。中国革命战争时期，物资极度匮乏、斗争形势严峻，各根据地干部惩戒的首要问题是贪污，居于第二位的是叛变、逃跑、脱职。专区专署时期，物资不丰富，且政治运动较多，因此专员受惩戒的主因是贪污和政治思想问题。地区行署时期干部受惩戒的主因则是贪污和腐败问题。这从中央频频下发的反腐文件即可得到反向证明。贪腐成为惩戒主因，与改革开放后物质生活和精神生活的极大丰富有一定关系，更与党政不分、政企不分和相关监督机制不到位脱不了干系。

三　保障：薪资与福利

（一）工资

专区专署时期，干部的工资制度有两个：1949～1955年的包干供给制和1956～1966年的职务等级工资制。地区行署时期，干部工资制度也主要有两个：1985～1992年的结构工资制和1993年至今的职务级别工资制。1985年以前曾短暂执行1956年建立的职务等级工资制。以下按时序详述新时期的两个主要工资制度。

1. 以职务工资为主要内容的结构工资制（1985～1992年）

伴随着1978年后的经济体制改革，调动工作人员的积极性成为必要，

---

① 国务院：《国家公务员暂行条例》（1993年8月14日），中国网，http：//www.china. com.cn/chinese/MATERIAL/385908.htm，2016年5月6日阅。
② 《荆州地区志》，第600页，湖北省情资料库，http：//www.hbdfz.com.cn：8081/dfz/onetable/ browse/main.jsp? id=cc32f7da－99b5－4006－bd61－1b1ec95ba6f1，2016年4月29日阅。

但是当时延续使用 1956 年职务等级工资制则"存在着比较严重的平均主义和一些不合理的因素",不能"体现奖勤罚懒、奖优罚劣;体现多劳多得、少劳少得;体现脑力劳动和体力劳动、复杂劳动和简单劳动、熟练劳动和非熟练劳动、繁重劳动和非繁重劳动之间的差别"。因此,1985 年,中共中央、国务院决定改行以职务工资为主要内容的结构工资制。此制将当时的"标准工资加上副食品价格补贴、行政经费节支奖金,与这次改革增加的工资合并在一起,按照工资的不同职能,分为基础工资、职务工资、工龄津贴、奖励工资四个组成部分。"即结构工资制"把工作人员的工资同本人的工作职务、责任和劳绩密切联系起来",以此调动积极性,体现脑体差别、职务差别、技术差别、专业差别。在四部分工资中(见表7-7,灰色底纹处为地区一级工作人员的工资范围):

(1)基础工资是统一、固定的,从中央到地方各级无差别,均为 40元,"以大体维持工作人员本人的基本生活费计算"①。不过,有的省则在40 元基本线下。如浙江省 1985 年规定行署和省辖市各级人员的基础工资为 39 元②。同样的还有贵州省毕节地区 1985 年也有如此规定③。

(2)职务工资,在全国差别较大。此项是"按照工作人员的职务高低、责任大小、工作繁简和业务技术水平确定。每一职务设几个等级的工资标准。上下职务之间的工资适当交叉。工作人员按担任的实际职务确定相应的职务工资,并随职务的变动而变动"。其数额,从国家主席到最底层办事员为 490~12 元不等,最高数额是最低数额的 40.83 倍。具体地区各级人员(专员至办事员)为 190~12 元不等,最高数额是最低数额的15.83 倍,其中正、副专员为 190~100 元不等。由于"省辖市、行署、县、乡国家机关行政人员和专业技术人员的职务工资标准,由省、自治区、直辖市在不超过本方案附发的省辖市、行署、县、乡国家机关行政人

①　中共中央、国务院:《关于国家机关和事业单位工作人员工资制度改革问题的通知》(1985 年 6 月 4 日),载劳动部劳动科学研究所、全国总工会劳动工资社会保障部编《中国劳动、工资、保险福利政策法规汇编》,海洋出版社,1990,第 579~580 页。

②　《浙江省人事志》,浙江地方志,http://www.zjdfz.cn/tiptai.web/BookRead.aspx? bookid = 201304280001,2015 年 5 月 13 日阅。

③　《毕节地区志·人事志》,第 192 页。

员职务工资标准和国家安排的工资增长指标范围内制定"①，所以，有的省也在此中央线之下。如1985年浙江省规定地区党政工作人员为185～17.5元不等②。贵州省规定地区党政工作人员为185～11.5元不等③。

表7-7　1985年结构工资制各级党政人员基础工资、职务工资标准

单位：元

级别职务	基础工资	职务工资						
		一	一	二	三	四	五	六
主席、副主席、总理	40	—	—	490	410	340	—	—	—
副总理、国务委员	40	—	—	340	300	270	—	—	—
部长、省长	40	315	300	270	240	215	190	165	—
副部长、副省长	40	270	240	215	190	165	150	140	
中央和省级局、厅长，地级市长、州长、专员	40	—	190	165	150	140	130	120	—
中央和省级副局、厅长，地级副市长、副州长、副专员	40	—	150	140	130	120	110	100	—
中央和省级处长，地级局（处）长、县级县长、市长	40	—	—	130	120	110	100	91	82
副处长，地级副局（处）长、县级副县长、副市长	40	—	—	110	100	91	82	73	65
中央和省级科长、主任科员	40	—	—	91	82	73	65	57	49
中央和省级副科长、副主任科员	40	—	—	73	65	57	49	42	36
中央和省级科员	40	—	—	57	49	42	36	30	24
中央和省级办事员	40	—	—	42	36	30	24	18	12
地级科长、主任科员，县级局（科）长、区、乡长	40	—	—	82	73	65	57	49	42

① 中共中央、国务院：《关于国家机关和事业单位工作人员工资制度改革问题的通知》（1985年6月4日），载劳动部劳动科学研究所、全国总工会劳动工资社会保障部编《中国劳动、工资、保险福利政策法规汇编》，第580页。

② 《浙江省人事志》，浙江地方志，http：//www.zjdfz.cn/tiptai.web/BookRead.aspx？bookid = 201304280001，2015年5月13日阅。

③ 《毕节地区志·人事志》，第192页。

续表

级别职务	基础工资	职务工资						
		一		二	三	四	五	六
中央、省级和地级副科长、副主任科员，县级副局（科）长，副区长、乡长	40	—	—	65	57	49	42	36	30
地级和县级科员	40	—	—	49	42	36	30	24	18
地级和县级办事员	40	—	—	42	36	30	24	18	12

　　资料来源：中共中央、国务院：《关于国家机关和事业单位工作人员工资制度改革问题的通知》（1985 年 6 月 4 日），载财政部文教行政财务司编《社会文教行政财务制度选编（1985.1—1986.12）》，1987，第 94、100、101 页。

　　（3）工龄津贴，各地差别不大。此项是按照工作人员的工作年限逐年增长，1985 年规定，多工作一年每月增发 0.5 元。计发工龄津贴的工作年限，从参加革命工作和社会主义建设工作时开始计算，到本人离、退休时为止，但领取工龄津贴的工作年限最多不超过 40 年[1]。个人之间工龄津贴实际差别较小，因为多工作一年每月多领 0.5 元，即使 20 世纪 90 年代开始涨到 1 元（1992 年工龄津贴提高到 1 元[2]），多工作 30 年，也仅是 30 元钱的差别。

　　（4）奖励工资（俗称奖金），各地差别较大。第六章已述，实行预算包干后，《国务院工资制度改革小组、劳动人事部、财政部关于国家机关工作人员奖励工资问题的通知》规定，"奖励工资从行政经费预算包干结余中开支，行政经费预算包干结余少的单位，奖励工资应少发"；其具体标准"原则上按不超过本省、自治区、直辖市全部国家机关工作人员一个月平均基本工资的数额计发，也可以具体规定省、地、县分级发放标准。"[3] 因此，各省经费结余多少不同，地区工作人员的奖励工资差别较大。

---

[1]　中共中央、国务院：《关于国家机关和事业单位工作人员工资制度改革问题的通知》（1985 年 6 月 4 日），载劳动部劳动科学研究所、全国总工会劳动工资社会保障部编《中国劳动、工资、保险福利政策法规汇编》，第 580 页。

[2]　《国务院关于调整机关、事业单位工作人员工龄津贴标准的通知》（1991 年 12 月 31 日），石家庄市档案馆：3 - 9 - 1451。

[3]　《国务院工资制度改革小组、劳动人事部、财政部关于国家机关工作人员奖励工资问题的通知》（1985 年 6 月 4 日），载财政部文教行政财务司编《社会文教行政财务制度选编（1985.1—1986.12）》，1987，第 130 ~ 131 页。

较低的，如贵州省 1986 年规定全年不可超过机关工作人员 1 个月基本工资的数额发给；具体发放标准，地级单位不超过 110 元，县（市、特区、区）不超过 80 元；1988 年规定奖励工资可以由全年不超过 1 个月的平均基本工资提高到 1.5 个月①。较高的，如黑龙江省黑河地区，从 1985 年 6 月，国家机关、事业单位开始发放奖励工资，当年每人平均发放 60 元；1986～1987 年，每人每年分别发放增至 110 元和 120 元；1988～1992 年，按每人每月 15 元发给②，即全年可达 180 元。安徽省 1986 年每人每年发给奖励工资 90 元。1988 年实行"岗位责任奖"，每人每月奖金 15 元③，一年也可达 180 元。1993 年开始，国务院规定考核与奖金挂钩，取消每月工资中的奖励工资，奖金改为"对优秀和称职的工作人员，年终发放一次性奖金。"④ 如贵州省 2001 年发放年终一次性奖金。2003 年，地直机关、事业单位在职人员享受年终一次性奖金人均 753.31 元⑤。

因此，执行结构工资制之后，各省、各地区实际每月新增工资额度差距较大。如 1986 年安徽省阜阳地区机关党派团体人均月增工资为 24.78 元，事业单位人均月增工资为 21.12 元⑥；巢湖地区全区机关和事业单位人均月增工资为 5.99 元⑦。福建省人均月增工资为 18.02 元⑧。贵州省毕节地区机关人均月增工资为 24.48 元，事业单位人均月增工资为

① 《铜仁人事志》，铜仁网，http：//www. tongren. gov. cn/html/2014/0410/trrsz72436. html，2014 年 7 月 21 日阅。
② 《黑河地区志》，中国龙志网，http：//210.76.63.176/trsweb/Detail. wct? SelectID = 3152&RecID = 0，2016 年 5 月 9 日阅。
③ 《巢湖地区简志》，安徽省情网，http：//60.166.6.242：8080/was40/index_sz. jsp? rootid = 48832&channelid = 1190，2016 年 1 月 20 日阅。
④ 《国务院关于机关和事业单位工作人员工资制度改革问题的通知》（1993 年 11 月 15 日），载国务院法制办公室编《中华人民共和国法规汇编（1993—1994）》（第 11 卷），第 351～352 页。
⑤ 《铜仁人事志》，铜仁网，http：//www. tongren. gov. cn/html/2014/0410/trrsz72436. html，2014 年 7 月 21 日阅。
⑥ 《阜阳地区志》，安徽省情网，http：//60.166.6.242：8080/was40/index_sz. jsp? rootid = 17116&channelid = 25525，2016 年 5 月 9 日阅。
⑦ 《巢湖地区简志》，安徽省情网，http：//60.166.6.242：8080/was40/index_sz. jsp? rootid = 48832&channelid = 1190，2016 年 5 月 9 日阅。
⑧ 《宁德地区志》，福建省情网，http：//www. fjsq. gov. cn/ShowText. asp? ToBook = 3219&index = 1363&，2016 年 5 月 9 日阅。

20.13 元①。湖北省荆州地区 1985 年改革后行政人员人均月增工资为 25.85 元②。黑龙江省 1985 年底全省职工平均每人每月增加工资为 20.85 元③。

2. 职务级别工资制（1993 年至今）

1992 年社会主义市场经济体制目标确立后，为"进一步贯彻按劳分配原则，克服平均主义，建立起符合机关和事业单位各自特点的工资制度与正常的工资增长机制"以配合政企分开，也因为 1985 年的工资制度改革"未能建立起正常的晋级增资制度，加之工资制度本身也存在一些不足，使工资的职能难以充分发挥"。1993 年 11 月，国务院决定实行机关与企事业单位分开、职务与级别分开的职务级别工资制（以下简称职级制）。因此，"职务工资和级别工资是职级工资构成的主体"④。在职级制的四部分中（见表 7 - 8，灰色底纹处为地区一级工作人员的工资范围）：

（1）基础工资，仍是各级相同，"按大体维持工作人员本人基本生活费用确定，数额为每人每月 90 元"，比 1985 年增加 50 元。

（2）职务工资，与 1985 年结构工资制相同，"按工作人员的职务高低、责任轻重和工作难易程度确定，是职级制中体现按劳分配的主要内容。"但不再按自新中国成立以来既有的六类工资区划分为 3 ~ 7 个档次，而是按职务划分，"每一职务层次设若干工资档次，最少为 3 档，最多为 8 档。工作人员按担任的职务确定相应的职务工资，并随职务及任职年限的变化而变动。"职务工资与考核挂钩，只要考核合格（"优秀"和"称职"）的，每两年晋升一个工资档次。不过，《国务院关于机关和事业单位工作人员工资制度改革问题的通知》中并未如 1985 年的规制那样标识出"地级"或"专员"等地区干部的职务工资标准范围，而只规定从国家主席、总理到办事员的 12 级职务工资，数额 630 ~ 50 元不等。笔者认为正副专员相当于厅、局长，据此推测其职务工资共分 6 档，为

① 《毕节地区志·人事志》，第 194 页。

② 《荆州地区志》，第 604 页。

③ 《黑龙江省志·人事编制志》，中国龙志网，http：//210.76.63.176/trsweb/Detail.wct？SelectID＝5497&RecID＝12，2016 年 5 月 10 日阅。

④ 《国务院关于机关和事业单位工作人员工资制度改革问题的通知》（1993 年 11 月 15 日），载国务院法制办公室编《中华人民共和国法规汇编（1993—1994）》（第 11 卷），第 350 页。

415～175 元。

（3）级别工资，"按工作人员的资历和能力确定，也是体现按劳分配的主要内容。机关工作人员的级别共分为15级，一个级别设置一个工资标准"，具体标准470～55 元不等。级别工资也与考核挂钩，凡年度考核连续 5 年为"称职"或连续 3 年"优秀"的，可在本职务对应级别内晋升一级。由于正副专员为厅局级，应为 5～8 级，级别工资为 298～193 元不等。

表 7－8　1993 年职级制职务工资和级别工资标准

单位：元

职务	职务工资								级别工资						级别
	1	2	3	4	5	6	7	8	1	2	3	4	5	6	
主席、副主席、总理	480	555	630	—	—	—	—	—	470	—	—	—	—	—	一
副总理、国务委员	400	460	520	580	—	—	—	—	425	382	—	—	—	—	二～三
部长、省长	330	380	430	480	530	—	—	—	382	340	—	—	—	—	三～四
副部长、副省长	270	315	360	405	450	—	—	—	340	298	—	—	—	—	四～五
司长、厅长、局长	215	255	295	335	375	415	—	—	298	263	228	—	—	—	五～七
副司长、副厅、局长	175	210	245	280	315	350	—	—	263	228	193	—	—	—	六～八
处长、县长	144	174	204	234	264	294	—	—	228	193	164	135	—	—	七～十
副处长、副县长	118	143	168	193	218	243	—	—	193	164	135	111	—	—	八～十一
科长、主任科员	96	116	136	156	176	196	216	—	164	135	111	92	—	—	九～十二
副科长、副主任、科员	79	94	109	124	139	154	169	—	164	135	111	92	77	—	九～十三
科员	63	75	87	99	111	123	135	147	164	135	111	92	77	65	九～十四
办事员	50	60	70	80	90	100	110	120	135	111	92	77	65	55	十一～十五

资料来源：《国务院关于机关和事业单位工作人员工资制度改革问题的通知》（1993 年 11 月 15 日），载国务院法制办公室编《中华人民共和国法规汇编（1993—1994）》（第 11 卷），第 353～354 页。

（4）工龄工资，仍"按工作人员的工作年限确定。工作年限每增加一年，工龄工资增加一元，一直到离退休当年止。"①

---

① 《国务院关于机关和事业单位工作人员工资制度改革问题的通知》（1993 年 11 月 15 日），载国务院法制办公室编《中华人民共和国法规汇编（1993—1994）》（第 11 卷），第 351～352 页。

相较 1985 年的结构工资制，1993 年的职级制，工资的差距主要在级别工资而不是职务工资。1985 年的职务工资最高数额是最低数额的 40.83 倍。1993 年的职务工资的最高数额是最低数额的 12.6 倍，而级别工资的最高数额是最低数额的 8.55 倍。级别工资的大差距，体现了劳动收入中对资历和职务等级别的偏重。

除了上述四项工资外，各级工作人员还有名目不同的补助工资。

3. 补助工资

补助工资是上述四项结构工资以外的补助费，其具体名目包括冬季取暖补贴、书报费补贴、上下班交通费补贴、粮价补贴、副食品价格补贴、专项补贴、少数民族伙食补贴等。随着新时期经济的发展，各项补贴的标准亦不断提高。

（1）冬季取暖补贴，此项补贴始于 1955 年。由于纬度越高冬季越长，取暖补贴领取时间越长，但取暖补贴不一定越高。同时，取暖补贴的发放，各省或按月或按年计发。按年计发的，如地处北纬 26°03′~34°19′的四川省，1981 年 5 月规定，全省各地取暖时间为 3~10 个月不等，每人每年 7.5~75 元不等[①]。地处北纬 43°25′~53°33′的黑龙江省黑河地区，1992 年以前取暖补贴同样按每人每年 35 元发给[②]。按月计发的，如地处北纬 31°42′~39°35′的陕西省，1978 年规定全省取暖时间为 2~4 个月不等，取暖补贴标准每人每月 4 元。

（2）书报费补贴，此项补贴的发放，有的省只要是干部即均发，有的省则需要其他条件，但发放标准同样因经济收益及财政状况等各地有异，且总趋势是逐渐提高。如陕西省 1984 年 7 月规定，凡具有技术员职称或中专以上学历的党政机关干部，每年凭发票报销书报费 15~30 元[③]。浙江省 1985 年 12 月，对全省各级国家机关、事业单位的在职工作人员，一次性发给全年 40 元的书报费；从 1986 年 1 月起，改为每人每月 4 元，按月发

---

① 《四川省志·财政志》，四川人民出版社，1996，第 271 页。
② 《黑河地区志》，中国龙志网，http：//210.76.63.176/trsweb/Detail.wct? SelectID = 1292&RecID = 0，2016 年 10 月 14 日阅。
③ 《陕西省志·财政志》，陕西省地情网，http：//www.sxsdq.cn/dqzlk/sxsz/czz/，2016 年 1 月 22 日阅。

放；1991 年 11 月增为每人每月 8 元；1993 年 1 月再增为每人每月 12 元①。1989 年，河北省石家庄地区书报费补贴每月 7 元②，江西省上饶地区事业单位工作人员的书报费和洗理费合计每人每月 16 元③。

（3）下班交通费补贴，此项补贴是"文化大革命"后建立的。1978 年，《财政部、国家劳动总局关于建立职工上下班交通费补贴制度的通知》规定"在全国有计划地逐步建立职工上下班交通费补贴制度……省、市、自治区革命委员会所在地的城市和人口在五十万以上的城市（不包括农业人口和市属县城关非农业人口）"，其"职工家距工作地点四华里以上，必须乘坐公共汽车、电车或骑个人自行车上下班的，可以享受上下班交通费补贴。"补贴标准是根据职工所使用的交通工具的不同而不同，具体为：上下班乘坐公共汽车、电车的职工，每月本人负担的部分，不要少于 1.5 元，其余部分由工作单位给予补贴；骑个人自行车上下班的，适当补贴修理费。每月补贴标准，不要高于 1.5 元；但"乘坐工作单位交通车上下班的，应当适当收费。"同时，还规定"已实行职工上下班交通费补贴的城市，凡补贴高于或低于上述原则规定的，应当适当调整。"④ 河北省基本执行财政部、国家劳动总局规定⑤。相同的还有浙江省规定上下班交通费 1984 年 6 月改为 2～3 元，1992 年 1 月调高至 4～6 元⑥。四川省 1978 年与财政部、国家劳动总局规制一样，1982 年每人每月补贴"自行车修理费"为 1.5 元，此后，逐步提高为 3 元、6 元⑦。江西省上饶地区 1992 年起每人每月补贴交通费为 6 元⑧。

---

① 《浙江省人事志》，浙江地方志，http：//www.zjdfz.cn/tiptai.web/BookRead.aspx? bookid = 201304280001，2015 年 5 月 13 日阅。

② 《石家庄地区八九年行政费控制指标分配第一方案》，石家庄市档案馆：32－1－483（永久）。

③ 《上饶地区志（1991—2000）》（下册），第 1261 页。

④ 《财政部、国家劳动总局关于建立职工上下班交通费补贴制度的通知》（1978 年 2 月 5 日），石家庄市档案馆：32－1－149。

⑤ 河北省革命委员会财政局、河北省革命委员会劳动局：《关于实行职工上下班交通费补贴办法的通知》（1978 年 3 月 27 日），石家庄市档案馆：32－1－149。

⑥ 《浙江省人事志》，浙江地方志，http：//www.zjdfz.cn/tiptai.web/BookRead.aspx? bookid = 201304280001，2015 年 5 月 13 日阅。

⑦ 《四川省志·财政志》，第 271 页。

⑧ 《上饶地区志（1991—2000）》（下册），第 1261 页。

（4）粮价补贴、副食品价格补贴、肉食品价格补贴，其中粮食补贴（粮价补贴）不一定各省均设，因"1979 年，国务院在调整工资区类别时，决定将粮价补贴全部或部分冲销，并规定当时没有调整工资区类别和哪次虽调整了类别，但粮价未冲销的职工，在今后调整工资时再逐步冲销。原来没有享受粮价补贴的职工和新参加工作的职工，不得再扩大实行粮价补贴。"[1] 有粮价补贴的地区，其发给标准按当地的粮食价格而定。贵州省毕节地区 1992 年每人每月粮价补贴 5 元，1993 年增至 6 元[2]。陕西省 1979 年粮价补贴每人每月平均定量标准提价金额，在 0.3 元以上的给予补贴，0.3 元以下的城镇不补贴。肉食品价格补贴（或称肉价补贴）因 1985 年猪肉价格放开而设立。如陕西省 1985 年 5 月，开始实行猪肉价格补贴每人每月 1 元，只对城镇居民进行补贴；除中央补贴外，西安市（不含县）职工每人每月另给补助 2.1 元，其他城镇职工每人每月另给补助 1.6 元[3]。河北省则按行政层级发放肉价补贴，1988 年规定每人每月省会和省辖市 10 元，县及以下 8 元；"禁猪民族的职工，在当地补贴标准的基础上，每月增补 1 元。"[4] 以上各地均为三项补贴单项计算，也有的省是合计发放至每月的工资中，如江西省上饶地区 1995 年工资改革后三项合计每人每月补贴 22.5 元[5]。

（5）少数民族伙食补贴，因为少数民族的特殊饮食习惯，各省少数民族有伙食补贴。如陕西省 1979 年 11 月规定为少数民族每人每月补助 5 元[6]。河北省 1979 年的回民伙食补贴为每人每月 4.5 元[7]。

（二）福利

按照社会保险制度的规定，包括地区干部在内的国家机关和事业单位

---

① 《河北省志·人事志》（第 65 卷），第 237 页。
② 《毕节地区志·人事志》，第 262 页。
③ 《陕西省志·财政志》，陕西省地情网，http：//www. sxsdq. cn/dqzlk/sxsz/czz/，2016 年 1 月 22 日阅。
④ 《河北省志·人事志》（第 65 卷），第 237 ~ 238 页。
⑤ 《上饶地区志（1991—2000）》（下册），第 1261 页。
⑥ 《陕西省志·财政志》，陕西省地情网，http：//www. sxsdq. cn/dqzlk/sxsz/czz/，2016 年 1 月 22 日阅。
⑦ 《河北省志·人事志》（第 65 卷），第 238 页。

工作人员在发生生育、年老、疾病、死亡、伤残等情况的时候，可以按照一定的条件和标准，享受产假期间生活待遇、医疗服务、伤残待遇、养老待遇（即离休、退休、退职待遇）。养老待遇前文已述，以下着重介绍其余福利待遇。

1. 生育：假期、独子奖励

新时期干部的生育待遇包括假期、生活待遇、独生子女奖励。1979 年全面推行计划生育后，产假和生育待遇大幅提升。

产假由"文化大革命"前国务院规定的 56 天[①]逐渐增至半年，且期间工资照发并有多种奖励，这些奖励多与一胎、晚婚晚育、节育等人口生育政策挂钩。如河南省 1982 年规定，终身只生育一胎的女职工给产假半年，工资照发，并给独生子女每月 5 元保健费[②]。陕西省汉中地区"1986 年起，女职工生育第一胎产假，未领独生证的为 70 天，领取独生证的为 90 天，产假期间工资照发"；1988 年 7 月起，女职工产假增加到 90 天，一胎多育的，多生育一个婴儿，增加产假 15 天[③]。福建省的待遇更加优厚："产假增加到 70 天，晚育（女方 24 周岁以上生育）又领取独生子女证的，产假延长为 135 ~ 180 天，工资照发并发奖励费每月 4 ~ 5 元，发至孩子 14 周岁为止，或一次性发给不高于 400 元的奖励费。1990 年以后，女职工晚婚晚育并领取独生子女证的，有条件的企业，还给其丈夫 7 天照顾假；女职工放取节育环给假 15 天、人工流产兼放环休假 20 天、人工流产兼结扎的给假 30 天。"[④] 1983 年 1 月，黑龙江省规定："实行晚育又领取独生子女证的女职工，产假最长不得超过半年。产假期间工资照发，不影响调资、晋级"。实行计划生育的，女职工放取节育环给假 1 ~ 2 天、结扎给假 21 天，

---

① 《国务院关于女工作人员生产假期的通知》（1955 年 4 月 26 日），载财政部文教行政财务司编《文教行政财务制度资料选编（1949—1985）》第 4 册，中国财政经济出版社，1990，第 145 页。

② 《河南省志·劳动人事志》，河南省情网，http：//www.hnsqw.com.cn/sqsjk/hnsz/ldrsz/，2016 年 5 月 10 日阅。

③ 《汉中地区志》（第三册），陕西省地情网，http：//www.sxsdq.cn/dqzlk/dfz_sxz/hzdqz_3/，2016 年 5 月 10 日阅。

④ 《宁德地区志》，福建省情网，http：//www.fjsq.gov.cn/ShowText.asp? ToBook = 3219&index = 1382&，2016 年 5 月 10 日阅。

人工流产给假 14 天、人工流产兼放环休假 16 天、人工流产兼结扎和中期引产给假 30 天、中期引产兼结扎给假 51 天、产后结扎给假 21 天。上述"休假期间工资照发，不影响全勤奖。女方做人工流产和结扎手术，所在单位由福利费适当给予营养补助，最高不超过 10 元，并给男方护理假 3 ~ 7 天……凡做人工流产和输卵管结扎手术者，凭医疗单位诊断书，在当月本人口粮定量内照顾细粮 10 斤，补助食油 1 斤，鸡蛋 5 斤。"①

2. 疾病：病假、公费医疗

地区行署时期干部的疾病待遇与专区专署时期一样，仍包括病假、住院伙食费、医药费。

（1）病假期间的工资，依据病假的长短而不同，总体是假期越长，工资越少。1981 年 4 月，国务院发布的《国家机关工作人员病假期间生活待遇的规定》规定：①病假在 2 个月内工资全发；②工龄不满 10 年，病假在 3 ~ 6 个月的工资发 90%，7 个月以上的 70%；③工龄满 10 年及其以上，病假在 2 ~ 6 个月的工资全发，7 个月以上的工资发 80%；④病假期间工资折算后低于 30 元的按 30 元计发②。各地基本如此执行，如陕西省③和福建省④均有同样的规定。

（2）住院伙食费，1978 年《关于行政、事业单位职工因公负伤住院治疗期间伙食费报销三分之二的通知》规定：凡因公负伤，以及因工作、生产需要接触血吸虫而患了血吸虫病的，住院治疗期间的伙食费，可以比照厂矿企业的现行规定执行，由公家报销 2/3，个人负担 1/3。⑤对此，有的省也有不同规定。如陕西省 1978 年 11 月，对住院期间伙食

① 《黑龙江省志·人事编制志》，中国龙志网，http：//210.76.63.176/trsweb/Detail. wct? SelectID = 4744&RecID = 7，2016 年 5 月 10 日阅。

② 《黑龙江省志·人事编制志》，中国龙志网，http：//210.76.63.176/trsweb/Detail. wct? SelectID = 4744&RecID = 3，2016 年 5 月 10 日阅。

③ 《汉中地区志》（第三册），陕西省地情网，http：//www. sxsdq. cn/dqzlk/dfz_sxz/hzdqz_3/，2016 年 5 月 10 日阅。

④ 《宁德地区志》，福建省情网，http：//www. fjsq. gov. cn/ShowText. asp? ToBook = 3219&index = 1380&，2016 年 5 月 10 日阅。

⑤ 财政部、国家劳动总局：《关于行政、事业单位职工因公负伤住院治疗期间伙食费报销三分之二的通知》（1978 年 8 月 7 日），载国家人事局编《人事工作文件选编》（Ⅲ），劳动人事出版社，1986，第 459 页。

费不分地区按每天 0.4 元补助。医院收取的取暖费，凭据报销。经批准转外地治疗的，因医院没有床位，不能及时住院的，旅馆住宿费亦凭据报销。①

（3）医药费，因 1980 年开始实行经费预算包干制，各省将医药费包干到个人。如河北省 1983 年规定，医药费人均开支每年不得超过 45 元②；1988 年全省年人均公费医疗 160.3 元，其中 9 个地区本级年平均人均公费医疗 145.74 元，较多的石家庄地区本级为 252.33 元③。后因药物和治疗价格上涨，1990 年河北省石家庄地区人均药费，地委 430 元、行署 538 元④。河南省 1985 年全省人均公费医疗 71.1 元，1987 年增至 91 元⑤。安徽省公费医疗经费 1978 ~ 1989 年人均在 33.56 ~ 115.70 元不等，超过定额 85.7 元，其中有 7 年超支在 50% 以上⑥。广西柳州地区 1995 年直属机关个人负担医疗费用：在职人员门诊负担 15%、退休人员负担 10%；在职人员住院负担 10%，退休人员负担 5%⑦。1998 年 12 月《国务院关于建立城镇职工基本医疗保险制度的决定》规定各地建立统筹基金，由统筹基金支付的范围最低是当地职工年平均工资的 10% 左右，最高是当地职工年平均工资的 4 倍左右，范围外的"主要从统筹基金中支付，个人也要负担一定比例"。具体个人担负比例"由统筹地区根据以收定支、收支平衡的原则确定。"⑧

---

① 《陕西省志·财政志》，陕西省地情网，http：//www.sxsdq.cn/dqzlk/sxsz/czz/，2016 年 1 月 22 日阅。

② 《河北省人民政府关于节约行政事业费开支的几项规定》（1983 年 7 月 30 日），110 法律咨询网，http：//www.110.com/fagui/law_52236.html，2015 年 5 月 27 日阅。

③ 《88 年度公费医疗开支情况》，石家庄市档案馆：32 - 1 - 482。

④ 石家庄地区行署财政局：《石家庄地区地委、行署九〇年经费安排》（1990 年 2 月 23 日），石家庄市档案馆：32 - 1 - 566。

⑤ 《河南省志·劳动人事志》，河南省情网，http：//www.hnsqw.com.cn/sqsjk/hnsz/ldrsz/，2016 年 5 月 10 日阅。

⑥ 《安徽省志·财政志》，第 244 ~ 246 页。

⑦ 《柳州地区志》，广西地情网，http：//www.gxdqw.com/bin/mse.exe? seachword = &K = b&A = 22&rec = 703&run = 13，2016 年 5 月 9 日阅。

⑧ 《国务院关于建立城镇职工基本医疗保险制度的决定》（1998 年 12 月 14 日），载国务院法制办公室编《中华人民共和国社会管理法典》，2012，第 390 页。

3. 死亡：丧葬费、抚恤和遗属生活困难补助

与专区专署时期相同，行署时期国家机关工作人员死亡后待遇包括丧葬费、抚恤费、困难补助费和救济费。

（1）丧葬费，行署时期，各省的丧葬费标准不断调高。陕西省 1980 年 10 月，丧葬费标准不分地区、不分职级、不分因公因病死亡，也不分是火葬或土葬，一律在 300～400 元的标准内，"开支包括衣服、被褥、尸体处理费、开追悼会租赁的花圈、白花、遗像、会场租金等"①；1991 年 4 月干部丧葬费增至 800 元；1995 年 6 月，干部丧葬费又增至 1500 元②。黑龙江省 1983 年 5 月规定丧葬补助费由 1978 年的 150 元提高至 250 元，开支范围更加"周全"，"包括服装、被褥、骨灰盒、火化费、骨灰存放费、亲友所佩黑纱费等"，"由死者单位和家属共同掌握使用，结余部分归家属，超过部分由家属负担"；此外的"遗像、花圈、小白花、会场布置和租金、车辆等费用，由单位报销"③。安徽省国家机关、事业单位的丧葬费标准为 300 元④。福建省龙岩地区 1979 年根据干部级别不同标准不同：从 13 级副专员到工勤人员，牺牲者 700～500 元不等，病故者 600～400 元不等⑤。

（2）抚恤金，1979 年 1 月，财政部、民政部《关于调整军人、机关工作人员、参战民兵民工牺牲、病故抚恤金标准的通知》规定各级干部的牺牲抚恤金从 500～700 元不等，病故抚恤金从 400～600 元不等，但地区行署正副专员、中央机关司局级等行政 13 级以上的干部均享受最高等抚恤金⑥。不过，有的省抚恤金与个人工资挂钩。如陕西省规定 1980 年 10 月

---

① 《陕西省志·财政志》，陕西省地情网，http://www.sxsdq.cn/dqzlk/sxsz/czz/，2016 年 1 月 22 日阅。
② 《汉中地区志》（第三册），陕西省地情网，http://www.sxsdq.cn/dqzlk/dfz_sxz/hzdqz_3/，2016 年 5 月 10 日阅。
③ 《黑龙江省志·人事编制志》，中国龙志网，http://210.76.63.176/trsweb/Detail.wct?SelectID=4744&RecID=3，2016 年 5 月 10 日阅。
④ 《巢湖地区简志》，安徽省情网，http://60.166.6.242：8080/was40/index_sz.jsp?rootid=48832&channelid=1190，2016 年 1 月 22 日阅。
⑤ 《龙岩地区志》，福建省情网，www.fjsq.gov.cn/ShowText.asp?ToBook=3232&index=1475&，2016 年 10 月 14 日阅。
⑥ 财政部、民政部：《关于调整军人、机关工作人员、参战民兵民工牺牲、病故抚恤金标准的通知》（1979 年 1 月 8 日），载国家人事局编《人事工作文件选编》（Ⅲ），第 531～533 页。

起抚恤金为死者生前 10 个月的基本工资①。同样的还有福建省，1986 年 7 月规定："因公牺牲的机关工作人员的一次抚恤金，按其牺牲时的 20 个月工资计发；病故的机关工作人员的一次抚恤金，按其病故时的 10 个月的工资计发，但最高数额不得超过 3000 元。"②

（3）遗属生活困难补助，关于补助的对象，1980 年 2 月，民政部、财政部《关于执行〈国家机关、事业单位工作人员死亡后遗属生活困难补助暂行规定〉的通知》规定："补助对象为依靠死者生前供养的下列直系亲属和其他亲属"，包括：①"父（包括抚养死者长大的抚养人）、夫年满 60 岁，或者基本丧失劳动能力者的"；②"母（包括抚养死者长大的抚养人）、妻年满 50 岁，或者基本丧失劳动能力的"；③"子女（包括遗腹子女、养子女、前妻或者前夫所生子女）年未满 16 岁，或者满 16 岁尚在普通中学学习，或者基本丧失劳动能力的"；④"弟妹（包括同父异母或者同母异父弟妹）年满 16 岁，或者满 16 岁尚在普通中学学习，或者基本丧失劳动能力的"。"遗属在享受定期补助以后，如遇有特殊困难，死者生前所在单位，还可酌情给予临时补助"，但"其总额不得超过死者生前的工资"③。

关于补助的标准，因为中央没有具体数字规定，各省依据自身经济情况自订。总体特征是标准随居住地域是农村还是城市有所差别，同时数额也是不断提高。如陕西省 1980 年 10 月起并对无固定收入的遗属给予生活补助，标准是居住在城市的每人每月 16～20 元，居住在农村的每人每月 12～15 元，同时还考虑因公与因私的差别，因公死亡的补助增加 5 元；1985 年遗属补助标准调整为居住在城镇的提高到 25～32 元（因公为 30～40 元），居住在农村的 20～25 元（因公为 25～30 元）；1991 年调整为非农业人口每人每月 40～50 元（因公为 60 元），农业人口每人每月 30～40

---

① 《汉中地区志》（第三册），陕西省地情网，http：//www.sxsdq.cn/dqzlk/dfz_sxz/hzdqz_3/，2016 年 5 月 10 日阅。

② 《龙岩地区志》，福建省情网，www.fjsq.gov.cn/ShowText.asp? ToBook = 3232&index = 1475&，2016 年 10 月 14 日阅。

③ 民政部、财政部：《关于执行〈国家机关、事业单位工作人员死亡后遗属生活困难补助暂行规定〉的通知》（1980 年 2 月 13 日），1980，载国家人事局编《人事工作文件选编》（Ⅲ），第 537～538 页。

元（因公为 50 元）；1995 年 10 月，遗属补助调整为非农业人口每人每月 100 元（因公为 110 元），农业人口每人每月 90 元（因公为 100 元）①。安徽省从 1986 年 7 月 1 日始，国家机关、事业单位工作人员死亡，其遗属生活困难补助标准调整为县城以上非农业家属每人每月 30 元，乡镇以下每人每月 25 元；自 1990 年 8 月起，配偶月工资收入在 50 元以内的，不负担供养遗属；工资收入在 50 元以上的，除留 50 元作为本人生活费外，其余部分供养遗属，不足部分，由单位按规定标准补齐②。广西柳州地区对离休干部遗属的生活困难补助也有规定，1980 年定期补助标准为：离休干部遗属生活困难的每人每月补 20～25 元，其他人员遗属补 15～20 元（家在农村的补 10～15 元）。1986 年提高补助标准：1937 年 7 月以前参加工作的干部的遗属，每人每月补 45 元；其他离休干部遗属补 30～35 元；其他工作人员遗属补 25～30 元。1994 年再调高补助标准：离休人员遗属居城镇的补 100 元，居农村的补 80～90 元；工龄不满 5 年及 5 年以上人员遗属，居城镇的补 60～70 元，居农村的分别补 40～50 元和 50～60 元③。

4. 假期：年休假、探亲假、婚丧假

（1）年休假，或称公休假，各地的年休假多开始于 1986 年前后（见表 7－9），假期期间的工资、福利基本均照发。20 世纪 90 年代以前，年休假最短为 10 天，最长为 25 天。此后假期最短至 7 天，而最长则缩短至 20 天。具体标准大多按工龄计算，少数如黑龙江省按工龄和年龄双重标准给假，并且对"新中国成立前参加革命工作的以及获得省委、省政府和中央各部以上授予劳动英雄、劳动模范、先进生产者、先进工作者称号，仍保持荣誉的，可在上述规定休假时间的基础上再增加 5 天"④。

① 《汉中地区志》（第三册），陕西省地情网，http：//www.sxsdq.cn/dqzlk/dfz_sxz/hzdqz_3/，2016 年 5 月 10 日阅。
② 《巢湖地区简志》，安徽省情网，http：//60.166.6.242：8080/was40/index_sz.jsp？rootid = 48832&channelid = 1190，2016 年 1 月 22 日阅。
③ 《柳州地区志》，广西地情网，http：//www.gxdqw.com/bin/mse.exe？seachword = &K = b&A = 22&rec = 703&run = 13，2016 年 5 月 9 日阅。
④ 《黑龙江省志·人事编制志》，龙志网，http：//210.76.63.176/trsweb/Detail.wct？Selec-tID = 4744&RecID = 7，2016 年 5 月 10 日阅。

表 7 - 9 1986 年前后各地年休假标准对比

省份或地区	规定年份	假期 6 ~ 7 天	假期 10 天	假期 14 ~ 15 天	假期 20 天	假期 25 天
黑龙江省	1985	—	10 ~ 20 年或 31 ~ 40 周岁	21 ~ 30 年或 41 ~ 50 周岁的 15 天	31 年以上或 51 周岁以上	—
安徽省	1985	—	5 ~ 14 年	—	15 ~ 29 年	30 年以上
陕西省汉中地区	1987	—	5 ~ 15 年	15 ~ 25 年的 15 天	25 ~ 35 年	35 年以上
广西柳州地区	1986	—	10 ~ 19 年	20 ~ 29 年的 15 天	30 年以上	—
广西柳州地区	1991	5 ~ 9 年的 7 天	10 ~ 14 年	15 年以上的 14 天	—	—
安徽省池州地区	1991	5 ~ 14 年的 7 天	15 ~ 29 年	30 年以上的 14 天	—	—
安徽省池州地区	1992	5 ~ 9 年的 6 天	10 ~ 19 年	20 年以上的 14 天	—	—

资料来源：（1）《汉中地区志》（第三册），陕西省地情网，http://www.sxsdq.cn/dqzlk/dfz_sxz/hzdqz_3/，2016 年 5 月 10 日阅。（2）《巢湖地区简志》，安徽省情网，http://60.166.6.242：8080/was40/index_sz.jsp？rootid＝48832&channelid＝1190，2016 年 1 月 22 日阅。（3）《柳州地区志》，广西地情网，http://www.gxdqw.com/bin/mse.exe？seachword＝&K＝b&A＝22&rec＝703&run＝13，2016 年 5 月 9 日阅。（4）《黑龙江省志·人事编制志》，龙志网，http://210.76.63.176/trsweb/Detail.wct？SelectID＝4744&RecID＝7，2016 年 5 月 10 日阅。（5）《池州地区志》，安徽省情网，http://60.166.6.242：8080/was40/index_sz.jsp？rootid＝19256&channelid＝28159，2016 年 1 月 20 日阅。

（2）探亲假，1981 年 3 月，《国务院关于职工探亲待遇的规定》规定"探亲对象只限于配偶和父母（包括自幼抚养职工长大，现在仍由职工供养的亲属；还包括岳父母、公婆）"。一般"工作满一年的固定职工与配偶不住在一起，又不能在公休假日团聚的，可享受探望配偶的待遇；与父亲、母亲都不住在一起，又不能在公休假日团聚，可享受探望父母的待遇；职工与父亲或母亲一方能够在公休假日团聚的，不能享受探望父母的待遇"[①]。探亲待遇包括旅费报销和假期两个方面。1981 年 4 月 8 日，《财政部关于职工探亲路费的规定》规定了探亲乘坐的交通工具种类和报销额度。职工探亲往返车船费，按下列标准开支：（一）乘火车（包括直快、特快）的，不分职级，一律报硬席座位费。年满 50 周岁以上并连续乘火车 48 小时以上的，可报硬席卧铺费。（二）乘轮船的，报四等舱位（或比

[①] 国务院法制办公室编《中华人民共和国劳动人事法典》（第 4 版），中国法制出版社，2018，第 146 页。

统舱高一级舱位）费。（三）乘长途公共汽车及其他民用交通工具的，凭据按实支报销。其他民用交通工具的范围和乘坐条件，由各省、直辖市自行规定。（四）探亲途中的市内交通费，可按起止站的直线公共电车、汽车、轮渡费凭据报销。[①] 1981 年 3 月《国务院关于职工探亲待遇的规定》规定：（一）职工探望配偶的，每年给予探亲假一次，假期为 30 天；（二）未婚职工探望父母，原则上每年给假一次，假期为 20 天。如因工作需要，本单位当年不能给予假期，或者职工自愿两年探亲一次，可以两年给假一次，假期为 45 天；（三）已婚职工探望父母的，每 4 年给假一次，假期为 20 天。上述假期，均不包括路途往返时间。同时，职工在规定的探亲假和路程期内，按照本人的标准工资发给工资。职工探望配偶和未婚职工探望父母的往返路费，由所在单位负担，但已婚职工探望父母的往返路费，在本人月标准工资 30% 以内的，由本人自理，超过部分由所在单位负担[②]。

（3）婚丧假。1980 年 2 月，国家劳动总局、财政部规定：职工结婚或直系亲属死亡，除可酌情给予 1~3 天的婚丧假外，职工结婚双方不在一地工作的，职工在外地的直系亲属死亡时需要职工本人去料理丧事，另可根据路程远近给予路程假。婚丧假和路程假期间，工资照发，途中的车船费全部由职工自理[③]。

四　专员的任职实况

（一）任期与任职年龄

1. 任期：多数在 5 年以内

自中国革命战争时期以来，专员始终没有明确任期。1978 年以后因地

---

① 国务院法制办公室编《中华人民共和国法规汇编（第五卷）》（第 2 版），中国法制出版社，2014，第 551~552 页。

② 国务院法制办公室编《中华人民共和国劳动人事法典》（第 4 版），中国法制出版社，2018，第 146 页。

③ 《黑龙江省志·人事编制志》，龙志网，http：//210.76.63.176/trsweb/Detail.wct？ SelectID=4744&RecID=7，2016 年 5 月 10 日阅。

区恢复为"文化大革命"前的派出政府身份，中央对地区行署专员和地委
书记等的任期同样是空白。当然，对省、县首脑的任期在组织法中仍有明
确规定。1979 年《中华人民共和国地方各级人民代表大会和地方各级人民
政府组织法》规定，省级人民政府任期 5 年、县级人民政府任期 3 年①。
1982 年、1986 年的组织法同样如此规定②。1995 年和 2004 年 10 月第三
次、第四次修订的地方政府组织法改为地方各级人民政府每届均任期
5 年③。

　　通过抽取四省五个地区的 120 位正副专员进行统计分析，笔者推测，
专员的实际任期应在 4~5 年。

　　首先，专员平均任期为 43.1 个月，即 3 年 7 个月。正专员和副专员的
平均任期长短差异不十分显著，任期之差为 5 个月。但总体专员任期存在
省级差异，平均任期最长的是湖北省荆州地区行署 64.6 个月，其次是云南
省昭通地区行署 49.9 个月；最短的是福建省龙岩地区行署 31.6 个月，最
长与最短之差为 2 年多（见表 7 - 10）。

表 7 - 10　四省五个地区 120 位正副专员平均任期统计

单位：人，月

地区行署	平均任期	专员		副专员	
		人数	平均任期	人数	平均任期
云南省昭通地区行署	49.9	5	55.8	12	47.5
湖北省荆州地区行署	64.6	3	63	20	64.9
山东省惠民地区行署	37.6	3	65.7	36	35.3
福建省晋江地区行署	34.8	3	24	16	36.8

①　《中华人民共和国地方各级人民代表大会和地方各级人民政府组织法（1979 修正）》，中
　　国网，http://www.china.com.cn/law/flfg/txt/2006 - 08/08/content_7064349.htm，2018 年
　　11 月 9 日阅。
②　《中华人民共和国国务院公报》1982 年 20 期，第 958 页；《中华人民共和国国务院公报》
　　1986 年第 33 期，第 1031 页。
③　《中华人民共和国最高人民检察院公报》1995 年第 2 期，第 19 页。中华人民共和国中央
　　人民政府·法律法规，http://www.gov.cn/ziliao/flfg/2005 - 06/21/content_8297.htm，
　　2015 年 3 月 16 日阅。

续表

地区行署	平均任期	专员		副专员	
		人数	平均任期	人数	平均任期
福建省龙岩地区行署	31.6	4	28.3	18	32.4
合计	43.1	18	47.2	102	42.3

注：表格中的"平均任期"＝任期总时长÷人数总和，所以，第二列的"平均任期"不是（专员的"平均任期"＋副专员的"平均任期"）/2。

资料来源：（1）《昭通地区志》（下），第 498~500 页（统计时间为 1978 年 8 月至 1990 年 10 月）。（2）《荆州地区志》，第 572~573 页（统计时间为 1978 年 10 月至 1994 年 10 月）。（3）《滨州地区志（1979—2000）》，山东省省情资料库，http：//sd. infobase. gov. cn/bin/mse. exe? seachword =&K = bd&A = 1&rec = 125&run = 13，2014 年 8 月 26 日阅（统计时间为 1978 年 7 月至 1994 年 12 月）。（4）《泉州市志》，福建省情网，http：//www. fjsq. gov. cn/ShowText. asp? ToBook = 3222&index = 2393&，2015 年 1 月 25 日阅（统计时间为 1978 年 9 月至 1985 年 12 月）。（5）《龙岩地区志》，福建省情网，http：//www. fjsq. gov. cn/showtext. asp? ToBook = 3232&index = 1268&，2014 年 2 月 8 日阅（统计时间为 1978 年 9 月至 1987 年 12 月）。

其次，从具体任期时段看：（1）专员的任期比较合理，各时段所占人数没有十分显著差别；（2）大多数专员的任期在 5 年以内，较少专员超过省县任期 5 年的最高限定，其中，一年至五年以内的占 76.7% ，五年以上的占 23.3% ；（3）一半的专员存在频繁更调问题。一年至三年以内的占 54.2% ，其中一年以内和三年以内的各占 18.3% 和 19.2% ，二年以内的占 16.7% 。可能正如河北省 1990 年一份文件所反映：虽规定"领导干部在一地任职一般不超过两届。但目前存在的主要倾向不是任期过长，而是调整得过于频繁。有的地、县的主要领导同志两年一换，甚至一年一换。"①（4）各省之间差异较大，云南省昭通地区行署专员的任期集中在三至四年以内的占 58.8% ；湖北省荆州地区则集中在五年以内和八年以上的，这也是为什么其平均任期居首的原因；山东省惠民地区在一年以内任期的明显居多（30.8%）；福建省龙岩地区和晋江地区在五年以上的基本没有（见表 7 – 11）。

---

① 中共河北省委组织部：《关于我省实行领导干部交流、回避制度情况的调查》（1990 年 6 月 11 日），《河北省组工通讯》调查报告（1），石家庄市档案馆：5 – 2 – 606。

表 7 - 11　四省五个地区 120 位正副专员任期时段统计

单位：人，%

地区		一年以内	二年以内	三年以内	四年以内	五年以内	六年以内	七年以内	八年及以上
云南省昭通地区	人数	1	1	6	4	—	—	2	3
	占比	5.9	5.9	35.3	23.5	—		11.8	17.6
湖北省荆州地区	人数	1	2	3	2	6	1	1	7
	占比	4.3	8.7	13.0	8.7	26.1	4.3	4.3	30.4
山东省惠民（滨州）地区	人数	12	7	6	1	2	6	—	5
	占比	30.8	17.9	15.4	2.6	5.1	15.4	—	12.8
福建省晋江地区	人数	4	4	3	2	4	—	1	1
	占比	21.1	21.1	15.8	10.5	21.1	—	5.3	5.3
福建省龙岩地区	人数	4	6	5	2	4	—	1	
	占比	20.0	27.3	22.7	10.0	20.0	—	5.0	
合计人数		22	20	23	11	16	7	5	16
占比		18.3	16.7	19.2	9.2	13.3	5.8	4.2	13.3

资料来源：（1）《昭通地区志》（下），第 498 ~ 500 页（统计时间为 1978 年 8 月至 1990 年 10 月）。（2）《荆州地区志》，第 572 ~ 573 页（统计时间为 1978 年 10 月至 1994 年 10 月）。（3）《滨州地区志（1979—2000）》，山东省省情资料库，http：//sd. infobase. gov. cn/bin/mse. exe？seachword = &K = bd&A = 1&rec = 125&run = 13，2014 年 8 月 26 日阅（统计时间为 1978 年 7 月至 1994 年 12 月）。（4）《泉州市志》，福建省情网，http：//www. fjsq. gov. cn/ShowText. asp？ToBook = 3222&index = 2393&，2015 年 1 月 25 日阅（统计时间为 1978 年 9 月至 1985 年 12 月）。（5）《龙岩地区志》，福建省情网，http：//www. fjsq. gov. cn/showtext. asp？ToBook = 3232&index = 1268&，2014 年 2 月 8 日阅（统计时间为 1978 年 9 月至 1987 年 12 月）。

　　与专区专署专员相比，地区行署专员的任期实况说明，新时期干部的任期逐渐规范化，经过多次改革，已经改变了自新中国成立以来"我们党一直没有妥善的退休解职办法"而造成的领导职务终身制现象①，但也应注意短任期内更调的问题。

　　2. 任职年龄：55 岁左右—50 岁左右—40 岁左右

　　本章之初已述，为达到年轻化的要求，新时期对专员的年龄规定由改革开放最初的 50 岁左右，到 20 世纪 90 年代末降至 40 岁左右。1983 年 2 月，在具

---

　　① 邓小平：《党和国家领导制度的改革》（1980 年 8 月 18 日），载中共中央文献研究室编《改革开放三十年重要文献选编》（上），第 149 页。

体地区体制改革的 6 号文件中，规定了地区专员、书记的年龄大致上限为："一般不超过 60 岁，50 岁以下的应占 1/3。"① 1983 年 10 月，《中央组织部关于领导班子"四化"建设的八年规划》规定为 45 岁左右、40 岁左右、35 岁左右②。同年 12 月开始，中央组织部参照《关于建立省部级后备干部制度的意见》所提出的六条标准解释道：地级干部"在年龄的掌握上，提出'一般为 45 岁左右和 40 岁左右'"③。1986 年 11 月，再次调整为 55 岁左右、50 岁左右、40 岁左右④。1998 年 6 月，中央组织部规定，到 2003 年，"党委、政府领导班子中 45 岁以下的干部要各有 2 名，其中 40 岁左右的干部各有 1 名。在省、自治区、直辖市范围内，市（地、州、盟）党政正职中，40 岁左右的应有一定数量。"⑤ 2000 年 8 月，中央组织部进一步调整了梯次结构提高年轻化的标准，45 岁以下的提高到 4 名（其中 40 岁左右的各 1 名），"40 岁左右正职干部的数量要有所增加"⑥。

各地专员的实际任职年龄与中共中央、国务院的规定基本一致，1978～2002 年的变化大致为 55 岁左右—50 岁左右—40 岁左右。1983 年 3 月下旬，第一次地区机构改革全国地级领导班子的调整基本完成时，所有"地、市（州、盟）和省属部、委、厅、局的领导班子，党委常委、正副专员（市长、州长、盟长）和正副厅、局长（部长、主任），平均年龄由原来的 58 岁减为 50 岁（其中 61 岁以上的只占 3%）"；"新提拔的地、市

---

① 中共中央、国务院：《关于地市州党政机关机构改革若干问题的通知》（1983 年 2 月 15 日），河北省档案馆：907－31－2－1。

② 《中央组织部关于领导班子"四化"建设的八年规划》（1983 年 10 月 5 日），载中共中央组织部编《十一届三中全会以来党的组织工作文献选编》，第 204 页。

③ 《中共中央批转中央组织部省、市、自治区机构改革指导小组〈关于调整省地两级领导班子的工作报告〉》（1983 年 12 月 22 日），中国二十世纪通鉴编辑委员会编著载《中国二十世纪通鉴（1901—2000）》（第五册第十七卷）（1981—1985），第 758～762 页。

④ 《中共中央办公厅转发〈关于领导班子年轻化几个问题的通知〉和〈关于调整不胜任现职领导干部职务几个问题的通知〉的通知》（1986 年 11 月 18 日），载劳动人事部政策研究室编《人事工作文件选编》（Ⅸ）（内部文件），第 329 页。

⑤ 厦门大学后勤集团·领导班子与干部队伍建设，http://hqjt.xmu.edu.cn/show.asp？id＝101，2015 年 2 月 6 日阅。

⑥ 《中共中央组织部关于进一步做好培养选拔优秀年轻干部工作的意见》（2000 年 8 月 29 日），载中央办公厅法规室、中央纪委法规室、中央组织部办公厅编《中国共产党党内法规选编（1996—2000）》，第 293 页。

和厅、局党政领导干部，占新班子总人数的近 1/2。新提拔的成员中，有 1/3 多的人年龄在 45 岁以下"；"省、地两级领导班子经过调整，普遍人数减少，平均年龄下降"①。1985 年中央组织部对 44 个地市②调查结果表明：1983 年和 1984 年 43 岁以下提拔进入地（市、州、盟）党政领导班子的分别占总提拔人数的 21.3% 和 30.2%。其平均年龄（见表 7 - 12）"到 1984 年为止，44 个地（州、盟）的地委书记平均年龄 54 岁，副书记平均年龄 48.6 岁，常委平均年龄 48.7 岁；专员（市长、州长、盟长）平均年龄 48.4 岁，副专员平均年龄 47.9 岁"。"1984 年全国地委正书记平均 51.6 岁，比 1979 年的 55.4 岁降低了 3.8 岁，并低于 1975 年 52.5 岁的水平。1984 年全国地委副书记平均 45.6 岁，比 1979 年的 48.8 岁降低了 3.2 岁，也低于 1975 年的 45.9 岁。"其年龄结构"到 1984 年为止，44 个地（市、州）党政领导班子中，56 岁以上的占 10.8%，51～55 岁的占 34.5%，46～50 岁的占 26.4%，41～45 岁的占 17.1%，36～40 岁的占 8.0%"。这说明"36～50 岁年富力强的干部在领导班子中已占绝大多数"③。到 1986 年，全国整体地级党政领导班子的平均年龄由原来的 56 岁下降到 49 岁，"调整后的领导班子，多数已基本形成以中青年干部为主体的梯队年龄结构……这对从组织上保证党在新时期的方针政策的贯彻执行和保持政策的连续性，起到了极为重要的作用"④。

　　20 世纪 90 年代以来，包括专员在内的地区党政领导的年龄继续朝年轻化发展，但程度还须进一步努力。如 1998 年河北省统计，地（市）党

①　中国二十世纪通鉴编辑委员会编著《中国二十世纪通鉴（1901—2000）》第五册第十七卷（1981—1985），第 5570～5571 页。新华网，http：//news.xinhuanet.com/politics/2008 - 09/24/content_10103440_5.htm，2014 年 7 月 23 日阅。

②　44 个地市包括 18 个地（州、盟）、26 个市，其中属本书研究的地区行署的地区有 15 个：河北省保定地区、山西省雁北地区、黑龙江省松花江地区、安徽省六安地区、江西省宜春地区、山东省德州地区、河南省驻马店地区、湖北省孝感地区、湖南省常德地区、广西玉林地区、四川省达县地区、陕西省榆林地区和汉中地区、甘肃省酒泉地区和海东地区。

③　中央组织部青年干部局编《全国地县两级领导班子"四化"建设进程抽样调查报告文集》（上册），第 8、11 页。

④　《中共中央办公厅转发〈关于领导班子年轻化几个问题的通知〉和〈关于调整不胜任现职领导干部职务几个问题的通知〉的通知》（1986 年 11 月 18 日），载劳动人事部政策研究室编《人事工作文件选编》（Ⅸ）（内部文件），第 327 页。

委、政府领导班子平均年龄为52.65岁，地（市）直局班子的平均年龄为48.13岁，"其年龄结构没有形成梯次格局"①。笔者推测全国也应出入不大。2000年9月，中央组织部曾指出：1995年的"《中共中央关于抓紧培养选拔优秀年轻干部的通知》下发以来，全国培养选拔优秀年轻干部工作取得很大成绩"，但"这项工作与新形势、新任务的要求相比，还存在着较大的差距。一些地方和部门选拔年轻干部工作力度不大"，"年龄结构没有达到中央提出的目标要求"。因此才再次规定了从中央到县各级领导班子的年龄配置②。

表7-12　1978年与1984年全国44个地（市、州）党政领导班子年龄结构变化对比

单位：人

年份	年龄	地（市、州）党委			地（市、州）行署（政府）		合计人数	占比（%）
		书记	副书记	常委（地委委员）	专员、市（州）长	副专员、市（州）长		
1978	56岁以上	38	121	141	24	200	524	50.5
	51～55岁	10	70	88	8	105	281	27.1
	46～50岁	4	26	64	5	42	141	13.6
	41～45岁	1	12	25	1	10	49	4.7
	36～40岁	—	4	9	—	6	19	1.8
	35岁以下	—	4	17	—	2	23	2.2
	总人数	53	237	344	38	365	1037	—
	平均年龄（岁）	57.3	54.3	53.4	56.3	55.6	—	—

① 中共河北省委组织部、河北省人事厅：《河北省建国以来干部统计历史资料汇编（1949—1998）》（内部资料），第99～100、104页。

② 《中共中央组织部关于进一步做好培养选拔优秀年轻干部工作的意见》（2000年8月29日），载中央办公厅法规室、中央纪委法规室、中央组织部办公厅编《中国共产党党内法规选编（1996—2000）》，第292～293页。

续表

年份	年龄	地（市、州）党委			地（市、州）、行署（政府）		合计人数	占比（%）
		书记	副书记	常委（地委委员）	专员、市（州）长	副专员、市（州）长		
1984	56 岁以上	18	21	28	2	23	92	13.2
	51～55 岁	19	53	85	14	61	232	33.3
	46～50 岁	8	31	67	15	58	179	25.7
	41～45 岁	2	41	53	10	38	144	20.7
	36～40 岁	—	13	21	2	11	47	6.8
	35 岁以下	—	1	1	—	—	2	0.3
	总人数	47	160	255	43	191	696	—
	平均年龄	54	48.6	48.7	48.4	47.9	—	—

资料来源：《被调查的44个地市1978年时地、县两级领导班子的基本状况》《被调查的44个地市1984年时地、县两级领导班子的基本状况》，中央组织部青年干部局编《全国地县两级领导班子"四化"建设进程抽样调查报告文集》（上册），第538页。

（二）性别与所属民族

地区行署时期，较之新中国成立以来更加重视女性干部和少数民族干部的选拔和任用，但所有干部中的女性和少数民族干部仍一直较少（不包括少数民族聚居区）。

被调查的44个地（市、州）中，1978年其党委正副书记290人，女性有2人（副书记）仅占0.69%；地（市、州）行署（政府）正副专员、市长403人，女性有11人（正职1人，副职10人）占2.73%。1984年，地（市、州）党委书记、副书记207人，女性只有3人（副书记）占1.45%；地（市、州）行署正副专员、（政府）市长234人，女性有14人（正职1人，副职13人）占5.98%（见表7-13）[1]。到1983年地区机构改革后，省地两级"还有不少班子缺乏妇女干部和非党干部，有些地、市

---

[1] 中央组织部青年干部局编《全国地县两级领导班子"四化"建设进程抽样调查报告文集》（上册），第538页。

和厅、局班子中的妇女干部和非党干部比调整前减少了"[①]。如河北省1977～1998年地级领导的女性和少数民族人数及所占比例也并未有显著的增加（见表7－14）。再如云南省昭通地区1950～1990年的58任专员中，女性仅1人（罗锦庄，1983年8月至1990年10月副专员），少数民族1人（马礼贤，回族1975年6月至1981年3月）[②]。为此，1998年《中共中央办公厅关于转发中共中央组织部〈1998—2003年全国党政领导班子建设规划纲要〉的通知》规定："到2003年，省（自治区、直辖市）、市（地、州、盟）、县（市、区、旗）党委、政府领导班子中至少各配有1名女干部，其职能部门争取有一半以上的领导班子至少选配1名女干部"；市（地、州、盟）党政领导班子后备干部队伍中的女干部，应不少于15%[③]。

表7－13　1978年与1984年44个被调查地（市、州）领导班子女性人数对比

单位：人

类别	职务	1978年		1984年	
		人数	其中女性	人数	其中女性
地（市、州）党委	书记	53	—	47	—
	副书记	237	2	160	3
	常委（地委委员）	344	26	255	17
地（市、州）行署（政府）	专员、市（州）长	38	1	43	1
	副专员、市（州）长	365	10	191	13
地（市、州）部委办局	正职	1692	78	2295	86
	副职	5931	352	5742	381

资料来源：《被调查的44个地市1978年时地、县两级领导班子的基本状况》《被调查的44个地市1984年时地、县两级领导班子的基本状况》，载中央组织部青年干部局编《全国地县两级领导班子"四化"建设进程抽样调查报告文集》（上册），第538页。

---

① 《中共中央批转中央组织部省、市、自治区机构改革指导小组〈关于调整省地两级领导班子的工作报告〉》（1983年12月22日），中国二十世纪通鉴编辑委员会编著载《中国二十世纪通鉴（1901—2000）》第五册第十七卷（1981～1985），第758～762页。

② 《昭通地区志》（下），第498～500页。

③ 厦门大学后勤集团·领导班子与干部队伍建设，http://hqjt.xmu.edu.cn/show.asp?id=101，2015年2月6日阅。

表 7 – 14　1977～1998 年河北省地级领导的女性和少数民族人数及所占比例统计

单位：人，%

年份	人数	女	占比	少数民族	占比
1977	163	13	7.98	5	3.07
1978	187	13	6.95	5	2.67
1979	210	4	1.90	1	0.48
1980	220	3	1.36	1	0.45
1981	221	2	0.90	1	0.45
1982	230	2	0.87	—	0.00
1983	116	2	1.72	2	1.72
1984	185	5	2.70	2	1.08
1985	185	4	2.16	1	0.54
1986	185	5	2.70	3	1.62
1987	184	5	2.72	4	2.17
1988	174	5	2.87	4	2.30
1989	179	5	2.79	5	2.79
1990	183	6	3.28	3	1.64
1991	191	6	3.14	5	2.62
1992	193	7	3.63	3	1.55
1993	150	5	3.33	4	2.67
1994	156	4	2.56	5	3.21
1995	141	2	1.42	5	3.55
1996	141	3	2.13	6	4.26
1997	142	3	2.11	4	2.82
1998	144	4	2.78	4	2.78

资料来源：中共河北省委组织部、河北省人事厅：《河北省干部统计历史资料汇编（1949—1998）》（内部资料），第 62 页。

（三）文化程度

新时期，随着干部知识化和专业化的提出，专员的文化程度和专业水准有所提高。

　　前文已述，中共中央对专员等地区领导的文化要求，从 1983 年的高中以上文化程度，发展到 1998 年的大专[①]和 2000 年的大学本科以上学历[②]。在现实层面，专员等地区领导的文化程度亦在不断提升，但速度较缓、各地差异较大。1983 年 3 月下旬地级领导班子的调整基本完成时，全国所有"地、市（州、盟）和省属部、委、厅、局的领导班子，党委常委、正副专员（市长、州长、盟长）和正副厅、局长（部长、主任）；具有大专及以上文化程度的由原来的 14% 提高到 44%"[③]。到 1984 年为止，被调查的 44 个地（市、州）的领导干部中，大专及以上文化程度的占 51.4%，高中、中专文化程度的占 20%，初中文化程度的占 27%，其中地委书记、副书记大专及以上文化程度的占正副书记的 45%，专员（市、州、盟长）大专及以上文化程度的占专员（市、州、盟长）的 62%[④]。如表 7 - 15 所示，可喜的是经过 1978 ~ 1984 年 6 年的干部学习与培训，专员级大专及以上程度的学历占比从 13.16%、4.93% 提高到 65.12%、61.26%，提升了 50% 左右，是表 7 - 15 中三级领导提升最多的。如以正副专员、正副地委书记合计，大专及以上文化程度已达 53.97%，超出 1983 年 2 月第一次地区体制改革中共中央、国务院规定的"在正副书记和专员中，高中以上文化程度的应不少于 1/3"指标的两成以上[⑤]。这可从侧面证明，改革开放之初干部的学习取得了显著的成绩。但隐忧的是，初中文化的比重仍然较高，三级领导合计占三成左右。

---

① 厦门大学后勤集团·领导班子与干部队伍建设，http：//hqjt. xmu. edu. cn/show. asp？id = 101，2015 年 2 月 6 日阅。

② 《中共中央组织部关于进一步做好培养选拔优秀年轻干部工作的意见》（2000 年 8 月 29 日），载中央办公厅法规室、中央纪委法规室、中央组织部办公厅编《中国共产党党内法规选编（1996—2000）》，第 296 页。

③ 中国二十世纪通鉴编辑委员会编著《中国二十世纪通鉴（1901—2000）》第五册第十七卷（1981—1985），第 5570 ~ 5571 页。新华网，http：//news. xinhuanet. com/politics/2008 - 09/24/content_10103440_5. htm，2014 年 7 月 23 日阅。

④ 中央组织部青年干部局编《全国地县两级领导班子"四化"建设进程抽样调查报告文集》（上册），第 18 ~ 19 页。

⑤ 中共中央、国务院：《关于地市州党政机关机构改革若干问题的通知》（1983 年 2 月 15 日），河北省档案馆：907 - 31 - 2 - 1。

表7－15　1978年与1984年44个地（市、州）党政领导班子
及常委文化程度变化对比

单位：人，%

类别	职务	总人数		大专及以上（占比）		高中、中专（占比）		初中（占比）		小学（占比）	
		1978年	1984年	1978年	1984年	1978年	1984年	1978年	1984年	1978年	1984年
地委、市委、州党委	书记	53	47	7.55	21.28	20.75	38.30	69.81	36.17	1.89	4.26
	副书记	237	160	4.22	51.88	17.30	20.63	70.04	26.25	8.44	1.25
地委、市委、州党委	常委（地委委员）	344	255	2.03	47.06	13.37	20.00	68.31	31.76	16.28	1.18
行署、市、州	专员、市（州）长	38	43	13.16	65.12	18.42	13.95	65.79	20.93	2.63	0.00
	副专员、市（州）长	365	191	4.93	61.26	22.19	16.75	65.48	20.42	7.40	1.57
地、市、州部委办局	正职	1692	2295	5.32	29.24	21.39	30.20	64.78	37.69	8.51	2.00
	副职	5931	5742	7.54	42.62	20.20	28.70	62.89	26.66	9.37	2.02

资料来源：秦汶：《历史性的进程　历史性的变化——地县两级领导班子"四化"建设进程抽样调查综析》，载中央组织部青年干部局编《全国地县两级领导班子"四化"建设进程抽样调查报告文集》（上册），第19~20页。

　　具体各省因历史原因和省情不同，专员的文化程度差异较大。如河北省因经济条件较好，发展较快，其专员文化程度较高，超出中央指标。河北省"1985年省直正副厅局长、地（市）委常委、市政府行署的正副职中大专以上学历的占一半以上"，"超过《规划》要求的"32.72%[1]。1986年河北省任命的正副专员46人，其中大专及以上文化程度的占63.04%（大专8人、大学21人）[2]。到1990年底，省直正副厅局长、地（市）委常委、市政府行署的正副职中达到大专及以上文化程度的比例为70.18%。1998年地级领导干部文化程度为大专及以上文化的高达97.75%

　　① 中共河北省委组织部、河北省人事厅：《河北省建国以来干部统计历史资料汇编（1949—1998）》（内部资料），第62页。

　　② 河北省劳动人事厅编《任命录》（1988年）（内部资料），第63、81、103、117、129、145、161、183、203~204页。

（大专文化程度的占 32.58%，大学本科以上文化的占 52.81%，研究生文化的占 12.36%）[1]。而有的省专员的文化程度则不及中共中央的规定，如1950～1990 年云南省昭通地区 58 任专员中，具有大专及以上文化程度的占 13.79%（共 8 人，其中大专 1 人、大学 6 人、大学肄业 1 人）[2]。

就专业化考察，从 1982 年只初步规定"要有熟悉工业、农业、文化、教育、科学技术等方面的人才"，到 1998 年的"熟悉宏观经济、外经贸、金融、高新科技的领导人才"[3]，再到 2000 年 8 月要求"具有较高马克思主义理论素养、熟悉意识形态工作的干部，熟悉现代经济管理、金融和外经外贸工作的干部，熟悉法律工作的干部。"[4] 大致对干部的专业化要求由偏理向综合性发展，而实际各地区干部的专业化水平与文化程度一样，也是不可能短时间毕其功。如中央调查的 44 个地（市、州）1979～1984 年共提拔地级干部 818 名，具体从专业看，48.6% 为理工专业，17.3% 为农林专业，19.5% 为文史哲专业。从原属工作系统看，75.6% 是来自党政机关，12% 来自厂矿企业，来自改革开放之初建设急需的财贸和农林系统的较少[5]。

干部的文化水准与政府的行政息息相关。干部文化水平低，其对各项政策的理解必然认识不到位，也就难以作出十分科学、合理、有效的决策，而在执行中也就难免不会按理想的状态实施及发生预期的效果。所以战争年代以至新中国成立后一段时间里，地方政府的行政运作处于低水平也就不可避免。地区行署时期干部的文化和专业化水平也必然影响行署首脑决策的全局性、统筹性和整个地区行政运作的科学化、高效化。当然，随着干部任用条件的提高、学习培训的加强、考核的规范，干部新陈代谢、激励约束、保障机制的人事体系不断完善，政府行政必然是越来越好。

① 中共河北省委组织部、河北省人事厅：《河北省建国以来干部统计历史资料汇编（1949—1998）》（内部资料），第 62、99～100 页。

② 《昭通地区志》（下），第 498～500 页。

③ 厦门大学后勤集团·领导班子与干部队伍建设，http：//hqjt.xmu.edu.cn/show.asp？id =101，2015 年 2 月 6 日阅。

④ 《中共中央组织部关于进一步做好培养选拔优秀年轻干部工作的意见》（2000 年 8 月 29日），载中央办公厅法规室、中央纪委法规室、中央组织部办公厅编《中国共产党党内法规选编（1996—2000）》，第 293 页。

⑤ 《被调查的 44 个地市十一届三中全会以来提拔职务情况》，载中央组织部青年干部局编《全国地县两级领导班子"四化"建设进程抽样调查报告文集》（上册），第 538 页。

第八章　地区行署制度的利弊得失与发展趋势

　　同为管县派出政府制度，相比根据地和解放区的行政督察专员公署制度和新中国专区专署制度，地区行署制度是被争讼最烈者。目下，地区行署制度即将逝去，其利弊得失更有揭橥的必要，但对此的研究大多为时政对策性研究，多谈其弊且有失公允，笔者拼凑此章权充公正、客观。

　　林尚立先生指出："从文明的进步和社会的发展的基本逻辑看，政治建设的首要目标是要保证政治的有效，然后在这个基础上促进政治的完善。"[①] 古希腊的亚里士多德指出："最良好的政体不是一般现存城邦所可实现的，优良的立法家和真实的政治家不应一心想望绝对至善的政体，他还必须注意到本邦现实条件而寻求同它相适应的最良好政体。"[②] 地区行署制度的建立、发展与演变是新时期中国历史与现实条件因应的结果，本身不是至善的制度，也不是至善体制下的产物，它同样是利弊互鉴的。

　　在地区行署制度逐步被撤销的过程中，已有不少论著就其存废展开了为数较多的时政对策性研究。或许因为城市化、减少行政层级是新时期政府机构改革的客观要求，抑或因为中央对地区行署制度的基调是撤，相关研究往往多谈其弊。如今，这一制度即将成为历史，有必要从历史学的角度加以客观的、初步评述。

一　有利于完善行政管理体制，发挥了一级政府的作用

　　地区行署制度是一项旨在完善行政管理体制的制度。在新时期的各项

---

① 林尚立：《有效政治与大国成长——对中国 30 年政治发展的一种反思》，《公共行政评论》2008 年第 1 期。
② 〔古希腊〕亚里士多德：《政治学》，商务印书馆，1983，第 176 页。

建设中，地区行署扮演了重要角色，与其他层级地方政府一起创造了改革开放的辉煌历史。中共中央、国务院指出："地区党政领导机关过去做了大量工作，起了重要作用。"① 不过，这个凝练的结论似乎是中央高度评价地区行署制度了。政学两界对该制度比较高的评价，一般也都停留在"实际起了一级政府的作用"的层面上。这些都是结论式的政治判断，固然非常重要，却无法充分揭示地区行署制度的历史功用和价值。下面，笔者从理论和实践两个方面对这项制度的优点和作用予以阐释。

（一）理论上符合完善行政体制、改善省县之间地方管理的需要

改革开放初期，客观上需要完善行政体制，保证各种政务有效推行，改善省县之间的地方管理。1978 年底，我国共有省级单位 30 个，县级单位 2231 个②，如由省管县，那么平均每省高达 74.4 个的管理幅度很容易造成管理上的疏漏和不周。省县之间 173 个地区行署的建立则起到了承上启下的作用，替省分担了 1780 个县级单位的管理任务③，占全国县级单位总数的 79.8%，省管县的平均数量也降为 15 个。这样做既有利于省自身的各项改革与建设，又有利于避免县级管理出现失误。

同时，从某种程度上说，新时期建立地区行署制度是历史的必然。我国自秦实行郡县制以来，由于各种条件不足，地方政区层级长期在二级制与三级制之间徘徊。在实行二级制的情况下，一级地方政府所管州县数目较多，鞭长莫及，不得不以派出机构督察、指导各州县的行政工作。新中国实行省（自治区）—县（市）—乡（镇）三级制，各省区所管县市均为数十个乃至 100 多个，不同形式的派出政府始终存在，以至成为地方政

---

① 中共中央、国务院：《关于地市州党政机关机构改革若干问题的通知》（1983 年 2 月 15 日），河北省档案馆：907－31－2－1。

② 《中华人民共和国行政区划（1978 年）》，中华人民共和国中央人民政府网，http://www.gov.cn/test/2007－03/23/content_559102.htm，2018 年 11 月 9 日阅。

③ 民政部编《中华人民共和国县级以上行政区划沿革（1949—1983）》（第一卷），第 120～121、190～191、311、353、428～429 页；民政部编《中华人民共和国县级以上行政区划沿革（1949—1983）》（第二卷），第 62～63、114～115、174～175、236～237、290～291、360～361、448～449、518～519、585～586、656～657、720～721 页；民政部编《中华人民共和国县级以上行政区划沿革（1949—1983）》（第三卷），第 69～70、128、194～195、226、276～277、340～341、383、404、448～449 页。

区和行政制度的一个十分重要的层面。"文化大革命"结束后，我国仍面临着以农业为主要产业、交通通信不便等国情，地区行署制度的建立仍有某种历史必然性。

所以，1982 年，中共中央、国务院第一次下达撤销地区行署的命令时，只要求"在经济发达地区，将省辖中等城市周围的地委、行署与市委、市政府合并"①，而"经济不够发达和其他条件不具备"的地区则"暂时或在相当长的时期内"还要保留地区行署，这样做有利于发挥县（市）的主动性和积极性。对于不撤销的地区行署，中央规定其任务是："检查了解所属各县贯彻执行党的路线、方针、政策和决定的情况，总结交流经验；督促检查所属各县完成上级布置的各项工作任务，协调相互关系；接受省、自治区党委的委托，管理一部分干部；完成省、自治区党委和政府交办的其他事项"②。1993 年，中央第二次下达撤销条件成熟的地区行署的命令时，又将这些不撤销的地区行署的工作重点概括为"监督、指导、检查、协调等方面"，以适应社会主义市场经济目标的建立③。1993 年，没有撤销的 110 个地区行署管理着 1017 个④、占全国 47% 的县级单位（全国共 2166 个县级单位）。可见，在制度设计层面，建立地区行署制度有着比较充分的合理性；至于后来的逐步撤销，则是因为随着经济的发展，愈多发达起来的省份出现了减少行政管理层次的新需要。

（二）实践上曾发挥了一级政府的作用，是行政链条上的重要一环

在评价地区行署的实践效果时，需要指出的是，与其他层级的地方政府相比，地区行署是在各种不利条件下起到了一级政府的作用。

---

① 《中共中央、国务院关于省、市、自治区党政机关机构改革若干问题的通知》（1982 年 12 月 7 日），河北省档案馆：934－4－152。

② 中共中央、国务院：《关于地市州党政机关机构改革若干问题的通知》（1983 年 2 月 15 日），河北省档案馆：907－31－2－1。

③ 中纪委干部室编《纪检监察干部工作手册》，第 190 页。

④ 民政部编《中华人民共和国行政区划简册（1993）》，中国地图出版社，1993，第 11～12、13～14、22、26、30～31、32～33、35～36、37～38、41、44、46～47、49～50、60～61、64～65、67～68、74、75～76、78～79、82、84、85、87 页。

长久以来，地区行署并非正式一级政府的身份和职权。第四章已述，在我国的行政系统中，地区行署的法理身份是派出机构，职权为"监督、指导、检查、协调"，即相对其他实级地方政府，地区行署应为虚级政府。然而，现实中地区行署显然超规越制了，实际上在省县之间起着一级政府的作用，"绝不仅仅是'督导检查'"，而是"对本地区的政治、经济、文化教育、社会管理等方面，负有完全责任，实际的职责和权力都很大"①，"是一级不称作政府的'政府'"②。对于这一点，一些文件、方志、论文等均表示认同。例如1983年11月，辽宁省铁岭地区的一份文件记载：名义上"我地区是省委、省政府的派出机构，实际上已承担并行使着省辖市一级领导机关实的任务和职权"③。又如，湖北省各地区行署同样"行使着全面的行政管辖权，起着一级政府的作用"④。山东省、安徽省、贵州省的地区行署无不如此⑤。

在行政运作过程中，派出机构的虚级身份及职权给地区行署带来了诸多局限和不利。其一，在对外交往中，由于1979~2004年，宪法、地方政府组织法及其历次修正案要么规定"省、自治区的人民政府在必要的时候，经国务院批准，可以设立若干派出机关"⑥，要么规定"省人民政府可以按地区设立行政公署，作为自己的派出机构"⑦。也就是说，无论如何，地区都不是法定的一级政府。1986年修正的《中华人民共和国地方各设人民代表大会和地方各级人民政府组织法》第五十九条第一款规定："省、自治区的人民政府在必要的时候，经国务院批准，可以设立若干派

① 江荣海等：《行署管理——阜阳行署调查》，第169页。
② 熊文钊：《行政公署的性质及其法律地位》，《法学杂志》1985年第6期。
③ 《中共铁岭地委、铁岭地区行署关于铁岭地区地、市体制调整的请示报告》（1983年11月26日），铁岭市档案馆：1-2-571（永久）。
④ 《湖北省志·政权》，第408页。
⑤ 《山东省志·政权志（1983—2005）》，山东省省情资料库，http://lib.sdsqw.cn/bin/mse.exe?seachword=&K=g0&A=15&rec=82&run=13，2018年11月9日阅；江荣海等：《行署管理——阜阳行署调查》，第169页；张鼎良：《探析贵州省地区行政公署的作用及其发展趋势》，《贵阳学院学报》（社会科学版）2012年第2期。
⑥ 《中华人民共和国地方各级人民代表大会和地方各级人民政府组织法》（2004年10月27日），《中华人民共和国国务院公报》2005年第3期。
⑦ 《中华人民共和国宪法》（1979年7月1日），载张坚石等编《地方政府的职能和组织机构》（下），第10页。

出机关。"① 其中甚至略去了地区行署的名字。由此，外商可能会因找不到法律依据，不了解地区的性质，甚至怀疑其合法性，而不愿与地区建立较长久的经济联系。

其二，在经济建设上，地区不是一级政府，也就没有一级财政。1983年，中共中央、国务院《关于地市州党政机关机构改革若干问题的通知》规定："地区党政领导机关不作为一级领导实体，今后不直接管理企事业单位"。因此，地区自筹资金的能力明显不如其他地方政府，但还要完成各项建设经费和"人头费"供应等与其他地方政府等同的财政支出责任。

其三，在机构编制上，地区党政群人数明显少于地级市。按中共中央、国务院规定，地区行署可设机构 10 个左右，市政府可设机构 30 ~ 40个②；地区党政群总体定编 500 ~ 900 人，市则为 700 ~ 6700 人③。因此，地区行署没有一级政府该有的人手和机构配置。地区行署或许存在超编制配备的情况，但地级市和其他地方政府同样如此，且具体超编比例还未必比地区低。

其四，在下级组织编制管理上，县、县级市的编制、人事、劳动管理等方面，省可以绕过行署直接将命令下达到县市。"行署在其辖区内对行政管理机构的设置基本上没有自主权，主要是按照上级指示行事的，不论某种机构在辖区内是否有必要设置或存在，也不论机构是否重叠，行署必须按照上级的意志执行。"④ 因此，地区对所辖县、市的约束力比地级市弱。

尽管在权能方面处于弱势地位，地区行署还是有效地起着一级政府的作用。而且，地区行署这一级政府的日常工作量并不比其他地方政府少，还面临着随时可能被撤销的局面。

---

① 《中华人民共和国地方各级人民代表大会和地方各级人民政府组织法》（1986 年 12 月 2 日），《中华人民共和国国务院公报》1986 年第 33 期。

② 中共中央、国务院：《关于地市州党政机关机构改革若干问题的通知》（1983 年 2 月 15 日），河北省档案馆：907 - 31 - 2 - 1。

③ 《中共中央关于党政机构改革方案的实施意见》（1993 年 7 月 2 日）规定："市的机关人员编制按分类确定，一类市平均 6700 人，二类市平均 2100 人，三类市平均 700 人。"载《纪检监察干部工作手册》，第 194 页。

④ 江荣海等：《行署管理——阜阳行署调查》，第 91 页。

　　我国地方有省、市、地区、县、乡、镇、区等几种建制。如按新中国成立初期初步的划分，市、镇、区是主管城镇和工业的；县、乡是主管农村和农业的；省虽兼管城市和农村、工业和农业，但它作为最高地方政府，主要任务是辅助中央，因而更多倾向政治功能和各项工作的宏观统筹；处于地方高层政区和低层政区之间的地区行署才反倒真正兼管城市和农村两种地域的政治、经济、文化全部工作，工作量较大。

　　即使进入新时期的较长一段时间里，地区行署仍是各级政府中兼管农村和城市的主力军。改革开放初期，地区行署刚刚建立，立足未稳，却面临着打开改革局面、启动农村和城市两个层面经济体制改革的艰巨任务。例如1978年8月，辽宁省铁岭地区行署建立后，一方面在农村逐步实行家庭联产承包责任制；另一方面确立了"从实际出发，扬长避短、通过竞争，推动联合，努力办起一批具有地区特点、有竞争能力、有发展前途的骨干企业"的指导思想，扩大企业自主权[①]。又如，湖北省荆州地区行署1986～1990年在农村逐步完善双层经营，建立土地流转机制，建立农村经济联合社，积极发展集体经济，推行各级领导林业生产任期目标责任制；在工商企业推行多种形式的经济承包责任制，开展企业内部劳动、人事和分配制度的改革，鼓励发展合作企业和个体企业[②]。

　　地区行署不仅要兼管农村和城市，还要实行全面、直接的微观管理。如1995年，有专家在安徽省阜阳地区实地考察发现，阜阳地区行署"对本辖区内国民经济计划、社会发展规划和年度计划的制订、组织实施等负有全面责任"，文化、教育、卫生、体育、社会保障、精神文明建设等均在其工作范围之内。1991～1993年9月，阜阳地区行署共发布决策性公文147件。其中，有关农业、林业、牧业、水利、粮食的文件占19.73%，包括"以工补农、以商补农措施""农业综合开发项目实施细则""小麦种子专业村工作细则"等；有关工业、商业、建筑业的文件占13.61%，包括"关于'质量品种、效益年'活动的决定""国合商业企业'四放开'改革实施意见""深化企业劳动工资和社会保险制度改革实施意见""加强

---

　　① 《中国共产党辽宁省铁岭市组织史资料（1930—1987）》（内部资料），第392页。
　　② 《荆州地区志》，第570页。

城乡集贸市场建设与管理的若干规定""建设工程质量监督管理实施办法"等①。

除工作量较大外，地区行署还要时常面临一轮轮市领导县、省直管县等体制改革所带来的被撤销的可能。1983年实行市领导县后，出现了第一轮地区撤销高潮，当年即有32个地区被撤；1993年第二轮到来，仅一年就撤掉12个地区；1999年中央指示"其余地区建制也要逐步撤销"②，随后一年中又撤销了21个地区。三轮大撤销之间还夹杂零星小撤销。2002年试行省直管县，2003年，全国的地区数量从1982年的170个锐减至18个，平均每年撤销7.24个。

然而，即便是在这种情况下，各地区行署还是比较圆满地完成了各项改革任务，对农村的脱贫致富、城市的政企分开和市场经济体制的建立做出了贡献。例如1986年，第一轮撤销地区的高潮刚过，福建省宁德地区成立地委书记和行署专员为正、副组长的脱贫工作领导小组，指导全区脱贫工作。此后，"行署连续3年派工作队员到贫困县参加扶贫工作"。经过努力，至1992年，宁德地区16.6万个贫困户中，有16.1万户解决了温饱问题，脱贫率达97%。同年，宁德地区被国务院批准为全国开放促开发扶贫综合改革试验区。在城市改革方面，1984年3月，宁德地区行署成立经济体制改革委员会；10月，在条件成熟的工厂企业中推行多种形式的承包责任制，"同时开展计划、财政、税收、价格、金融、劳动工资制度等方面的配套改革，建立市场体系的雏形，增强企业活力，促进企业的技术进步"③。又如1993~2000年，山西省运城地区在建立社会主义市场经济的过程中，同时也是第二、三轮撤销地区的高潮中，按照建设"工业和农业大区"的战略部署，以深化国有企业改革为重点，使各项改革取得突破性进展，特别是资本经营和中小企业改革，在全省、全国引起强烈反响④。

———————

① 江荣海等：《行署管理——阜阳行署调查》，第179~180、182、257页。

② 中共中央、国务院：《关于地方政府机构改革的意见》（1999年1月5日），河北省档案馆：907-40-58。

③ 《宁德地区志》，福建省情网，http://www.fjsq.gov.cn/frmBokkList.aspx? key = C4BDD15 ACACF49BDA8AAAD7A119F2BC3，2018年11月9日。

④ 樊碧：《把握全局 明确重点 大胆突破 务实创新——运城地区行署专员黄有泉访谈录》，《改革先声》1997年第2期。

类似的地区行署政务贡献不胜枚举。在弱势权能、较大工作量、自身立足未稳、存在被撤销可能等情况下，地区行署较好地完成了各项改革与建设任务。对此，要给予应有的肯定和客观的评价。

　　从系统论的角度说，行政体制乃至政治体制不仅是系统，而且均为庞大系统。更何况我国幅员辽阔，各地差异悬殊，行政大系统的良性运作，必定是其下省、地区、县、乡、镇等子系统良性运作的结果。这需要两个方面的条件：一是每个子系统都是行政链条上唯一的、不可或缺的一环，且在链条的恰当位置发挥自身积极效用；二是各子系统之和需具有一加一大于二的整体效应，即每个层次的政府与其他层次的政府和谐搭配、相辅相成。新时期的地区行署制度即具备以上两个条件。

　　地区行署代表省政府统管千余县和数百市，在省、县之间发挥了积极效用。前文提过，有专家在安徽省阜阳地区进行了考察，其结论是："在实践中，县政府的运行更多的是依赖行署的指导，而不是省政府的指导。因此，在省和县及县级市之间设立地区行政公署有着客观性。"① 同样，在贵州省毕节地区，"中央和省的方针政策，由地区行署结合本地区实际，制定出具体贯彻执行的措施，向所辖各县进行部署；省政府的工作布置，多是通过地区行署向所辖各县具体安排"②。可见，在新时期地方各项建设取得的成就中，有地区行署的一份功劳。

　　直到开始第三次撤销地区行署，即 1999 年，59 个地区行署尚管辖着493 个、占全国 23.4% 的县级单位（全国共 2109 个县级单位）③。如若从更长时段看，从地区行署的前身——1937~1949 年的行政督察专员公署算起，到 1949~1966 年的专区专署、1967~1977 年的地区革命委员会，再到新时期的地区行署，这一制度跨越了将近一个世纪。而且虽历经多轮撤销，仍有 7 个地区行署保留至今。如此悠长的历史本身就是地区行署制度历史合理性的直观反映。可以说，很多时候正是因为有了地区行署，省、

　　① 江荣海等：《行署管理——阜阳行署调查》，第 257 页。

　　② 《毕节地区志·政权志》，第 118 页。

　　③ 民政部编《中华人民共和国行政区划简册（2000）》，中国地图出版社，2000，第 1、14、26、31、33、41、44、62、76、78、84、86、87、89 页。

县之间的行政链条才能顺畅运转，省、县子系统才能实现辖辕化和结构稳定化，整个行政系统和政治系统才能保持完整性和系统性。

二　存在增加成本、降低效率的弊端

1983 年中央提出撤销地区、推行市领导县时，曾提及地区行署制度的弊端："在政治、经济紧密相连的一个地区和城市内，往往存在地、市、县、镇几套领导机构，层次重叠，部门林立，行政工作人员越来越多；人为地造成城乡分割、条块分割的局面，工作中互相矛盾，抵消力量；严重地阻碍着城乡的相互支援，束缚着经济、文化事业的协调发展。"① 客观来说，这些问题确实存在。

（一）多增一级机构，加大了行政成本和财政负担

地区本应为精干的派出机构，却超规越制地形成了近似一级政府的结构与规模，且与其他地方政府一样屡有膨胀超编之势，由此多增一级行政成本支出。

首先指出这一弊端的是地方政府。地方政府为实行市领导县而上呈中央要求撤销地区的公文，大多强调地区浪费行政成本，增加非生产性财政负担。如 1988 年，河北省廊坊地区行署在申请撤销廊坊地区、实行市管县的理由中称："在市政建设和机构设置等方面，地市两级也难免产生重复和重叠。"一般来说，"地区建什么市里也要求建什么，地区有什么，市里也要求有什么，如地区有老干部活动中心、工人文化宫、礼堂、图书馆等，市里也都有一套。地区有物资仓库，市也建，地区有银行的各中心支行，市也要求在同一地方建分支机构，等等。重复建设造成人力物力的很大浪费"。②

随后，有专家指出：只要是地区和地级市并存的地方，必定"两套平行机构，重复设置，矛盾突出"，"不仅党政机构如此，许多事业单位如报

---

① 中共中央、国务院：《关于地市州党政机关机构改革若干问题的通知》（1983 年 2 月 15 日），河北省档案馆：907 - 31 - 2 - 1。
② 《关于撤销廊坊地区将廊坊市改为省辖市的意见》（1988 年 4 月 5 日），廊坊市档案馆：20 - 5 - 853（永久）。

社、学校、医院、电台、电视台也都是两套"①。一些主张撤销地区行署的政论性文章，首要理由亦大多如此。如 2000 年，有人指出，有的地区"仅人头费一项开支就得几千万元，使地区财政不堪重负"②。从历史学的角度看，对策性研究未必能够揭示地区行署制度的全貌，但是，其所指出的这一弊端还是客观存在的。

（二）地区行署与同城的市县存在矛盾，降低了行政效率

新时期，政学两界和地方政府频繁反映地区行署与同城的市县存在矛盾，降低了行政效率。例如有人写道："地市并存于一地，加剧了城乡分割，阻碍了商品流通……使许多领导同志和党政综合部门的时间、精力浪费在解决矛盾、协调关系之中，降低了工作效率。"③"工作中扯皮的现象屡屡发生，地市关系极难协调，群众对此反映较为强烈。"④

上述说法句句确凿。从 1978 年建立时起，地区行署的这一问题即逐渐显露出来。但值得注意的是，自古府县同郭就是造成管辖权纷争的重要原因之一，何况当代？地区行署一般设在城市，其中一部分设在中等城市即地级市内。"在一个不太大的城市里，同时并存着两个同一性质、同一等级的行政实体，行使着同样职权而又互相独立，不可避免地会产生诸多矛盾问题"⑤。

1982 年，全国有地区行署 170 个，其中与省会城市同城的有 4 个，与地级市同城的有 28 个，与县级市同城的有 83 个（见表 8 - 1）。多个行政层级组成一个以城市为中心的同心环结构，其行政功能的辐射范围必然有重合和交叉，出现浪费和争夺亦属必然。有专家指出，1992 年底，全国110 个地区中有 14 个与地级市并存一地⑥，"个别地区如河北省石家庄、广西南宁甚至是地区、地级市与省会城市'三位一体'，弊端更甚"⑦。对此，

---

① 《地区机构改革的设想》，《经济研究参考》1993 年第 Z3 期。
② 钱其智：《改革地区体制撤销地区建制》，《中国行政管理》2000 年第 7 期。
③ 《地区机构改革的设想》，《经济研究参考》1993 年第 Z3 期。
④ 吴佩纶主编《地方机构改革思考》，第 97 页。
⑤ 钱其智：《改革地区体制撤销地区建制》，《中国行政管理》2000 年第 7 期。
⑥ 这 14 个地区包括河北省 7 个，广西 4 个，湖北省、山西省、黑龙江省各 1 个。
⑦ 《地区机构改革的设想》，《经济研究参考》1993 年第 Z3 期。

2000 年，任职于中央机构编制委员会办公室的钱其智先生撰文提出："地区与所在市的城市管理工作发生直接冲突，带来区域间的城乡分割、条块分割、重复建设、盲目生产、资源浪费、流通堵塞等严重后果，影响城乡和条块的相互支持与合作，阻碍以城市为中心的地方经济和社会发展的统筹规划与协调发展"①。

表 8 – 1　1982 年与行署同城的省会、地级市、县级市统计

省份	与行署同城的省会	与行署同城的地级市	与行署同城的县级市
河北省	石家庄	唐山	邯郸、邢台、保定、张家口、承德、廊坊、沧州、衡水
山西省	—	大同、长治	榆次、临汾
辽宁省	—	—	铁岭、朝阳
吉林省	长春	吉林	白城、同化、四平
黑龙江省	哈尔滨	齐齐哈尔	黑河、佳木斯、牡丹江、绥化
江苏省	—	徐州、苏州、南通	清江、扬州、镇江
浙江省	—	宁波	湖州、金华、绍兴
安徽省	—	安庆	阜阳、宿州、滁州、六安、巢湖、屯溪
福建省	—	—	南平、泉州、漳州、三明
江西省	—	九江	宜春、抚州、上饶、吉安、赣州
山东省	—	—	德州、滨州、潍坊、烟台、临沂、泰安、济宁
河南省	—	新乡、洛阳、安阳、开封	商丘、许昌、南阳、信阳、周口、驻马店
湖北省	—	襄樊、宜昌、十堰	鄂城、荆门、恩施
湖南省	—	湘潭、衡阳、邵阳	郴州、永州、娄底、怀化、常德、益阳、岳阳
广东省	—	汕头、湛江、佛山、韶关	肇庆、惠州、梅州
广西	南宁	桂林、柳州、梧州	钦州

---

① 钱其智：《改革地区体制撤销地区建制》，《中国行政管理》2000 年第 7 期。

省份	与行署同城的省会	与行署同城的地级市	与行署同城的县级市
四川省	—	—	绵阳、内江、宜宾、乐山、万县、南充、达县
贵州省	—	—	遵义、安顺
云南省	—	—	昭通
陕西省	—	—	延安、咸阳、汉中
甘肃省	—	—	天水
新疆	—	—	哈密、喀什

资料来源：民政部编《中华人民共和国县级以上行政区划沿革（1949—1983）》（第一卷），第131～132、192～193、319、358、439～440页；民政部编《中华人民共和国县级以上行政区划沿革（1949—1983）》（第二卷），第68～69、122～123、181～182、242～243、296～297、364～365、459～461、524～525、594～595、665～666、726～727页；民政部编《中华人民共和国县级以上行政区划沿革（1949—1983）》（第三卷），第76～77、130、200、282～283、346、452～453页。

不仅专家如是说，地方政府，尤其是地区所辖的市县更是不断强调这一弊端。如与河北省廊坊地区行署、地委同城的廊坊市表示："由于在地区的'屋檐下'建制小、资金筹措力差或不足、'位微言轻'等，制约着廊坊市经济的发展和行政效率的提高。如迁入廊坊的近三十个中（央）省直单位，这些师级、军师级单位在基本建设、征地、子女入学就业等问题上，与当地政府不免产生一些摩擦，作为县级政府的廊坊市处理有争论的问题，往往无能为力，很多问题都要地区出面调节。由此，增加了协调的层次和问题解决的速度。"总之，"地辖市在资金筹措、内外交往中多受限制被地区管、卡、压、榨抬不起头来，发展不起来"[1]。或者说，"在仍实行由省的派出机关管县的地方，县的自主权一定程度上受到了截留和钳制"，各项发展无不受限[2]。因此，地区所辖县市和相关专家一致要求撤销地区行署制度，实行市领导县。

---

[1]　《关于撤销廊坊地区将廊坊市改为省辖市的意见》（1988年4月5日），廊坊市档案馆：20-5-853（永久）。

[2]　乔耀章：《政府行政改革与现代政府制度——1978年以来我国政府行政改革的回顾与展望》，《管理世界》2003年第2期。

三　客观认识地区行署制度的弊端

上述地区行署制度的弊端确实存在，但客观地说，之所以出现这些弊端，既有制度顶层设计的欠缺，也有实践和历史遗留问题，更有深层体制问题。

（一）　地区行署制度设计缺乏应有配置

地方行政制度存在和运行的基本依据是组织法，然而地方政府组织法自始至终没有对地区行署的组织机构与职能作出详细规定，其他法规文件也都规定得极为简略。法规方面的缺失固然可以被视为地区行署制度自身的弊端，但它更是出现弊端的原因。

由于制度设计层面缺乏应有的配置，地区的组织机构不可避免地受到条块体制影响，沿袭了其他地方政府的结构与规模，秉承了全能型政府的模式，做了大量督导之外的工作，以至在省县之间独当一面。地区行署越是发挥着一级政府的作用，越需要"铺摊子"，发展成一级政府的结构与规模，同时也与其他地方政府产生越来越多的矛盾。假如地区行署真的像中央笼统规定的那样，只是一个简约、精干的督导小组，相关弊端自然可以迎刃而解。但这只是理想状态而已，实际上，很难想象在一个完整的行政链条上出现一个极其精简的薄弱环节。恰如辽宁省铁岭地区所反映的那样："省政府设 41 个部门，而行署如设 20 个部门，就上级的会议也难以应付。"① 按规定精简后的"地区机关部门设置虽然基本齐全，但只能应付日常工作，难以开创新局面"②。

至于中央为何未在各种法规文件中对地区行署制度作出详细规定，由于新时期档案开放程度不高，笔者只能略加推测。一是中央或许认为地区行署只是临时派出机构，无须出台专门的组织法。二是或许建立地

---

① 《中共铁岭地委关于将铁岭地区按省辖市体制过渡的请示报告》（1983 年 10 月 11 日），铁岭市档案馆：1 - 2 - 571。

② 《中共铁岭地委、铁岭地区行署关于铁岭地区地、市体制调整的请示报告》（1983 年 11 月 26 日），铁岭市档案馆：1 - 2 - 571（永久）。

区行署时，就已经确定了撤的大方向。之前的地区革命委员会是 1975 年
《宪法》规定的正式一级政府，拨乱反正时期，显然不具备大力推进政
府机构改革的条件，而革命委员会这一"文化大革命"特殊时期的产物
又不宜长期存在，所以才将地区革委会改为地区行署，并取消了它正式
一级政府的地位，以便为日后的撤销作出铺垫。这种情况下，自然无须
设计复杂的制度了。纵观整个新时期，中央层面涉及地区行署的文件只
有五份①，不仅内容简略，而且均为三次撤销地区行署的文件。这或许
也可以从侧面证明，从建立之日起，中央对地区行署制度的基本态度大
概就是"撤"。

（二）类似弊端早于地区行署制度而存在

不论是导致行政成本浪费，还是导致地、市、县矛盾重重，降低行政
效率，这些问题均非地区行署制度建立后才出现，而是早在行政督察专员
公署制度、专区专署制度时期即已存在，尤其是在这些制度发展的后期，
随着其下级政府的健全与发展，相关问题愈加突出。

第三章、第四章已述，民主革命时期，行政督察专员公署"远远超出
边区政府派出机构应有的规模，到解放战争结束，专署基本成为边区政府
与县级政府之间的一级正式政权层级的规模"②，从而增加了一级行政开
支。1945 年，时任陕甘宁边区政府副主席的罗迈（李维汉）认为：专署本
应代表边区政府检查督促下级政府工作，"开始时这样做了，现在起了变
化了，比如科增加一个又一个还觉得不够，专署的组织很庞大，没有工
作，而代替县上做了，使边府和县上脱节了"③。

新中国成立后的专区专署同样如此。1956 年，中央派人在山西、河

---

① 这五份文件是：《中共中央、国务院关于省、市、自治区党政机关机构改革若干问题的通
　　知》（1982 年 12 月 7 日）、《关于地市州党政机关机构改革若干问题的通知》（1983 年 2
　　月 15 日）、《中共中央〈关于党政机构改革的方案〉和〈关于党政机构改革方案的实施
　　意见〉的通知》（1993 年 7 月 2 日）、《关于地方政府机构改革的意见》（1999 年 1 月 5
　　日）和《民政部关于调整地区建制有关问题的通知》（1999 年 11 月 22 日）。
② 翁有为等：《行政督察专员区公署制研究》，第 404 页。
③ 陕西省档案馆、陕西省社会科学院合编《陕甘宁边区政府文件选编》（第九辑），档案出
　　版社，1990，第 377 页。

南、河北调查专区专署制度的实施状况时发现，"专、市、县除了职能科、局基本上相同外，其他经济机构如农产品采购、百货、纺织品、文化用品、五金、交电、化工、医药、药材、石油、贸易、专卖、食品、土产、饮食、糕点糖果、蔬菜、油脂、日用杂品、煤建、木材等局、处和公司，专署和市、县几乎完全相同的各有一套"，而有些地方"如果按照正常的城乡关系，完全可以节省县和专署的两套机构"，"现有人员可以减少40%～50%"①。此外，"在一个城市同时存在专署、市、县三个领导机关"，还产生了严重的"工作关系不协调的现象"。"专、市、县各设一套经济机构，必然工作量不同，产生争夺业务和市场的现象，特别在商业方面表现得最为明显"②。

总之，地区行署制度的弊端有此前省级派出政府制度的历史遗留因素。

（三）相关弊端并未随着地区的撤销而消失

地市合并（也称地改市）、撤销地区后，前述弊端并未消失。这说明相关弊端或许不应归咎于地区行署制度。

一方面，撤销地区后，省县之间多增一级行政机构及成本的问题依然存在，而且有的更严重了。地改市后大致存在两种情况：一是地与市合并，随之精简一些机构和人员；二是地市合并后，机构和人员一个都不少。前者可以起到降低行政成本的作用，如"1983年3～10月的宁波地区和宁波市合并，新市委、市政府班子成员总共14人，比原来地市党政两套班子减少了24人"③。但此种情况属于少数，多数则是"一个都不能少"，甚至不减反增。例如，1998年，除咸宁地区外，湖北省全省实行市领导县，其中宜昌、襄樊、十堰、荆州等市都是由行署与市合并而成，"这种一加一等于一的合并，使得原有的两套领导班子合并为一家，干部一个也不少，机构一个也不少，有些机构是六合一、四合一、三合一、二合一合

---

① 张策：《在河北、山西、河南的调查报告》（1956年8月14日），河北省档案馆：934-1-59。

② 劳动人事部编制局编《机构 编制 体制文件选编》（下），第957页。

③ 《一项重要的行政体制改革》，《宁波日报》2008年9月12日。

并起来的"。"十堰市的经贸委就是由原郧阳行署和十堰市的两家经委、两家财办、两家食品工业办六合一而成，其他很多政府部门都有这种情况"，"这样带来严重人员超编，干部超职数，一个部门有 10 个甚至十几个领导。十堰市经贸委有 1 个主任，15 个副主任，核定编制 64 人，而在职工作人员达到 103 人"。"这种情况在其他地市合并的地级市也存在。"① 因此，有专家指出："大多数地方实行'地市合并'，以前的地区行政公署变为一级政府，形成全套政权机构，增加了行政编制，多出来实实在在的一级政府，加大了政府运行成本，降低了行政效率，也不利于县域经济社会发展。"②

另一方面，地区撤销了，市县矛盾和行政低效问题却依旧没有得到解决。有专家反映：地市合并、实行市领导县后，"不仅加剧了市县之间的矛盾，而且随着市权力的不断扩大，省市矛盾也时隐时现。更为严重的是，行政性分权将中心城市限制在新的框框内，不利于中心城市功能在更广阔的空间发挥作用，长期以往还可能出现既没有行政协调又没有市场协调的混乱状态"③。实际上，这是因为"市与县在社会结构、功能作用、发展需要和事务繁杂等方面各不相同"，"城市和乡村两个不同的工作对象要求地级市政府具有兼理城乡的人才和统筹兼顾的作风"，过去地区行署是身兼二任的，而现在多种形式合并后的地级市"不是缺乏管市的经验，就是不懂农村工作。其工作中心放在城市，往往忽视乡村的发展和利益，出现重城轻乡、重市轻县的现象，甚至有的市与县争投资、争原料、争项目，市刮县、压县、卡县时有发生"④。而且越是市县经济实力不相上下、形成竞争态势，双方争资源、争资金、争人才、争项目，矛盾越是突出⑤。

同时，地市合并等于变相实化地区，这与建立省、县、乡三级行政区

① 高秉雄等：《关于地级市政府机构改革的若干问题》，《社会科学动态》1998 年第 12 期。
② 沈荣华：《中国政府改革：重点难点问题攻坚报告》，第 171 页。
③ 浦善新：《中国行政区划改革研究》，第 85 页。
④ 宫桂芝：《我国行政区划体制现状及改革构想》，《政治学研究》2000 年第 2 期。
⑤ 浦善新：《中国行政区划改革研究》，第 88 页。

划体制的最终目标背道而驰①。一些专家甚至认为市领导县是失败的。例如有专家写道：市管县体制"不仅没能真正发挥城市的中心作用，没能实现试行这一体制的初衷，而且实化了省县之间的中间层次，增加了机构编制，降低了行政效率，加大了管理成本，普遍存在忽视'三农'的倾向，在一定程度上加剧了'三农'问题的严重性"，造成"假性城市化"和其他难以预料的新问题②。为此，"人大代表、政府官员和专家呼吁尽快实施'省管县'模式以扭转目前'市刮县''市压县'的不利局面"③。

实际上，地区行署制度之所以会导致行政成本浪费、市县矛盾突出、行政效率低下等问题，有更深层的原因。

其一，根据系统论，行政成本并非由政府组织机构的数量所决定，更与其所处的整体大环境，或曰"自身的体制与机制的成熟程度"根本相关，"如施政理念是否先进，施政是否符合客观规律，施政的权力结构与层次是否合理，制度设置是否科学，政府官员是否廉洁，运行是否高效等"④。因此，从根本上说，行政成本高主要源于行政体制和行政运作机制不够成熟。地区行署只是整个行政链条上的一个环节，不对行政体制、行政运作机制进行深度改革，而只是撤销地区，无异于治标不治本。

其二，市县矛盾存在与否，根本上取决于经济开放程度和市场经济发育程度。有专家指出：在经济开放度较低、市场经济成分较少的地区，经济联系仍以纵向为主，市县矛盾以潜在形式存在；而经济开放度较高、市场经济成分较多的地区，区域经济联系逐步由以纵向为主逐步发展成以横向为主，随着经济的发展，市作为比县高一层次的"块块"出现，在竞争中必然加剧经济流动的矛盾，导致在不平等竞争下两者经济地位的变化，加剧市县矛盾及城市结构的混乱⑤。这就是地区行署制度的弊端之所以会

---

① 宫桂芝：《我国行政区划体制现状及改革构想》，《政治学研究》2000 年第 2 期。
② 浦善新：《中国行政区划改革研究》，第 90、134 页。
③ 庞明礼：《"省管县"：我国地方行政体制改革的趋势?》，《中国行政管理》2007 年第 6 期。
④ 毛昭晖：《中国行政效能监察——理论、模式与方法》，第 131 页。
⑤ 浦善新：《中国行政区划改革研究》，第 79 页。

随着经济发展而日益突出的原因，也是撤销地区之所以不能消除弊端的原因。市领导县后又改倡省直管县，无疑也从侧面证明了这一点。

（四）相关弊端是政治体制与经济体制发展不相适应的结果

归根结底，地区行署制度的弊端源于行政层级多和市场经济发展水平低，或者说是政治体制与经济体制不协调的结果。省、县两级有着悠久的历史，早已稳定化，不宜变动，而二者之间始终没有法定、固定的一级政府，却又在管理层次和管理幅度上客观地需要一级政府存在。在改革开放的特殊历史条件下，地区行署恰巧满足了这种需要。

"任何社会事物既是一个现实的逻辑结构整体，又是一个历史形成的整体。它既有历史的因素，也有逻辑的因素，其中逻辑的因素是起支配作用的"[1]。在现实逻辑中，"大凡一种政治制度如其对于环绕着它的其他社会体制不能适应、不能协调，它就会立即显出孤立无助的狭窄性来；反之，如其能适应、能运用同时并存的其他社会文化事象，并且在各方面造出与它相配合的社会体制来，它的作用和影响就将视其包容性而相应增大"[2]。地区行署制度顺应时势，与当时中国政治体制总体模式相协调，与整个行政系统融合度较高，发挥了非常重要的历史作用。正因为如此，条块体制、全能型政府模式的各种弊端，在地区行署制度上多有体现。

总之，在评价地区行署制度的利弊时，我们可以期待这一制度与整个新时期的行政系统、政治体制相适应、相协调，从而有积极作为和独特价值，但不能将整个行政系统、政治体制的利弊与地区行署制度的利弊混为一谈。而且，在注意共时性因素的同时，也要注意历时性因素，通过考察制度的前世今生，客观地作出评价。如果再进一步评品，严复早（清末建议缓行君主立宪）曾有言："制无美恶，期于适时；变无迟速，要在当可。"[3]

① 郭元祥：《论教育研究的历史意识与逻辑意识》，《华东师范大学学报》（教育科学版）2000 年第 1 期。

② 王亚南：《中国官僚政治研究》，中国社会科学出版社，1981，第 22 页。

③ 严复：《宪法大义》，载王栻主编《严复集》（第 2 册），中华书局，1986，第 240 页。

四 发展趋势

未来，地区行署之类的省级派出政府制度不会在短期内消亡，因为派出政府存在与实化的两条基本条件长时间内还会存在。这两个条件，一是行政层级与行政效率的矛盾所需；二是条块体制下对块的倚重。

（一）行政层级与行政效率的矛盾

行政管理学、政区地理学均指出："管理幅度必须适当，超过一定的幅度，就会影响组织的作用和管理的质量。要使组织层次均衡化，组织层次和管理幅度需要保持一定的比例关系。组织层次少，管理幅度就大；组织层次多，管理幅度就小。"① 行政层级越少，指挥越便利，行政效率越高。而在交通和通信条件不好的情况下，尤其古代和近代，就管不了太多的事，因此倾向多设层级，层层分解管理事务。因此，在我国历史上以下两种现象在省县之间持续不断演绎着。

一是省与县之间绝大部分历史时间没有出现空位。自秦朝以来，中国地方政府体制演变呈现"盛世多行实二级或虚三级，乱世才改为三级制或多级制"的总体特征。② "以县为基础的三级制或准三级制为常制。自明以后，省、府（州）、县三级制稳定地持续了 600 多年（民初以道取代府州作为省、县的中间层次）。""凡此种种表明，地方行政建制在县与中央之间少于两个层次，国家行政就会出现困难"③。"在我国由封建帝制进入民主共和制之后，无论是中华民国，还是中华人民共和国，从法律上讲，都只确认县以上二级制，省以下设一级派出机构，作为省政的助理，政制史上似乎出现了继隋代之后二级制对三级制的否定。但是，从民国尤其是新中国地方行政制度的法律条文与行政实践的矛盾状况来看，恰恰说明县以上三级制在现代中国行政中，更加具有不可逆转的性质"④。因此，总体来

---

① 毛昭晖：《中国行政效能监察——理论、模式与方法》，第 109 页。
② 谭其骧：《我国行政区划改革设想》，载张文范主编《中国行政区划研究》，第 163～167 页。
③ 田穗生：《市管县对地方行政体制的影响》，《政治学研究》1987 年第 1 期。
④ 吴越：《省县之间建立地（市）级政权的主要根据》，《社会学研究》1986 年第 3 期。

看，不论是虚级还是实级，省与县之间总是有一级存在的。

二是用派出政府消解行政层级与管理幅度、行政效率的传统历史悠久。中国2000多年的历史，派出政府就有1500多年的历史。具体而言（见表8-2），第一章已述，中央派出政府自汉代部州制创立以来，已有2000多年的历史，其间其续存历史约为900年；管县派出政府自元代创设以来，已有约700年的历史；就新中国成立的70年，如果不以中央下令试行省直管县的2002年计算，而以实际现在7个地区行署存在至2019年计算，管县派出政府就已存在了58年。可见，派出政府制度始终伴随着中国的历史，更显而易见的是，每个时代所实行的派出政府制度的时间基本不少于50%，而近现代管县派出政府制度所占时长占了80%左右（民国实行行政督察专员公署制度之前，北洋政府还曾在省下短暂设置道尹公署作为派出机构）。由此推断，似乎越往近现代，管县派出政府的不可或缺性越高。

表8-2　从古至今派出政府和管县派出政府存在时间、时长及占比统计

类型	制度名称	时间	时长	所在时代起止时间	时代存在时长	时长占比（%）
中央派出政府制度	汉代的部州制	前106～188年	294年	前206～220年	426年	69.0
	唐代的道制	627～785年	158年	618～907年	289年	54.7
	宋代的路制	997～1279年	282年	960～1279年	319年	88.4
	元代的行省制	?～1287年	约27年	1206～1368年	162年	16.7
	明代的督抚制	1486～1616年	130年	1368～1644年	276年	47.1
	合计		约891年	—	1472年	60.5
管县派出政府制度	元代的宣慰司道制	元中后期～1368年	约81年	1206～1368年	约162年	50.0
	明代的守、巡道制	永乐年间～1644年	约226年	1368～1644年	276年	81.9
	清代的道（员）制	1644～1911年	267年	1644～1911年	267年	100.0
	行政督察专员公署制度	1932～1949年	17年	1912～1949年	37年	45.9
	专区专署制度	1949～1966年	17年	1949～2019年	70年	82.9
	地区行署制度	1978～2019年	41年			
	合计		约649年	—	约812年	79.9

当代，"少层次大幅度的扁平化组织结构是现代社会组织管理的主导模式"①。"根据目前世界上 160 多个国家和地区的初步统计，地方行政层次多为二、三级，约占 74%，超过三级的只有 17 个国家，占11%"。如印度实行邦—县—区三级制，美国实行州—县—镇或州—市二级制与三级制并存。② 但对于面积庞大、地域差异十分显著的中国，当下仍不具备普遍实行扁平化的条件。有专家指出："省管县体制同样面临着资源配置的区隔和不经济、管理幅度过大、影响政治和社会稳定以及市县间的非平等博弈消解新体制的收效预期等困境。"③ 所以，我国"省县之间之所以不可能缺少一个中间层次，不在于人们的主观意愿，而在于我国实际有此需要"④。即行政层次与管理幅度、行政效率的矛盾仍然存在。

（二）条块体制下对块的倚重

政治学指出："统治和管理的关系是支配政府层级划分的主导性因素，以维护和有利于政治统治为第一要求。政府层级划分得当与否，与国家统一、政权巩固、民族团结以及经济文化的发展有着密切的关系。政府层级划分，固然要充分考虑经济基础、自然地理条件、历史传统、民族分布、风俗习惯、地区差异、人口密度、社会阶级阶层结构等诸多因素的影响，但是最主要的仍取决于政治上的需要，取决于对政治统治是否有利，取决于统治者对统治和管理关系的认识、协调和处理。"⑤ 换言之，地方行政区划和行政组织是国家行使统治权的网络体系，即行政体制的层次的确立与变更，一方面从属于国家维护政治统治与加强社会管理的基本任务与基本职能；另一方面，为一定历史时期的社会经济状况和政治形势所影响。而"行政区划与行政层次受社会经济状况和政治形势的影响，就

---

① 毛昭晖：《中国行政效能监察——理论、模式与方法》，第 109 页。
② 浦善新：《中国行政区划研究》，第 226 页。
③ 周仁标：《市领导县体制的战略意涵、历史嬗变及重构理路》，《社会主义研究》2011 年第 2 期。
④ 田穗生：《市管县对地方行政体制的影响》，《政治学研究》1987 年第 1 期。
⑤ 周振超：《当代中国政府"条块关系"研究》，第 28 页。

是指在这个网络上的管理对象和管理幅度所构成的行政管理工作量的影响；所谓国家行政所要完成的阶级统治和社会管理两方面的任务，就是指要完成这种工作量"。但不论工作量的大小，最终均全部由条块体制承担和完成。

条块体制中对"块"的倚重导致派出机构出现并实化。古代由于交通和通信条件不发达，行政需要完整的权力，靠"条块"互制维持运作，但要赋予横向的"块"全面职权才能维系地方，而"块"具有全面职权就容易独立做大，补救的方法就是用纵向的"条"管块。派出机构本属于检查官员、监督行政的"条"而不是"块"，两者不能兼容。而皇帝等最高统治集团，因为"块"是维系和保证地方统治稳定与牢固的基础，就必然迁就"块"。因此，"条"在维系统治和加强中央集权的过程中的作用弱于"块"。省县之间本就存在管理幅度与管理范围的矛盾需要一级政府，因此，此间只要出现派出机构就必然不会倾向"条"。所以，包括地区行署在内的"地专派出机构演变成这种现状，基本的原因是国家行政在地区这个管理层次上的工作量，上级无法取代，下级无法分担，单纯的派出机构也无法完成"[①]。恰因如此，从新中国成立后地方行政实践看，地区要真正变虚是相当困难的[②]。

因此，只要行政层级与行政效率的矛盾和条块体制下对"块"的倚重这两个条件依然存在，那么派出政府就会存在，且不可避免坐实为一级政府。而要消除上述两个条件无非两个途径：一是划小行政区；二是改变体制。但从民国一直存在的缩省论倡议和新中国的市领导县、省直管县体制改革均未表现出对此问题的全面彻底解决，这也反向证明，派出机构不会在短期内撤出历史舞台。

当然，派出机构也不会遥遥无期地存在下去。因为归根结底，行政建制是政治历史现象，是经济活动的产物。即行政管理体制属于上层建筑，为经济基础所决定。一个国家在一定的历史时期实行什么样的行政

①　吴越：《市地城乡双轨的地方行政体制刍议》，载刁田丁主编《中国地方国家机构研究》，第 122 页。
②　周振超：《当代中国政府"条块关系"研究》，第 28 页。

管理体制，固然会受到各种因素的牵制，但是终究是由于社会生产力的发展水平所决定的。只是"社会经济基础对于国家机构发展变化的制约作用是普遍的，并且往往不是直观的，要通过各种曲折的形式和途径才能表现出来"①。这也是为什么省直管县和市领导县都只能在经济较为发达且地理范围不大的省份获得成功尝试的原因。恩格斯在回答"彻底废除私有制以后将产生什么结果？"一题时说："城市和乡村之间的对立也将消失……乡村农业人口的分散和大城市工业人口的集中只是工农业发展水平还不够高的表现，它是进一步发展的阻碍。"② 因此，最终要消除上述两个条件，最重要、最根本的问题还是经济和社会的发展。所以，不论近现代，还是当代，大量仅就其利弊而谈行政督察专员公署、专区专署、地区行署的实化论、虚化论或撤销论（见表 8－3），都不能从根本上解决省县之间派出政府制度的问题，实化、虚化或撤销在 2000 多年的历史上从无彻底解决问题的先例。这是历史的必然性，也是派出政府制度的根本逻辑。

表 8－3　1936～2004 年管县派出政府制度存废建议

主张	学者	基本观点
实（强）化论	江禄煜 1936 年	专员不但要兼县长，而且要兼管中心县
	杨适生 1936 年	扩大专署财权，"最低亦须给专员以整理田赋之全权与便利"，专员要兼任县长
	王洁卿 1937 年	对专署要"隆其体制"，兼管中心县必须具备的 5 个条件："（1）该县情形可代表四周临近县份一般情形者；（2）该县之地位应处于该区之中心；（3）地方财力比较宽裕者；（4）地方人民智识比较高者；（5）交通便利地为冲要者"
	楼正华 1938 年	"省政府在某一相当时期，应当将全力全部交与行政督察专员，以极力发挥其监督权，一面并延伸至于指挥权"

① 吴越：《论地区行政机构的演变趋势》，载刁田丁主编《中国地方国家机构研究》，第 138～139 页。
② 〔德〕弗·恩格斯：《共产主义原理》（1847 年 10 月底至 11 月），《马克思恩格斯选集》（第一卷），人民出版社，1972，第 223 页。

续表

主张	学者	基本观点
实（强）化论	萧文哲 1940 年	（1）"扩大专署辖区，务期够为缩小省区之张本"，大致应"扩并为二区至四区"；（2）"提高专署职权，务期能够发挥专署为省府横面扩张的效能"；（3）"充实专署组织，务期能够适合专区扩大提高后的需要"；（4）"划清专署与省府县府之权责系统，以增进行政效率"
	周必璋 1941 年	"（1）职权之提高"，可不给专员对县长的任免权，但要给惩戒权；（2）"区域之限制"，交通不便专区辖县不宜过五，离省较远的以八为准；（3）"组织之厘正"，"扩大视察组织，减少书面工作""免除有名无实之兼保安司令"；（4）"行文之修正"，"省县间一切公文之来往，自应由专员公署承转"
	张耀枢 1943 年	"用人之权应加重"，"用钱之权应加重，预决算及预备费之动支，专署应有审核权，即各县临时动支预备费，专署亦应有核准之权"；增加专署组织机构
	梁禹九 1947 年	"加强专员权责""充实专署兼保安司令公署之组织""增加办公费出差费，并规定特别事业经费"
	王时福 1991 年	我国行政区划以统一按现行普遍存在的四级制设置为好，主要变革是将地区派出机构与具有中心作用的地级市合并，……（地区一级）组成一个比较完整的基层城镇体系，承担基层经济区社会与经济发展的骨干作用，从长远看，基层经济区、基层城镇体系与行政区合一，将取代县成为我国的具有现代化水平的基本经济实体
	孙关龙 1991 年	考虑变我国当前的虚三级地方行政区划系统为实的三级地方行政区划系统。……随着我国经济的发展，市管县的体制必将逐步发展，即我国的三级地方行政区划系统将继续得到发展
	付长良 1997 年	从我国现阶段经济和社会发展的实际水平出发，从有利于社会主义市场经济的发展和社会的稳定着眼，将地区转变为一级政府，为最终实现行政区划三级制作准备
	华伟 1998 年	下个世纪中国实行地方自治时，把现在的地级行政单位改组成上级地方自治单位，让省和县逐渐虚化乃至消亡

续表

主张	学者	基本观点
虚化论	李廷樑 1936年	专员不兼县长，可仍兼保安司令，在近省会各县不设专员制。"专员公署的组织必须充实，技术人员尤须设法增加"
	向乃祺 1936年	"专员与县长之职责，均属繁剧重要，一人之精力有限，兼任两种要职，事务业瘁，必有亡羊之嫌"
	钟竟成 1937年	专员对县长"最低亦应有记过记功之全权。对于县长以下之秘书科长局长区长等，则非有迁行撤换之权不可。"专员不负责承转公文、不兼县，就没有设署的必要
	郑自明 1937年	不兼县长，应兼区保安司令，充实人才，不固定治所
	周焕 1938年	"专员与省府间作权限，必须明白划清"；"专员对区内各县市长的行为及成绩，必须切实监督及考核，省府对于专员的报告，亦须加以重视，尽量采取"；除重要文件外，"省县应该直接行文，不由专员转行"；"专员公署的组织必须充实"；"专员公署固定设在一定的所在地，但专员本人，应依情势的需要，轮驻辖区各县"
	何键 1939年	"一律不兼任驻在地县长职"，"行政督察专员，不必于固定地点设置公署"，"必要时得设置临时办事处"；但非战区专署辖区要扩大至20～35个县
	周宏涛 1939年	"专员公署虽为省府之辅助机关，其地位亦急应予以确立，对于□□各县之行政、财政应有相当控制之权，使地方之行政责任分明，不致发生互相推诿之弊。专员之职权尤须严密规定，以免动辄请示省府"
	陈柏心 1942年	"并非必须普遍设置"，"交通便利距省较近的督察区域，专员公署应予以撤销"；"距离省府较远、交通困难、匪乱频仍，或与敌人过于接近［的地区］，有设置专员公署必要的地区，设置专员公署"，但要"酌量扩大各区的面积"
	苏良弼 1943年	"今后行政督察专员公署，似宜明白确定为省府之监督机关，其所负担之任务与职权，亦应只限于监督和视察方面，本身最好少兼职务，以免障碍职权之行使，专员公署之组织与设备应力求简单切实，其所需之景妃，也要充实裕如，并明白规定于省预算之内，（以后省级应恢复财政，）专员轮流巡回视察各县市时，每一单位均须停留一二周以便调查采访和指导，专员对各地视察之情况，应随时呈报省府，省府所属专员视察之对象，亦应随时命令指示，每半年或一年专员必须到省向省府述职，将视察所得胪列呈报，省府应据此以定奖惩。至于专员人员，似宜注重学识、经验及操守"

续表

主张	学者	基本观点
虚化论	傅骒昌 1946 年	"在交通不便、及边远区域,设置专员公署,辖县不宜过五,交通便利距省会稍远省区,设置专员公署,辖县不宜过八";专员"应该予以县长撤惩权"。"科室无须设置",其人员由30余人缩减为9~14人
虚化论	吴谧赓 1948 年	"专员的职权,应以督察行政与辅导自制为主""专员不得兼职",专门人才替代泛滥之人才
虚化论	叶达夫 1989 年	放弃市管县,恢复地区建制;或将现行市对县的领导关系改为代管关系,即由市政府受省政府委托代行地区行署职责,被代管的县(市)不参加市里的有关代表会议,在计划、财政、物资等方面直接对省
撤销论	竹君 1940 年	"督察专员公署无形中便成功〔为〕了一个无事可做的空头衙门""在事实上行政督察专员的制度,实在没有存在的必要"
撤销论	浦善新 1991 年	撤销地区一级,由省级行政区直辖市、县
撤销论	刘君德 1992 年	从长远看,随着省区划小的逐步实施,政府直接管理经济职能的弱化,取消市管县体制,撤销地区建置,由省直接管市、县,是必然的发展趋势
撤销论	毛寿龙 1995 年	自80年代以来,中国地级政府一直在向实设政府方向发展,借地级市政府来实现自己实设化的梦想,但是在将来,它必将因城乡分治、城市自治和乡村自治的发展而走向衰弱
撤销论	马春笋 1996 年	目前撤销地区级建制存在许多困难,但是保持现状,我们必将付出长久的、巨大的社会、经济发展方面的代价,地级政区存在的问题已经到了非改不可的地步。对于撤销地区所带来的问题,只要我们有足够的重视程度,通过上述措施是可以解决的
撤销论	宫桂芝 1999 年	实行市县同级、市县脱钩;撤销地区行政公署
撤销论	戴均良 2000 年	县级市行政管理体制改革只能分类指导、区别对待,总的原则是能由省直管的尽可能由省直管,暂不能由省直管的,应调整政策、下放权力、适当划小省、自治区,逐步撤销地级管理层,最终形成以省直接领导县(市)为主体的地方行政区划体制
撤销论	周克瑜 2000 年	市管县体制是我国新旧体制交替阶段的一种过渡形式,社会主义市场经济体制的建立将使其失去存在的基础

续表

主张	学者	基本观点
撤销论	孙学玉、伍开昌 2004 年	增加省级数量，改革市管县体制，市县分治，构建省直接管理县（市）的少层次大幅度的、扁平化的公共行政体制
	周联合 2006 年	行政督察专员制"在省县间增设行政机构的做法既违背孙中山《国民政府建国大纲》之规定，又不符合当时法律"

资料来源：（1）江禄煜：《行政督察专员制的检讨》，《之江期刊》1936 年 1 月 1 日。（2）杨适生：《专员制度之研究》，《行政研究》1936 年创刊号。（3）王洁卿：《行政督察专员制度之研究》，《汗血月刊》1937 年第 9 卷第 1 期。（4）楼正华：《行政督察专员制度之检讨及其在抗战时期之价值》，《闽政与公馀非常时期合刊》1938 年第 29 ~ 31 期。（5）萧文哲：《行政督察专员制度改革问题》，《东方杂志》1940 年第 37 卷第 16 号。（6）周必璋：《改进行政督察专员制度刍议》，中央政治学校研究部，1941。（7）张耀枢：《行政督察专员制度之检讨与改进》，《服务》1943 年第 10 期。（8）梁禹九：《行政督察专员制度之检讨及改进办法》，《政治评论（成都）》1947 年第 1 卷第 6 期。（9）王时福：《我国行政区划改革的几个问题》，载张文范主编《中国行政区划研究》，中国社会出版社，1991，第 89 ~ 90 页。（10）孙关龙：《试论我国古代行政区划变化的规律及其启示》，张文范主编《中国行政区划研究》，中国社会出版社，1991，第 205 页。（11）付长良：《试论理顺地区行政公署的行政区划体制》，《政治学研究》1997 年第 2 期。（12）华伟：《地级行政建制的演变与改革构想》，《战略与管理》1998 年第 3 期。（13）李廷楼：《行政督察专员制度的改善问题》，《政问周刊》1936 年第 43 号。（14）向乃祺：《行政督察制度之反省及其展望》，《贵州县训》1936 年第 3 期。（15）钟竞成：《我对于行政督察专员制度的意见》，《行政研究》1937 年第 2 卷第 6 期。（16）郑自明：《行政督察专员制在战时的作用》，《国闻周报》1937 年第 14 卷第 46 期。（17）周焕：《论行政督察专员制度之调整》，《血路》1938 年第 39 期。（18）何键：《调整省以下行政机构管见》，《中央周刊》1939 年第 1 卷第 23 期。（19）周宏涛：《吾国行政督察专员制度之研究》，毕业论文，国立武汉大学政治系，1939。（20）陈柏心：《行政督察专员制度改进问题》，《建设研究》1942 年第 8 卷第 1 期。（21）苏良弼：《行政督察专员制之检讨》，《西南风月刊》1943 年第 1 期。（22）傅骓昌：《行政督察专员制度之研究（下）》，《安徽政治》1946 年第 9 卷第 4 ~ 5 期。（23）吴谧赓：《论省区之调整与行政督察专员制之存废》，《边政导报》1948 年第 11 ~ 12 期。（24）叶达夫：《建议放弃市管县体制》，《中国经济体制改革》1989 年第 2 期。（25）竹君：《改行政督察专员为绥靖督办的建议》，《江苏旬刊》1940 年第 5 期。（26）浦善新：《中国行政区划改革浅议》，载张文范主编《中国行政区划研究》，中国社会出版社，1991，第 71 页。（27）刘君德：《我国行政区划的改革》，《科学》1992 年第 4 期。（28）毛寿龙：《中国地级政府的过去与未来》，《安徽教育学院学报》（哲学社会科学版）1995 年第 2 期。（29）马春笋：《我国行政区划体制存在的问题与改革设想》，《中国行政管理》1996 年第 8 期。（30）宫桂芝：《地级市管县：问题、实质及出路》，《理论探讨》1999 年第 2 期。（31）戴均良：《中国市制》，中国地图出版社，2000，第 160 页。（32）周克瑜：《走向市场经济 中国行政区与经济区的关系及其整合》，复旦大学出版社，1999，第 121 页。（33）孙学玉、伍开昌：《当代中国行政结构扁平化的战略构想——以市管县体制为例》，《中国行政管理》2004 年第 3 期。（34）周联合：《论行政督察区制度的不合法与不合理问题》，《学术研究》2006 年第 8 期。

最后，笔者想用一个通俗的比喻来总结，可以说行政督察专员公署制度、专区专署制度、地区行署制度等管县派出政府制度如同电脑系统中 office 软件的补丁或插件，当电脑系统软件处于低版本的时候，要处理本来正常的或一般的某些 office 工作就必须装一个补丁或插件；而当电脑系统升级到高版本时，这个补丁或插件就没有用了；但电脑系统更新很快，不久就会出现更高级的版本，就又不得不装另一个补丁或插件应对那些新出现的看似一般的或正常的工作。管县派出政府一如这个补丁或插件。因此，当前试行省直管县，地区行署制度看似没什么用了，就撤销了。实际随着发展，要么重装一个新的更高级系统，否则这个无法替代的补丁或插件还会需要。这个系统就是我国的政治经济体制，因此，如果总的体制不发生根本性的质变的话，地区行署制度或类似的省级派出机构就会存在。

先贤王亚男在《中国官僚政治研究》中说："纵观中国官僚制度，由秦代以至于清之中叶，每经一个朝代，表面上看好像是多一次重复，多一次'再生产'，但仔细观察起来，其内容是代有变更，或者说，每个王朝都曾惩前毖后下过一番因时制宜的工夫。"[①] 同理，包括地区行署制度、专区专署制度、行政督察专员公署制度，甚至古代派出政府制度，其内容是在不断地"重生"中朝朝有变化、代代有沿革，每个时代都曾惩前毖后下过一番因时制宜的工夫。而无论如何沿革与变更，大抵都是围绕着一个核心问题——如何借助派出政府谋求行政的高效及政权、政治的巩固与稳定，以及经济与社会的发展与繁荣。但通过本书的研究，笔者认为在这一核心诉求之下为惩前毖后而下的功夫应不出以下几个问题的思考：

第一，该如何定位派出政府的地位和性质？这是涉及整个制度的顶层设计、高端决策的方向和原则问题。

第二，该如何具体明确派出政府的职能？既要给予最低限度的职权（包括人、财、事）让它能起到上述巩固、稳定政权和政治、发展与繁荣经济与社会的功效，又不能使其职权过大形成尾大不掉、难以驾驭之势。

---

① 王亚南：《中国官僚政治研究》，第 44 页。

　　第三，该如何配置派出政府的组织机构？既要配备至少能完成其职能的人员与机构，又要防止它铺成一大摊子"蔓延"为一级政府的规模与结构。

　　第四，该如何规范派出政府行政运作？既要建立能维持其正常行使、完成其任务与职责的途径与渠道，又要杜绝其形成盘根错节的运作网络。

　　这些问题应是历代统治集团在建立此类制度时都曾思量过的，在此提出也许是历史上的第 N 次重复，但这既是地区行署制度的历史使命，也是历史研究的使命。

附 录

1949～2018年各省专区、地区数量历年统计

年份	河北省	山西省	辽宁省	吉林省	黑龙江省	江苏省(苏北)	江苏省(苏南)	浙江省	安徽省(皖北)	安徽省(皖南)	福建省	江西省	山东省	河南省	湖北省	湖南省	广东省	广西	四川省(川东)	四川省(川南)	四川省(川西)	四川省(川北)	贵州省	云南省	西藏	陕西省	甘肃省	青海省	宁夏	新疆	平原省	察哈尔省	绥远省	辽东省	西康省	合计
1949	10	7	—	1	1	5	4	10	6	4	8	9	16	10	8	10	8	10	16				8	13	—	12	10	1	—	10	6	3	4	1	5	216
1950	10	7	—	1	1	4	4	9	6	3	8	8	11	10	9	10	9	10	5	4	4	4	8	12	—	8	8	1	—	10	6	3	3	1	2	199
1951	10	6	—	1	1	4	4	9	6	3	8	9	11	10	8	10	9	9	5	4	4	4	8	12	—	9	8	—	—	10	6	3	3	1	2	197
1952	10	6	—	—	1	8		7	7		8	6	13	10	6	4	—	9	16				8	13	—	8	8	—	—	10	—	—	—	2	2	163
1953	10	6	—	—	1	8		7	7		8	6	11	9	6	4	—	6	12				8	12	—	8	8	—	—	10	—	—	2	1	2	152
1954	9	5	—	2	3	8		6	7		8	5	11	8	6	6	—	6	12				8	11	—	8	9	—	—	10	—	—	2	—	2	150
1955	10	5	4	2	3	8		6	7		8	5	11	8	6	6	1	5	14				8	11	—	8	7	—	—	8	—	—	—	—	—	151
1956	10	5	4	3	5	8		6	5		5	5	8	8	6	6	7	5	14				4	9	—	5	6	—	—	8	—	—	—	—	—	142
1957	10	5	4	3	5	7		7	5		5	5	8	8	6	6	7	6	14				4	5	—	5	5	—	1	8	—	—	—	—	—	140
1958	6	4	—	3	5	7		5	5		5	5	6	6	6	6	7	6	13				4	5	—	5	4	—	1	7	—	—	—	—	—	121
1959	5	4	—	3	5	7		5	5		6	5	7	6	5	5	5	6	13				4	5	—	5	4	—	1	7	—	—	—	—	—	119

续表

年份	河北省	山西省	辽宁省	吉林省	黑龙江省	江苏省（苏南/苏北）	浙江省	安徽省（皖南/皖北）	福建省	江西省	山东省	河南省	湖北省	湖南省	广东省	广西	四川省（川北/川西/川南/川东）	贵州省	云南省	西藏	陕西省	甘肃省	青海省	宁夏	新疆	平原省	察哈尔省	绥远省	辽东省	西康省	合计
1960	10	4	—	3	4	7	4	5	6	5	7	6	4	6	5	6	12	4	5	7	5	4	—	1	6	—	—	—	—	—	126
1961	9	5	—	3	5	7	4	7	6	5	9	8	6	6	5	6	12	4	5	7	8	9	—	1	6	—	—	—	—	—	143
1962	10	5	—	3	5	7	6	7	6	5	9	8	6	8	5	6	12	4	5	7	8	9	—	1	6	—	—	—	—	—	148
1963	10	5	—	3	5	7	7	7	7	5	9	8	6	8	6	6	12	4	6	7	8	8	—	1	6	—	—	—	—	—	151
1964	10	5	2	3	5	7	8	7	7	6	9	8	6	9	6	6	12	4	7	5	8	8	—	1	6	—	—	—	—	—	155
1965	1	5	4	5	6	7	8	9	7	6	9	10	8	9	7	8	12	5	7	5	8	8	—	1	6	—	—	—	—	—	161
1966	10	5	4	5	6	8	8	9	7	6	9	10	8	9	7	8	12	5	7	5	8	8	—	1	6	—	—	—	—	—	171
1967	10	5	4	5	6	8	8	9	7	6	9	10	8	9	7	8	12	6	7	5	8	8	—	1	6	—	—	—	—	—	172
1968	10	5	2	5	6	8	8	9	7	6	9	10	8	9	7	8	12	5	7	5	8	8	—	1	6	—	—	—	—	—	169
1969	10	5	2	3	6	8	8	9	7	6	9	10	8	9	7	8	12	5	7	5	8	8	—	1	6	—	—	—	—	—	167
1970	10	6	3	3	8	8	8	9	7	6	9	10	8	9	7	8	12	6	7	5	8	8	—	1	6	—	—	—	—	—	172
1971	10	7	3	3	8	7	8	9	7	6	9	10	8	9	7	8	12	6	7	5	7	8	—	1	6	—	—	—	—	—	171
1972	10	7	3	3	8	7	8	9	7	6	9	10	8	9	7	8	12	6	7	5	7	8	—	3	6	—	—	—	—	—	173
1973	10	7	3	3	8	7	8	9	7	6	9	10	8	9	7	8	12	6	7	5	7	8	—	3	6	—	—	—	—	—	173
1974	10	7	3	3	8	7	8	9	7	6	9	10	8	9	7	8	12	6	7	5	7	8	—	3	6	—	—	—	—	—	173
1975	10	7	2	3	8	7	8	9	7	6	9	10	8	9	7	8	12	6	7	5	7	8	—	2	8	—	—	—	—	—	173
1976	10	7	2	3	8	7	8	9	7	6	9	10	8	9	7	8	12	6	7	5	7	8	—	2	9	—	—	—	—	—	174

续表

年份	河北省	山西省	辽宁省	吉林省	黑龙江省	江苏省(苏北/苏南)	浙江省	安徽省(皖北/皖南)	福建省	江西省	山东省	河南省	湖北省	湖南省	广东省	广西	四川省(川东/川南/川西/川北)	贵州省	云南省	西藏	陕西省	甘肃省	青海省	宁夏	新疆	平原省	察哈尔省	绥远省	辽东省	西康省	合计
1977	10	7	2	3	8	7	8	9	7	6	9	10	8	10	7	8	12	6	7	5	7	8	—	2	9	—	—	—	—	—	175
1978	10	7	2	3	8	7	8	9	7	6	9	10	8	10	7	8	11	5	7	5	7	8	1	2	8	—	—	—	—	—	173
1979	10	7	2	3	7	7	8	9	7	6	9	10	8	10	7	8	11	5	7	5	7	8	1	2	7	—	—	—	—	—	171
1980	10	7	2	3	7	7	8	8	7	6	9	10	8	10	7	8	11	5	7	5	7	8	1	2	7	—	—	—	—	—	170
1981	10	7	2	3	7	7	7	8	7	6	9	10	8	10	7	8	11	4	7	5	7	8	1	2	7	—	—	—	—	—	168
1982	10	7	2	5	7	7	7	8	7	6	9	10	8	10	7	8	11	4	7	5	7	8	1	2	7	—	—	—	—	—	170
1983	9	7	2	2	6	—	4	8	5	5	6	8	6	8	3	8	9	4	7	7	6	8	1	2	7	—	—	—	—	—	138
1984	9	7	—	—	4	—	4	8	5	5	6	8	6	8	3	8	9	4	7	7	6	8	1	2	8	—	—	—	—	—	135
1985	9	6	—	1	4	—	3	8	3	5	5	8	6	8	3	8	6	4	7	6	6	7	1	2	8	—	—	—	—	—	125
1986	8	6	—	1	4	—	3	8	3	5	5	5	6	6	3	8	6	4	7	6	6	7	1	2	8	—	—	—	—	—	119
1987	8	6	—	1	4	—	2	7	3	5	5	5	6	6	3	8	6	4	7	6	6	7	1	2	8	—	—	—	—	—	117
1988	8	6	—	1	4	—	2	7	3	5	5	5	6	5	—	8	7	4	7	6	6	7	1	2	8	—	—	—	—	—	113
1989	8	6	—	1	4	—	2	7	3	5	5	5	6	5	—	8	7	4	7	6	6	7	1	2	8	—	—	—	—	—	113
1990	8	6	—	1	4	—	2	7	3	5	5	5	6	5	—	8	7	4	7	6	6	7	1	2	8	—	—	—	—	—	113
1991	8	6	—	1	4	—	2	7	3	5	5	5	6	5	—	8	7	4	7	6	6	7	1	2	8	—	—	—	—	—	113
1992	8	6	—	1	4	—	2	6	3	5	5	5	5	5	—	8	6	4	7	6	6	7	1	2	8	—	—	—	—	—	110
1993	2	5	—	—	3	—	2	6	3	5	5	5	4	5	—	8	7	4	7	6	6	7	1	2	8	—	—	—	—	—	101

续表

年份	河北省	山西省	辽宁省	吉林省	黑龙江省	江苏省		浙江省	安徽省		福建省	江西省	山东省	河南省	湖北省	湖南省	广东省	广西	四川省				贵州省	云南省	西藏	陕西省	甘肃省	青海省	宁夏	新疆	平原省	察哈尔省	绥远省	辽东省	西康省	合计
						苏北	苏南		皖北	皖南									川东	川南	川西	川北															
1994	1	5	—	—	3	—	—	1	6	—	2	5	3	4	2	3	—	7	7	—	—	—	4	7	6	5	7	1	2	8	—	—	—	—	—	89
1995	1	5	—	—	3	—	—	1	6	—	2	5	3	4	1	2	—	7	6	—	—	—	4	7	6	5	7	1	2	8	—	—	—	—	—	86
1996	—	5	—	—	2	—	—	1	5	—	1	5	3	4	1	2	—	7	5	—	—	—	4	7	6	3	7	1	2	8	—	—	—	—	—	79
1997	—	5	—	—	2	—	—	1	5	—	1	5	2	3	1	1	—	6	5	—	—	—	3	5	6	3	7	1	2	8	—	—	—	—	—	72
1998	—	5	—	—	2	—	—	1	4	—	1	4	2	2	1	1	—	5	5	—	—	—	3	5	6	3	7	1	1	8	—	—	—	—	—	67
1999	—	4	—	—	1	—	—	—	2	—	—	4	2	2	—	—	—	5	4	—	—	—	3	5	6	2	7	1	1	8	—	—	—	—	—	58
2000	—	1	—	—	1	—	—	—	—	—	—	—	—	—	—	—	—	5	—	—	—	—	2	4	6	1	7	1	1	8	—	—	—	—	—	37
2001	—	1	—	—	1	—	—	—	—	—	—	—	—	—	—	—	—	5	—	—	—	—	2	3	6	—	6	1	—	7	—	—	—	—	—	32
2002	—	1	—	—	1	—	—	—	—	—	—	—	—	—	—	—	—	—	—	—	—	—	2	2	6	—	2	1	—	7	—	—	—	—	—	22
2003	—	—	—	—	1	—	—	—	—	—	—	—	—	—	—	—	—	—	—	—	—	—	2	—	6	—	1	1	—	7	—	—	—	—	—	18
2004	—	—	—	—	1	—	—	—	—	—	—	—	—	—	—	—	—	—	—	—	—	—	2	—	6	—	—	1	—	7	—	—	—	—	—	17
2005	—	—	—	—	1	—	—	—	—	—	—	—	—	—	—	—	—	—	—	—	—	—	2	—	6	—	—	1	—	7	—	—	—	—	—	17
2006	—	—	—	—	1	—	—	—	—	—	—	—	—	—	—	—	—	—	—	—	—	—	2	—	6	—	—	1	—	7	—	—	—	—	—	17
2007	—	—	—	—	1	—	—	—	—	—	—	—	—	—	—	—	—	—	—	—	—	—	2	—	6	—	—	1	—	7	—	—	—	—	—	17
2008	—	—	—	—	1	—	—	—	—	—	—	—	—	—	—	—	—	—	—	—	—	—	2	—	6	—	—	1	—	7	—	—	—	—	—	17
2009	—	—	—	—	1	—	—	—	—	—	—	—	—	—	—	—	—	—	—	—	—	—	2	—	6	—	—	1	—	7	—	—	—	—	—	17
2010	—	—	—	—	1	—	—	—	—	—	—	—	—	—	—	—	—	—	—	—	—	—	2	—	6	—	—	1	—	7	—	—	—	—	—	17

续表

年份	河北省	山西省	辽宁省	吉林省	黑龙江省	苏北	苏南	浙江省	皖北	皖南	福建省	江西省	山东省	河南省	湖北省	湖南省	广东省	广西	川东	川南	川西	川北	贵州省	云南省	西藏	陕西省	甘肃省	青海省	宁夏	新疆	平原省	察哈尔省	绥远省	辽东省	西康省	合计
2011	—	—	—	—	1	—	—	—	—	—	—	—	—	—	—	—	—	—	—	—	—	—	—	—	6	—	—	1	—	7	—	—	—	—	—	15
2012	—	—	—	—	1	—	—	—	—	—	—	—	—	—	—	—	—	—	—	—	—	—	—	—	6	—	—	1	—	7	—	—	—	—	—	14
2013	—	—	—	—	1	—	—	—	—	—	—	—	—	—	—	—	—	—	—	—	—	—	—	—	6	—	—	—	—	7	—	—	—	—	—	14
2014	—	—	—	—	1	—	—	—	—	—	—	—	—	—	—	—	—	—	—	—	—	—	—	—	4	—	—	—	—	7	—	—	—	—	—	12
2015	—	—	—	—	1	—	—	—	—	—	—	—	—	—	—	—	—	—	—	—	—	—	—	—	3	—	—	—	—	6	—	—	—	—	—	10
2016	—	—	—	—	1	—	—	—	—	—	—	—	—	—	—	—	—	—	—	—	—	—	—	—	2	—	—	—	—	5	—	—	—	—	—	8
2017	—	—	—	—	1	—	—	—	—	—	—	—	—	—	—	—	—	—	—	—	—	—	—	—	1	—	—	—	—	5	—	—	—	—	—	7
2018	—	—	—	—	1	—	—	—	—	—	—	—	—	—	—	—	—	—	—	—	—	—	—	—	—	—	—	—	—	5	—	—	—	—	—	7

注：（1）平原省，中央人民政府委员会1952年11月15日第19次会议决定撤销，其行政区域分别划归山东、河北二省。（2）察哈尔省，中央人民政府委员会1952年11月15日第19次会议决定撤销，其行政区域分别划归河北、山西二省。（3）绥远省，中央人民政府委员会1954年6月19日第32次会议决定撤销，其行政区域并入内蒙古自治区。（4）辽东省、辽西省，中央人民政府委员会1954年6月19日第32次会议决定撤销辽东、辽西二省，恢复辽宁省。（5）西康省，第一届人民代表大会1955年7月30日第二次会议决定撤销，其行政区域并入四川省。

资料来源：（1）民政部编《中华人民共和国县级以上行政区划沿革（1949—1983）》（第一、二、三卷），测绘出版社，1986、1987、1988。（2）民政部编《中华人民共和国行政区划简册》1984～2018，中国地图出版社等，1984～2018（每年出版一本，恕不详列，详见书后参考文献）。

参考文献

一 资料

古 籍

《汉书》《后汉书》《新唐书》《旧唐书》《宋史》《元史》《明史》《清史稿》等，二十五史全文检索系统（网络版），http：//202.112.82.27/net25/queryframe.htm。

档案馆档案、报纸

《法制日报》。

《河北日报》。

《宁波日报》。

《中国县域经济报》。

河北省档案馆相关档案。

廊坊市档案馆相关档案。

辽宁省档案馆相关档案。

石家庄市档案馆相关档案。

铁岭市档案馆相关档案。

政府公报、政报、文献汇编

《财务与会计》。

《党政领导干部选拔任用工作条例》，党建读物出版社，2019。

《广西政报》。

《湖南政报》。

《云南政报》。

《中华人民共和国国务院公报》。

《中华人民共和国全国人民代表大会常务委员会公报》。

《中华人民共和国最高人民检察院公报》。

财政部文教行政财务司编《文教行政账务制度资料选编（1949—1985年）》第4册，中国财政经济出版社，1990。

国家人事局编《人事工作文件选编》（Ⅲ），劳动人事出版社，1986。

国家体改委办公厅编《十一届三中全会以来经济体制改革重要文件汇编》（下），改革出版社，1990。

国务院办公厅法制局编《中华人民共和国法规汇编（1979年1月—12月）》，法律出版社，1986。

国务院法制办公室：《最新领导干部依法行政常用法律法规手册》（第5版），中国法制出版社，2018。

国务院法制办公室编《新编中华人民共和国常用法律法规全书（2015）》，中国法制出版社，2015。

国务院法制办公室编《中华人民共和国法规汇编（1985—1986）》（第7卷），中国法制出版社，2005。

国务院法制办公室编《中华人民共和国法规汇编（1987—1988）》（第8卷），中国法制出版社，2005。

国务院法制办公室编《中华人民共和国法规汇编（1989—1990）》（第9卷），中国法制出版社，2005。

国务院法制办公室编《中华人民共和国法规汇编（1993—1994）》（第11卷），中国法制出版社，2005。

国务院法制办公室编《中华人民共和国法规汇编（第五卷）》（第2版），中国法制出版社，2014。

国务院法制办公室编《中华人民共和国劳动人事法典》（第4版），中国法制出版社，2018。

国务院法制办公室编《中华人民共和国社会管理法典》，中国法制出版社，2014。

国务院法制办公室编《中华人民共和国宪法法典·注释法典1》，中国法制出版社，2012。

韩延龙、常兆儒编《中国新民主主义革命时期根据地法制文献选编》（第二卷），中国社会科学出版社，1981。

韩延龙、常兆儒编《中国新民主主义革命时期根据地法制文献选编》（第三卷），中国社会科学出版社，1981。

劳动部劳动科学研究所、全国总工会劳动工资社会保障部编《中国劳动、工资、保险福利政策法规汇编》，海洋出版社，1990。

劳动人事部编制局编《机构编制体制文件选编》（上、下），劳动人事出版社，1986。

劳动人事部干部局编《奖惩工作文件汇编》（内部资料），1984。

劳动人事部政策研究室编《劳动人事法规规章文件汇编（1949—1983）》，劳动人事出版社，1987。

劳动人事部政策研究室编《人事工作文件选编》（Ⅸ）（内部文件），劳动人事出版社，1987。

民政部编《2017中华人民共和国行政区划简册》，中国地图出版社，2017。

民政部编《2018中华人民共和国行政区划简册》，中国地图出版社，2018。

民政部编《中华人民共和国县级以上行政区划沿革》（第一、二、三卷），测绘出版社，1986、1987、1988。

民政部编《中华人民共和国行政区划简册1984》，地图出版社，1984。

民政部编《中华人民共和国行政区划简册1985》，测绘出版社，1985。

民政部编《中华人民共和国行政区划简册1986》，测绘出版社，1986。

民政部编《中华人民共和国行政区划简册1987》，测绘出版社，1987。

民政部编《中华人民共和国行政区划简册1988》，测绘出版社，1988。

民政部编《中华人民共和国行政区划简册1989》，测绘出版社，1989。

民政部编《中华人民共和国行政区划简册1990》，中国地图出版社，1990。

民政部编《中华人民共和国行政区划简册 1991》，中国地图出版社，1991。

民政部编《中华人民共和国行政区划简册 1992》，中国地图出版社，1992。

民政部编《中华人民共和国行政区划简册 1993》，中国地图出版社，1993。

民政部编《中华人民共和国行政区划简册 1994》，中国地图出版社，1994。

民政部编《中华人民共和国行政区划简册 1995》，中国地图出版社，1995。

民政部编《中华人民共和国行政区划简册 1997》，中国地图出版社，1997。

民政部编《中华人民共和国行政区划简册 1998》，中国地图出版社，1998。

民政部编《中华人民共和国行政区划简册 1999》，中国地图出版社，1999。

民政部编《中华人民共和国行政区划简册 2000》，中国地图出版社，2000。

民政部编《中华人民共和国行政区划简册 2001》，中国地图出版社，2001。

民政部编《中华人民共和国行政区划简册·2002》，中国地图出版社，2002。

民政部编《中华人民共和国行政区划简册·2003》，中国地图出版社，2003。

民政部编《中华人民共和国行政区划简册·2005》，中国地图出版社，2005。

民政部编《中华人民共和国行政区划简册·2007》，中国地图出版社，2007。

民政部编《中华人民共和国行政区划简册·2008》，中国社会出版社，2008。

民政部编《中华人民共和国行政区划简册·2010》，中国社会出版社，2010。

民政部编《中华人民共和国行政区划简册·2011》，中国社会出版社，2011。

民政部编《中华人民共和国行政区划简册·2012》，中国地图出版社，2012。

民政部编《中华人民共和国行政区划简册·2013》，中国地图出版社，2013。

民政部编《中华人民共和国行政区划简册·2014》，中国地图出版社，2014。

民政部编《中华人民共和国行政区划简册·2015》，中国地图出版社，2015。

民政部编《中华人民共和国行政区划简册·2016》，中国地图出版社，2016。

民政部法规办公室编《中华人民共和国民政法规大全贰 国家民政法规（2）》，中国法制出版社，2002。

全国人大常委会办公厅、中共中央文献研究室编《人民代表大会制度重要文献选编4》，中国民主法制出版社，2015。

劳动人事部干部局编《奖惩工作文件汇编》（内部资料），1984。

人事部政策法规司编《人事工作文件选编》（Ⅵ）（内部文件），劳动人事出版社，1986。

人事部政策法规司编《人事工作文件选编》（Ⅶ）（内部文件），劳动人事出版社，1986。

人事部政策法规司编《人事工作文件选编》（ⅩⅢ），中国人事出版社，1991。

人事部政策法规司编《人事工作文件选编》（ⅩⅡ），中国人事出版社，1990。

陕甘宁革命根据地工商税收史编写组、陕西省档案馆编《陕甘宁革命根据地工商税收史料选编》（第四册）（1943），陕西人民出版社，1986。

陕西省档案馆、陕西省社会科学院合编《陕甘宁边区政府文件选编》

（第五辑），档案出版社，1988。

谭其骧主编《中国历史地图集》（第七册：元明清时期），中国地图出版社，1996。

徐颂陶编《中国人事管理工作实用手册》，中国财政经济出版社，1992。

杨洪、徐杰编《经营管理大系 经济法卷》，上海人民出版社，1991。

张坚石等编《地方政府的职能和组织机构》（上、下），华夏出版社，1994。

中共中央文献研究室编《改革开放三十年重要文献选编》（上、下），中央文献出版社，2008。

中共中央文献研究室编《十三大以来重要文献选编》（上、中、下），中央文献出版社，2011。

中共中央组织部编《十一届三中全会以来党的组织工作文献选编》，中共中央党校出版社，1986。

中国地方政府机构改革编辑组编《中国地方政府机构改革》，新华出版社，1995。

中国第二历史档案馆编《国民党政府政治制度档案史料选编》（下册），安徽教育出版社，1994。

中国二十世纪通鉴编辑委员会编著《中国二十世纪通鉴（1901—2000）》，线装书局，2002。

中国法制出版社编《党政干部选拔任用规定》，中国法制出版社，2003。

中国法制出版社编《公务员法及相关文件类编公务员考核·培训》，中国法制出版社，2005。

《中国共产党反腐倡廉文献通典：1921—2008 年》编委会编《中国共产党反腐倡廉文献通典（1989.1—1997.8）》（第四卷上），党建读物出版社，2009。

中国社会科学院法学研究所编《中华人民共和国经济法规选编（1979.10—1981.12）》（下），中国财政经济出版社，1983。

中纪委干部室编《纪检监察干部工作手册》，中国方正出版社，2002。

中央办公厅法规室、中央纪委法规室、中央组织部办公厅编《中国共产党党内法规选编（1996—2000）》，法律出版社，2001。

地方志、组织史资料

《安徽地方志》，安徽省情网，http://www.ahdfz.gov.cn/html/xb_sj/。

《安徽省志·财政志（1979—2010）》，方志出版社，2015。

《安徽省志·财政志》，方志出版社，1998。

《安康地区志》，陕西省地情网，http://www.sxsdq.cn/dqzlk/dfz_sxz/akdqz_2/。

《白城地区志》，吉林文史出版社，1992。

《毕节地区志·财政志》，贵州人民出版社，1998。

《毕节地区志·大事记》，贵州人民出版社，2004。

《毕节地区志·党派群团志》，贵州人民出版社，2007。

《毕节地区志·人事志》，贵州人民出版社，2003。

《滨州地区志（1979—2000）》，山东省情资料库，http://www.sdsqw.cn/ftr/。

《沧州市志》（第三卷），方志出版社，2006。

《巢湖地区简志》，黄山书社，1995。安徽省情网，http://60.166.6.242:8080/was40/index_sz.jsp? rootid=48832&channelid=1190。

《池州地区志》，方志出版社，1996。安徽省情网，http://60.166.6.242:8080/was40/index_sz.jsp? rootid=19256&channelid=28159。

《大兴安岭地区财政志》，黄山书社，2003。中国龙志网，http://210.76.63.176/trsweb/Detail.wct? SelectID=6697&RecID=17。

《福建省志·财税志》，福建省情网，http://www.fjsq.gov.cn/show-text.asp? ToBook=156&index=87。

《福建省志·财政志（1991—2005）》，社会科学文献出版社，2012。

《福建省志·人事志（1998—2005）》，福建省情网，http://www.fjsq.gov.cn/frmPDFList.aspx? key=039d063253ed47a594013348649a8b6d#menu。

《福建省志·人事志（1998—2005）》，社会科学文献出版社，2014。

《阜阳地区志》，安徽省情网，http://60.166.6.242:8080/was40/index_sz. jsp？rootid＝17116&channelid＝25525。

《广东省志（1979—2000.8）》（财政税收卷），方志出版社，2014。

《广东省志·政权志》，广东人民出版社，2003。

《广西通志·财政志》，广西地情网，http：//www. gxdqw. com/bin/mse. exe？seachword＝&K＝a&A＝58&rec＝184&run＝13。

《广西通志·政府志》，广西地情网，http：//www. gxdqw. com/bin/mse. exe？seachword＝&K＝a&A＝15&rec＝66&run＝13。

《广西通志·中共广西地方组织志》，广西地情网，http：//www. gx-dqw. com/bin/mse. exe？seachword＝&K＝a&A＝34&rec＝121&run＝13。

《贵州省志》，贵州地方文献全文数据库，http：//dfz. gznu. cn/tpi/sysasp/include/index. asp。

《汉中地区志》，三秦出版社，2005。

《河北省志·财政志》（第42卷），河北人民出版社，1992。

《河北省志·人事志》（第65卷），河北人民出版社，1994。

《河北省志·政府志》（第62卷），人民出版社，2000。

《河南省志·财政志》，河南省情网，http：//www. hnsqw. com. cn/sqsjk/hnsz/czz/。

《河南省志·劳动人事志》，河南省情网，http：//www. hnsqw. com. cn/sqsjk/hnsz/ldrsz/。

《荷泽地区志》，齐鲁书社，1998。

《黑河地区志》，生活·读书·新知三联书店，1996。中国龙志网，http：//210. 76. 63. 176/trsweb/Detail. wct？SelectID＝3817&RecID＝315。

《黑龙江省志·财政志》，黑龙江人民出版社，1991。中国龙志网，http：//www. zglz. gov. cn/database. html。

《黑龙江省志·人事编制志》，龙志网，http：//210. 76. 63. 176/tr-sweb/Detail. wct？SelectID＝4744&RecID＝7。

《湖北省志·财政》，湖北人民出版社，1995。

《湖北省志·政权》，湖北人民出版社，1996。湖北方志网，http：//www. hbdfz. com. cn/Government/BookRecords. aspx？id＝5d49240c－8a89－46ec－8197－d4cd1caea784&currentPage＝2。

《荆州地区志》，红旗出版社，1996。湖北省情资料库，http：//www. hbdfz. com. cn：8081/dfz/onetable/browse/main. jsp？id＝cc32f7d a－99b5－4006－bd61－1b1ec95ba6f1。

《零陵地区志》，永州市人民政府，http：//www. yzcity. gov. cn/art/2006/9/13/art_2735_142230. html。

《柳州地区志》，广西地情网，http：//www. gxdqw. com/bin/mse. exe？seachword＝&K＝b&A＝22&rec＝605&run＝13。

《龙岩地区志》，福建省情网，http：//www. fjsq. gov. cn/frmBokkList. aspx？key＝0DFCBA2212334269899DD25ADCFB3773。

《梅州市志》，广东省情网，http：//www. myghdfzqsc. cn/fztd/fzsk/201203/t20120306_214415. htm。

《宁德地区志》，福建省情网，http：//www. fjsq. gov. cn/showtext. asp？ToBook＝3219&index＝6&。

《泉州市志》，福建省情网，http：//www. fjsq. gov. cn/frmBokkList. aspx？ke y＝107 C49EA8B734B4EAE395301504269E4。

《山东省志·财政志（1986—2005）》，山东省省情资料库，http：//lib. sdsqw. cn/bin/mse. exe？seachword＝&K＝g0&A＝6&rec＝10&run＝13。

《山东省志·政权志（1983—2005）》（上、下），山东人民出版社，2013。山东省省情资料库，http：//lib. sdsqw. cn/bin/mse. exe？seachword＝&K＝g0&A＝15&run＝12。

《山东省志》，山东省省情资料库，http：//lib. sdsqw. cn/bin/mse. exe？seachword＝&K＝a&A＝0&run＝12。

《陕西省志》，陕西省地情网，http：//www. sxsdq. cn/dqzlk/。

《商洛地区志》，陕西省地情网，http：//www. sxsdq. cn/dqzlk/dfz_sxz/sldqz/。

《上饶地区志（1991—2000）》（上、下册），方志出版社，2014。

《石家庄地区志》，文化艺术出版社，1994。

《四川省志（1840—1985）》，四川科学技术出版社，1996。

《四川省志·财政志》，四川人民出版社，1996。

《绥化地区志》（上、下卷），黑龙江人民出版社，1995。龙志网，http：//210. 76. 63. 176/trsweb/Detail. wct？ SelectID＝3152&RecID＝108。

《泰安地区志》，山东省情资料库，http：//sd. infobase. gov. cn/bin/ mse. exe？ seachword＝&K＝b9&A＝2&rec＝650&run＝13。

《铜仁地区志・财政志》，贵州人民出版社，2006。

《延安地区志》，陕西省地情网，http：//www. sxsdq. cn/dqzlk/dfz_ sxz/yadqz/。

《榆林地区志》，陕西省地情网，http：//www. sxsdq. cn/dqzlk/dfz_sxz/ yldqz/。

《昭通地区志》（上、中、下），云南人民出版社，1997、1997、1999。

《浙江省财政税务志》，浙江地方志，http：//www. zjdfz. cn/tiptai. web/ BookRead. aspx？ bookid＝201212082674。

《浙江省人事志》，浙江地方志，http：//www. zjdfz. cn/tiptai. web/ BookRead. aspx？ bookid＝201304280001。

中共沧州地委组织部、中共沧州地委党史资料征集编审委员会、沧州 地区档案局编《中国共产党河北省沧州地区组织史资料（1926—1987）》， 河北人民出版社，1991。

中共承德地委组织部、中共承德地委党史资料征集办公室、承德地区 档案局编《中国共产党河北省承德地区组织史资料（1931—1987）》，河北 人民出版社，1992。

中共承德市委组织部编《中国共产党河北省承德地区组织史资料 （1987. 11—1993. 6）》（第二卷），河北人民出版社，1998。

中共邯郸地委组织部、中共邯郸地委党史研究室、邯郸地区档案局编 《中国共产党河北省邯郸地区组织史资料（1925—1987）》，河北人民出版 社，1993。

中共邯郸市委组织部编《中国共产党河北省邯郸地区组织史资料 （1987. 11—1993. 6）》（第二卷），河北人民出版社，1998。

中共河北省委组织部、河北省人事厅编《河北省建国以来干部统计历 史资料汇编（1949—1998）》（内部资料免费交流），河北经济管理干部学 院印刷厂印刷，1999。

中共衡水地委组织部、中共衡水地委党史资料征集办公室、衡水地区档案局编《中国共产党河北省衡水地区组织史资料（1922—1987）》，河北人民出版社，1991。

　　中共廊坊地委组织部、中共廊坊地委党史资料征集办公室、廊坊地区档案处编《河北省廊坊地区政权系统、地方军事系统、统一战线系统、群众团体系统组织史资料（1949—1987）》，河北人民出版社，1991。

　　中共辽宁省委组织部、中共辽宁省委党史研究室、辽宁省档案馆编《中国共产党辽宁省组织史资料（1923—1987）》，辽宁省新闻出版局，1995。

　　中共山西省忻州地委组织部编《中国共产党山西省忻州地区组织史资料（1987.10—1998.6）》（第二卷），山西人民出版社，2001。

　　中共山西省运城地委组织部编《中国共产党山西省运城地区组织史资料（1987.10—1997.10）》（第二卷），山西人民出版社，2000。

　　中共铁岭市委组织部、中共铁岭市党史研究室、铁岭市档案局编《中国共产党辽宁省铁岭市组织史资料（1930—1987）》（内部资料），1994。

　　中共邢台地委组织部、中共邢台地委党史办公室、邢台地区档案局编《中国共产党河北省邢台地区组织史资料（1925—1987）》，河北人民出版社，1991。

　　中共张家口地委组织部、中共张家口地委党史办公室、张家口地区档案馆编《中国共产党河北省张家口地区组织史资料（1922—1987）》，河北人民出版社，1991。

年鉴、大事记及其他

　　保定地区档案馆编《保定地区大事记（1949—1985）》，河北人民出版社，1991。

　　陈纪宁主编《现代应用文写作大全》（第二版），中华工商联合出版社，1998。

　　哈密地区行署办公室、哈密地区统计局编《哈密地区"十一五"统计资料》（内部资料），2011。

　　邯郸地区档案馆编《邯郸地区大事记（1949—1986）》，邯郸地区档案局，1987。

　　监察部编《中国监察年鉴（1987—1991）》，中国政法大学出版社，1993。

江流、刘枫主编《中国社会主义年鉴（1995—1996）》，改革出版社，1997。

姜华宣、张尉萍、肖甡编《中国共产党重要会议纪事（1921—2006）》（增订本），中央文献出版社，2006。

廊坊地区档案馆编《廊坊地区大事记（1949—1983）》，廊坊地区档案局，1985。

辽宁经济统计年鉴编辑委员会编《辽宁经济统计年鉴（1984）》，中国统计出版社，1984。

辽宁省档案馆编《辽宁大事记（1945—1985）》，辽宁人民出版社，1988。

鲁甸县年鉴编纂委员会编《鲁甸年鉴2002年刊》（总期第5期），德宏民族出版社，2002。

松花江年鉴编纂委员会编《松花江年鉴（1992）》，人民出版社，1993。

铜仁年鉴编辑部编《2002—2003铜仁年鉴》，贵州人民出版社，2003。

西藏年鉴编辑委员会编《西藏年鉴（2006）》，西藏人民出版社，2007。

邢台地区档案局编《邢台地区大事记（1949—1984）》，邢台地区档案局，1987。

张家口地区档案馆编《张家口地区大事记（1949—1983）》，档案出版社，1987。

赵宏主编《中国秘书实用大全》，法律出版社，1991。

郑秀君主编《衡水市大事记（1986—2005）》，河北人民出版社，2008。

中共保定市委党史研究室编《中共保定党史大事记（1949.10—1978.12）》，中央文献出版社，1999。

中共唐山市委党史研究室编《中国共产党唐山历史大事记（1948.12—1965.12）》，中共党史出版社，2001。

中共铁岭市委党史研究室、铁岭市档案局编《铁岭党的活动大事记（1948—1987）》，铁岭日报社，1991。

中国财政年鉴编辑委员会编《中国财政年鉴（1994）》，中国财政杂志社，1994。

二　著作

地区行署制度、行政督察专员公署制度专著

江荣海、刘奇：《行署管理——阜阳行署调查》，中国广播电视出版社，1995。

翁有为：《专区与地区政府法制研究》，人民出版社，2007。

翁有为等：《行政督察专员区公署制研究》，社会科学文献出版社，2012。

周必璋：《改进行政督察专员制度刍议》，中央政治学校研究部，1941。

其他著作

〔美〕道格拉斯·C. 诺斯：《制度、制度变迁与经济绩效》，刘守英译，上海三联书店，1994。

〔美〕基辛格：《论中国》，胡利平等译，中信出版社，2012。

《邓小平文选》（第一、二、三卷），人民出版社，1994。

《马克思恩格斯选集》（第一卷），人民出版社，1972。

曹志：《中华人民共和国人事制度概要》，北京大学出版社，1985。

陈庆海：《中国地方政府财政层级研究》，经济科学出版社，2009。

陈文斌编著《中国共产党执政五十年》，中共党史出版社，1999。

陈小京、伏宁、黄福高：《中国地方政府体制结构》，中国广播电视出版社，2001。

程幸超：《中国地方行政制度史》，四川人民出版社，1992。

崔潮：《中国财政现代化研究》，中国财政经济出版社，2012。

戴均良：《中国市制》，中国地图出版社，2000。

当代中国的人事管理编辑委员会编《当代中国的人事管理》（上），当代中国出版社、香港祖国出版社，2009。

刁田丁主编《中国地方国家机构研究》，群众出版社，1985。

顾炎武撰、张京华校释：《日知录校释》（上），岳麓书社，2011。

郭庆松主编《艰难探索·铸就辉煌　治国方略》，上海人民出版

社，2011。

李春林、朱勇、屈驳韵：《地区财政支出效益与结构优化》，冶金工业出版社，2008。

林尚立：《当代中国政治形态研究》，天津人民出版社，2000。

刘君德、靳润成、周克瑜：《中国政区地理》（中国人文地理丛书），科学出版社，1999。

刘守刚：《国家成长的财政逻辑——近现代中国财政转型与政治发展》，天津人民出版社，2009。

楼继伟：《中国政府间财政关系再思考》，中国财政经济出版社，2013。

毛昭晖：《中国行政效能监察——理论、模式与方法》，中国人民大学出版社，2007。

浦善新：《中国行政区划改革研究》，商务印书馆，2006。

齐明山主编《行政学导论》（第三版），中国人民大学出版社，2013。

沈荣华：《中国政府改革：重点难点问题攻坚报告》，中国社会出版社，2012。

史卫东、贺曲夫、范今朝：《中国"统县政区"和"县辖政区"的历史发展与当代改革》，东南大学出版社，2010。

宋任穷：《宋任穷回忆录》，解放军出版社，2007。

陶勇：《地方财政学》，上海财经大学出版社，2006。

田穗生、罗辉、曾伟：《中国行政区划概论》，北京大学出版社，2005。

汪玉凯：《公共权力与公共治理》，中共中央党校出版社，2006。

王贵秀：《中国政治体制改革之路》，河南人民出版社，2004。

王敬松：《中华人民共和国政府与政治（1949.10—1992）》，中共中央党校出版社，1994。

王亚南：《中国官僚政治研究》，中国社会科学出版社，1981。

魏礼群主编《当代中国社会大事典（1978—2015）》（第一卷），华文出版社，2018。

吴佩纶主编《地方机构改革思考》，改革出版社，1992。

夏书章：《行政管理学》（第三版），中山大学出版社，2003。

项怀诚主编《中国财政50年》，中国财政经济出版社，1999。

新中国六十年党的建设成就编写组编《新中国六十年党的建设成就》，党建读物出版社，2010。

杨凤春：《中国政府概要》，北京大学出版社，2002。

曾伟、罗辉：《地方政府管理学》，北京大学出版社，2006。

张金铣：《元代地方行政制度研究》，安徽大学出版社，2001。

张明庚、张明聚编著《中国历代行政区划》，中国华侨出版社，1996。

张志明：《从民主新路到依法治国：为人民民主奋斗八十年的中国共产党》，江西高校出版社，2000。

郑易男主编《财政体制沿革回眸》，江苏人民出版社，1998。

中央组织部青年干部局编《全国地县两级领导班子"四化"建设进程抽样调查报告文集》（上、中、下册），中央组织部青年干部局，1987。

周克瑜：《走向市场经济　中国行政区与经济区的关系及其整合》，复旦大学出版社，1999。

周振超：《当代中国政府"条块关系"研究》，天津人民出版社，2008。

周振鹤：《中国地方行政制度史》，上海人民出版社，2005。

三　论文

地区行署制度、行政督察专员公署制度专论

《地区机构改革的设想》，《经济研究参考》1993年Z3期。

陈柏心：《行政督察专员制度改进问题》，《建设研究》1942年第8卷第1期。

付长良：《试论理顺地区行政公署的行政区划体制》，《政治学研究》1997年第2期。

傅骅昌：《行政督察专员制度之研究（下）》，《安徽政治》1946年第9卷第4~5期。

何键：《调整省以下行政机构管见》，《中央周刊》1939年第1卷第23期。

胡鞍钢：《延迟十五年的改革：关于撤销地区行署机构的建议》，《中

国国情分析研究报告》1998 年第 8 期。

华伟：《地级行政建制的演变与改革构想》，《战略与管理》1998 年第 3 期。

江禄煜：《行政督察专员制的检讨》，《之江期刊》1936 年 1 月 1 日。

李金夫、姚文明：《健全地区行署的运行与监督机制》，《政治与法律》1994 年第 2 期。

李廷樑：《行政督察专员制度的改善问题》，《政问周刊》1936 年第 43 号。

梁禹九：《行政督察专员制度之检讨及改进办法》，《政治评论》（成都）1947 年第 1 卷第 6 期。

楼正华：《行政督察专员制度之检讨及其在抗战时期之价值》，《闽政与公馀非常时期合刊》1938 年第 29 ~ 31 期。

毛寿龙：《中国地级政府的过去与未来》，《安徽教育学院学报》（哲学社会科学版）1995 年第 2 期。

钱其智：《改革地区体制　撤销地区建制》，《中国行政管理》2000 年第 7 期。

苏良弼：《行政督察专员制之检讨》，《西南风月刊》1943 年第 1 期。

苏艺：《试述我国省级政府派出机关的演变》，《法制与社会》2013 年第 33 期。

孙学玉：《撤销地区、市县分治：行政区划调整新构想》，《江海学刊》1998 年第 1 期。

王洁卿：《行政督察专员制度之研究》，《汗血月刊》1937 年第 9 卷第 1 期。

王贤玺、韩忠等：《地、市机构改革宜早不宜迟》，《经济问题》1985 年第 7 期。

吴谧赓：《论省区之调整与行政督察专员制之存废》，《边政导报》1948 年第 11 ~ 12 期。

吴越：《省县之间建立地（市）级政权的主要根据》，《社会学研究》1986 年第 3 期。

向乃祺：《行政督察制度之反省及其展望》，《贵州县训》1936 年第

3 期。

萧文哲：《行政督察专员制度改革问题》，《东方杂志》1940 年第 37 卷第 16 号。

熊文钊：《行政公署的性质及其法律地位》，《法学杂志》1985 年第 6 期。

杨适生：《专员制度之研究》，《行政研究》1936 年创刊号。

张鼎良：《探析贵州省地区行政公署的作用及其发展趋势》，《贵阳学院学报》（社会科学版）2012 年第 2 期。

张雅林：《地区（行署）的沿革、现状及改革对策》，载吴佩纶主编《地方机构改革思考》，改革出版社，1992，第 90～104 页。

张耀枢：《行政督察专员制度之检讨与改进》，《服务》1943 年第 10 期。

郑自明：《行政督察专员制在战时的作用》，《国闻周报》1937 年第 14 卷第 46 期。

钟竞成：《我对于行政督察专员制度的意见》，《行政研究》1937 年第 2 卷第 6 期。

周宏涛：《吾国行政督察专员制度之研究》，毕业论文，国立武汉大学政治系，1939。

周焕：《论行政督察专员制度之调整》，《血路》1938 年第 39 期。

周联合：《论行政督察区制度的不合法与不合理问题》，《学术研究》2006 年第 8 期。

竹君：《改行政督察专员为绥靖督办的建议》，《江苏旬刊》1940 年第 5 期。

其他论文

薄贵利：《稳步推进省直管县体制》，《中国行政管理》2006 年第 9 期。

陈广桂、将乃华：《从财政供养角度对我国行政改革的理性思考——基于三种类型国家财政供养率和供养结构的比较研究》，《商业研究》2005 年第 2 期。

高秉雄、田穗生、吴卫生：《关于地级市政府机构改革的若干问题》，《社会科学动态》1998 年第 12 期。

高小平：《行政管理体制改革的关键是转变政府职能》，《人民日报》2008 年 2 月 27 日。

宫桂芝：《地级市管县：问题、实质及出路》，《理论探讨》1999 年第 2 期。

宫桂芝：《我国行政区划体制现状及改革构想》，《政治学研究》2000 年第 2 期。

郭济：《中国行政改革的现状和趋势》，《中国行政管理》2000 年第 9 期。

何颖：《我国政府职能转变问题的反思》，《行政论坛》2010 年第 4 期。

何颖：《中国政府机构改革 30 年回顾与反思》，《中国行政管理》2008 年第 12 期。

贺国强：《进一步推进〈干部任用条例〉的贯彻落实》，《党建研究》2003 年第 9 期。

李强、高全喜、任建涛、毛寿龙、王长江：《大部制之后中国行政管理体制改革的路径》，《学海》2008 年第 3 期。

李莹、孔祥利：《政府改革与政府创新——从另一种角度看中国行政改革的逻辑进程》，《中国行政管理》2009 年第 1 期。

林尚立：《有效政治与大国成长——对中国 30 年政治发展的一种反思》，《公共行政评论》2008 年第 1 期。

刘君德：《我国行政区划的改革》，《科学》1992 年第 4 期。

马春笋：《我国行政区划体制存在的问题与改革设想》，《中国行政管理》1996 年第 8 期。

庞明川：《转轨经济中政府与市场关系中国范式的形成与演进》，《财经问题研究》2013 年第 12 期。

庞明礼：《"省管县"：我国地方行政体制改革的趋势?》，《中国行政管理》2007 年第 6 期。

浦善新：《中国行政区划改革浅议》，载张文范主编《中国行政区划研究》，中国社会出版社，1991，第71页。

乔耀章：《政府行政改革与现代政府制度——1978年以来我国政府行政改革的回顾与展望》，《管理世界》2003年第2期。

秦凤翔：《论财政包干体制及其改革》，《学术交流》1990年第3期。

史卫东：《省制以来统县政区发展研究》，博士学位论文，华东师范大学，2006。

苏明：《我国公共支出管理若干重大理论政策问题研究》，《财经论丛》（浙江财经学院学报）2003年第4期。

孙关龙：《试论我国古代行政区划变化的规律及其启示》，载张文范主编《中国行政区划研究》，中国社会出版社，1991，第205页。

孙学玉、伍开昌：《当代中国行政结构扁平化的战略构想——以市管县体制为例》，《中国行政管理》2004年第3期。

谭桔华：《论合理政府规模与政府行政成本》，《湖湘论坛》2005年第2期。

谭其骧：《我国行政区划改革设想》，载张文范主编《中国行政区划研究》，中国社会出版社，1991，第163~167页。

田穗生：《市管县对地方行政体制的影响》，《政治学研究》1987年第1期。

王珂：《当代中国专区制度研究》，博士学位论文，中共中央党校，2011。

王莉：《论我国行政机构改革》，《法制与经济》（中旬刊）2009年第1期。

王浦劬：《论转变政府职能的若干理论问题》，《国家行政学院学报》2015年第1期。

王时福：《我国行政区划改革的几个问题》，载张文范主编《中国行政区划研究》，中国社会出版社，1991，第89~90页。

魏星河、刘堂山：《处理中央与地方关系的关键：财权与事权的合理划分》，《江西行政学院学报》2004年第2期。

夏勇：《坚守法治原则推进简政放权》，《求是》2014年第21期。

项怀诚：《中国财政体制改革六十年》，《中国财政》2009年第19期。

杨志勇：《我国财政支出结构调整问题的研究》，《福建论坛》（经济社会版）1998 年第 5 期。

杨志勇：《中国财政体制改革理论的回顾与展望》，《财经问题研究》2006 年第 6 期。

叶达夫：《建议放弃市管县体制》，《中国经济体制改革》1989 年第 2 期。

叶克林、侯祥鹏：《综论中国地方政府职能转变与机构改革》，《学海》2011 年第 1 期。

叶克林、钱中苏：《政府职能转变理论研究述评》，载孙克强、周敏倩、叶克林主编《中国经济体制改革理论研究述评》，东南大学出版社，1992，第 138 页。

张文范、浦善新、宋久成、付长良、马春笋：《安徽省地区行政区划体制调研报告》，《中国方域——行政区划与地名》1993 年第 6 期，第 31～35 页。

张希贤、杨杰：《〈党政领导干部选拔任用工作条例〉修订透视》，《领导之友》2004 年第 5 期。

张向鸿：《中国党政领导干部选拔任用制度研究》，博士学位论文，中共中央党校，2014。

张晓芝：《我国政府机构改革面临的困境及其成因》，《理论与改革》1994 年第 12 期。

赵明芳：《纵观我国行政机构改革的历程》，《理论视野》1999 年第 4 期。

周仁标：《市领导县体制的战略意涵、历史嬗变及重构理路》，《社会主义研究》2011 年第 2 期。

周振鹤：《地方行政制度改革的现状及问题》，《战略与管理》1996 年第 5 期。

朱东安：《关于清代的道和道员》，《近代史研究》1982 年第 4 期。

图书在版编目（CIP）数据

地区行署制度研究.1978—2002／侯桂红著.--北
京：社会科学文献出版社，2020.12
ISBN 978－7－5201－6608－9

Ⅰ.①地… Ⅱ.①侯… Ⅲ.①地方政府－政治制度史
－研究－中国－1978－2002 Ⅳ.①D625

中国版本图书馆 CIP 数据核字（2020）第 072804 号

地区行署制度研究（1978—2002）

著　　者／侯桂红

出 版 人／王利民
责任编辑／赵怀英

出　　版／社会科学文献出版社·联合出版中心（010）59366446
　　　　　地址：北京市北三环中路甲 29 号院华龙大厦　邮编：100029
　　　　　网址：www.ssap.com.cn
发　　行／市场营销中心（010）59367081　59367083
印　　装／三河市尚艺印装有限公司

规　　格／开　本：787mm × 1092mm　1/16
　　　　　印　张：24　字　数：381 千字
版　　次／2020 年 12 月第 1 版　2020 年 12 月第 1 次印刷
书　　号／ISBN 978－7－5201－6608－9
定　　价／139.00 元

本书如有印装质量问题，请与读者服务中心（010－59367028）联系

▲ 版权所有 翻印必究